Wortarten bestimmen

Satzglieder erkennen

Satzreihe und Satzgefüge

Zeichensetzung

Rechtschreibung

Realschule Bayern

Deutschbuch

Sprach- und Lesebuch

8

Herausgegeben von
Renate Kroiß und Petra Stich

Erarbeitet von
Gertraud Bildl (Waldbüttelbrunn), Dennis Haida (München), Franziska Klingelhöfer (Viechtach), Timo Koppitz (Höchberg), Renate Kroiß (Neumarkt), Ulrike Meier-Robisch (Nürnberg), Katrin Pfeuffer (Kitzingen), Kerstin Scharwies (Hersbruck), Petra Stich (Burglengenfeld), Doris Thammer (Vohenstrauß), Sonja Wiesiollek (Baldham), Gunder Wießmann (Neumarkt), Stefanie Wolf (Parsberg) und Anja Zwengauer (Wassertrüdingen)

Unter Beratung von
Dr. Hans-Peter Kempf

Cornelsen

Euer Deutschbuch auf einen Blick

Das Buch ist in **vier Kompetenzbereiche** aufgeteilt.
Ihr erkennt sie an den Farben:

- **Sprechen, zuhören und schreiben**
- **Mit Texten und Medien umgehen**
- **Über Sprache nachdenken**
- **Arbeitstechniken und Methoden**

Jedes **Kapitel** besteht aus **drei Teilen:**

1 Hauptkompetenzbereich
Hier wird das Thema des Kapitels erarbeitet, z. B. in Kapitel 3, „So sehe ich das – Eigene Standpunkte vertreten".

3.1 Das ist mein Anliegen – Argumentationen formulieren

2 Verknüpfung mit einem zweiten Kompetenzbereich
Das Kapitelthema wird mit einem anderen Kompetenzbereich verbunden und vertiefend geübt, z. B.:

3.2 Digitalisierung: Fluch oder Segen? – Meinungen begründen

3 Fit in ...?, Projekt oder Vertiefung
Hier überprüft ihr das Gelernte anhand einer Beispielschulaufgabe und einer Checkliste oder ihr erhaltet Anregungen für ein Projekt, z. B.:

3.3 Fit in ...? – Einen Lebenslauf schreiben

Das **Grundwissen** findet ihr in den blauen Kästen mit der Bezeichnung **Wissen und Können**.

Folgende **Kennzeichnungen** werdet ihr im Buch entdecken:

●○○	Diese Aufgaben geben euch Starthilfen.
●●●	Diese Aufgaben verlangen, dass ihr sie möglichst selbstständig bearbeitet.
3	Zusatzaufgabe
	Partnerarbeit
	Gruppenarbeit
	Rollenspiel
	Diese Texte könnt ihr euch anhören.
▶ S. 235 f.	Auf der angegebenen Seite könnt ihr weitere Informationen nachschlagen.

Inhaltsverzeichnis

Sprechen, zuhören und schreiben

Kompetenzschwerpunkt

1 Vorbilder und Idole – Informieren und Präsentieren 13

Die Schülerinnen und Schüler ...

- werten diskontinuierliche Texte aus, um sich zielgerichtet zu informieren.
- beurteilen medienspezifische Besonderheiten, indem sie nach selbstständiger Recherche Informationen auswerten.
- führen auf der Grundlage eines selbst verfassten Interviewleitfadens eine Befragung durch, um Hintergründe und Zusammenhänge zu einem bestimmten Thema zu beleuchten.
- informieren andere strukturiert, gestalten ihren Vortrag nach dramaturgischen Aspekten (z. B. Interesse weckender Einstieg) und setzen verschiedene Vortrags- bzw. Visualisierungstechniken ein (z. B. Präsentationsprogramm).
- verfolgen Mitteilungen anderer (z. B. in Vorträgen und Diskussionen) und fertigen bei Bedarf geeignete Mitschriften an (z. B. Protokollieren).

Sprechen, zuhören und schreiben

Kompetenzschwerpunkt

2 Ich bin dabei! – Argumentieren, Diskutieren, Protokollieren 31

Die Schülerinnen und Schüler ...

- entnehmen Hörtexten detaillierte Informationen, sichern diese selbstständig (z. B. mit Hilfe von Stichworten) und geben sie wieder.
- geben konstruktives Feedback, nutzen Rückmeldungen anderer und reflektieren Gesprächssituationen.
- beschreiben mögliche Gründe für gestörte Kommunikation, wenden geeignete Lösungsstrategien an.

Die Schülerinnen und Schüler ...
- lesen auch komplexere literarische Texte flüssig und sinnerschließend.
- grenzen pragmatische von literarischen Texten ab und erschließen Inhalt und Gestaltung lyrischer Texte.
- wenden produktive Methoden an (z. B. Paralleltext).
- tragen eigene und fremde Texte sinntragend und wirkungsvoll vor (auch frei) und gestalten diese allein oder in der Gruppe aus, um deren ästhetische Wirkung wahrzunehmen und sie (z. B. im Rahmen eines Poetry Slams) entsprechend zu transportieren.

Die Schülerinnen und Schüler ...
- beschreiben die Ideale der literarischen Aufklärung (Toleranz und verantwortliches Handeln) in ausgewählten Texten, um daraus Rückschlüsse für das eigene Handeln (z. B. Umgang mit Freiheit und Verantwortung) zu ziehen.

Kompetenzschwerpunkt

- tragen eigene und fremde Texte (auch kurze Dramenauszüge) sinntragend und wirkungsvoll vor.
- wenden produktive Methoden an (z. B. Paralleltext), um ihr Textverständnis zu vertiefen.
- erarbeiten weitgehend selbstständig ein Konzept für die szenische Interpretation einer literarischen Vorlage.
- reflektieren die szenische Umsetzung und geben konstruktives Feedback (z. B. zu Körperhaltung, Gestik, Mimik, Sprache, Wortschatz).

Mit Texten und Medien umgehen

Kompetenzschwerpunkt

Die Schülerinnen und Schüler ...

- beschreiben das Spannungsfeld zwischen Vernunft und Gefühl, insbesondere in Texten aus dem Sturm und Drang und der deutschen Klassik, um daraus Rückschlüsse für das eigene Handeln (z. B. Umgang mit Freiheit und Verantwortung) zu ziehen.
- formulieren Erwartungen an Texte auf der Basis persönlicher Leseerfahrungen.
- erschließen Inhalt und Gestaltung dramatischer Texte.
- setzen ihr Wissen über fiktive Figuren in ausgewählten literarischen Texten in Beziehung zu eigenen Erfahrungen.

Kompetenzschwerpunkt

10 Fenster zur Welt – Zeitungstexte 187

Die Schülerinnen und Schüler ...

- werten diskontinuierliche Texte (z. B.: Schaubilder, einfache Statistiken und Diagramme) aus, um sich zielgerichtet zu informieren.
- formulieren eigene Standpunkte zu Fragen und Themen in pragmatischen Texten, bringen sie mit der eigenen Lebenswelt in Verbindung.
- erklären und deuten verschiedene Elemente der Rezeptionssteuerung (z. B.: Layout, verschiedene sprachliche Mittel) als Mittel der Beeinflussung von Lesern und nutzen dieses Wissen, um ihre Medienkompetenz weiterzuentwickeln.
- vergleichen Merkmale verschiedener Tageszeitungen und Zeitschriften und nutzen typische Elemente zur besseren Orientierung für eine zügige und zielgerichtete Informationsentnahme.
- beurteilen medienspezifische Besonderheiten, indem sie nach selbstständiger Recherche Informationen zum selben Thema auswerten.
- erkennen die Wirklichkeitsprägung durch Medien und vertiefen so ihr Bewusstsein z. B. bezüglich Manipulation und technischer Abhängigkeit sowie ihre Neugierde für Innovationen und technische Prozesse.

Die Schülerinnen und Schüler ...
- wenden selbst gewählte Lesetechniken und -strategien (z. B.: selektives, orientierendes, reziprokes Lesen) routiniert an, insbesondere um Texten gezielt und zügig Informationen zu entnehmen und Strukturen zu erfassen.
- beschreiben auch längere pragmatische Texte (Bericht, Reportage), geben den Inhalt wieder und erkennen den Zusammenhang zwischen den Merkmalen und der Textintention.
- grenzen subjektive von objektiver Darstellung ab, indem sie Texte auf persönliche Deutungen hin untersuchen, diese bewerten und sich ihre eigene Meinung dazu bilden.
- formulieren eigene Standpunkte zu Fragen und Themen in pragmatischen Texten.

Die Schülerinnen und Schüler ...
- bilden die Formen des Konjunktiv I und II richtig, verstehen deren jeweilige Funktion und setzen diesen ein, um z. B. Aussagen anderer wiederzugeben oder Wünsche und Hoffnungen auszudrücken.
- verwenden Satzglieder und Satzarten grammatikalisch und inhaltlich unter Beachtung der Textkohärenz richtig.
- gebrauchen Infinitiv- und Partizipialsätze als Möglichkeit, eigene Texte formal korrekt und stilistisch ansprechend zu gestalten.

Arbeitstechniken und Methoden

Kompetenzschwerpunkt

14 Mahlzeit! – Grafiken und Texte auswerten 275

Die Schülerinnen und Schüler ...
- werten diskontinuierliche Texte (z. B.: Schaubilder, einfache Statistiken und Diagramme) aus, um sich zielgerichtet zu informieren.
- formulieren eigene Standpunkte zu Fragen und Themen in pragmatischen Texten, bringen sie mit der eigenen Lebenswelt in Verbindung und tauschen sich darüber mit anderen aus.

- entnehmen Hörtexten detaillierte Informationen, sichern diese selbstständig, geben sie wieder.

- wählen für schriftliche Darstellungen aus gesammeltem Material aus, indem sie es auf Verwertbarkeit hin überprüfen und nach Bedeutung ordnen.
- informieren über den Inhalt pragmatischer und literarischer Texte, indem sie Kernaussagen formulieren und wesentliche Sachverhalte bzw. Zusammenhänge darstellen.

Grundlegendes Wissen und Können 289

1 Vorbilder und Idole –
Informieren und Präsentieren

1 Betrachtet das Bild und beschreibt die dargestellte Situation.

2 Diskutiert, was Vorbilder und Idole kennzeichnet.

3 Sprecht darüber, wer eure persönlichen Vorbilder und Idole sind.

In diesem Kapitel ...

- übt ihr, euch zielgerichtet Informationen zu beschaffen,
- wertet ihr unterschiedliche Materialquellen gezielt aus,
- werdet ihr angeleitet, einen eigenen Vortrag vorzubereiten und zu gestalten,
- lernt ihr, ein Thema anschaulich und angemessen vor der Klasse zu präsentieren.

1.1 Vorbild gesucht – Informationen sammeln

Vorbild oder *Idol* – Begriffsklärung

A Aria, die in der Serie „Pretty Little Liars" von Lucy Hale gespielt wird, ist mein Vorbild, weil sie wie jeder Mensch nicht perfekt handelt, aber immer das Richtige tun möchte. Sie ist sehr intelligent und hat ein gutes Herz.

B Meine Großmutter ist mein Vorbild. Sie ist in ihrem Leben viel gereist, auch ganz allein. Ich könnte ihr stundenlang zuhören, wenn sie von ihren Erlebnissen erzählt. Ich möchte auch einmal so viel von der Welt sehen wie sie.

C Die Lochis begeistern mich mit ihrer Musik und ihrem Auftreten. Sie haben alles dafür getan, ihren Traum zu verwirklichen. Daran nehme ich mir gerne ein Beispiel.

D Der Fußballprofi Thomas Müller ist mein Idol. Er hat sich mit Fleiß, Ehrgeiz und Disziplin hochgearbeitet. Außerdem ist er ein toller Sportler, der auch nach einer Niederlage wieder aufsteht.

E Mein Onkel ist mein Vorbild. Sein Job als Altenpfleger ist nicht leicht, aber ihm liegt das Wohl der Menschen am Herzen und er geht immer gut gelaunt zur Arbeit.

1 a Lest die Aussagen A–E (▶ S. 14) und besprecht, welche Vorbilder genannt werden. Legt dar, wie ihr zu den genannten Personen steht.

b Überlegt, welche besonderen Eigenschaften die genannten Vorbilder und Idole jeweils haben. Sammelt sie in einem Cluster.

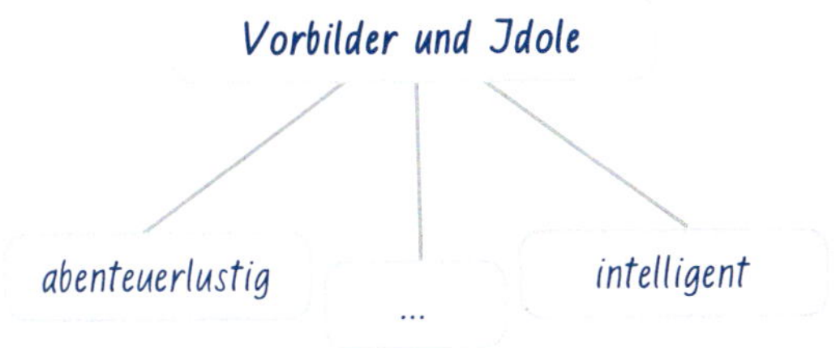

Cluster
Ein Cluster hilft euch, **Ideen** zu einem bestimmten Thema zu **finden.**
- Schreibt das **Thema** in die Mitte eines Blattes.
- Notiert **Stichpunkte** (Gedanken, Ideen, Angaben ...) zum Thema und verbindet sie mit **Linien.** Weitere Stichpunkte und Einfälle können leicht ergänzt werden.

Dieser Begriff steht für eine Person, die schwärmerisch verehrt wird und ein Wunschbild ist, zum Beispiel von Jugendlichen. In vielen Fällen handelt es sich um Menschen aus dem Showbusiness oder Sport.

Der Begriff steht für eine lebende oder historische Persönlichkeit, die aufgrund ihrer Leistungen zur Bezugsperson wird, also für Einstellungen und Verhaltensweisen eines Menschen Orientierung und Maßstäbe vorgibt.

2 Schlägt man in einem Lexikon nach, kann man die oben stehenden Definitionen für die Begriffe „Vorbild“ und „Idol“ finden.

a Ordnet die Definitionen dem passenden Begriff zu und begründet eure Entscheidung.

b Nennt Persönlichkeiten, die ihr den Begriffen zuordnen würdet.

3 Formuliert eine eigene Aussage zum Thema „Vorbild“ bzw. „Idol“:

Vorbilder zu haben finde ich wichtig, denn ...
Mein Vorbild ist ..., weil mir an ihr/ihm ... besonders gefällt.
Idole zu haben finde ich wichtig, weil ...
An Vorbildern beeindruckt mich, dass ...

Ich brauche kein Vorbild, weil ...
Idole finde ich überflüssig, denn ...
Man muss bei Vorbildern beachten, dass ...
Ich hätte gerne ein Idol, da ...

4 Diskutiert zu zweit die folgenden Vorschläge zu Eigenschaften von Vorbildern und Idolen und ergänzt geeignete Adjektive im Cluster von Aufgabe 1 b.

ehrlich • selbstbewusst • selbstlos • reich • bescheiden • ehrgeizig • stark • tapfer • höflich • freundlich • fair • rücksichtslos • rücksichtsvoll • tolerant • verständnisvoll • berühmt • durchsetzungsstark • fleißig • zuverlässig • intelligent • sportlich • attraktiv • hilfsbereit • furchtlos • kreativ

Mein Lieblingssänger – Gezielt Informationen sammeln

Gestaltet in Kleingruppen ein anschauliches Referat zu einem Idol oder einem Vorbild eurer Wahl. Jedes Gruppenmitglied soll einen Teilbereich eures Themas vor der Klasse präsentieren. Geht schrittweise vor, indem ihr zuerst die Aufgaben dieses Kapitels bearbeitet und dann die erworbenen Kenntnisse auf euer Thema anwendet.

1 Bei eurer Recherche müsst ihr euch zunächst einen Überblick über das Thema verschaffen und anschließend die Quellen gezielt im Hinblick auf Informationen untersuchen.

a Ordnet den folgenden Informationsquellen ihre jeweiligen Funktionen bei der Informationsdarstellung aus dem Wortspeicher zu und schreibt die Ergebnisse in euer Heft. Es sind mehrere Zuordnungen möglich.

Zeitungen/Zeitschriften | Lexika | Experteninterviews | Online-Artikel | Fachbücher

kurzer, umfassender Überblick über ein Thema • aktuelle Informationen zu einem Thema • genauer Einblick und Hintergrundinformationen zu einem Thema • schneller, kurzer Überblick über ein Thema • ausführliche Darstellung eines Themas

b Bei der Recherche kann es zu unterschiedlichen Problemen kommen.
Ordnet den angeführten Problemen (A–D) die passenden Lösungen (1–4) zu.

A Ihr wisst nicht, wo genau ihr als Erstes suchen sollt.

B Ihr findet keine brauchbaren Informationen im Internet.

C Ihr findet die Seiten nicht mehr, auf denen ihr bereits passende Informationen gefunden hattet.

D Ihr findet zu einem Thema zu viele passende Informationen.

1 Ihr legt euch eine Mind-Map mit Oberbegriffen zu dem Thema an und grenzt somit die Suche ein.

2 Ihr erstellt einen Plan, in dem ihr festlegt, in welcher Reihenfolge ihr in den verschiedenen Medien sucht.

3 Ihr geht in die nächstgelegene Bücherei und sucht in Lexika und anderen Fachbüchern nach Informationen.

4 Ihr notiert euch immer sofort sämtliche Quellen, die ihr für euer Referat verwendet.

Quellenverzeichnis

- *Popcorn, Ausgabe Nummer ..., S. ...*
- *www... ; [aufgerufen am: 01.10.20..]*
- *„Wincent Weiss" aus: Lexikon aktueller Sängerinnen und Sänger. Hrsg. von Ilse von Schmitzdorf ...*
- *Bravo, Ausgabe Nummer ..., S. ...*
- *Biografie „Das Leben von Wincent Weiss", Verlag ...*
- *Podcast zur Erfolgsstory von Wincent Weiss vom Radio ...*

2 Ein Team hat sich als Referatsthema den Sänger Wincent Weiss ausgesucht und ein Quellenverzeichnis nach dem oben stehenden Muster angelegt.

a Betrachtet die Liste und beschreibt, welche unterschiedlichen Arten von Informationsquellen herangezogen wurden.

b Diskutiert, wie man die unterschiedlichen Quellen sinnvoll gliedern könnte.

3 a Lest das folgende Interview mit verteilten Rollen und nennt die unterschiedlichen Themen, die angesprochen werden.

b Besprecht, welche Informationen im Hinblick auf euer Referat interessant sein können und warum.

UNICUM: „Musik sein" ist ein echter Ohrwurm und weckt gleichzeitig Assoziationen an bestimmte Lebensereignisse, die man mit einem Song verbindet. Welche Lieder sind das bei dir?

Wincent Weiss: Ich denke, jeder hat solche Songs. Ich höre privat am liebsten Rock und Metal. Die meisten Leute können mit den Bands, die ich höre, nicht viel anfangen. Zu den bekannteren Bands gehören Linkin Park oder System of a Down, da kommt bei mir ganz viel aus meiner Jugend wieder hoch, wie ich früher zum Beispiel mit meinen Jungs nach der Schule Skateboard gefahren bin.

Kannst du es an einem Song festmachen?

Mit „Numb" von Linkin Park habe ich angefangen zu singen. Fast jedes Mal, wenn ich jetzt singe, muss ich daran denken: Damals habe ich noch auf Englisch gecovert, jetzt schreibe ich eigene Songs auf Deutsch. Das ist schon krass, wie sich alles verändert hat.

War das für dich eine bewusste Entscheidung, auf Deutsch zu singen? [...]

Ich wollte auf jeden Fall Deutsch singen. Ich kann mich beim Singen auf Deutsch einfach besser ausdrücken und fühle mich wohler, wenn ich in meiner Muttersprache singe. Ich finde es auch besser, weil das Publikum viel besser versteht, was man mitteilen möchte. Ich mag es, wenn die Leute nach einem Konzert zu mir kommen und sagen, dass sie meine Texte nachvollziehen und sich damit identifizieren können.

[...]

Was war bisher das Coolste für dich in deiner noch jungen Karriere?

Direkt in den ganz großen Hallen zu spielen. Ich war ja Vorband von Andreas Bourani oder auch Unheilig, bin da gleich vor 15.000 Leuten und mehr aufgetreten. Eines meiner ersten Konzerte mit meiner Band habe ich vor Unheilig vor 45.000 Fans gespielt. Das ist unfassbar riesig! Und ich war vor allem so überrascht, dass die Reaktionen auf den Auftritt positiv waren. Was auch toll war: Ich durfte nach Südafrika reisen und dort das Video zu „Musik sein“ drehen. Das ist natürlich auch super, dass man so etwas durch die Musik erleben darf. *

A Wo wohnen Sie derzeit?

B Wie haben Sie Ihren letzten großen Erfolg gefeiert?

C Haben Sie ein Haustier?

D Wie sieht für Sie ein perfekter Tag aus?

4 Die Fragen A–D stammen aus einem Interview.

a Überlegt, welche zwei Fragetechniken hier dargestellt sind, und ordnet die Fragen A–D jeweils der entsprechenden Fragetechnik zu.

b Ordnet die Fragen aus dem Interview den beiden Fragetechniken zu.

c Diskutiert, welche Fragen ihr bei einem eigenen Interview stellen würdet.

5 Nennt Möglichkeiten, wie man bei einem Interview die Gesprächsinhalte festhalten kann.

Wissen und Können | **Ein Interview führen**

- Bei einem Interview handelt es sich um eine **Befragung** durch einen oder mehrere Fragesteller (Interviewer).
- Wenn ihr selbst ein Interview durchführt, solltet ihr am Anfang den Interviewpartner höflich **begrüßen,** euch kurz **vorstellen** und **Anliegen sowie Gründe für das Interview** nennen.
- Während des Interviews müsst ihr **aufmerksam zuhören,** euch **Notizen** machen und bei Unklarheiten **nachfragen.**
- Um viele aussagekräftige Informationen zu erhalten, eignen sich **offene Fragen** (W-Fragen).
- Auf **geschlossene Fragen** (Ja-Nein-Fragen) bekommt man meist nur kurze Antworten.
- Zum Schluss **bedankt** ihr euch beim Interviewpartner und **verabschiedet** euch.

A Der deutsche Sänger Wincent Weiss wurde am 21. Januar 1993 in Eutin (Schleswig-Holstein) geboren. Bekanntheit in Deutschland erlangte er 2013 durch seine Teilnahme an der zehnten Staffel von Deutschland sucht den Superstar, bei der er es unter die letzten 36 schaffte. 2015 veröffentlichte er seine Debüt-Single „Regenbogen“.

Die musikalische Karriere von Wincent Weiss begann 2013 bei der Casting-Show Deutschland sucht den Superstar. In der zehnten Staffel der bekannten TV-Show erreichte er den Recall und wurde deutschlandweit bekannt. Für einen Platz im Finale bei DSDS reichte es jedoch nicht. Nach den Erfahrungen in der Casting-Show geriet die Karriere des Sängers zunächst ins Stocken. Er hatte kleinere Auftritte und veröffentlichte Lieder auf YouTube, die ihm jedoch nicht den erhofften Durchbruch bescherten. Ein Zufall brachte Wincent Weiss schließlich in die musikalische Erfolgsspur zurück. Ein von ihm produzierter YouTube-Clip zum Song „Unter meiner Haut“ wurde von den DJs Koby Funk und Gestört aber GeiL gecovert und im Sommer 2015 als Remix auf einem Festival präsentiert. Wenig später stand der Song auf Platz sechs in den deutschen Single-Charts und wurde mit einer Goldenen Schallplatte ausgezeichnet. Am 11. September 2015 veröffentlichte der junge Sänger und Teenieschwarm seine erste Single „Regenbogen" beim Label Vertigo Berlin.

Quelle: Fanlexikon aus dem Internet

B Wincent Weiss ist ein ganz toller junger Mann. Er hat an einer Castingsendung teilgenommen, und zwar nicht gewonnen, aber er ist trotzdem sofort musikalisch durchgestartet. Ich mag sehr, wie er singt. Wincent ist 1993 geboren und hat unter anderem „Unter meiner Haut" veröffentlicht. „Irgendwas gegen die Stille" hieß sein erstes Album, mit dem er gleich riesigen Erfolg gehabt hat. Dann folgten weitere Titel und er hat sogar einmal den Echo gewonnen. Das ist ein Musikpreis. Ich hoffe, dass er weiterhin viel tolle Musik herausbringen wird.

Quelle: Blogeintrag eines unbekannten Fans

6 Das Team hat bei der Recherche zwei unterschiedliche Biografien von Wincent Weiss gefunden.

a Lest die Biografien und erklärt, welchen der beiden Texte ihr für ein Referat nutzen würdet.

b Überlegt, zu welchen Aspekten ihr gerne noch mehr erfahren möchtet und was für eure Mitschülerinnen und Mitschüler interessant sein könnte.

7 Sucht nun selbst geeignete Texte für euer Referatsthema bzw. führt Interviews zum Thema und legt eine sinnvoll geordnete Materialsammlung an. Informiert euch über die Vorgehensweise im Merkkasten.

Wissen und Können **Material suchen und ordnen**

Für ein gutes Referat ist es wichtig, zu Beginn nach geeignetem Material zu suchen und aus Text-, Audio-, Video- und Bildquellen Informationen und Sachwissen gezielt zu entnehmen. Geht dabei folgendermaßen vor:

- Aktiviert euer **Vorwissen.** Was wisst ihr schon alles über das Thema? Welche Informationen braucht ihr noch?
- Verschafft euch einen **Überblick** über euer Thema. Ruft vertrauenswürdige Internetseiten (z. B.: von Ämtern, offiziellen Stellen, Institutionen) auf und überprüft die gefundenen Informationen mit Hilfe anderer Informationsquellen (z. B.: Lexika, Fachbücher).
- Überlegt euch, was genau ihr erfahren wollt, überfliegt zunächst die Texte und sucht daraufhin **gezielt** nach den passenden Informationen.
- Nutzt **unterschiedliche Quellen** (z. B.: Internetseiten, Zeitungen, Zeitschriften, Bücher) und recherchiert in Ämtern bzw. befragt Personen. **Achtung:** Achtet darauf, dass die Quellen seriös und vertrauenswürdig sind.
- Legt eine übersichtliche **Materialsammlung** an, in der ihr sämtliche Quellen, die ihr benutzt, ablegt und sinnvoll ordnet. Gebt bei Fachbüchern Autor, Titel, Verlag, Ort, Jahr, Auflage und die Seite an, auf der ihr eure Informationen gefunden habt. Führt bei Internetseiten die genaue https-Adresse und das Aufrufdatum an.

Mein Vorbild – Informationen auswerten

Eine Gruppe hat sich entschieden, über ihr Vorbild Lady Gaga zu informieren. Folgende Materialien stehen zur Verfügung:

Material 1 Lady Gaga – Lebenslauf

- geboren am 28. März 1986 als Stefanie Joanne Angelina Germanotta in New York
- mit 17 Jahren Beginn eines Musikstudiums
- erster Plattenvertrag mit 19 Jahren
- mit dem Album „The Fame“ gelang ihr 2008 der internationale Durchbruch
- weitere Singleveröffentlichungen und Tourneen folgten
- Rollen in diversen Film- und Fernsehproduktionen
- 2017: Netflix-Dokumentation „Gaga: Five Foot Two“ über das Leben der Sängerin
- 2018: Aus gesundheitlichen Gründen musste Lady Gaga mehrere Konzerte der Welttournee „Joanne World Tour“ absagen
- Auszeichnungen: neun Grammy Awards und zwei Golden Globe Awards; 2019 Oscar für den besten Filmsong („Shallow“ aus „A Star Is Born“)

Lady Gaga (EuroPride, Rom, 11. 6. 2011)

Material 2 Lady Gagas Engagement gegen Mobbing

US-Popstar Lady Gaga hält eine „Kultur der Liebe“ für die beste Maßnahme im Kampf gegen Mobbing. Es sei „nicht schwer“, die Welt zu verändern, sagte Lady Gaga […] bei der Vorstellung ihrer Stiftung Born This Way, die sich dem Kampf gegen Schikanen und Mobbing unter Jugendlichen widmet, in einem überfüllten Hörsaal der Harvard-Universität. Es genügten „kleine Gesten der Freundlichkeit“ und das Eintreten für Menschen, die gemobbt würden.

„Ich bin nicht hier, um Euch eine Antwort zu geben oder zu sagen, ich kann diese Probleme lösen“ […]. Die Stiftung […] sei „keine Anti-Mobbing Stiftung“ […]. „Es ist eine Stiftung zur Stärkung von Jugendlichen.“ Ziel sei es, für Sicherheit in Schulen und Gemeinden zu sorgen, Menschen in Freundlichkeit und Toleranz zu schulen und Möglichkeiten für Jugendliche zu schaffen, sich zu entfalten. Außerdem sollten diejenigen erreicht werden, die ihre Mitschüler schikanierten.“

1 Erstellt in eurem Heft einen Zeitstrahl und tragt stichpunktartig wichtige Stationen im Leben von Lady Gaga ein:

1986 Geburt in New York — *2003 Musikstudium* — …

Material 3 Lady Gaga über Frauen: „Wir kämpfen um unser Leben"

Leidenschaftlich hat Lady Gaga Frauen dazu aufgerufen, mehr Mut zu haben und sich durchzusetzen. Der US-Wahlkampf [von 2016] habe gezeigt, wie abfällig noch immer über Frauen gesprochen werde. […]

„Portrait of a Lady" nennt das US-Magazin „Harper's Bazaar" die Selbstdarstellung von Lady Gaga […]. [In einem Essay, den die Pop-Ikone verfasst hat,] geht es um Frauen und was sie stark macht. Über den Ursprung ihres viel gescholtenen und später zur Marke erhobenen „Rebellentums" sagt sie: „Ich bin römisch-katholisch – ich bin mit einer Menge Schuld aufgewachsen." Ihre Aufsässigkeit sei ihr von einer Reihe sehr starker Persönlichkeiten in ihrer Familie vererbt worden: „Meine Mutter und meine Großmutter sind ohne Zweifel die mächtigsten weiblichen Kräfte in meinem Leben." Ihr neues Album habe sie nach ihrer Tante Joanne benannt, die 1974 mit 19 Jahren an der Autoimmunkrankheit Lupus gestorben sei. Joanne wurde demnach in ihrer Jugend vergewaltigt. Ihr Schicksal sei immer in Erzählungen und Bildern lebendig geblieben – auch in der Wut ihres Vaters und dem Schmerz der Großeltern. Für Lady Gaga war die Tante stets so etwas wie ein Schutzengel.

Auf die Frage, was eine Dame ausmache, schreibt die Sängerin: „Eine Lady muss heute eine Kämpferin sein. Sie muss Überlebenskünstlerin sein. Es bedeutet, dass sie sich erlaubt, verletzlich zu sein und Scham oder Traurigkeit oder Ärger anzunehmen. Eine Frau braucht viel Kraft, um das zu schaffen." […]

„Ich habe eine klare Vorstellung davon, was ich will. Das macht für mich Erfolg aus. Ich möchte jemand sein, der für die Wahrheit kämpft – nicht für mehr Aufmerksamkeit, mehr Ruhm, mehr Auszeichnungen." […]

Frauen hätten oft Angst, sich überhaupt zu Wort zu melden, schreibt […] Lady Gaga. Weil sie fürchteten, schwach zu erscheinen, zu laut, zu dramatisch, zu emotional. „Aber das sind wir nicht. Wir kämpfen um unser Leben." *

2 a Fasst mit eigenen Worten zusammen, wie Lady Gaga mit ihrer Stiftung Mobbing bekämpfen will.
b Beurteilt ihr Vorhaben aufgrund eurer eigenen Erfahrungen.

3 a Erklärt mit eigenen Worten, welche Personen und Erlebnisse Lady Gaga zu einer Rebellin gemacht haben.
b Fasst zusammen, welches Frauenbild Lady Gaga vermittelt.
c Im vorletzten Absatz (► Z. 35–39) benennt Lady Gaga ihre persönlichen Ziele. Diskutiert, warum diese Aussage angesichts ihrer Karriere eher verwunderlich ist.

Lady Gaga (EuroPride, Rom, 11. 6. 2011)

Material 4 Interview mit Lady Gaga (Auszug)

[...] **Welche Schuhgröße haben Sie?**
Eine 39.

Was haben Sie für eine Naturhaarfarbe?
Ein helles Braun.

[...]

Stimmt es, dass Sie als Kind eine klassische Komponistin werden wollten?
Richtig, als kleines Kind wollte ich Komponistin werden. Ich habe immer gerne zu klassischer Musik am Klavier improvisiert. Mit 13 wollte ich dann Songs schreiben. Aber richtig: Klassische Musik ist ja gar nicht so weit weg von einem Popsong, die Harmonien sind doch dieselben.

[...]

Kann man planen, ein Popstar zu sein, oder passiert das einfach?
Man kann es [...] nicht planen.

[...]

Was war die verrückteste Sache, die Sie je auf der Bühne angestellt haben?
[...] Ich möchte Ihnen zwei Momente nennen. Erstens die Performance, die beim Festival South by Southwest in Austin, Texas, stattfand, als meine Freundin, die Künstlerin Millie Brown, sich auf der Bühne auf mein Kleid übergab, während ich einen Song über eine Vergewaltigung sang. [...] Das zweite Erlebnis [...] war mein Auftritt im Jarkon-Park in Tel Aviv, als in Israel jeden Tag Raketen einschlugen. Es war für mich einfach so wichtig, bei den Menschen in Israel und bei meinen Fans zu sein, die mich unterstützen. [...]

Stimmt es, dass Sie in Ihren Teenager-Jahren nur Jeans und Sweatshirts getragen haben?
Ich habe zu meiner Schulzeit eine Menge Uniformen ausprobiert. Aber richtig, nach der Schule habe ich oft nur zerrissene Jeans und ein kaputtes Oberteil angezogen und ein wenig Make-up aufgetragen.

[...]

Welche Bedeutung hat für Sie das Kreuz, das Sie auch jetzt gerade um den Hals tragen?
Für mich ist es ein Symbol, das mich mit meiner italienisch-katholischen Herkunft verbunden hält. Es erinnert mich an meine Wurzeln, meinen Vater, meine Mutter, meine Großmutter. Es gibt mir Selbstvertrauen.

[...] *

4 Lest das Interview mit verteilten Rollen.

5 Wertet das Interview aus, indem ihr die Informationen in einer Mind-Map ordnet.

a Nennt die unterschiedlichen Themen, die im Interview angesprochen werden, und sucht passende Oberbegriffe. Ordnet den Oberbegriffen in der Mind-Map jeweils Unterbegriffe zu.

b Besprecht, welche Informationen für eure Zuhörer interessant sein können und warum.

Wissen und Können — **Informationsmaterial auswerten**

Bei der **Auswertung** eures Materials (Texte, Interviews ...) geht ihr am besten folgendermaßen vor:

- **Markiert** auf den Kopien/Textausdrucken die wichtigsten Informationen. **Schreibt** aus Büchern das Wichtigste **heraus** und **notiert** bei Kopien am Textrand Fragen sowie Oberbegriffe.
  Tipp: Mit Hilfe von Haftnotizzetteln findet ihr euch in Büchern schneller zurecht.
- **Prüft** im Anschluss, welche Informationen ihr nutzen möchtet, und **ordnet** sie thematisch.
- Zuletzt **fasst** ihr die wichtigsten Informationen, geordnet nach Oberbegriffen, **zusammen.**

Vor dem Referat – Informationen ordnen

Lady Gaga (EuroPride, Rom, 11.6.2011)

- 2012: Gründung der Stiftung „Born this way“ gegen Mobbing an Schulen
- Einsatz für die Stärkung von Jugendlichen
- Kampf gegen die Benachteiligung von Frauen
- ...

- Richtiger Name: Stefanie Joanne Angelina Germanotta
- 2008: erster internationaler Erfolg mit dem Album „The Fame“
- 2017: Netflix-Dokumentation über Lady Gaga
- 2018: gesundheitliche Probleme
  → Absage mehrerer Konzerte
- ...

→ Vorspielen eines Auszugs aus dem Song „Born this way“
Heute erfahrt ihr etwas über die weltweit bekannte Sängerin des Liedes, das ihr eben gehört habt. Seit vielen Jahren schon ist sie ein Star auf internationalen Konzertbühnen und inzwischen auch auf der Kinoleinwand.

Was sie antreibt, sich trotz ihres Ruhms für Benachteiligte und Schwache einzusetzen, und warum sie letztlich mein persönliches Vorbild ist, werdet ihr nun hören.

Darum ist Lady Gaga ein Vorbild für mich:
- Sie macht tolle Musik und Bühnenshows.
- Sie setzt sich für Benachteiligte ein.
- Familie ist ihr wichtig und gibt ihr Kraft in schweren Zeiten.
- ...

1 a Lest die Notizen auf den Karteikarten, die für ein Referat über die Sängerin Lady Gaga angelegt wurden.
b Findet Überschriften für die einzelnen Karten und legt eine sinnvolle Reihenfolge für einen Vortrag fest.
c Überlegt, welche Vorteile es hat, die ausgewählten Informationen auf unterschiedlichen Karteikarten zu notieren.

1.2 Urknall und Schwarze Löcher – Einen Vortrag vorbereiten

Stephen Hawking – Handout für die Zuhörer

München, den 10. Oktober 20..

Klasse 8 a
Referat von:
Ayla Öztürk, Luis Brand, Eva Kuhnert

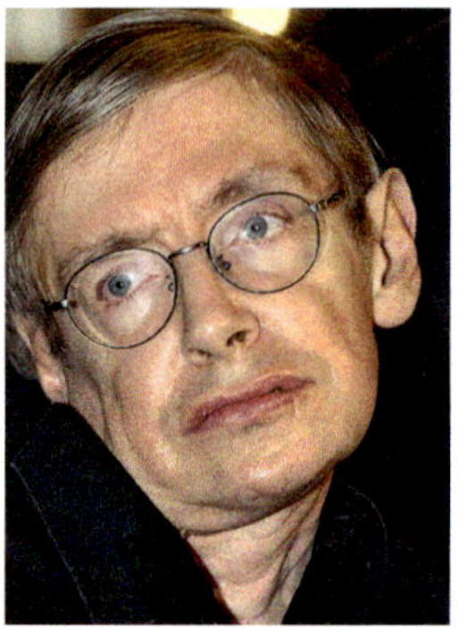

Stephen Hawking (Buchpräsentation „Das Universum in der Nussschale“, Hotel Bayerischer Hof, 2001)

Stephen Hawking

Lebensweg
- geboren am 8. Januar 1942 in England
- 1959 Beginn eines Physikstudiums an der Universität Oxford
- ...

Wissenschaftliche Erkenntnisse
- Entstehung des Universums durch den Urknall
- Theorien über Schwarze Löcher: Wenn Sterne sterben, entstehen Schwarze Löcher mit einer extrem großen Schwerkraft
- ...

Auszeichnungen und Ehrungen
- Mitglied der Royal Society der britischen Wissenschaften
- 1979 Albert-Einstein-Medaille
- 1989 ...
- ...

Vorbildcharakter
- Aufstellung bedeutsamer wissenschaftlicher Theorien
- großer Schaffensdrang trotz körperlicher Einschränkung
- ...

Raum für eigene Notizen

Quellen:
Das Leben von Stephen Hawking, XY-Verlag, YZ-Stadt 20..
https://www. ... [aufgerufen am 02.10.20..]

1 a Beschreibt den inhaltlichen und gestalterischen Aufbau des Handouts.
b Diskutiert, warum ein Handout für die Zuhörerinnen und Zuhörer hilfreich sein kann.

2 Erstellt ein Handout zu eurem Referatsthema. Nutzt dazu die Hinweise aus dem Merkkasten.

3 Überlegt, wie ihr das Publikum dazu bringt, während eures Referats gut zuzuhören. Wählt dazu eine Methode aus dem Tippkasten aus und wendet sie an.

Das Publikum miteinbeziehen
Damit die Zuhörer/-innen wichtige Informationen bewusst aufnehmen, könnt ihr:
- Rückfragen stellen lassen
- ein Quiz verteilen
- einen Lückentext austeilen

Wissen und Können **Ein Handout erstellen**

Das **Handout** (Infoblatt) bietet den Zuhörerinnen und Zuhörern während des Vortrags **Orientierung** und **Raum für Notizen.** Man kann es auch erst nach dem Referat austeilen, damit die Zuhörer/-innen die wichtigsten Punkte nachlesen können. Achtet bei der Erstellung auf folgende Aspekte:
- max. **zwei DIN-A4-Seiten**
- **Gliederung** des Vortrags übernehmen
- **Informationen stichpunktartig** nennen, die wichtigsten hervorheben (fett, kursiv usw.)
- **Zeilen zum Mitschreiben** vorgeben
- **Quellen** angeben
- **visuelle Gestaltungsmittel** verwenden (Mind-Map, Grafiken, Tabellen, Bilder)

Mit digitaler Unterstützung – Präsentationsfolien am Computer erstellen

1 Überlegt, welchen Nutzen Präsentationsfolien für euren Vortrag haben können. Nennt einige Aspekte.

A

Stephen Hawking

3. Auszeichnungen und Ehrungen

- 1979: Albert-Einstein-Medaille
- 1989: Ernennung zum *Companion of Honor* durch die britische Königin
- 2013: *Special Fundamental Physics Prize*
- weitere Preise und Ehrendoktortitel

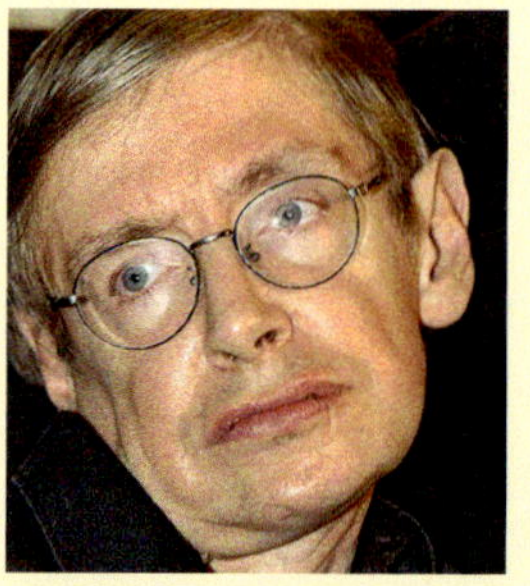

Stephen Hawking (Buchpräsentation „Das Universum in der Nussschale", Hotel Bayerischer Hof, 2001)

B

VORSICHT FEHLER!

Stephen Hawking

Stephen Hawking hat schon eine Menge Auszeichnungen und Ärungen erhalten. Er wurde mit nur 32 Jahren Mitglied der Royal Society der britischen Wissenschaften. Im Jahr 1979 erhielt er die Albert-Einstein-Medaille. Ein gutes Stück später wurde er durch die britische Königin zum Companion of Honor ernannt. 2013 gewann er den Special Fundamentalo Physics Prize. Zudem erhielt Stephen Hawking viele weitere Preise und Ärendoktortitel.
Sogar eine ganz tolle Rolle bei den Simpsons hat der Wissenschaftler ergattert. Das ist meine Lieblingsserie.

2 Die beiden Präsentationsfolien sind zum gleichen Teilbereich erstellt worden.
- **a** Beschreibt, wie die Folien aufgebaut und gestaltet sind.
- **b** Untersucht die beiden Folien im Hinblick auf die folgenden Aspekte:

  Textmenge • Schriftgröße • Schriftart • Farbhintergrund • Schriftfarbe • Übersichtlichkeit

- **c** Entscheidet, welche Folie für einen Vortrag besser geeignet ist, und begründet eure Meinung.

3 Lest den Merkkasten (▸ S. 27) zum Erstellen von Präsentationsfolien und gestaltet eine Computerpräsentation zu eurem Referatsthema.

Wissen und Können **Eine Computerpräsentation erstellen**

Eine **Computerpräsentation** bietet die Möglichkeit, unterschiedliche Inhalte (Texte, Fotos, Grafiken, Filmausschnitte ...) mittels Computer und Beamer zu präsentieren. Dabei sollen die gezeigten Folien den Vortrag nur unterstützen und den Zuhörerinnen und Zuhörern eine **strukturelle Hilfe** bieten, um dem Referat zu folgen. Achtet beim **Aufbau** auf folgende Punkte:

- Folien **inhaltlich logisch** aufeinander aufbauen
- **einheitliches Foliendesign** und gleichbleibende Kopfzeilen (Headlines)
- **gut lesbare Schriftart** (am besten Arial) und **Schriftgröße** (mindestens 20 pt) wählen
- nur die wichtigsten Informationen knapp als **Stichpunkte** aufführen
- nicht mehr als **zwei Gestaltungsmittel** (z. B.: Fotos, Abbildungen oder Grafiken) auf einer Folie
- wichtige Punkte durch **Farbe** oder **Unterstreichungen** hervorheben

Achtung: „Weniger ist oft mehr!" Verwendet Farben, Hervorhebungen, akustische Signale oder Animationen (einfliegende, blinkende Elemente) sehr sparsam und füllt eure Folien nicht mit zu vielen Stichpunkten auf einmal.

Teamarbeit – Das Referat gemeinsam vorbereiten und halten

Ablaufplan

Gliederungspunkt/ Thema	*Redner/Zeit*	*Medium*	*Zuständigkeiten*
Begrüßung und Einstieg	*Eva/zwei Min.*	*- Folie 1 (Begrüßung)* *- Folie 2 (Urknalltheorie)*	*Eva*
Gliederungspunkt 1: Lebensweg	*Luis/vier Min.*	*- Folie 3 und 4* *- Zeitstrahl an der Tafel*	*Luis* *Eva*
Überleitung	*Ayla*	*Folie 5 (Bild)*	*Ayla*
Gliederungspunkt 2: Wissenschaftliche Erkenntnisse	*Ayla/fünf Min.*	*- Folie 6* *- Videoclip Preisverleihung (ca. eine Min.)*	*Ayla* *Luis*
...	...	...	...

1 Das Team einer Referatsgruppe hat für seinen Vortrag diesen Ablaufplan geschrieben.

a Lest euch den Auszug aus dem Plan durch und beschreibt, wie er aufgebaut ist.

b Diskutiert, weshalb ein detaillierter Plan wichtig ist.

Vortragen
- Alle **Redebeiträge** sollten **gleich lang** sein.
- Referat **mehrfach einüben** und die **Zeit** dabei **stoppen.**

Überleitungen

A Welche Auszeichnungen Stephen Hawking für seine bahnbrechenden Erkenntnisse erhalten hat, wird Ayla euch nun berichten.

B Luis hat euch von Stephen Hawkings Lebensweg erzählt und über seine großen wissenschaftlichen Leistungen berichtet. Für diese hat er unterschiedliche Auszeichnungen erhalten und wurde geehrt. Darauf gehe ich nun näher ein.

C Nun macht Ayla mit dem nächsten Punkt weiter.

D Ihr seht, dass Hawking auf ein erfolgreiches Leben zurückblicken konnte. Sogar die eine oder andere Auszeichnung und Ehrung hat er erhalten.

E Jetzt bin ich endlich dran. Gönnt euch ein paar Informationen zum Lebensweg von Hawking.

1 Um von einem Gliederungspunkt zum anderen überzuleiten, sollte man abwechslungsreiche und zur Thematik passende Formulierungen verwenden. Lest euch die Überleitungen durch und wählt die geeigneten aus.

2 Auf dem Handout (▶ S. 24) sind verschiedene Gliederungspunkte angeführt. Formuliert passende Überleitungen, um die einzelnen Punkte zu verbinden.

Wissen und Können | **Im Team vortragen**

Damit euer Vortrag im Team gelingt und die Zuhörerinnen und Zuhörer euch gut folgen können, müsst ihr folgende Punkte beachten:

- Schreibt einen **Ablaufplan,** in dem ihr genau angebt, wer welche Aufgabe während des Vortrags übernimmt.
- Überlegt passende und abwechslungsreiche **Überleitungen.** Standard-Überleitungen (*„Als Nächstes kommen wir zu Gliederungspunkt 2.1“*) wirken langweilig.
- Haltet wichtige Informationen in Stichpunkten auf **Karteikarten** fest. Notiert darauf auch Überleitungen und Regieanweisungen, z. B.: *„kurze Pause“, „nächste Folie“* ...
- Achtet darauf, beim Vortragen eure **Mimik** und **Gestik** gezielt einzusetzen, ohne zu übertreiben. Haltet **Blickkontakt** zu eurem Publikum.

1.3 Präsent sein – Vortragen und Zuhören

Wirkungsvoll – Auf die Körpersprache achten

1 a Beschreibt die Vortragenden auf den Bildern. Achtet dabei vor allem auf ihre Körpersprache.
b Schildert, wie ihr euch als Zuhörerin bzw. Zuhörer jeweils fühlen würdet.
c Besprecht, welcher Rednerin / welchem Redner ihr am liebsten zuhören würdet. Begründet eure Entscheidung.

2 Auf dem Notizzettel sind bereits einige Stichpunkte erfasst, die als Hilfestellung für einen Vortrag dienen sollen. Erstellt eine Liste mit „Tipps für das Vortragen eines Referats", in die ihr die bereits vorgegebenen Punkte aufnehmt.
Ergänzt dann weitere nützliche Tipps.

- *Blickkontakt*
- *zentraler Standpunkt*
- *nicht wild gestikulieren*
- …

Wissen und Können | **Körpersprache**

Unter Körpersprache versteht man **nonverbale** (nicht sprachliche) **Signale,** durch die sich ein Mensch ausdrückt. Dazu gehören der **Gesichtsausdruck** (Mimik) und die **Körperhaltung,** besonders die **Bewegung der Hände und Arme** (Gestik). Mimik und Gestik können die Worte einer Rednerin bzw. eines Redners positiv unterstreichen.

Ganz Ohr! – Aufmerksam zuhören

1 Ergänzt die Tipps für aufmerksames Zuhören und notiert sie gut sichtbar auf einem Plakat. Nutzt die Stichpunkte im Wortspeicher.

Notizen • Gehörtes • Meinungen • Fragen • Blickkontakt • Unterstreichungen • Gesagtes

2 Denkt darüber nach, wie ihr eure Zuhörerinnen und Zuhörer dazu bringen könnt, noch bewusster auf eure Informationen zu achten. Prüft dazu auch die Ideen im Wortspeicher im Hinblick auf ihre Umsetzbarkeit.

Quizfragen stellen • wichtige Folien abschreiben lassen • Rückfragegelegenheiten • Lückentexte • eine Dokumentation zum Thema zeigen • Multiple-Choice-Aufgaben • Wahr-/Falsch-Aussagen beurteilen lassen • Ausmalbilder zum Thema verteilen • ...

Wissen und Können **Aufmerksames Zuhören**

Ihr könnt den Referentinnen und Referenten leicht signalisieren, dass ihr ihnen **aufmerksam zuhört** und ihre Arbeit wertschätzt, indem ihr diese Tipps befolgt:

- Zeigt **ehrliches Interesse** am Thema, haltet **Blickkontakt** zu den Vortragenden.
- **Unterbrecht** die Referentinnen und Referenten **nicht,** schreibt noch nicht beantwortete **Fragen** auf einem Blatt Papier mit.
- Signalisiert den Vortragenden, dass ihr ihnen inhaltlich folgen könnt (z. B. durch Nicken).
- **Vermeidet Ablenkungen** jeglicher Art.
- Hebt euch **vertiefende Fragen** für das Ende des Referats auf und fragt gezielt **am Schluss** nach.

2 Ich bin dabei! –
Argumentieren, Diskutieren, Protokollieren

1 In welchen Situationen wird diskutiert? Nennt Beispiele.

2 Erläutert, warum man überhaupt diskutiert.

3 Die Klassensprecherin soll der Schulleiterin nach einer Diskussion berichten, was beschlossen wurde. Überlegt, wie ihr das möglichst gut gelingen kann.

In diesem Kapitel ...

- lernt ihr Möglichkeiten kennen, wie man das Schulleben mitgestalten kann,
- trainiert ihr, eure Meinungen sachlich und stichhaltig darzustellen,
- vertretet ihr eure Position in einer Debatte,
- lernt ihr, den Verlauf und das Ergebnis von Diskussionen zu protokollieren.

2.1 Plastikmüll – Meinungen überzeugend vertreten

„Plastikpiraten" – Argumentieren in einer Diskussion

1 Betrachtet das Foto und beschreibt es.

DIE BUNDESWEITE CITIZEN-SCIENCE-AKTION FÜR JUGENDLICHE

Wie stark sind deutsche Fließgewässer mit Plastikmüll belastet?

Welche Arten von Kunststoffen lassen sich besonders häufig in der Umwelt finden und welche Auswirkungen hat das auf unsere Meere und Ozeane? Vom 1. Mai bis zum 30. Juni […] gehen Schulklassen und Jugendgruppen erneut als „Plastikpiraten" auf Expedition. Sie erheben deutschlandweit für die Forschung relevante Daten und tragen diese auf einer digitalen Landkarte im Internet ein. So erstellen die Jugendlichen Vergleichswerte und gewinnen Informationen für die Wissenschaft. Zusammen mit den erfolgreich erhobenen Daten aus den Aktionszeiträumen in den Vorjahren ergibt sich eine umfassende Übersicht zum Plastikvorkommen in und an deutschen Fließgewässern. Partner der Aktion ist die Kieler Forschungswerkstatt. Hier werden die erhobenen Daten ausgewertet. Die Ergebnisse der Untersuchung werden im Internet veröffentlicht. *

2 Der Text aus einem Flyer informiert über das Projekt „Plastikpiraten".

a Lest den Text und formuliert mit eigenen Worten, inwiefern das Projekt mit dem Problem der durch Plastik verschmutzten Meere zusammenhängt.

b Begründet, warum gerade Schulklassen und Jugendgruppen aufgerufen sind, sich an der Aktion zu beteiligen.

Mia: In unserer Diskussion geht es um die Frage, ob wir uns in diesem Jahr an dem Projekt „Plastikpiraten" mit einem Abschnitt der Isar beteiligen sollen. Einige haben ja schon in der Biostunde Interesse daran geäußert. Fritz, sag doch mal, was du davon hältst.

Fritz: Ähm, ja klar … Ein Argument dafür ist ganz sicher, dass dadurch die Klassengemeinschaft gestärkt wird. Wir arbeiten dann in Teams, die auch voneinander abhängig sind. Da muss man sich schon auf die Messungen oder so von den anderen verlassen können und selbst korrekt arbeiten, sonst wird das nichts. Am Ende soll ja ein stimmiges Ergebnis herauskommen. Und das kann nur gemeinsam geschafft werden.

Ben: Wer hatte denn die Idee? So etwas hat doch noch nie geklappt.

Mia: Sorry, Ben, aber Fabi hat sich vor dir gemeldet.

Ben: Mensch, Mia, spiel dich nicht immer gleich als Chefin auf!

Fabi: Ich kann zwar verstehen, dass das Projekt gut für die Klasse ist, aber am Fluss herumlaufen macht nicht allen Spaß. Natur, Messungen usw. – das ist doch nur für Ökofreaks interessant.

Tom: Hey, absoluter Blödsinn, was du da redest! Der Punkt ist doch, dass wir alle lernen, wie man wissenschaftlich arbeitet. Nicht nur die Ökofreaks. Außerdem wäre es eine sinnvolle Abwechslung zum Schulalltag. Die meiste Zeit verbringen wir im Sitzen und nun könnten wir in der Natur auch wirklich mal anwenden, was wir vorher gelernt haben.

Lena: Aber das Projekt nimmt bestimmt viel Zeit in Anspruch, denn es ist ja eine Menge Arbeit. Und wer hat die Zeit schon?

Jakob: Korrekt, Lena! Meine Nachmittage sind mit Hausaufgaben, Klavier und Fußball sowieso schon voll. Da bleibt kaum Zeit, um mich einzulesen und mich zum Messen und Zählen zu verabreden. Die Vormittage wären aber eine Option, oder?

Semra: Na ja, dann muss man aber bedenken, dass der andere Unterricht dafür ausfällt. Den Stoff müssen wir nacharbeiten, was bestimmt mehr Hausaufgaben bedeutet.

Jule: Aber jedes Kind weiß doch, dass die Wasserverschmutzung durch Plastikpartikel ein aktuelles Problem ist, das uns auch noch begleiten wird, wenn wir erwachsen sind. Das ist doch ein Grund, um uns damit zu beschäftigen. Wenn wir die Verschmutzung sehen und messen, schmeißen wir vielleicht nicht mehr so viel Plastik weg.

3 Eine Klasse bespricht in einer Pro-und-Kontra-Diskussion, ob sie an dem Projekt „Plastikpiraten" teilnehmen soll. Hört euch das Gespräch an bzw. lasst es euch vorlesen.

4 a Notiert in einer Tabelle, welche Aspekte für eine Teilnahme und welche dagegen sprechen.
b Ergänzt die Tabelle mit weiteren möglichen Meinungen.

Pro Teilnahme am Projekt	Kontra Teilnahme am Projekt
sinnvolle Aktion zur Stärkung der Klassengemeinschaft	…

5 a Hört euch das Gespräch erneut an und sammelt Aussagen, die die Diskussion nicht voranbringen. Formuliert die unhöflichen Formulierungen um.
b Notiert die Formulierungen, die zeigen, dass manche Diskussionsteilnehmerinnen und -teilnehmer auf die Beiträge der anderen eingehen.

6 Eine stichhaltige Argumentation besteht aus Behauptung, Begründung und Beispiel.
- **a** Untersucht Fritz' Redebeitrag dahingehend und prüft, ob es ihm gelungen ist, eine umfassende Argumentation zur Diskussion beizutragen. Beachtet dabei den Merkkasten unten.
- **b** Lenas Einwand ist durchaus berechtigt, aber nicht ganz überzeugend. Erläutert, was ihrem Redebeitrag fehlt.
- **c** Überlegt, wie Lena thematisch an Toms Redebeitrag anknüpfen könnte.
- **d** Findet im Diskussionsverlauf Besonderheiten der mündlichen Argumentation und benennt diese.

Wissen und Können **Überzeugend argumentieren**

Beim Argumentieren versucht man, seine Meinung überzeugend zu erläutern. Eine vollständige Argumentation enthält eine **Behauptung,** eine **Begründung** und ein **Beispiel.**
- **Behauptung,** z. B.: *Durch das Projekt übt man wissenschaftliches Arbeiten.*
- Wiederhole im Geiste die Ausgangsfrage und formuliere deine **Begründung** als eindeutige Antwort darauf, z. B.: Inwiefern wird durch das Projekt wissenschaftliches Arbeiten geübt?
  → Begründung: *Weil man exakt zählen bzw. messen und dies dokumentieren muss.*
- **Beispiel,** z. B.: *Bei dem Projekt müssen die Plastikteile pro Liter Wasser gezählt und der Größe nach geordnet in einen Messbogen eingetragen werden.*

Folgende Aspekte sind Bestandteile einer **mündlichen Argumentation:**
- **Nachfragen,** z. B.: *„Die Vormittage ..., oder?"*
- **Bestärkung** und **Widerlegung,** z. B.: *„Wie schon von ... erwähnt, ..."; „Ja, das ist wichtig, weil ..."; „... muss ich widersprechen"; „Gegen deinen Beitrag lässt sich einwenden, ..."*
- **Bekräftigungen, Wiederholungen,** z. B.: *„Korrekt, Lena! Die Nachmittage sind ..."*
- Anknüpfungen an Redebeiträge anderer, um **Einwände** zu formulieren, z. B.: *„Ich kann zwar verstehen, dass ..., aber ..."*

Diskutieren nach Regeln – Die Struktur einer Debatte kennen lernen

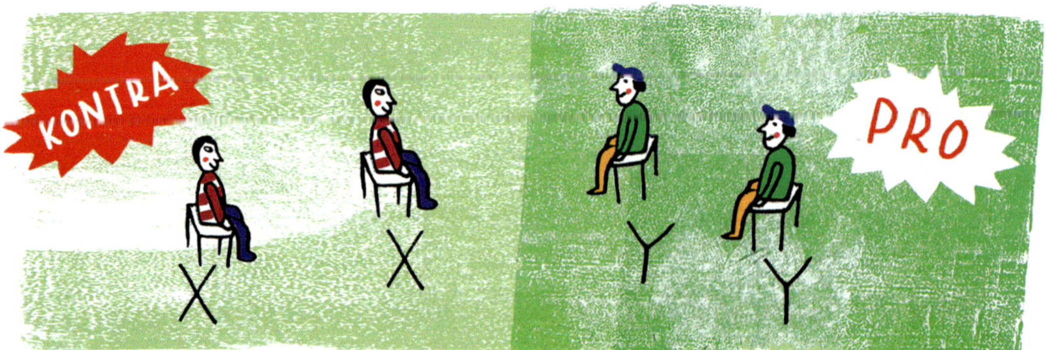

1 Eine Sonderform der Pro-und-Kontra-Diskussion ist die Debatte.
Lest die Informationen im Merkkasten (► S. 35) und vergleicht mit einer gewöhnlichen Diskussion. Nennt Unterschiede und Gemeinsamkeiten.

2 Ordnet folgende Formulierungen den passenden Phasen der Debatte zu.
Erstellt dazu eine Tabelle in eurem Heft.

Eröffnungs- und Abschlussphase	Argumentieren	Gegenargumente anführen/entkräften
...	...	...

Formulierungen für das Argumentieren

Du sagst, es sei ... •
Für/Gegen ... möchte ich anführen ... Darunter verstehe ich ... •
Unsere Debatte hat ... zum Thema •
Jede/Jeder weiß/hat schon einmal die Erfahrung gemacht, dass ... •
Der entscheidende Punkt für/gegen ... ist für mich ..., weil ... •
Deshalb spreche ich mich für/gegen ... aus •
Unsere Debatte drehte sich um die Streitfrage ... •
Denn man muss auch bedenken, dass ... •
Dagegen möchte ich einwenden ... •
Wir stellen uns die Frage: ... •
Ihr behauptet ... Dem möchte ich widersprechen, denn ... •
Ausgangspunkt der Diskussion war ... •
Ich kann zwar verstehen, dass ... Dagegen möchte ich folgenden Einwand vorbringen: ...

Wissen und Können **Eine Debatte durchführen**

Die Debatte ist eine geregelte Form der Diskussion, in der eine strittige Frage diskutiert und am Ende entschieden wird. Dazu sitzen sich die **Gruppen mit unterschiedlichen Positionen** gegenüber.

Aufbau:

- **Eröffnungsphase:** Die Gruppen nehmen kurz zum Thema Stellung (ca. zwei Minuten pro Gruppe).
- **Debatte:** Die/Der erste Rednerin/Redner nennt einen Pro-Aspekt aus der Eröffnungsphase und bestärkt diesen durch Begründungen und Beispiele. Dann greift die/der erste Kontra-Rednerin/-Redner die Argumentation auf und widerlegt sie. Die/der zweite Pro-Rednerin/-Redner knüpft an die Kontra-Argumentation an und entkräftet sie mit einer neuen Pro-Argumentation (insgesamt sechs bis zehn Minuten).
- **Abschlussphase:** Die einzelnen Teilnehmenden ziehen ihr Fazit aus der Debatte. Pro- und Kontra-Rednerinnen/-Redner wechseln sich dabei ab (ca. eine Minute pro Rednerin/Redner).
- **Feedback-Phase:** Die Beobachtungsgruppe gibt auf Grundlage ihrer Notizen im Bewertungsbogen allen Teilnehmenden Feedback.

3 In einer Debatte sind folgende Bewertungskriterien wichtig: **A** Sachkenntnis, **B** Ausdrucksvermögen, **C** Überzeugungskraft und **D** Gesprächsfähigkeit.

a Legt eine Tabelle an und ordnet den Kriterien A–D die Beurteilungen 1–4 zu.

b Ergänzt die Beurteilungen in der Tabelle durch die Begriffe aus dem Wortspeicher.

> Fakten • Sachlichkeit • Blick für das Wesentliche • Zusammenhänge • aktives Zuhören • Anschaulichkeit

> **1** Das Gesagte ist für jeden verständlich.
> **2** Die Teilnehmer/-innen kennen sich mit dem Debattenthema aus und können Wesentliches genau erklären.
> **3** Die Teilnehmer/-innen gehen aufeinander ein, sodass die Debatte voranschreitet.
> **4** Die Teilnehmer/-innen können mit ihren Redebeiträgen die Meinung der Beobachter/-innen zum Thema ändern.

UNSERE PLASTIKWELT IN ZAHLEN

Verbreitung von Plastik

- **5 %** des weltweit geförderten Erdöls werden für die Plastikproduktion benötigt.
- **200** Mio. Tonnen Plastik (Kunststoff) werden jährlich produziert.
- **3–13 %** davon landen im Meer.
- **13 000** Plastikteilchen schwimmen pro Quadratkilometer im Meer.

Die größte Plastikinsel im Vergleich (in km^2)

Ablagerung von Plastik im Meer (in %)

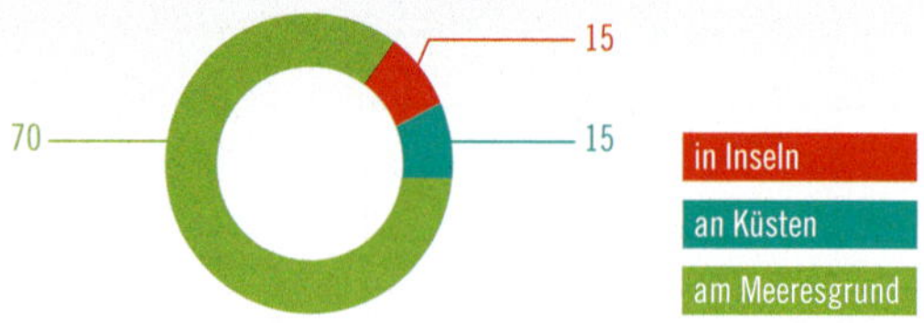

Tote Tiere durch Plastik pro Jahr

! 100 000 Meeressäuger **! 1 000 000** Vögel

Gesundheitsschäden für Menschen

Viele Chemikalien in den Kunststoffen sind sehr giftig und entweichen über die Zeit. Sie können gravierende Gesundheitsschäden verursachen, von Allergien und Fettleibigkeit bis hin zu Unfruchtbarkeit, Krebs und Herzerkrankungen.

4 Übt, eine Argumentation überzeugend vorzutragen.

a Untersucht das Schaubild und notiert auf einem Stichwortzettel Informationen zu folgenden Fragen:
- Wie viel Plastik gibt es?
- Wer trägt Schäden davon?
- Warum schadet es?

> Tragt eure Argumentation möglichst frei vor und nutzt dabei das Verfahren **„Read – look up – speak“**: Ihr dürft euren Notizzettel als Merkhilfe benutzen, aber immer erst dann sprechen, nachdem ihr vom Zettel aufgeschaut und Blickkontakt zu eurem Publikum hergestellt habt.

b Bereitet mit Hilfe eurer Notizen einen kurzen Vortrag (ca. eine Minute) zu folgender Frage vor: „Warum soll man möglichst auf Plastik verzichten?“

c Bewertet die vorgetragenen Texte hinsichtlich Sachkenntnis, Ausdrucksvermögen, Überzeugungskraft und Gesprächsfähigkeit in einem kurzen Feedback.

> Dein Vortrag war hinsichtlich ... sehr überzeugend, weil ... • Achte beim nächsten Vortrag darauf, dass ...

5 Gesprächsfähigkeit bedeutet, dass man aufeinander eingeht.

a Bildet einen Kreis und werft euch – ohne zu sprechen – einen kleinen, weichen Ball zu.

b Versucht nach einer Weile, das Tempo zu steigern.

c Beobachtet genau, wann das Ballspiel funktioniert und wann nicht. Sprecht darüber.

d Vergleicht das durchgeführte Spiel mit einem Gespräch. Welche Anforderungen müssen die Spieler/-innen bzw. Redner/-innen erfüllen, damit es erfolgreich abläuft? Schreibt sie auf.

●○○ Folgender Wortspeicher enthält passende Anforderungen. Wählt die richtigen aus.

> Blickkontakt • Konkurrenz • Aufmerksamkeit • Reaktionsvermögen • Beteiligung aller • möglichst viel Abwechslung • Anspannung • Konzentration • Gewandtheit • Elan • Regeln • Fairness

Verbaler Schlagabtausch – Eine Debatte vorbereiten und durchführen

1 Um das Thema folgerichtig anzugehen, müsst ihr euch darüber klar werden, worum es genau geht. Geeignete W-Fragen helfen euch bei der Erschließung. Beantwortet die folgenden Fragen.

- Wo begegnen euch im Alltag Plastikverpackungen? Nennt passende Beispiele.
- Wer ist von einem Verbot betroffen?
- Wodurch können Plastikverpackungen ersetzt werden?
- Wann kann ein solches Verbot in Kraft treten?
- Wie kann es eingehalten werden?
- Warum ist das Verbot eventuell sinnvoll?

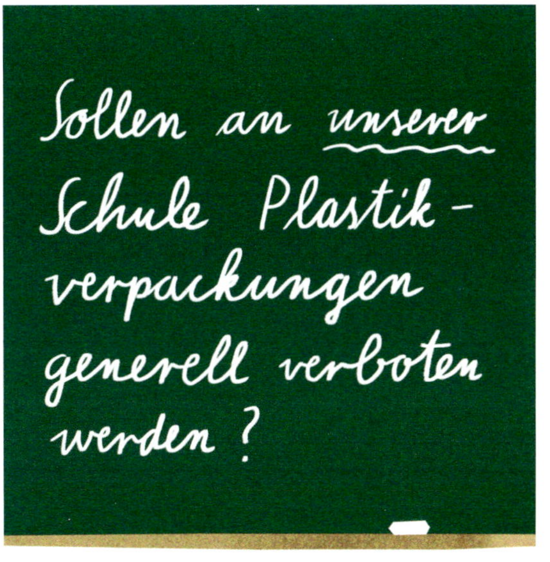

2 Vergleicht eure Ergebnisse.

3 Findet Aspekte, die für und gegen ein Verbot von Plastikverpackung sprechen.

a Gestaltet dazu eine Tabelle mit Stichworten.

Pro Plastikverpackungsverbot	Kontra Plastikverpackungsverbot
a) täglich überfüllte Mülleimer in der Pausenhalle	…
…	…

b Tauscht euch über eure Ergebnisse aus und ergänzt eure Tabellen gegebenenfalls.

4 Bereitet nun die Debatte zur Frage „Sollen an unserer Schule Plastikverpackungen generell verboten werden?" vor.

- **a** Teilt die Klasse in folgende Gruppen auf:
  Pro- und Kontra-Debattengruppe (jeweils drei bis sechs Personen), Debattenleiter/-in, Zeit- und Ergebniswächter/-innen, Beobachtungsgruppe.
- **b** **Debattengruppen:**
  Bereitet euch in eurer jeweiligen Gruppe auf die Debatte vor.
  Sammelt mögliche Behauptungen, Begründungen und Beispiele.

- **c** **Beobachtungsgruppe, Zeit- und Ergebniswächter/-innen:**
  Erstellt aus den Bewertungsbereichen und Beurteilungskriterien aus Aufgabe 3 von Seite 36 einen Beobachtungsbogen.
  Zu jedem Beurteilungskriterium soll es vier Bewertungsstufen (++ + 0 –) geben.
  Ordnet allen Teilnehmenden der Debatte eine Beobachterin / einen Beobachter zu.

5 Führt die Debatte durch.

Zeit- und Ergebniswächter/-innen:
Unterstützt die Debattenleitung, indem ihr auf die Einhaltung der Zeitvorgaben achtet, die Begründungen der Gruppen stichpunktartig notiert und das Debattenergebnis festhaltet.

- **a** **Eröffnungsphase:**
  Zunächst trägt die Pro-Gruppe ihre Gründe vor, warum sie die Debattenfrage bejaht. Anschließend ist die Kontra-Gruppe an der Reihe. Achtet dabei auf eine Redezeit von zwei Minuten pro Gruppe.
- **b** **Die eigentliche Debatte:**
  Geht in den folgenden sechs bis zehn Minuten auf die Redebeiträge der Vorredner/-innen ein und versucht, die Aussagen der eigenen Gruppe zu bestärken und die der gegnerischen Gruppe zu widerlegen. Seid dabei auch offen für überzeugende Begründungen. Eine Minute vor dem Ende geben die Zeitwächter/-innen ein kurzes Signal, damit die Teilnehmer/-innen nun ihre schlagkräftigsten Punkte vorbringen können.
- **c** **Abschlussphase:**
  Die Mitglieder der Pro-Gruppe ziehen im Wechsel mit den Mitgliedern der Kontra-Gruppe innerhalb einer Minute ihr Fazit aus der Debatte. Geht dabei auf folgende Fragen ein:
  Was ist mir am Thema wichtig? Hat sich meine Position zur Streitfrage geändert? Warum?
- **d** **Feedback-Phase:**
  Die Beobachtungsgruppe gibt den Teilnehmenden ein konstruktives Feedback.
  Nennt zunächst etwas Positives und äußert dann Kritik (z. B.: *Besonders gut gefallen hat mir … Allerdings solltest du darauf achten, dass …*).

6 Führt eine weitere Debatte zu einer der folgenden Fragen durch:

- Soll jeder Schultag mit einer Stunde Sportunterricht beginnen?
- Sollen Klassenfahrten immer mit einer Parallelklasse durchgeführt werden?
- Soll jede 8. Klasse pro Schuljahr ein gemeinnütziges Projekt organisieren und durchführen?

- **a** Bereitet die Debatte vor. Orientiert euch dabei an der Vorgehensweise von Seite 37 (Aufgaben 1, 3) und auf dieser Seite (Aufgabe 4).
- **b** Führt die Debatte durch und bewertet die Mitglieder der Pro- und der Kontra-Gruppe mit Hilfe der auf Seite 36 genannten Bewertungskriterien.

2.2 Einen Spendenlauf organisieren – Diskussionsverläufe protokollieren

Eine Mitschrift anfertigen

Geld für guten Zweck erlaufen

Die Klasse 8 b der Realschule XY sammelte bei dem am Freitag durchgeführten Spendenlauf über 1000 Euro. Die Läufer aus den Jahrgangsstufen 5 bis 9 hatten zuvor Sponsoren für ihre gelaufenen Kilometer aus dem Bekannten- bzw. Freundeskreis und den ortsansässigen Firmen gesucht. „Meine Sponsoren“, teilte Fabian aus der 7 d der Redaktion freudestrahlend mit, „unterstützten meine Laufrunden mit jeweils 50 Cent bis 2 Euro. Damit habe ich 25 Euro erlaufen.“ Das gesammelte Geld kommt … zugute. …

1 Klärt mit Hilfe des Zeitungsberichts und anhand von eigenen Erfahrungen, was ein Spendenlauf ist.

2 Macht Vorschläge, welchem guten Zweck das gesammelte Geld zugeführt werden könnte.

3 Die Klasse 8 b musste vor der Durchführung des Spendenlaufs vieles organisieren.

a Lest folgende Mitschrift der Diskussion darüber, wo der Spendenlauf stattfinden könnte. Arbeitet heraus, wie die vielen Aussagen reduziert und übersichtlich wiedergegeben wurden.

1. Vorschläge:
- Peter: Lauf durch Stadt od. durch Stadtpark o. Ä. ☺ viel Aufmerksamkeit
- Tim: ☹ hoher Org.aufwand wg. evtl. Straßensperrung
- Leyla: Waldlauf + bes. frische Luft, Abwechslung usw.
- Malte: ☹ vgl. Vorschlag Peter z. T. Sperrung notwendig s. o. Tim + unübersichtlich
- Lena: Sportplatz = am einfachsten wg. gelaufene Strecke leicht messbar
- Peter: viele Läufer (ganze Schule), 400-m-Bahn zu voll ↔ Stadtpark
2. Abstimmung: Erg.: 24:0 Stadtpark

b Übernehmt die Tabelle und tragt Abkürzungen und Symbole der Mitschrift mit Erklärungen ein.

Verwendete Abkürzung/Symbol	Bedeutung
o. Ä.	*oder Ähnliches*
☺	…

wegen • weil • positiv / von Vorteil • negativ / von Nachteil • vielleicht • eventuell • besonders • bezüglich • vergleiche • zum Teil • ist gleich • Ergebnis • und so weiter • oder • im Gegensatz zu • siehe oben

●○○ Ihr könnt aus nebenstehenden Bedeutungen die passenden auswählen.

Leyla: Ich finde, wir sollten das Geld für besondere Anschaffungen an unserer Schule verwenden, z. B. neue Spiele für die „Bewegte Pause".
Malte: Sollten wir nicht besser Bedürftige unterstützen, z. B. arme Kinder in Afrika?
Tim: Das ist viel zu allgemein. Und so viel Geld kriegen wir nie zusammen, dass es auch wirklich was hilft.
Peter: Ich stimme Leyla zu. Für ihren Vorschlag spricht auch, dass nicht nur wir etwas davon haben, sondern auch die, die nach uns auf dieser Schule sind. Die Leute sind eher bereit, für etwas Bleibendes zu spenden.
Lena: Und was haltet ihr davon, den Erlös zu teilen? Eine Hälfte verwenden wir für die Schule, die andere geht an ein gemeinnütziges Projekt für Kinder.
Leyla: Okay, stimmen wir ab.

4 Notiert die Äußerungen stichpunktartig und mit Abkürzungen und Symbolen.

Mia: Der Spendenlauf sollte auf jeden Fall im Sommer stattfinden, da hat man am wenigsten Probleme mit dem Wetter.
Lena: Aber im Sommer kann es doch viel zu heiß zum Laufen sein. Das kann dann auch eine Gefahr für die Gesundheit sein.
Victor: Ja, genau. Und bei Hitze überanstrengt man sich viel schneller.
Lena: Wie wär's, wenn wir den Spendenlauf in der Woche vor den Osterferien durchführen?
Ben: Also hört mal, wir reden doch hier nicht von einem Marathon. Ein paar Hundert Meter laufen kann man doch immer. Ich bin auch für den Sommer. Nach Notenschluss ist das sicher auch kein Problem mehr. Die Schulaufgaben sind ja dann alle geschrieben, was vor den Osterferien nicht der Fall wäre.
Ayse: Und wenn wir den Wandertag durch einen Spendenlauftag ersetzen? Was haltet ihr davon?
Victor: Hm, schwierig. Einige Klassen möchten am Wandertag im Sommer auf jeden Fall Ausflüge unternehmen: Klettergarten, Sommerrodelbahn, Freizeitpark und nicht schon wieder „laufen", so wie im Herbst.

Ben: Ich hab hier den Terminplan für das zweite Halbjahr. Am Mittwoch vor der Zeugnisausgabe ist anscheinend noch nichts Schulisches geplant. Was haltet ihr also vom 23. Juli?
Victor: Also, ich glaube, dass viele da keine Lust mehr haben, sich zu bewegen. Vor den Sommerferien ist man doch froh, wenn man sich auf dem Tisch fläzen und einen Film schauen kann.
Alle: O Mann, Victor. Krieg dich wieder ein!
Lena: In Ordnung. Wer ist dafür, dass wir den Spendenlauf am 23. Juli durchführen? – Schön, der Vorschlag wurde mit einer Gegenstimme mehrheitlich angenommen.

5 **a** Übt das Mitschreiben. Hört euch dazu die Diskussion über den Zeitpunkt des Spendenlaufs an bzw. lasst sie euch vorlesen und fertigt eine Mitschrift zum Diskussionsverlauf an. Beachtet die Hinweise im Merkkasten auf Seite 41.

b Hört euch die Diskussion erneut an. Prüft und ergänzt dabei eure Mitschrift.

c Vergleicht eure Ergebnisse und gebt euch gegenseitig Hinweise, was ihr in euren Mitschriften verbessern könnt.

6 Erklärt, warum es sinnvoll ist, bei Diskussionen Mitschriften anzufertigen.

Wissen und Können **Eine Mitschrift anfertigen**

Achtet darauf, dass ihr alles Wesentliche mitschreibt:

- Lasst den **Rand für nachträgliche Ergänzungen** frei.
- Ordnet eure Aufzeichnungen übersichtlich, z. B. indem ihr sie durch **Nummerierungen** oder **Spiegelstriche** gliedert.
- Verwendet für jeden Aspekt eine **neue Zeile.**
- **Formuliert klar** und **knapp,** Stichpunkte reichen: *Lauf durch Stadt oder Stadtpark ...*
- Verwendet **Abkürzungen** und **Symbole,** z. B.: *usw., vgl., +, →*
  Das spart Zeit und so werden Zusammenhänge deutlich.

Ein Protokoll sachlich und genau formulieren

Protokoll zur Sitzung: *Organisation eines Spendenlaufs an unserer Schule*

Ort: *Klassenzimmer 8b*
Termin, Uhrzeit: *14. März, 15–17 Uhr*
Leitung: *Leyla*
Anwesend: *Schülerinnen und Schüler der 8b, Klassenlehrer Herr Schneider*
Abwesend: *Oskar (krank)*
Protokollführung: *Tim*

Tagesordnung
TOP 1: *Termin für den Spendenlauf*
TOP 2:
...

Regensburg, 18. März
Ort, Datum

Tim
Unterschrift

1 Aus Mitschriften fertigt man Protokolle.

a Erklärt, welche Funktion die Informationen oben im Protokollkopf und am Schluss des Protokolls haben.

b Begründet, warum diese Informationen wichtig sind.

2 Zum Protokollkopf gehört auch die Tagesordnung. Sie stellt die Gliederung einer Sitzung dar.

a Formuliert zu folgenden Fragen Tagesordnungspunkte (TOPs) im Nominalstil:
- Wann soll er stattfinden? → *TOP 1: Termin für den Spendenlauf*
- Wo soll er stattfinden?
- Was ist vor dem Lauf zu tun?
- Wen können wir als Sponsor gewinnen?
- Wofür wollen wir das erlaufene Geld verwenden?

●○○ Folgende Wendungen können euch dabei helfen:

Diskussion über • Vorbesprechung zu • Überlegung zu • Planung von • Festlegen von

b Hier wurden falsche Präpositionen verwendet. Korrigiert folgende Formulierungsfehler. Achtet dabei auf den richtigen Kasus.
TOP 6: Festlegen von Organisationsaufgaben beim Lauf
TOP 7: Festlegen von Organisationsaufgaben hinter dem Lauf
TOP 8: Übergabe der Spendengelder zur Hilfsorganisation

3 Beim Protokoll unterscheidet man zwischen Ergebnis- und Verlaufsprotokoll.

a Lest den folgenden Protokollauszug und klärt, ob hier der Verlauf oder das Ergebnis der Diskussion im Vordergrund steht.

b Benennt die Zeitform, in der das Protokoll verfasst wurde.

c Prüft den Auszug dahingehend, welche Informationen hinsichtlich des Themas „Durchführung des Spendenlaufs" wesentlich sind. Schreibt sie heraus.

d Nennt die Passagen, die ihr weggelassen habt, und erklärt, warum.

Zu TOP 3:
Besprechung der Organisationsaufgaben vor dem Lauf

Im Anschluss an die Abstimmung darüber, wo der Spendenlauf stattfinden soll, klärt die Klasse, welche Organisationsarbeiten vor dem Lauf zu erledigen sind. Ben weist darauf hin, dass das einiges an Arbeit sei, die auf die Klasse zukomme. Es folgt eine hitzige Diskussion darüber, dass Ben nicht immer alles negativ sehen solle. Herr Schneider mahnt zur Ruhe und reagiert nur noch auf Meldungen. Folgende Punkte werden an der Tafel gesammelt: Laufzettel erstellen, Sponsoren suchen, das Vorhaben mit der Schulleitung abklären, die Läufergruppe zusammenstellen, ein Organisationsteam, das für die Durchführung verantwortlich ist, bilden.

Ich freue mich sehr, dass ihr einen Spendenlauf durchführen wollt. Allerdings müssen wir dazu erst einmal einen passenden Termin finden, was gar nicht so einfach ist.

4 **a** Die wörtliche Rede in der Sprechblase wurde in drei Protokollen auf unterschiedliche Art und Weise wiedergegeben. Nennt die Unterschiede. Der Merkkasten hilft euch dabei.

Zu Beginn der Klassenleiterstunde lobte Herr Schneider unseren Beschluss, einen Spendenlauf durchführen zu wollen. Er wies aber auch auf die Schwierigkeiten hin, einen geeigneten Termin dafür zu finden.

Als Erstes erklärte Herr Schneider, er freue sich über unseren Beschluss, einen Spendenlauf durchzuführen. Es sei aber nicht einfach, einen geeigneten Termin dafür zu finden.

Zunächst äußerte sich Herr Schneider lobend über unseren Beschluss zur Durchführung eines Spendenlaufs. Allerdings wies er auch auf Schwierigkeiten bei der Terminfindung hin.

b Gebt die Aussagen der Diskussion von Seite 40 (Aufgabe 5) auf zwei verschiedene Möglichkeiten wieder. Der Wortspeicher hilft euch dabei.

besprechen • fortfahren • wiederholen • erwidern • anfügen • ergänzen • entgegnen • zusammenfassen • mitteilen • äußern • darstellen • erklären • hervorheben • verdeutlichen • feststellen • behandeln • thematisieren • eingehen auf • aufgreifen • diskutieren • besprechen • auf etwas verweisen • vorschlagen • loben

Wissen und Können **Redebeiträge in einem Protokoll wiedergeben**

Redebeiträge in einem Protokoll werden nicht wörtlich wiedergegeben, sondern durch:

- **Indirekte Rede:** *Herr Schneider informierte darüber, dass die 8 b einen Spendenlauf durchführen will.* Oder: *Herr Schneider teilte mit, die 8 b wolle einen Spendenlauf durchführen.*
- **Redebericht im Nominalstil:** *Herr Schneider berichtet über den Beschluss der 8 b zur Durchführung eines Spendenlaufs.*
  Auch möglich als **Infinitivkonstruktion:** *Herr Schneider berichtet über das Vorhaben der 8 b, einen Spendenlauf durchzuführen.*

Zu TOP 6:
Hinsichtlich der Organisationstätigkeiten, die während des Laufs zu tätigen sind, fand der obercoole Max es eigentlich ganz gut, dass auch die Nicht-Läufer dann was zu tun haben. Die Klassensprecher versuchten, den Angeber ruhig zu kriegen. Sowohl die potenziellen Läufer als auch die möglichen Organisatoren fanden es in Ordnung, wenn die Läufer mit Getränken versorgt werden, die gelaufene Strecke gemessen wird und die Mitglieder des Orgateams ihre Unterschrift hinter die auf dem Laufzettel eingetragene Laufstrecke kritzeln.

5 Die Sprache in einem Protokoll ist sachlich und objektiv. Ersetzt oder streicht im oben stehenden Auszug eines Protokolls die unsachlichen, ungenauen und wertenden Passagen. Einige sind schon unterstrichen. Schreibt das verbesserte Protokoll auf.

●○○ Folgende Formulierungen helfen euch dabei:

eine gleichmäßige Aufgabenverteilung begrüßen • beteiligt sein • sich einigen auf • das Organisationsteam • mit ihrer Unterschrift bestätigen

6 Zur Frage, wer am Spendenlauf teilnehmen will, wurde eine SMV-Sitzung einberufen. Lest dazu folgende Mitschrift.

SMV-Sitzung, 6. Std., 12:15–13:00 Uhr, Raum 105 (Klassenzimmer 8 b), 13. 05. – mein Geburtstag

- Verbindungslehrer Hr. Mars (Gesprächsleitung) begrüßt die Klassensprecher
- 44 Kl.sprecher da, die aus der 5 a, 5 c fehlen → im Schullandheim – wär ich auch gern
- Hr. Mars: 8 b will Spendenlauf auf dem Sportplatz durchführen
- Lea (7 d): Hä? Was ist das? Gibt's dafür schulfrei? → Gelächter
- Ayla (8 b): Ein Spendenlauf wird zu einem wohltätigen Zweck, zum Wohle vieler durchgeführt. Wir Schüler laufen und bekommen von Sponsoren, die wir uns zuvor gesucht haben, für die zurückgelegte Laufstrecke einen bestimmten Spendenbetrag. Wir wollen das Geld zur Hälfte an eine Hilfsorganisation spenden. Die andere Hälfte soll unsere Schule für besondere Neuanschaffungen, wie etwa Spiele für die „Bewegte Pause", erhalten. Wir laufen also, um Gutes zu tun.
  Benny (6 d): lol, endlich neue Geräte → viele jubeln
- 6 a (Toni, Muhammed): O ja, endlich mal was los. COOL! → allgem. Durcheinander
- Tim (8 b): evtl. wollen alle Kl. mitmachen? passender Termin: 23. Juli – letzter Mittwoch vor den Sommerferien
- Hr. Mars: spät wg. Notenschluss
- Tina (Schülerspr./10 e): 10.-Klässler sind dann schon weg, also für uns ist das nix mehr
- Henry ♡ (9 a): Ab 20. Juli sind die 9. auf Orientierungstage weg. ☹
- Andi (8 c), Xana (8 d): Bestimmt würden unsere Klassen gerne am Spendenlauf teilnehmen. Wir haben zum Thema „Spendenlauf" eine Debatte im Deutschunterricht durchgeführt. Aber 8 b müsste alles organisieren und koordinieren – 8 a (ich und Leo) sieht das genauso

- Leo: Ja, hinter einem Spendenlauf steckt viel Arbeit: Vorbereitung (Laufzettel, Startnummern), Durchführung (Strecken messen, Getränkeversorgung) usw. Da ist eine ganze Klasse schwer beschäftigt.
- 5b-ler: Wer läuft jetzt? Dürfen wir auch? – gute Idee!!!
- Toni (6a): Genau, alle sollen laufen. Jeder sucht sich seine Sponsoren.
- Antrag von Hrn. Mars: Alle 5. bis 8. Kl. nehmen am Spendenlauf teil, 8b koordiniert u. organisiert
- Abstimmung: 44:0 (einstimmig) – Wär ein cooles Handballergebnis! ☺
- 12.47 Uhr: Ende → mit Henry zum Getränkeautomaten ♡

Lena Thoms, 8a

a Aylas Beitrag ist für die Diskussion wichtig, aber in der Mitschrift sehr ausführlich formuliert. Kürzt Aylas Aussage mit Hilfe von Abkürzungen. Beachtet dabei den Tipp.

b Auch an anderen Stellen finden sich Passagen, die nicht in eine Mitschrift gehören. Schreibt nun alles Wesentliche heraus, fasst Zusammengehöriges zusammen.

c Vergleicht eure Ergebnisse.

d Fertigt aus den Inhalten ein komplettes Protokoll mit folgender Tagesordnung: 1. Diskussion über Spendenlauf, 2. Antrag und Abstimmung.

Folgende **Abkürzungen** können euch dabei helfen: *d. h.* (das heißt), *u.* (und), *od.* (oder), *bes.* (besondere), *z. B.* (zum Beispiel) ...

Wissen und Können — Protokollieren

Protokollieren ist eine Sonderform des Berichtens. Man gibt knapp und sachlich das Wesentliche einer Diskussion, einer Sitzung, eines Versuchs oder einer Unterrichtsstunde wieder und verzichtet dabei auf persönliche Wertungen.

Je nach Schwerpunkt hält man die Inhalte entweder in Form eines **Ergebnisprotokolls** (Zeitform: Präteritum) oder eines **Verlaufsprotokolls** (Zeitform: Präsens) fest.

Das Protokoll gliedert sich in drei Teile:

- **Protokollkopf:** Inhalte zu Thema der Veranstaltung, Ort, Termin und Zeitrahmen, Veranstaltungsleitung, Anwesende, Abwesende, Protokollant/-in, Tagesordnung
- **Hauptteil:** die eigentliche Niederschrift, d. h., hier wird das Wesentliche der Veranstaltung in ganzen Sätzen sachlich wiedergegeben. Der Aufbau orientiert sich an den Tagesordnungspunkten (TOPs).
- **Schluss:** Ort, Datum, Unterschrift der Protokollantin bzw. des Protokollanten

Das Protokoll ist ein formelles Dokument, es muss **übersichtlich gegliedert** sein (Absätze, Zwischenüberschriften, z. B.: *TOP 1: ...*).

Testet euer Wissen!

Protokollieren

1 Schreibt die Sätze ab und ergänzt die Lücken.

A Im ? stehen u. a. Angaben zu Thema, Ort und Zeit der Veranstaltung.
B Der Protokollführer setzt im Schlussteil seine ? unter die Niederschrift.
C Wichtige Redebeiträge können in der indirekten Rede oder im ? wiedergegeben werden.
D Der Hauptteil des Protokolls informiert über wichtige Inhalte der Veranstaltung und über ?.
E Der Hauptteil soll knapp formuliert, sachlich geschrieben und frei von persönlichen ? sein.
F Ein Protokoll muss ? gestaltet sein.

2 Folgende Abkürzungen kommen in einer Mitschrift häufig vor. Schreibt sie ab und ergänzt ihre Bedeutung.

bes. = *besonders* • Bsp. • Erg. • s. • u. a. • vgl. • wg.

3 Im Folgenden findet ihr Ausführungen zum TOP „Auswahl des Spendenempfängers" aus einem Protokoll.
a Wählt die passenden Formulierungen aus und schreibt sie ab.
b Begründet, was an den anderen Formulierungen fehlerhaft ist.

A Ayse schlug vor, dass das erlaufene Geld vielleicht dem direkten Umfeld der Schule zugutekommen könnte.

Ayse fände es toll, wenn die Kohle für die Schule ist.

B Ben sagte: „Die AGs der Schule haben eine zum Teil sehr schlechte Ausstattung. Dies sollte geändert werden." Viele dachten genauso.

Bens Meinung, dass die Schule mit ihren AGs eine bessere Ausstattung braucht, fand breite Zustimmung.

C Mit großer Mehrheit (22:2 Stimmen) wurde beschlossen, dass von den erlaufenen Spenden neue Spielgeräte für das Team der „Bewegten Pause" angeschafft werden sollen.

Nach kurzem Überlegen wurde mehrheitlich (22:2 Stimmen) beschlossen, dass von dem durch den Spendenlauf erhaltenen Geld neue Spielgeräte für das Team der „Bewegten Pause" angeschafft werden sollen und die Wünsche der Schülerzeitungsredaktion leider nicht berücksichtigt werden.

2.3 Fit in ...? – Protokollieren

Protokoll zur 4. SMV-Sitzung im Schuljahr 20../..
am 25. 06. 20..

Zu TOP 1:
Zunächst begrüßten Frau Lehr und Herr Mars die anwesenden Klassensprecher zur letzten SMV-Sitzung in diesem Schuljahr und dankten ihnen für die Mitarbeit. „Allerdings sollte manchmal die Weitergabe von Informationen nach SMV-Sitzungen noch besser laufen", meinte Herr Mars, „denn zuweilen werden in den Klassen Daten falsch oder gar nicht weitergegeben."

Verwende indirekte Rede oder einen Redebericht.

Zu TOP 2:
Im nun folgenden Rückblick wurde auf die durchgeführten SMV-Aktionen eingegangen.
Der Besuch des Nikolaus in den 5. Klassen stieß auf große Begeisterung bei den Kleinen. Alle freuten sich besonders über die Lebkuchen, die es gab, wenn man ein Gedicht vortrug. Die Klassensprecher der 5 c sangen sogar ein Weihnachtslied vor. Deshalb soll diese Aktion im nächsten Jahr wieder durchgeführt werden.

Streiche Unwesentliches.

Aufgrund der Tatsache, dass die Faschingsfeier für die 5. bis 7. Klassen seitens der Schüler/-innen eine geringe Teilnehmerzahl aufwies, soll hinsichtlich der nächsten Veranstaltung anlässlich des Faschings im kommenden Schuljahr ein Auftritt der örtlichen Prinzengarde und eines Clowns in Betracht gezogen werden.

Formuliere weniger umständlich.

Die Faschingsfeier für die 8., 9. und 10. Jahrgangsstufe war ein totaler Erfolg, allerdings betonte Herr Mars an dieser Stelle, dass der eingeteilte Aufräumtrupp nicht erschien und so die letzten Gäste die Deko und den ganzen Krempel in der Pausenhalle aufräumen mussten.

Vermeide Umgangssprache.

Weil die Jury des Schullogo-Wettbewerbs nach einem Jahr des Bewertens endlich einen Favoriten gekürt hatte, konnte ein neues Schullogo zum Glück doch noch gefunden werden.

Vermeide Wertungen.

Zu TOP 3:
- Fr. Lehr zeigt u. erklärt das neue Schullogo: außen herum sind geschwungene Linien = örtlicher Fluss und Hausberg; i. d. Mitte: Schriftzug mit Schulnamen = unsere Schule als Zentrum

Zu TOP 4:
- nä. Schuljahr:
- Nikolausbesuch u. Faschingsfeiern (einst. beschlossen = 47:0)
- Mottotage = alle trg. zu einem Motto passende Kleidung ☹ → Abstimmungsergeb: 41:6 → Mehrht. dageg.
- Druck u. Verkauf v. Schul-T-Shirts mit neuem Logo + → einstimmig beschl.
- Org. d. Verkaufs s. Besprech. im Sept nä. Schuljahr

Zu TOP 5:
- geheime Wiederwahl
- wieder Fr. Lehr (38 der 47 Stimm.) u. Hr. Mars (35 Stimm.)

1 Lest den Teil eines Protokolls auf der vorherigen Seite und die Mitschrift zur zweiten Hälfte der Sitzung auf dieser Seite.

2 Gestaltet einen Protokollkopf zu dem Protokollauszug und der Mitschrift.
a Ergänzt fehlende Angaben an Stellen, wo es sinnvoll ist.
b Formuliert weitere Tagesordnungspunkte im Nominalstil.

3 Formuliert den zweiten Teil des Protokollauszugs.

4 Schließt euer Protokoll mit Ort, Datum und Unterschrift ab.

5 Überarbeitet das gesamte Protokoll und die Mitschrift mit Hilfe der Checkliste. Auch die Anmerkungen zum ersten Teil des Protokolls geben euch Anhaltspunkte.

Checkliste

Protokollieren

- Ist mein Protokoll **sauber geschrieben** und **übersichtlich gestaltet?**
- Ist der **Protokollkopf** vollständig?
- Habe ich am Schluss **Ort, Datum** und **Unterschrift** (= Schlussformel) eingefügt?
- Habe ich die **Tagesordnungspunkte** (TOPs) nummeriert und im **Nominalstil** verfasst?
- Habe ich **sachlich** und **frei von Wertungen** formuliert?
- Wurden alle **wichtigen Diskussionspunkte** berücksichtigt?
- Enthält mein Protokoll nur **Wesentliches?**
- Habe ich wichtige Aussagen durch **indirekte Rede** oder durch **Redebericht** wiedergegeben?
- Sind die Inhalte des Protokolls auch für Personen, die nicht bei der Veranstaltung anwesend waren, **nachvollziehbar** und **verständlich?**
- Werden in meinem Protokoll alle **Ergebnisse** bzw. wird der **Verlauf** der Sitzung deutlich?
- Habe ich beim Ergebnisprotokoll das **Präteritum** verwendet, beim Verlaufsprotokoll das **Präsens?**

3 So sehe ich das – Eigene Standpunkte vertreten

1 Stellt Vermutungen an,
- was zu der abgebildeten Konfliktsituation geführt haben könnte,
- worüber die Beteiligten auf dem Bild diskutieren.

2 Wie gelingt es euch, Menschen in eurem Umfeld von eurer Meinung zu überzeugen? Tauscht euch aus.

In diesem Kapitel ...

- trainiert ihr, eure Meinung überzeugend in schriftlicher Form zu vermitteln und dabei die Einwände anderer Menschen einzubeziehen,
- setzt ihr euch mit den Vor- und Nachteilen von Schülerjobs auseinander,
- lernt ihr, euch in einer Bewerbung für einen Praktikumsplatz überzeugend darzustellen,
- beschäftigt ihr euch mit den Vorzügen und Gefahren moderner Medien.

3.1 Das ist mein Anliegen – Argumentationen formulieren

Schülerjob ab 14? – Stichhaltig argumentieren

1 Nehmt Stellung, ob ein Schülerjob als Prospektverteiler für euch in Frage kommt.

2 Hannah ist 14 und würde gern zu ihrem Taschengeld etwas dazuverdienen. Bevor sie ihren Eltern von ihren Plänen erzählt, bittet sie die Netzgemeinde im Internet um Rat. Lest den Inhalt des folgenden Blogs. Welcher Äußerung könnt ihr euch am ehesten anschließen?
Begründet eure Meinung.

Hallo zusammen,
ich brauche eure Hilfe. Ich überlege gerade, ob es sinnvoll ist, schon mit 14 Jahren einen Schülerjob anzunehmen. Wenn ihr mir Tipps oder Ratschläge geben könntet, wäre ich sehr dankbar.

Antworten

Antwort von Arau17
Ich habe schon mehrere Nebenjobs gehabt. Zunächst mal verdient man eigenes Geld. Ein Job hilft aber auch dabei, erwachsener zu werden, und zeigt dir schon einmal, wie später das Berufsleben aussieht. Man muss ja auch pünktlich sein und so.

Antwort von Is14
Mit 14 darfst du eh nur zeitlich begrenzt arbeiten und die Tätigkeiten sind eher leichte Arbeiten wie Zeitungaustragen oder Gassigehen.

Antwort von Checker
Neben der Schule zu jobben, wäre mir viel zu anstrengend. Da genieße ich doch lieber mein Leben.

Antwort von Doublemaker
Schülerjobs mit 14 sind viel zu schlecht bezahlt. Lass lieber die Finger davon.

3 Was würdet ihr in Hannahs Blog schreiben? Verfasst einen eigenen kurzen Beitrag mit eurer Meinung zum Thema „Schülerjobs ab 14".

4 Hannah geht mit ihrem Anliegen zu ihren Eltern, die versuchen, sie mit folgender Argumentation von ihrer Meinung zu überzeugen:

Solltest du wirklich einen Schülerjob annehmen, so kann sich das negativ auf deine schulischen Leistungen auswirken. Viele Tätigkeiten für Schüler werden am Nachmittag ausgeübt, also in der Zeit, in der du für gewöhnlich deine Hausaufgaben erledigst und für den kommenden Schultag lernst. Es bleibt damit nur noch der Abend zur Vorbereitung übrig. Nach einem langen Schul- und Arbeitstag bist du aber eventuell nicht mehr so konzentriert und lernst zu ungenau. Schreibt ihr dann beispielsweise am folgenden Tag Stegreifaufgaben oder wirst du abgefragt, besteht die Gefahr, dass dabei schlechte Noten herauskommen.

a Beschreibt, wie sich die Antwort der Mutter von den Aussagen im Chat unterscheidet.
b Versucht, den Aufbau der Argumentation nachzuvollziehen, indem ihr den Textstellen die folgenden Bezeichnungen zuordnet: Behauptung, Begründung und Beispiel.

Wissen und Können **Eine überzeugende Argumentation aufbauen**

Beim **Argumentieren** versucht man, **Meinungen, Bitten, Wünsche, Forderungen** oder **Behauptungen** überzeugend zu **begründen.**

- **Behauptung:** *Schülerjobs können negative Auswirkungen auf die schulischen Leistungen haben.*
- **Begründung** erfolgt in mehreren Schritten:
  – Ausgangsfrage: Warum/Inwiefern können Schülerjobs negative Auswirkungen auf die schulischen Leistungen haben?
    → *Schülerjobs werden oft nachmittags ausgeübt, sodass man seine schulischen Arbeiten abends erledigen muss.*
  – Weiterführende Frage: Inwiefern kann dies Auswirkungen auf die schulischen Leistungen haben?
    → *Nach einem Schul- und Arbeitstag ist man abends nicht mehr so konzentriert und kann sich nicht mehr so gut vorbereiten.*
- **Beispiel:** *Bei Stegreifaufgaben oder Abfragen am nächsten Tag besteht die Gefahr von schlechten Noten.*

5 Nachdem das persönliche Gespräch nicht weiterführte, versucht Hannah, in einem Brief ihre Eltern zu überzeugen, als Prospektverteilerin arbeiten zu dürfen. Sie führt folgende drei Behauptungen an:
- *Einblick in das Arbeitsleben*
- *sinnvolle Freizeitbeschäftigung*
- *Zusatzverdienst für die Erfüllung von Sonderwünschen*

Ordnet Hannahs Behauptungen die passenden Begründungen und Beispiele zu.

Auch wenn das Prospekteverteilen nur eine einfache Tätigkeit darstellt, lernt man dabei schon wichtige Aspekte des späteren Berufslebens kennen. Die Arbeitgeber wollen sich auf ihre Beschäftigten verlassen können. Man trägt also eine bestimmte Verantwortung und muss seine Tätigkeiten zuverlässig und sorgfältig verrichten.

So ist man zum Beispiel regelmäßig an der frischen Luft und bewegt sich. Gleichzeitig ist am Ende etwas geschafft und abgeschlossen, was einen stolz auf die eigene Leistung macht.

Beispielsweise ist nun auch denkbar, einmal mit Freunden ein Café zu besuchen. Es besteht zudem die Möglichkeit, den Zusatzverdienst anzusparen, um das Geld später für eine größere Anschaffung, z. B. ein Mountainbike, zu nutzen.

Als Prospektausträgerin kann man z. B. nicht einfach Häuser auslassen oder früher aufhören. Vielmehr ist so lange zu arbeiten, bis alle Prospekte verteilt sind.

Häufig reicht das Taschengeld nur dazu, sich kleinere Wünsche zu erfüllen. Auf Grund der Einnahmen aus dem Nebenjob steht einem viel mehr Geld zur Verfügung. Besondere Anschaffungen, bei denen man sich bisher an die Eltern wenden musste, kann man sich dank des zusätzlichen Einkommens verdienen.

Viele Jugendliche ohne Nebenjob haben zwar den Nachmittag zur freien Verfügung. Häufig nutzen sie aber ihre Freizeit kaum sinnvoll. Die Gefahr besteht, dass viel Zeit vor dem Fernseher oder dem Computer verbracht wird. Nebenjobs wie das Verteilen von Prospekten bieten die Möglichkeit einer sinnvollen Tätigkeit.

6 ●○○ „Nebenjobs können dabei helfen, selbstbewusster zu werden."
Schreibt zu dieser Behauptung eine vollständige Argumentation mit Behauptung, Begründung und Beispiel. Die folgenden Stichpunkte können euch dabei helfen.

Erfolgserlebnis, wenn die Arbeit erledigt ist • durch die Arbeit fühlt man sich „erwachsener" • mehr Unabhängigkeit von den Eltern durch eigenen Verdienst • Gefühl, gebraucht zu werden

Werbung in eigener Sache – Eine Bewerbung für ein Betriebspraktikum schreiben

Du hast noch keinen Plan, wie es nach der Schule weitergeht? Dann schnupper doch bei uns rein!

Das erwartet dich bei uns:

- Während des Praktikums hast du die Möglichkeit, zusammen mit unseren Azubis die Ausbildungsberufe Elektroanlagenmonteur (m/w) und Elektroniker für Betriebstechnik (m/w) bei uns im Ausbildungszentrum näher kennen zu lernen.
- Du erhältst einen Einblick in die spannende Welt der Elektrotechnik.
- Durch praktische Aufgaben, wie z. B. das Löten oder Aufbauen von Installationsschaltungen, kannst du dich ausprobieren.

Das solltest du mitbringen:

- Dich interessiert alles, was mit Strom zu tun hat.
- Du bist technikbegeistert.
- Du strebst den Realschulabschluss an und hast noch ein oder zwei Jahre bis zum Schulabschluss.

Neugierig geworden? Wir bieten dir die Möglichkeit, ein **einwöchiges Praktikum** bei uns zu absolvieren. Sende unserem Personalmitarbeiter Herrn Peter Müller per E-Mail dein Anschreiben und dein letztes Zeugnis. Wir freuen uns schon auf deine Bewerbung!

1 Hannah möchte sich auf das Angebot von oben bewerben.
a Benennt, was hier angeboten wird.
b Gebt in eigenen Worten wieder, welche Tätigkeiten und Eignungen erwartet werden.

2 Erklärt, was Hannah machen muss, damit sie diese Stelle bekommt.

Magdalena Klein
Musterstr. 10
80686 München
Telefon: +49 89 21 58 68 00
E-Mail: magdalena.klein@example.com

Stifte und mehr GmbH
Herrn Lothar Meier
Otto-von-Guericke-Straße 48
81677 München

17. 05. 2020

Bewerbung für ein einwöchiges Betriebspraktikum im Zeitraum vom 3. bis 14. Juni 2020 im Bereich Büromanagement

Sehr geehrter Herr Meier,

in unserer Tageszeitung bin ich auf das Angebot eines Schülerpraktikums in Ihrer Firma „Stifte und mehr" aufmerksam geworden. Gerne möchte ich meine Ferien dazu nutzen, in einem Schnupperpraktikum den Beruf der Kauffrau für Büromanagement kennenzulernen.

Derzeit besuche ich die 8. Klasse der Carl-von-Linde-Realschule in München und ich kann mir gut vorstellen, in zwei Jahren nach meinem Realschulabschluss eine Ausbildung in diesem Beruf zu beginnen.
Ihre Firma ist mir schon bei einer Betriebsbesichtigung mit unserer Klasse im vergangenen Schuljahr sehr positiv aufgefallen. Der Rundgang durch die Fertigungshallen und den Bürobereich hat mir das Gefühl gegeben, dass bei Ihnen ein sehr freundliches und angenehmes Betriebsklima herrscht. Außerdem kann ich mir vorstellen, dass mir die Arbeit im Büro viel Spaß macht. In der Schule gehören IT und Betriebswirtschaftslehre zu meinen Lieblingsfächern und ich arbeite gern mit Office-Programmen am Computer.

Ich würde mich sehr freuen, wenn ich für eine Woche Ihre Firma näher kennenlernen kann. Gerne stelle ich mich Ihnen auch persönlich vor.

Mit freundlichen Grüßen
Magdalena Klein

Anlagen

3 Hannah hat sich Stichpunkte dazu gemacht, was alles zu einem Bewerbungsanschreiben gehört.

a Lest die Bewerbung und Hannahs Notizen genau.

b Schreibt ihre Stichpunkte in der richtigen Reihenfolge in euer Heft.

förmliche Anrede • Adresse des Absenders und des Empfängers • Betreffzeile mit Anliegen • Aussagen zur aktuellen Schulsituation • Erläuterung, warum ich für das Praktikum geeignet bin • Verweis auf Anlagen • Erläuterung, warum das Unternehmen interessant erscheint • Bitte um Einladung • aktuelles Datum • Bezug zum Praktikumsangebot • Anliegen formulieren • förmliche Verabschiedung • Unterschrift

4 In einem Bewerbungsschreiben versucht ihr, den Arbeitgeber von euch zu überzeugen. Nennt zwei Stellen im Anschreiben von Seite 54, wo eindeutig argumentiert wird, indem erst eine Behauptung aufgestellt und diese dann begründet wird.

5 Ein Bewerbungsberater gibt im Internet folgenden Tipp:
Vermeide unbedingt leere Floskeln und die Aufzählung von Adjektiven ohne Begründung, z. B.: „Ich bin ehrgeizig, wissbegierig, fleißig, lernwillig, teamfähig und flexibel."

a Erklärt, warum solche Sätze in Bewerbungen wenig hilfreich sind.

b Schreibt eine sinnvolle Erläuterung, in der ihr deutlich macht, warum ihr **teamfähig** seid. Ihr könnt so beginnen:
Eine meiner Stärken ist meine Teamfähigkeit. Schon in der Schule haben mir gemeinsame Projekte viel Spaß gemacht.

6 Hannah hat ihren ersten Entwurf fertig. Mit ihrer Begründung, warum sie für das Praktikum die Richtige ist, ist sie aber noch nicht zufrieden.

a Überarbeitet die folgende Textstelle, indem ihr die beiden Behauptungen ausführlicher begründet.
Außerdem interessiert mich schon immer alles, was mit Elektrizität zu tun hat. Das trifft auf die Schule, aber auch auf meine Freizeit zu.

●○○ b Nutzt für eure Überarbeitung die Hilfestellung:
Hannahs Lieblingsfach ist Physik, besonders mag sie den Physik-Wahlunterricht, bei dem z. B. auch komplizierte Schaltkreise aufgebaut werden, zu Hause hat sie einen Physik-Baukasten, zudem hat sie ihrem Vater bei der Verlegung der Elektrokabel im neuen Haus geholfen.

7 Verfasst eine eigene vollständige Bewerbung zu einem Betriebspraktikum.

Wissen und Können **Eine Bewerbung für ein Praktikum schreiben**

In der Regel muss die Praktikumsbewerbung nicht so ausführlich sein wie die Bewerbung auf eine Lehrstelle. Dennoch sollte das Bewerbungsschreiben dein Interesse an der und deine Eignung für die Praktikumsstelle deutlich machen. Beachte daher folgende Tipps:

Äußere Form
- Achte auf einen übersichtlichen **Briefkopf** mit den Adressen des Absenders und des Empfängers sowie der Orts- und Datumsangabe.
- Formuliere in einer **Betreffzeile** dein Anliegen.
- Verwende eine **förmliche Anrede** zu Beginn und eine höfliche Grußformel am Ende.

Inhalt
- Gehe knapp auf deine aktuelle Schulsituation ein.
- Erläutere, warum das Unternehmen für dich interessant ist.
- Stelle kurz dar, warum du für die Praktikumsstelle geeignet bist.

Sonstiges
- Vermeide Rechtschreibfehler und achte auf eine fehlerfreie sprachliche Gestaltung.
- Handelt es sich um eine E-Mail-Bewerbung, so verfasse ein kurzes Anschreiben und hänge das eigentliche Bewerbungsschreiben als PDF-Datei an.

3.2 Digitalisierung: Fluch oder Segen? – Meinungen begründen

Politiker fordern: „Handys müssen auch im Unterricht eine Rolle spielen."

Hirnforscher warnt vor digitaler Demenz

Schulen brauchen mehr Geld für Digitalisierung und Internet

Bildungsexperte: „Internet macht dumm statt schlau."

Lehrer warnen vor der „totalen Computerisierung"

Bildungsexperte: „Der Unterricht profitiert eindeutig vom Einsatz von Handys und Computern."

1 Findet eine Aussage, die das Thema der Schlagzeilen zusammenfasst. Beginnt so:
In den Schlagzeilen wird thematisiert ...
a Ordnet die Aussagen in eine Tabelle nach Pro und Kontra ein.
b Tauscht euch aus, welcher Aussage ihr am ehesten zustimmt. Begründet eure Meinung.

Fabian Busch

„Internet macht nicht schlauer"

Ein Interview mit Professor Gerald Lembke, dem Präsidenten des Bundesverbandes für Medien und Marketing

Herr Lembke, Sie sagen, dass uns die Nutzung digitaler Medien von lebenswichtigen Dingen abhält. Warum?

Lembke: Digitale Medien verführen uns, weil sie so einfach zu nutzen sind. Und sie machen uns bequem. Wenn wir die Wahl zwischen Joggen und den neuesten Nachrichten auf dem Bildschirm haben, entscheiden wir uns häufig für den Computer. Doch das eigentliche Problem sehe ich bei unseren Kindern, deren Alltag zu sehr von digitalen Medien beherrscht wird. Statt die reale Welt durch reale Handlungen zu erfahren, entfernen sie sich mit Hilfe ihrer Smartphones immer mehr davon. Hinzu kommt ein von allen Seiten gefordertes Bildschirmlernen in der Schule. Das alles schränkt die Ent-

wicklung von geistigen Fähigkeiten ein. Wir wissen heute, dass das Internet nicht schlauer macht als vor seiner Zeit.

Bewegen wir uns dahin, Wissen nicht mehr im Kopf zu haben, sondern nur noch zu wissen, wo man es nachschlagen muss?

Lembke: Wer nur auf Suchmaschinen vertraut, verliert seine ursprüngliche Merkfähigkeit. Aber Faktenwissen ist die Grundlage für jede Form des Lernens und der persönlichen Entwicklung. Wir Menschen brauchen ein gutes Fundament, auf dem wir unser Haus aus Erkenntnissen bauen. Informationen dazu gewinnen wir natürlich auch durch das Internet. Wissen und Handlungen entstehen erst durch Verknüpfung mit dem Vorwissen in unserem Kopf.

Trotzdem werden schon Grundschulen mit Tablet-Computern ausgestattet. Schüler lernen, wie man im Internet recherchiert. Halten Sie das für falsch?

Lembke: Ich halte es für bedenklich, Kinder in einem Alter unter zwölf Jahren mit Aufgaben zu konfrontieren, die sie noch gar nicht bewältigen können. Zielführende Recherchen im Internet sind anspruchsvoll. Doch Grundschüler haben in der Regel dafür nicht das gedankliche Rüstzeug. Das lernen sie aber leicht, sobald sie älter sind. Und sogar besser, wenn sie in frühen Jahren körperlich gefordert wurden, z. B. bei Sport und Spiel in einer Umgebung ohne Tablets. Das haben psychologische und biologische Untersuchungen bewiesen. In den weiterführenden Schulen ist es sicher sinnvoll, am Computer zu arbeiten.

In Finnland sollen Kinder das Schreiben bald vornehmlich am Computer lernen. Das muss Ihnen ja ein Graus sein.

Lembke: Nicht nur mir, auch in China und Kalifornien gibt es dazu kritische Erfahrungen. Chinesische Schüler lernten ab der ersten Klasse die bis zu 5000 Alltagsschriftzeichen aus 255 Schriftzeichenkategorien auszuwählen, indem sie eine entsprechende Taste am Computer drückten und auf diese Weise Sätze bildeten. Danach stellten Wissenschaftler fest, dass die Kinder ab der vierten Klasse Schwierigkeiten beim Schreiben, Lesen und den Grundrechenarten hatten.

Warum?

Lembke: Die Kinder konnten zwar Zeichen erkennen und anklicken, aber nicht von Hand nachschreiben. Forscher haben herausgefunden, dass Zuhörer die Dinge besser im Kopf behalten, wenn sie sich Notizen mit Stift und Papier machen statt am Laptop. Im Gegensatz zum monotonen Tippen auf einer Tastatur aktivieren die fließenden Fingerbewegungen intensiv verschiedene Hirnregionen, die für Denken, Sprache und den Arbeitsspeicher zuständig sind. *

2 a Hört euch die Hörfassung des Interviews an oder lest den Text mit verteilten Rollen.
b Notiert drei Aussagen von Gerald Lembke, die euch überraschten, und stellt euch diese gegenseitig vor.
c Tauscht euch darüber aus, in welchen Punkten ihr Herrn Lembke zustimmt und in welchen nicht.

3 Erklärt euch die Bedeutung der folgenden drei Aussagen von Gerald Lembke gegenseitig.

A „Statt die reale Welt durch reale Handlungen zu erfahren, entfernen Kinder sich mit Hilfe ihrer Smartphones immer mehr davon." (▶ Z. 12–14)

B „Aber Faktenwissen ist die Grundlage für jede Form des Lernens und der persönlichen Entwicklung. Wir Menschen brauchen ein gutes Fundament, auf dem wir unser Haus aus Erkenntnissen bauen." (▶ Z. 24–29)

C „Zielführende Recherchen im Internet sind anspruchsvoll. Doch Grundschüler haben in der Regel dafür nicht das gedankliche Rüstzeug." (▶ Z. 40–43)

4 Welche der Standpunkte A–E vertritt Gerald Lembke in dem Interview?
Begründet eure Entscheidung mit Textstellen:
Gerald Lembke vertritt den Standpunkt, dass ... Im Text heißt es, ... / Im Interview äußert er ...

A Digitale Medien sollten nicht im Schulunterricht eingesetzt werden.
B Der Alltag der Kinder wird zu sehr von digitalen Medien beherrscht.
C Wenn Grundschüler bereits mit digitalen Hilfsmitteln lernen, hat das positive Auswirkungen.
D Das Schreiben mit der Hand ist wichtig für die Entwicklung des Denkens.
E Kinder sind auch dank Internet heute nicht schlauer als früher.

5 Formuliert in einem Satz, welche Meinung Gerald Lembke zur Verwendung von digitalen Medien im Schulunterricht vertritt.
Gerald Lembke vertritt die Auffassung, dass ...

6 **a** Notiert stichwortartig die Argumente, mit denen Lembke seine Meinung begründet, z. B.:
- *Alltag der Kinder zu sehr von digitalen Medien beherrscht (Z. 9–11)*
- *Kinder erfahren die Welt ... (Z. 12–14)*

b Sucht im Text zwei Argumente, die Lembke mit einem Beispiel bekräftigt. Lest die Textstellen vor und erklärt die Funktion der Beispiele.

c Tauscht euch zu zweit darüber aus, welche Argumente Lembkes euch überzeugen und welche nicht.
Mich überzeugt das Argument, dass ... / Seine Aussage, dass ..., finde ich wenig/nicht überzeugend.

d Wählt ein Argument aus, das euch nicht überzeugt, und formuliert ein Gegenargument.
Lembke vertritt die Ansicht ... seien ... Dieser Auffassung bin ich nicht. Meiner Meinung nach ...

Durch digitale Medien ist ein hohes Maß an Erreichbarkeit und Nutzungsmöglichkeit gegeben. Gleichzeitig wird es dadurch möglich, fast überall die Realität zu verlassen und zum Beispiel im Bus oder in der Pause in eine virtuelle Welt einzutauchen.

Gerald Lembke

7 Was genau meint Gerald Lembke mit dieser Aussage? Gebt sie im Heft mit eigenen Worten wieder und formuliert eure Meinung dazu.

Auf Forumsbeiträge argumentativ reagieren

A Digitale Medien machen süchtig.

B Digitale Medien führen zu sozialer Vereinsamung.

C Digitale Medien nehmen uns die geistige Arbeit ab.

D Digitale Medien werden vor allem für Spiele verwendet, für das schulische Lernen bleibt dann weniger Zeit.

E Durch den häufigen Umgang mit Bildschirmmedien wird die Lernfähigkeit von Kindern und Jugendlichen drastisch vermindert.

1 Fachleute nennen oft die Gründe A–E, wenn sie eine Einschränkung der Mediennutzung von Kindern und Jugendlichen fordern.
- **a** Äußert euch spontan zu den Gründen. Welche könnt ihr nachvollziehen, welche nicht?
- **b** Wählt zwei Gründe aus, denen ihr widersprechen möchtet. Macht euch Notizen dazu, wie ihr euren Widerspruch begründen würdet.

Ich bin Lehrer an einer Realschule. Und ja, ich sehe die Bedenken, die der neuen Technik entgegengebracht werden, und trotzdem nutze ich sie. So mag zwar der Eindruck entstehen, dass Computereinsatz vor allem Spielen bedeutet, nicht zu vergessen sind aber die zahlreichen sinnvollen Lernprogramme. Ich bin der Meinung, dass Schüler das Recht haben sollten, im eigenen Tempo lernen zu dürfen. Mit Lernprogrammen, in denen sie zum Beispiel am Computer oder Handy Matheaufgaben oder Grammatikaufgaben in Deutsch lösen, geht das viel besser als in einem Unterricht, bei dem alle das Gleiche zur gleichen Zeit lernen sollen und kurze Unaufmerksamkeit beim Einzelnen dazu führen kann, dass er hoffnungslos hinterher ist. Außerdem gibt es inzwischen so viele Möglichkeiten, mit Hilfe von digitalen Medien kreativ in der Gruppe tätig zu werden. Es kann also nicht die Rede davon sein, dass der Einsatz digitaler Medien zwangsläufig zur Vereinsamung führt – das Gegenteil ist der Fall: Das fängt beim gemeinsamen Erstellen von Computerpräsentationen an und hört bei Erklärvideos, die z. B. für andere Mitschüler erstellt werden, auf. Mit vielen Handy-Apps lassen sich ganz einfach kurze Videos herstellen, in denen z. B. mit Hilfe von Legomännchen der Inhalt von Büchern nachgespielt werden kann. Für die meisten Schüler sind das sehr motivierende Aufgabenstellungen, die zudem wirklich sinnvolle und gewinnbringende Gruppenarbeiten ermöglichen.

2 Der Lehrer nimmt in seinem Forumsbeitrag zu zwei der oben genannten fünf Argumente Stellung und entkräftet sie.
- **a** Nennt die Argumente, auf die sich der Lehrer bezieht.
- **b** Erklärt, wie die Argumentation der Lehrkraft aufgebaut ist.

3 Mit bestimmten Wendungen kann man zeigen, ob man ein Argument wiederholt, es entkräftet oder die eigene Argumentation stärkt.

a Lest den Beitrag des Lehrers erneut und nennt die Formulierungen, die dies anzeigen.

b Legt folgende Tabelle an und ordnet die Formulierungen des Lehrers ein.

Argumente wiederholen	Argumente abschwächen	Argumente stärken
...	*Es kann nicht die Rede davon sein, dass ...*	...

c Tragt auch folgende Wendungen in die richtige Spalte in eurer Tabelle ein.

Vieles spricht auf der einen Seite dafür, ... •
Der genannte Aspekt, dass ..., ist nachvollziehbar. •
Andererseits kann man die Situation aber auch anders beurteilen. •
Nicht immer muss dies aber etwas Negatives bedeuten. •
Viel wichtiger sind jedoch die Chancen, die damit verbunden sind. •
Für den Einsatz von ... spricht, dass ...

4 Formuliert nun selbst einen Forumsbeitrag, in dem ihr einer der Aussagen A–E widersprecht. Verwendet Formulierungen aus der Tabelle von Aufgabe 3.

Wissen und Können **Argumente entkräften**

- Beim **Argumentieren** überzeugt ihr noch mehr, wenn ihr **auf ein Argument eingeht, das eurem Standpunkt widerspricht** und dieses entkräftet:
- **Wiederholt** das Argument. **Schwächt** es ab, indem ihr erklärt, warum es euch nicht überzeugt.
- **Stärkt** das eigene Argument durch Beispiele, Erfahrungen, Fakten, Vorschläge.

Einen Leserbrief untersuchen

Silke Hoock

Ärzte warnen vor Smartphone-Sucht bei Jugendlichen

Immer mehr Jugendliche nutzen ihr Smartphone so häufig, dass Ärzte Alarm schlagen. Inzwischen gibt es Sprechstunden, die sich um Jungen und Mädchen kümmern, die spielsüchtig und handysüchtig sind. Eine 15-Jährige sagt: „Ohne Handy existiere ich nicht."

Die Vorstellung, ein paar Stunden vom Handy getrennt zu sein, löst bei ihr Panik aus. Eine WhatsApp-Nachricht zu verpassen, ist in ihrem Freundeskreis verpönt und wird als arrogant für alle sichtbar kommentiert. Die 15-Jährige kann nicht mehr leben ohne ihr Smartphone. Es piepst pausenlos und das Display erleuchtet ihr Zimmer auch nachts, um den Eingang einer Nachricht mitzuteilen. „Ich bin nicht süchtig. Ich rauche nicht. Ich trinke nicht. Jeder hat doch ein Handy", sagt die Schülerin. Und daher hat sie das Gerät, ein Geschenk ihrer Eltern, immer dabei. In der Schule, im Bus, bei den gemeinsamen Mahlzeiten zu Hause, beim Vokabellernen. „Ohne mein Handy existiere ich nicht. Ohne Facebook bin ich tot", sagt sie ohne den geringsten Zweifel. Die ständige Erreichbarkeit, das Austauschen von Schnappschüssen, die Musiksammlung oder der Terminkalender – „da ist mein ganzes Leben drauf".

„Nicht das soziale Netzwerk oder das Smartphone sind die Gefahr, sondern die Rolle, die es im Leben dieser Mädchen einnehmen kann", sagt Dr. Stefan Kimm, der Spezialsprechstunden für Computerspiel- und Internetabhängigkeit in Dortmund leitet und Fälle wie den der jungen Frau immer häufiger in seiner Sprechstunde hat.

Kimm stuft die Like-Funktion als süchtig machend ein. „Niemand ist mehr von der Anerkennung Gleichaltriger abhängig als Jugendliche. Je mehr Likes, desto besser." Auch wenn sie von Menschen kämen, die man gar nicht kenne. Denn von 500 Facebook-Freunden kenne man häufig gerade mal 30 persönlich, etwa die Freunde aus der Schule.

Als problematisch gilt, wenn andere Lebensbereiche wie Familie, Schule oder Beruf durch den Handygebrauch vernachlässigt werden. Da hilft kein Multitasking, denn das Bestreben, mehrere Dinge gleichzeitig zu erledigen, spart keine Zeit. „Wir verlernen es, uns auf eine Sache zu konzentrieren. Wir müssen immer auch woanders sein und am besten überall gleichzeitig. Das wird Folgen haben", sagt Bert te Wildt, Oberarzt an der Klinik für Psychosomatische Medizin und Psychotherapie in Bochum. Die Menschen verzettelten sich, das werde sich auswirken auf schulische Leistungen. Analoges Lesen und Schreiben erforderten eine vertiefte Aufmerksamkeit, die den *digital natives* vermutlich in Zukunft immer schwerer fallen werde. *

1 a Formuliert die strittige Frage, um die es in dem Artikel geht:
Besteht die Gefahr, dass …?

b Gebt euren ersten Eindruck von dem Artikel wieder, z. B.:
Ich fand interessant, … / Mich hat überrascht, … / Ich wusste bereits, … / Für mich ist neu, …

c Wie schätzt ihr die Gefahr einer Smartphone-Sucht bei Jugendlichen ein? Diskutiert.

Leserbrief: „Ärzte warnen vor Smartphone-Sucht bei Jugendlichen"

Ich habe den Artikel „Ärzte warnen vor Smartphone-Sucht bei Jugendlichen" in Ihrer letzten Ausgabe vom 16.07. gelesen. Darin wird die Frage aufgeworfen, ob die häufige Smartphone-Anwendung süchtig macht. Ich stimme den Aussagen der Ärzte aus eigener Erfahrung zu. Auch ich sehe die große Gefahr einer Smartphone-Sucht.

Ich beobachte sowohl bei meinen Freunden als auch bei mir selbst, dass das Gerät immer griffbereit in der Nähe liegt. Kaum sind wir in der Pause, wird das Smartphone eingeschaltet. Der erste Blick am Morgen geht zum Gerät und der letzte am Abend auch. Diese ständige Konzentration auf das Smartphone hat zur Folge, dass es fast alle Alltagssituationen bestimmt.

Die ständige Gegenwart des Smartphones hat Auswirkungen auf die schulischen Leistungen, das kann ich bestätigen. Laut der aktuellen JIM-Studie verschwenden 64 % der Jugendlichen viel Zeit mit Apps und Communitys. Diese Zeit fehlt dann zum Lernen. Und auch ich schaue beim Hausaufgabenmachen immer wieder zu meinem Smartphone. Dadurch kann ich mich nicht so gut konzentrieren und mache Fehler.

Klar stimmt es, dass wir Jugendlichen auf Anerkennung von Freunden angewiesen sind. WhatsApp ist aus unserem Leben nicht mehr wegzudenken, nur damit kann man mit allen in Kontakt bleiben. Aber weil wir uns ständig kurze Nachrichten und Kommentare schreiben, haben wir kaum noch Zeit, in Ruhe miteinander zu sprechen.

Zusammenfassend möchte ich betonen, dass wir die Warnung der Ärzte ernst nehmen sollten. Wenn das Smartphone zu unserem dauerhaften Begleiter wird, dann besteht echte Suchtgefahr.

Mit freundlichen Grüßen
Philip Bösl

2 Lest den Leserbrief und zeigt anhand von Aussagen aus dem Text die Einstellung des Verfassers zum Thema „Smartphone-Sucht".

3
a Beschreibt den Aufbau des Leserbriefs. Verwendet dabei die folgenden Angaben:
Adresszeile • Datum • Betreffzeile • Grußformel • Förmliche Anrede

b Erklärt, welche der genannten Möglichkeiten genutzt werden, um die Argumentation aufzubauen:
Beispiel • Hinweis auf Folgen • Fakten • Vergleich • Expertenaussagen

c Überlegt gemeinsam, welche Kriterien ein Leserbrief erfüllen muss, damit er veröffentlicht wird.

4 In Leserbriefen hat man die Möglichkeit, den Aussagen eines Autors zuzustimmen, sie ganz oder teilweise abzulehnen.

a Begründet, welche der drei Möglichkeiten beim oben abgedruckten Leserbrief gewählt wurde.

b Setzt den folgenden Beginn des Leserbriefs fort und ergänzt eine eigene passende Argumentation:
... Ich halte die Ängste des Autors vor der Smartphone-Sucht bei Jugendlichen für übertrieben. Sicherlich gibt es einige Jugendliche, die ... Andererseits muss man jedoch bedenken, dass ...

Selbst wenn man der Meinung des Autors zustimmt, darf man nicht nur wiederholen, was er sagt, sondern muss immer eigene, noch nicht genannte Argumentationen anführen.

5 Diskutiert in einer Debatte die Gefahren bzw. den Nutzen von Smartphones (▸ S. 35).

Einen eigenen Leserbrief verfassen

1 a Lest zunächst nur die Überschrift des folgenden Textes und nehmt Stellung zu der Frage. Begründet eure Ansicht.
Meiner Meinung nach haben Eltern das Recht/kein Recht, die Handys ihrer Kinder zu kontrollieren, denn ...

Privatzone Handy – Dürfen Eltern das Handy ihrer Kinder kontrollieren?

Vertrauen ist gut, Kontrolle ist besser. So denken viele Eltern, wenn es um die Kontrolle des Handys geht. Denn das Handy gehört ja nicht den Kindern, es gehört den Eltern, die schließlich dafür auch bezahlen.
Zu den Chancen der Handynutzung gesellen sich natürlich auch Risiken. Weil Kinder das Handy eher gewohnheitsmäßig nutzen, sind sie auch leichter jugendgefährdenden Inhalten ausgesetzt. Um die Funktionen, die soziale Netzwerke bieten, nutzen zu können, müssen möglichst viele persönliche Informationen preisgegeben werden. Damit macht man sich aber auch angreifbar und kann Gefahr laufen, beispielsweise von Unbekannten angeschrieben oder gemobbt zu werden.
Wie weit darf die elterliche Sorge gehen, bis aus dem Schutz des Kindes eine bloße Kontrolle wird? Und ist diese dann tatsächlich besser als Vertrauen? Einige Eltern schließen Verträge, in denen festgelegt wird, wie das Handy zu benutzen ist. Welche Webseiten werden angesehen, welche Apps werden runtergeladen, was wird bei sozialen Netzwerken gepostet? Im Vertrag stehen auch Konsequenzen, die die Kinder erwarten, wenn sie sich nicht daran halten. Darüber hinaus gibt es jetzt auch spezielle Apps, mit denen Eltern ihre Kinder digital überwachen können.
Selbst wenn die Grundangst der Eltern verständlich ist: Brauchen Kinder aber nicht auch unkontrollierte Freiräume, damit sie stark und selbstbewusst werden? *

b Lest nun den ganzen Artikel „Privatzone Handy – Dürfen Eltern das Handy ihrer Kinder kontrollieren?" und formuliert mit eigenen Worten, wie der Autor des Textes zu dem Sachverhalt steht.
Der Autor ist der Meinung, dass ...

c Sammelt die drei Argumentationen aus dem Text, welche für eine elterliche Kontrolle sprechen, und schreibt sie stichpunktartig in euer Heft.

d Eine Argumentation, die gegen eine Kontrolle durch die Eltern spricht, findet sich indirekt am Schluss des Textes. Formuliert die Frage in den Zeilen 31–33 in einen Aussagesatz um. Ihr könnt so beginnen:
Eltern sollten auf eine Kontrolle des Handys verzichten, weil ...

e Sucht euch in Partnerarbeit einen der in Aufgabe c oder d genannten Aspekte heraus und versucht, ihn zu entkräften. Haltet euch dabei an die Vorgehensweise, wie sie auf Seite 60 beschrieben wird.

2 a Sammelt weitere Argumentationen und Beispiele sowohl für die Pro- als auch Kontra-Seite und notiert sie in eurem Heft in einer Tabelle nach folgendem Muster.

Argumentationen für die Handykontrolle	Argumentationen gegen Handykontrolle
– *Behauptung: Handykontrolle in bestimmten Bereichen sinnvoll* – *Begründung: Großteil der Freizeit online* – *Beispiel: auch Mobbing* – …	– *Behauptung: Eltern sollen Kindern vertrauen* – *Begründung: Jugendliche sollen verantwortungsbewussten Umgang erlernen* – *Beispiel: keine persönlichen Daten preisgeben* – …

b Entscheidet nun, welche Meinung ihr in eurem Leserbrief vertreten wollt, und wählt aus euren Vorschlägen aus Aufgabe 1 die beiden überzeugendsten Argumente aus sowie ein Argument, das ihr entkräften möchtet.

c Notiert euch stichpunktartig für jede eurer drei Argumentationen eine sinnvolle Argumentationskette, bestehend aus Behauptung, Begründung und Beispiel(en) (▶ S. 51).
Verknüpft eure Gedanken mit passenden Wörtern wie: *da, weil, denn, daher, wenn, zum Beispiel, beispielsweise, weswegen* • *deswegen* • *aus diesem Grunde* • *folglich*

d Wählt abwechslungsreiche Formulierungen für die Überleitungen.

Darüber hinaus … • Außerdem … • Hinzu kommt … • Ein weiterer Grund für/gegen ist … • Es darf nicht übersehen werden … • Ebenso ist zu berücksichtigen …

3 Notiert, wie ihr euren Leserbrief beenden wollt. Ihr könnt euer Anliegen noch einmal zusammenfassen, eine Bitte, eine Aufforderung oder einen Lösungsvorschlag formulieren, z. B.: *Meiner Meinung nach …* • *Ich finde es gut/wichtig …* • *Zusammenfassend möchte ich betonen …* • *Selbst wenn …, so halte ich es dennoch für wichtig …*

4 Schreibt nun den Leserbrief. Äußert darin eure Meinung und begründet sie anhand der beiden gewählten Argumente. Entkräftet zudem einen möglichen Einwand.

Wissen und Können **Einen argumentierenden Leserbrief schreiben**

- **Einleitung:** Gebt in der Einleitung den Titel des Artikels an und formuliert eure Meinung zu dem Thema, z. B.: *In dem Artikel „…“ geht es um die Frage …*
- **Hauptteil:** Begründet eure Meinung mit Argumenten. Entfaltet jedes Argument durch ein Beispiel, einen Hinweis auf Folgen, Fakten, einen Vergleich oder eine Expertenaussage. Nennt auch ein Gegenargument und entkräftet es nachvollziehbar.
  – **Argumentation:** *Ein wichtiger Grund, der dafür/dagegen spricht …*
  – **Entkräftung eines Arguments:** *Sicherlich kann man einwenden … Aber/Jedoch …*
- **Schluss:** Fasst noch einmal euren Standpunkt zusammen oder formuliert einen Wunsch oder Vorschlag für die Zukunft, z. B.: *Zusammenfassend lässt sich feststellen …*
- Gliedert euren Brief in **Absätze.** Beginnt mit jedem Argument einen neuen Absatz.
- Achtet darauf, dass ihr die einzelnen **Argumente gut einleitet** und miteinander **verknüpft.**

Einfach mal aufs Handy verzichten – Einen Aufruf für die Schülerzeitung schreiben

Die digitale Diät – Freiwilliger Verzicht auf Handy & Co?

Noch eine letzte SMS an die besten Freunde, dann hieß es zwei Wochen lang ohne Handy auskommen. Ein gewagtes Experiment, das sich Schülerinnen und Schüler einer Berliner Schule da ausgedacht hatten – und das auch nicht alle durchhielten. Die Aufgabe lautete: Zwei Wochen ohne Handy! Das Experiment war freiwillig und konnte jederzeit abgebrochen werden, die Eltern waren informiert worden und hatten ihr Einverständnis gegeben. Nach einer „Abschieds-SMS" an die wichtigsten Kontakte wurden die Geräte in vorbereitete Luftpolsterumschläge gepackt, versiegelt und in die Tasche gepackt. Fazit nach zwei handylosen Wochen: Das Experiment fanden alle – zumindest im Nachhinein – sehr interessant und würden es unbedingt weiterempfehlen, denn die Abhängigkeit ist doch größer, als es die 15- und 16-Jährigen vermutet hätten. Was haltet ihr von einer solchen digitalen Diät?

1 Wer von euch kann sich vorstellen, für längere Zeit auf das eigene Handy zu verzichten? Tauscht euch aus.

2 Verfasst zu dem Thema „digitale Diät" einen Beitrag für die Schülerzeitung.

a Nutzt das Schaubild, um mit der Einleitung Interesse zu wecken.
Tauscht euch aus, ob die Informationen auch auf eure Klasse zutreffen.

b Beginnt eure Einleitung mit der Frage „Wusstest du, ...?". Wählt anschließend eine der folgenden Aussagen:
- dass nur 28 % der Jugendlichen zwischen 12 und 17 weniger als eine Stunde Zeit am Tag mit WhatsApp & Co verbringen?
- dass vor allem Jungs viel Zeit mit sozialen Medien verbringen?
- dass nur die älteren Mädchen viel Zeit mit sozialen Medien verbringen?
- dass fast die Hälfte aller Jugendlichen mehr als drei Stunden am Tag im Internet mit sozialen Medien verbringen?

JUGEND UND SOZIALE MEDIEN

So viele Jugendliche, die soziale Medien nutzen, verbringen am meisten Zeit mit

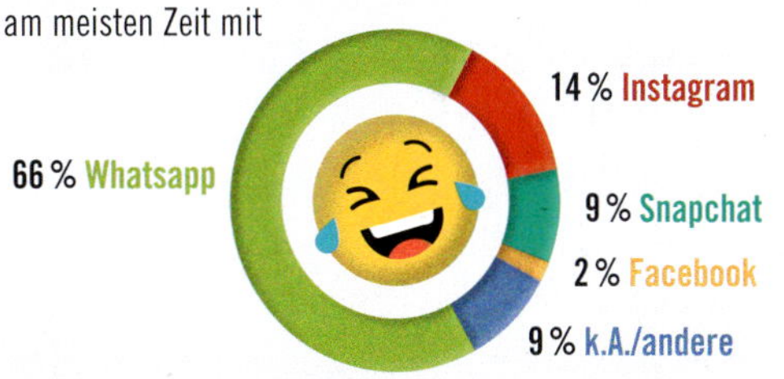

So lange nutzen Mädchen und Jungen soziale Medien pro Tag

Befragung von 101 Jugendlichen im Alter von 12 bis 17 Jahren in Deutschland von August bis September 2017

Quelle: DAK

Nur eine Aussage gibt die Aussagen des Schaubildes wahrheitsgemäß wieder.

c Formuliert aus den folgenden Tipps eine mögliche Einleitung.
- Wusstest du, dass ...
- darauf eingehen, wie viel Lebenszeit Jugendliche am Handy verbringen
- fragen, ob das wirklich sinnvoll sein kann
- darauf hinweisen, dass inzwischen schon sehr viele Jugendliche Smartphone-süchtig sind und auch gesundheitliche Probleme auftreten wie Kurzsichtigkeit
- am Ende Frage stellen, ob es nicht Zeit sei, dagegen etwas zu unternehmen
- Aufruf zu einer digitalen Diät

Ohne Handy hätte ich endlich wieder mal mehr Zeit für ?

Vielleicht könnte ich mich dann auch mal wieder besser konzentrieren, wenn ich z. B. ? mit meiner Familie unterhalte ...

Ich wäre sicherlich nicht mehr so gestresst, weil ich mich dann nicht mehr ständig so unter Druck gesetzt fühlen ?

Das wäre auch einmal eine Gelegenheit ? mit Medien nachzudenken ...

3 Lest die Aussagen und Behauptungen und besprecht, wie ihr sie fortsetzen könntet, sodass vollständige Argumentationen mit Beispielen entstehen.

A Stell dir vor, du hättest endlich wieder einmal mehr Zeit für andere Dinge. Überlege dir, was du alles machen könntest, in den vielen Stunden, in denen du dich momentan täglich mit deinem Smartphone beschäftigst. Das Leben bietet so viel mehr! Plötzlich gibt es keine Ausreden mehr, keinen Sport zu treiben, einen Spazierzugang zu machen oder dich mit Freunden in „echt“ zu treffen. Es ist dann auch wieder möglich, in aller Ruhe und ungestört ein Buch zu lesen oder einem lange vernachlässigten Hobby nachzugehen. Wenn du dann abends müde ins Bett fällst, wirst du sehen, dass dein Tag plötzlich viel abwechslungsreicher war, als wenn du wieder nur deine gesamte Freizeit am Handy verbracht hättest.

B Außerdem kann man sich endlich auch mal wieder besser auf alles konzentrieren. Du wirst merken, kaum ist das Handy weg, bist du aufmerksamer. Du bekommst plötzlich viel mehr mit. Wer die ganze Zeit am Handy spielt, kriegt nichts von seiner Umwelt mit. Eine digitale Diät könnte da eine Chance sein, dass du auch im „echten Leben“ wieder mal „online“ bist. Plötzlich nimmst du Sachen wahr, von denen du sonst nichts gewusst hättest. Das allein ist doch schon ein Grund, einmal für längere Zeit auf das Handy zu verzichten.

4 **a** Untersucht den Inhalt und die Sprache der Argumentationen A und B und bewertet sie.
b Begründet anhand des Sprachstils der Argumentation A, inwiefern der Stil bei einem Artikel in der Schülerzeitung auch „persönlicher und freier“ sein darf.
c Überarbeitet die weniger gelungene Argumentation mit den Tipps von oben.

5 Verfasst nun selbst eine Argumentation für einen Aufruf zum Handy-Fasten zu folgender Behauptung:
Smartphone-Fasten sorgt für weniger Konflikte mit den Eltern.

6 Texte für die Schülerzeitung sollten schon mit ihrer Überschrift dazu motivieren, sich mit einem Thema auseinanderzusetzen.

a Diskutiert, welche der folgenden Überschriften ihr zum Thema „digitale Diät" für gelungen haltet.

Trau dich – Probier's mal ohne • Warum es sinnvoll sein kann, aufs Handy zu verzichten • Wenn schon Diät, dann Digital-Diät • We want you – Freiwillige fürs Handy-Fasten gesucht

b Formuliert eigene Überschriften zum Thema.

7 Schließt euren Aufruf mit Ideen dazu, wie ihr Handy-Fasten an eurer Schule umsetzen könnt.

a Besprecht, wie sich ein gemeinsames Handy-Fasten am besten organisieren lässt.

b Setzt den begonnenen Schluss fort, indem ihr die Ideen zur Umsetzung kurz vorstellt.
Ihr seht also, es ist höchste Zeit, mal für eine gewisse Zeit aufs Handy zu verzichten. Wir von der Schülerzeitung würden uns freuen, wenn möglichst viele von euch mitmachen würden. Deshalb/Dazu ...

8 Verfasst nun den vollständigen Aufruf mit Überschrift, Einleitung, Hauptteil und Schluss.

Wissen und Können **Einen Aufruf für die Schülerzeitung schreiben**

Artikel in einer Schülerzeitung sind **von Jugendlichen für Jugendliche** verfasst.
Ihr habt hier also deutlich mehr sprachliche Freiheiten. Um von einer Sache zu überzeugen, solltet ihr entsprechende stilistische und formale Mittel einsetzen.

- **Überschrift:**
  Sie soll **motivieren** und auf das Anliegen in einer sprachlich interessanten Art und Weise **aufmerksam machen.** Nehmt euch die Werbesprache als Vorbild, z. B.: *Be smart – don't start* als Überschrift für einen Aufruf gegen Drogenkonsum.
- **Einleitung:**
  Sie **führt in die Thematik ein** und **weckt Interesse.** Dazu lassen sich passende Fakten zum Thema präsentieren (Aussagen aus Umfragen, Statistiken, Medienträgern) oder ihr bringt eigene Erfahrungen ein.
- **Hauptteil:**
  Ziel eines Aufrufs ist es, **ein Anliegen** mit Hilfe überzeugender Argumente sinnvoll zu **begründen**. Es muss also deutlich werden, warum es sich lohnt, an einem Projekt teilzunehmen oder sich für eine bestimmte Sache zu engagieren.
  Beim **Aufbau der Argumentation** orientiert man sich am Dreischritt:
  Behauptung – Begründung – Beispiel.
- **Schluss:**
  Am Ende formuliert ihr noch einmal eine **zusammenfassende Aufforderung** bzw. eine **Bitte,** sich an dem vorgestellten Projekt zu beteiligen oder sich für eine Sache einzusetzen.

3.3 Fit in ...? – Einen Leserbrief schreiben

In einer Schulaufgabe wird folgende Aufgabe gestellt.

In einer Online-Zeitung ist der folgende Artikel erschienen, der zudem von Lesern mit Kommentaren versehen wurde.
Verfasse einen Leserbrief, in dem du zu der Frage Stellung beziehst, die am Ende des Artikels gestellt wird.

Schummeln leicht gemacht

Von Julia Bonstein

Das Netz bietet Schülern neue Schummelmethoden: Aufsätze werden zusammengegoogelt, Referate einfach kopiert. Ihre Lehrer setzen auf digitale Abwehr und Aufklärung.

Für Norbert Tholen kam die Ernüchterung auf einer Hochzeitsfeier. Begeistert erzählte der Oberstudienrat dort von einem exzellenten Aufsatz eines seiner Schüler, bis ein anderer Hochzeitsgast bemerkte, die Geschichte kenne er doch.
Lehrer Tholen forschte nach und fand das Original im Internet: „Ein dreister Täuschungsversuch." Statt Einser und Zweier hagelte es also Sechser. „Abschreiben ist heute so leicht wie nie", sagt Tholen. Im Internet stehen neben Wikipedia-Einträgen längst auch komplette Referate und Schularbeiten zur Verfügung. „Deine fertige Hausaufgabe gibt's doch schon" wird etwa gelockt: „Warum also selbst abmühen?"
Für viele Lehrer gehört der Check bei Google bereits zur Routine. „Kopien erkenne ich meist sofort", sagt Volker Hofheinz. Wenn die Sätze beim Vortragen zu flüssig klingen, bittet er den betreffenden Schüler, das eben Gesagte genauer zu erläutern. „Dann wird schnell klar: Der Schüler hat nicht verstanden, was er abgeschrieben hat", sagt Hofheinz. Komplexere Aufgaben ließen sich ohnehin nicht per Copy-Paste-Verfahren lösen: „Man darf als Lehrer natürlich keine Standardfragen stellen."
Sebastian Schuhbeck, Religionslehrer, hat trotzdem aufgerüstet: Mit einer speziellen Software überprüft er Abschlussarbeiten daraufhin, ob Passagen aus dem Internet abgekupfert sind. Schuhbeck ermutigt seine Schüler sehr, das Internet zu nutzen – nur eben nicht zum Schummeln: „Richtig angewandt, ist das Internet für Schüler ein tolles Hilfsmittel." *

Kommentar schreiben

Auf Hausaufgabenportalen können Schülerinnen und Schüler Hausaufgaben, Referate und andere Arbeiten veröffentlichen und zum Download freigeben.
Was ist eure Meinung? Findet ihr es sinnvoll, solche Hausaufgabenportale zu nutzen?

Luke24 (27.5. 16:52)

Hausaufgabenportale können eine Bereicherung sein. In vielen Portalen gibt es auch Diskussionsforen, in denen sich Schüler mit den gleichen Problemen zusammenfinden und sich gegenseitig Tipps geben können. Ich nutze solche Hausaufgabenportale nur als

Informationsquelle, um Fragen zu klären oder Hinweise auf weiterführende Internetbeiträge zu erhalten.

Lucie (28. 5. 17:03)

Durch Abschreiben ist noch niemand schlau geworden und auf Dauer wird sich das Abschreiben selten auszahlen.

Splash (29. 5. 14:42)

Viele, die diese Hausaufgabenportale nutzen, übersehen: Genauso schnell wie sie an die Hausaufgaben gekommen sind, können auch ihre Lehrer an diese kommen und die wahre Herkunft aufdecken. Besonders peinlich kann es werden, wenn gleich mehrere Schüler dieselbe Internetquelle benutzt haben und die Arbeiten nahezu identisch sind. ☺

roro16–28 (29. 5. 17:23)

Ich finde die Portale sinnvoll, um zu einem Thema weitere Informationen zu finden. Ich habe zum Beispiel für ein Referat in Erdkunde super Hinweise auf weiterführende Internetbeiträge gefunden.

Die Aufgabe richtig verstehen

1 Überlegt, was die Aufgabenstellung auf Seite 68 oben von euch verlangt. Schreibt dann die Buchstaben der zutreffenden Sätze in euer Heft. Sie ergeben rückwärtsgelesen ein Lösungswort.

L Ich muss in meinem Leserbrief meine Meinung begründen und durch Beispiele stützen.
E Mein Beitrag wird besonders gut, wenn ich möglichst viele Argumente nenne, auch wenn nicht alle so überzeugend sind.
I Die Argumente sollten sprachlich gut ausgestaltet und zu einer Argumentationskette verknüpft sein.
H Den Text schreibe ich so, dass vor allem meine Freunde mich verstehen, denn die kennen sich mit dem Internet bestens aus.
A Meine Argumentation wird besonders überzeugend, wenn ich ein Gegenargument nenne und dieses entkräfte.
M In meinem Beitrag kann ich die Informationen aus dem Artikel und den Kommentaren nutzen.

Den Leserbrief planen

1 Lest den Artikel und die Kommentare genau und notiert die strittige Frage.

2 Bildet euch anhand des Textes und der Kommentare eine eigene Meinung zum Thema, die ihr dann auch in eurem Leserbrief vertreten wollt.

3 Sammelt Argumente für eure Position und schreibt sie geordnet wie in der Tabelle unten auf. Ihr könnt dazu Aussagen des Textes und der Kommentare zu Hilfe nehmen oder eigene Punkte finden.

Für (pro) Hausaufgabenportale	Gegen (kontra) Hausaufgabenportale
Als Informationsquelle sinnvoll *– Hausaufgaben können schneller und mit weniger Fehlern angefertigt werden.* *– …*	*Kein Lerneffekt* *– Der Lernstoff wird nicht wirklich behalten, wenn man nur abschreibt.* *– …*

4 Sucht in den Kommentaren oder im Text eine Aussage, der ihr inhaltlich nicht zustimmt, und versucht sie zu entkräften.
Aussage: „Kein Lerneffekt" → Entkräftung: Auch beim Abschreiben erfasst man den Inhalt und kann dabei etwas lernen.

Schreiben und überarbeiten

1 Der unten begonnene Leserbrief ist inhaltlich noch fehlerhaft. Verbessert ihn anhand der folgenden Aufgaben und der Checkliste.

a Benennt die Fehler, die bei der Einleitung und bei der ersten „Argumentation" gemacht wurden.

b Überarbeitet den Textauszug.

Sehr geehrte Redaktion XX,
ich habe Ihre letzte Ausgabe gelesen und möchte hier nun meine Meinung zum Thema „Hausaufgabenportale" äußern. Jene sind sehr sinnvoll, weil man sie als Informationsquelle nutzen kann. Zum Beispiel lassen sich damit Referate sehr gut vorbereiten.
Außerdem …

2 **a** Schreibt den Leserbrief zu Ende.

b Überarbeitet anschließend eure Texte in Partnerarbeit. Nutzt hierzu die folgende Checkliste.

Checkliste

Einen Leserbrief schreiben

Vorarbeit:
- Habe ich mir überlegt, welche Meinung ich vertreten will?
- Habe ich vor dem Schreiben drei sinnvolle Behauptungen und Begründungen gefunden?

Einleitung:
- Nenne ich zu Beginn Titel und Erscheinungsdatum des zu Grunde liegenden Artikels?
- Wird in der Einleitung klar, welche Position ich vertrete?

Hauptteil:
- Sind die Argumentationen vollständig (Behauptung + Begründung + Beispiel/Beleg) und inhaltlich überzeugend? Ist auch die Entkräftung einer Argumentation enthalten?

Schluss:
- Fasse ich hier noch einmal mein Anliegen zusammen oder formuliere ich eine Bitte, eine Aufforderung oder biete eigene Lösungsvorschläge an?

4 Geschichten zu Bildern –
Zu einem Bild erzählen

1 Berichtet von euren eigenen Erfahrungen in Museen.

2 Sammelt Gründe, warum Menschen gerne in Museen gehen.

3 „Ein Bild ist ein Gedicht ohne Worte."
a Tauscht euch über die Bedeutung dieses Zitats aus.
b Habt ihr ein Lieblingsbild? Beschreibt, was dargestellt ist.

In diesem Kapitel ...

- lernt ihr, wie aus Bildern interessante Geschichten entstehen,
- übt ihr, mit sprachlichen Tricks anschaulich und abwechslungsreich zu erzählen,
- entwickelt ihr selbst Geschichten zu Bildimpulsen.

4.1 Der Weg ins Bild – Eine eigene Geschichte erzählen

Gesamteindruck und Details – Genau hinsehen

Karin Allar: Homeless, 2015. Acryl auf Leinwand

1 Schaut euch das Bild mindestens zwei Minuten ganz genau an.

2 Beurteilt in Absprache mit eurem Banknachbarn, ob die folgenden Aussagen richtig oder falsch sind.

- Auf dem Bild sind alle abgebildeten Menschen in Bewegung.
- Im Hintergrund kann man Busse oder Straßenbahnen erkennen.
- Die Menschen befinden sich in einem Park.
- Es handelt sich um eine Straßenszene im Winter.
- Alle Menschen sind von hinten abgebildet.
- Im Mittelpunkt des Bildes befindet sich eine Touristin in einem dunklen T-Shirt.
- Es scheint ein sehr sonniger Tag zu sein.
- Im Vordergrund sitzt eine ältere Frau auf der Straße.

Seht genau hin und achtet auch auf Details.

Die Bildatmosphäre – Mit allen Sinnen wahrnehmen

1 Stellt euch vor, ihr seid selbst Teil der auf Seite 72 im Bild dargestellten Straßenszene. Was nehmt ihr wahr? Sammelt Sinneswahrnehmungen in der Klasse.

2 a Beurteilt, ob folgende Beschreibungen der Atmosphäre zum Bild passen. Begründet eure Meinung.

- Ein eisiger Ostwind weht durch die Straßenschluchten und er schlägt hastig seinen Mantelkragen hoch.
- Quietschend hält die Straßenbahn an der Haltestelle. Ich lege einen Gang zu – schließlich will ich sie ja noch erreichen.
- Irgendwie liegt ein Gewitter in der Luft. Die Schwüle ist total drückend und der Himmel hat sich schon ganz eigenartig verzogen.
- Erste Regentropfen fallen auf den staubigen Asphalt. Hastig versuchen die Passanten, vor dem herannahenden Gewitter ins Trockene zu flüchten.
- Das laute Quietschen der Bremsen verhieß nichts Gutes. Ein Unfall? Neugierig und sensationslüstern strömen die Menschen zu der Stelle, an der sich das Unglück ereignet haben musste.

b Benennt die verwendeten sprachlichen Mittel, die die Atmosphäre anschaulich schildern.

3 Lest die Gedankenblasen. Ordnet sie dann einer Person auf dem Bild auf Seite 72 zu.

1. Person: Hoffentlich unterschreibt der mir morgen den Vertrag, sonst war die ganze Arbeit heute umsonst. Ich muss ihn unbedingt überzeugen, dass wir das beste Konzept haben.

2. Person: Heute sind wir schon ganz schön viel gelaufen. Aber ich möchte unbedingt noch in das moderne Museum. Wir müssen uns beeilen, damit wir das noch schaffen.

3. Person: Anscheinend bin ich heute unsichtbar, denn keiner wirft auch nur einen Blick auf mich. So kann ich noch nicht heimgehen. Meine Kinder brauchen ja was zu essen.

4 a Formuliert für zwei weitere Personen auf dem Bild die Gedanken.
b Stellt sie euch gegenseitig vor.

5 Beschreibt anschaulich Elemente des Bildes „Homeless“ von Karin Allar (► S. 72). Verwendet dazu sprachliche Bilder und Stilmittel, die aus den sachlichen Beschreibungen A–C lebendige und anschauliche Schilderungen machen.

A Alle Passanten gehen zur Straßenbahn. **B** Es ist ein heißer Tag. **C** Eine Frau sitzt auf der Straße.

Die Geschichte zum Bild – Schlüssig erzählen

Den richtigen Zugang finden

Du bist Reporter und hast gerade eben das Foto (► S. 72) gemacht, weil es deine Reportage am besten illustriert. Wovon handelt sie?

Du kommst zufällig vorbei und sprichst eine der abgebildeten Personen an.
Was kommt dir spontan in den Sinn? Was fragst du?

Du bist Filmregisseurin oder Filmregisseur und hast diese Szene eben gedreht.
Was ging ihr voraus? Wie geht es weiter?

Du bist eine der Personen auf dem Bild.
Was hast du erlebt oder was wirst du erleben?

1 Entwickelt in Gedanken eine Geschichte, die zu dem Bild passt.

a Denkt euch in das Bild hinein. Wählt dazu eine der oben angeführten Möglichkeiten.

b Notiert in euer Heft vier bis fünf Sätze zu der von euch gewählten Situation.

Das Bild kann an jeder beliebigen Stelle in eurer Geschichte eingebaut werden. Es sollte aber eindeutig zu erkennen sein und mit der Handlung verknüpft werden.

2 Markiert in euren Notizen den Punkt, der als Erzählschritt das Bild inhaltlich umsetzt.

3 Tauscht euch mit einem Lernpartner im stummen Schreibgespräch über eure Erzählideen aus.

4 Überarbeitet anschließend eure Notizen und stellt die Erzählidee der Klasse vor.

Wissen und Können **Stummes Schreibgespräch**

Beim stummen Schreibgespräch lest oder **bewertet ihr den Text einer Mitschülerin oder eines Mitschülers** (es kann auch eine Gruppe sein), **ohne dabei zu sprechen.**

- Ihr könnt dabei die genannten Ideen mit Fragen versehen, eure Meinung notieren oder weitere Ideen hinzufügen.
- Nach einer vereinbarten Zeit endet das stumme Schreibgespräch und die Lernpartner besprechen ihre Anmerkungen.
- Wurden Ergebnisse von Gruppenarbeiten im stummen Schreibgespräch bewertet, erfolgt die Besprechung im Plenum.

Sich für eine Erzählform entscheiden

A Ich schaue immer auf die Schuhe. In die Gesichter muss ich gar nicht gucken. Nach der langen Zeit kann ich schon am Gang erkennen, ob die Passanten sich noch einmal umdrehen, ein paar Schritte zurückgehen und etwas für mich übrighaben. Viele sind in Eile und nehmen mich hier am Hauseingang gar nicht wahr. Manche steigen sogar über meine Beine, ohne dabei langsamer zu werden. Die machen das gar nicht bewusst. Ihr Kopf ist einfach voller Gedanken, sodass sie ihre Umgebung nicht wahrnehmen. Alle sind in Hektik, nur ich habe Zeit. Alle Zeit der Welt.

B Sie warf einen kurzen Blick auf die andere Straßenseite. Ja, sie war wieder da. Sie nickten sich kurz zu. Ein neuer Tag begann und jede machte ihren Job. Sie deckte die Tische des Straßencafés ein und Maria legte ihre Sitzunterlage auf die kleine Stufe am Hauseingang. Man konnte sehen, dass ihre Gelenke schmerzten. Es wirkte so mühsam, wie sie sich hinsetzte. Aber sie kam jeden Tag. Seit Jahren. Und erst, wenn die Geschäfte schlossen, packte sie ihre sieben Sachen zusammen und machte sich auf den Heimweg. Wohin sie ging, wusste keiner in der Straße und es traute sich auch keiner zu fragen.

1 a Lest die Textpassagen oben.
b Begründet anschließend, aus welcher Sicht erzählt wird.

2 Wählt eine Erzählform.
a Überlegt zunächst: Passt ein Ich- oder ein Er-/Sie-Erzähler besser zu eurer Erzählidee aus Aufgabe 1 auf Seite 74?
b Entscheidet euch für die Figur, die in eurer Geschichte die Rolle des Erzählers einnimmt, und gestaltet sie aus. Fertigt eine Mind-Map an, damit ihr euch die Figur vorstellen könnt:
– Wie sieht sie aus?
– Welcher Tätigkeit geht sie nach?
– Wo befindet sie sich?
– Was hat sie vor?

> Ein **Ich-Erzähler** ist Teil der Geschichte und kann unmittelbar aus der Geschichte heraus erzählen. Der **Er- oder Sie-Erzähler** tritt als Figur in den Hintergrund.

Der Anfang der Geschichte

1 „Ist dir schon aufgefallen, dass die Frau jeden Tag an der gleichen Stelle sitzt? Mich würde wirklich interessieren, ob sich das für sie lohnt. Was meinst du?“ Mein Freund zuckte nur mit den Achseln. Darüber hatte er wohl noch nie nachgedacht. In mir aber war das Interesse geweckt und ich überlegte, ob ich sie ansprechen sollte. Aber jetzt war nicht der richtige Zeitpunkt dafür. Vielleicht morgen, wenn ich allein zur Straßenbahn gehe …

2 Wie jeden Tag kam Elsa auch an diesem Dienstag mit schleppenden Schritten die Straße entlang. Langsam ließ sie sich auf ihren Stammplatz in der Leipziger Straße nieder. Vorher breitete sie aber noch sorgfältig die grüne Decke auf der Sitzstufe aus. Heute war ein heißer Tag und sie hatte vorsichtshalber einen Sonnenhut aufgesetzt …

3 Mein Gott, was für eine Hitze! Und dann dieser schwarze Anzug … Was gäbe ich darum, wie die Touristen in kurzen Hosen rumzulaufen. Hahaha! Die Vorstellung hat was! Ich in Shorts am Arbeitsplatz! Nur würde da der Chef nicht mitspielen. Was er wohl machen würde, wenn ich …? Ich lass es lieber. War das morgen mit dem Zahnarzttermin? Puh! Nicht auszuhalten in der Sonne. Schnell nach Hause …

4 Donnernd klapperten die unzähligen Absätze über den Asphalt. Aus der Ferne hörte man die Bremsen der Linie 8, die ihre Ladung ausspuckte, um neue Fahrgäste aufnehmen zu können. Ein Kommen und Gehen bestimmte das Straßenbild. Wehende Tücher, schlackernde Rucksäcke, rinnende Schweißperlen und heute dann auch noch diese bleierne Hitze. Die drückende Stimmung schon am frühen Morgen verhieß nichts Gutes …

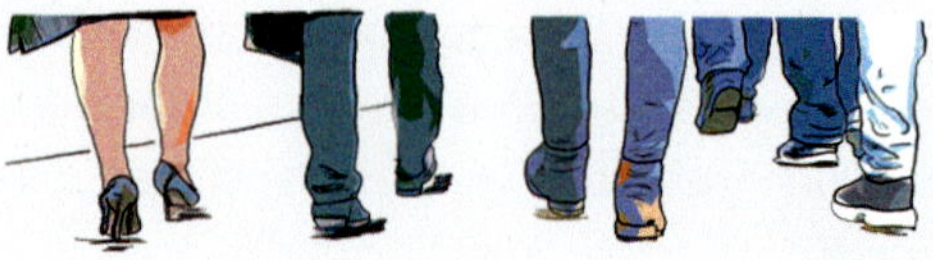

1 Es gibt verschiedene Möglichkeiten, eine Erzählung zu einem Bild zu beginnen. Ordnet die Erzählanfänge 1–4 den Möglichkeiten A–D zu.

A Schilderung eines bestimmten Eindrucks
B Einleitung mit Antworten auf die wichtigsten W-Fragen
C Wörtliche Rede einer Figur aus dem Bild
D Innerer Monolog der Hauptfigur

Der rote Faden als Wegweiser durch die Erzählung

A Mit letzter Kraft rannte er die Straße entlang. Mensch, war das heute voll hier! Gerade noch rechtzeitig sprang er in die Straßenbahn. Endlich Feierabend! In Gedanken stellte er sich vor, wie er sich daheim einen kühlen Drink mixte, die Beine hochlegte und den Fernseher einschaltete. Vielleicht ergab sich ja sogar noch eine Verabredung mit Freunden. Doch plötzlich fiel ihm diese Frau wieder ein. Er verließ die Bahn an der nächsten Haltestelle und rannte zurück zu der Stelle, wo sie gesessen hatte. Nein, sie war weg! Er würde sie suchen wie eine Nadel im Heuhaufen! Eher konnte er keine Ruhe finden.

B Beinahe hätte ich mein Vorhaben, die alte Frau auf der Straße nach ihren Tageseinnahmen zu fragen, vergessen. Zum Glück saß sie, wo sie immer saß. Umständlich kramte ich in meiner Handtasche. Wie vorgehen? Ihr einfach ein Geldstück in den Becher werfen? Einen Euro, ein Zweieurostück? Ich musste mich entscheiden, denn schon stand ich vor ihr. Schwungvoll warf ich die Münze in ihren Sammelbecher. So schwungvoll, dass sie gleich wieder heraushüpfte. Oh, wie peinlich! Wir suchten gemeinsam und fanden sie schließlich in ihren Rockfalten. Ein Lächeln huschte über ihr Gesicht. Dennoch hatten ihre kleinen, dunklen Augen etwas Trauriges, Tieftrauriges. Was sie wohl schon gesehen hatten? Gut, dass ich die Frage nach ihren Einnahmen nicht gestellt hatte. Viel wichtiger war doch, wer sie war und woher sie kam. Nachzufragen wagte ich nicht. So ging ich mit einem schüchternen „Einen schönen Tag noch" weiter …

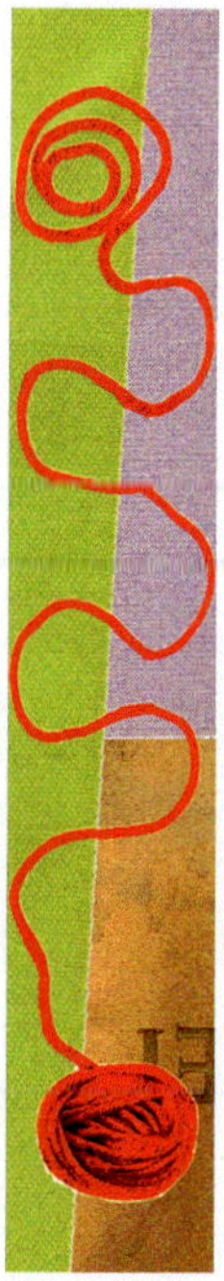

1 a Beurteilt die beiden Erzählpassagen auf Seite 76: Ist jeweils ein roter Faden erkennbar?
b Tauscht euch aus über eure Einschätzungen.

2 Sicher konntet ihr feststellen:
Bei einem Auszug fehlt der rote Faden.
a Sammelt Ideen, was ergänzt werden könnte, um die Geschichte abzurunden.
b Formuliert diesen Erzählschritt schriftlich in eurem Heft.

Gestaltet bei der Geschichte zum Bild eure Idee aus. Habt dabei den Ausgang der Erzählung vor Augen. Das hilft, den Handlungsablauf klar auszurichten und euch nicht in Nebensächlichkeiten zu verlieren.

3 Erzählende Texte können einen Schluss haben oder wie Kurzgeschichten offen enden.
a Notiert stichpunktartig Ideen, wie die in der Erzählpassage B begonnene Geschichte weitergehen könnte.
b Bildet Arbeitsgruppen und wählt jeweils einen „klassischen" und einen offenen Schluss. Formuliert beide arbeitsteilig aus.
c Tragt euch das Ende der Erzählung gegenseitig vor.

4 Schreibt in Partnerarbeit eine Geschichte zu dem Bild auf Seite 72.
a Entscheidet euch für eine der Erzählideen, die ihr in diesem Kapitel kennen gelernt habt, oder wählt eine eigene.
b Schreibt jeweils im Wechsel einen Satz zu eurer Geschichte.
c Lest euch die fertig geschriebenen Geschichten gegenseitig vor.

Wissen und Können **Zu einem Bild erzählen**

- Gibt ein Bild den Impuls zu einer Erzählung, könnt ihr entweder eine **Figur aus dem Bild** oder eine von euch **selbst erfundene Figur** als **Hauptfigur** wählen.
- Das Bild kann als Einstieg dienen, im Hauptteil eine Rolle spielen oder den Schluss veranschaulichen. Wichtig ist, dass es in der Erzählung eindeutig zu erkennen ist.
- **Beobachtet genau:**
  - Wer ist abgebildet?
  - Wo ist das Bild aufgenommen?
  - Welche Tageszeit, welche Jahreszeit kann man erkennen?
  - Welche Stimmung wird vermittelt?
  - Welche Farben spielen eine Rolle?
- Lasst bei der **Entwicklung der Geschichte** eure **Fantasie** spielen:
  - Was kann die Hauptfigur hören, riechen, sehen, fühlen?
  - Welche Gedanken gehen ihr durch den Kopf? Denkt sie an Vergangenes (Rückblende) oder an die Zukunft (Vorausdeutung)? Was könnte passieren oder passiert sein?
  - Wechselt der Handlungsort?
- Überlegt, **wie eure Geschichte enden soll:** offen – wie in einer Kurzgeschichte – oder mit einem richtigen Schluss wie in vielen Erzählungen.

4.2 Geschichten rufen Bilder hervor – Eine Kurzgeschichte untersuchen

„Nächste Haltestelle“ – Das Bild zur Geschichte

Kirsten Boie

Schließlich ist letztes Mal auch nichts passiert (1993)

Zum Beispiel könnte er das Fahrrad nehmen. Man kann auch im Regen Rad fahren, zwölf Kilometer sind schließlich nicht die Welt. Oder wenn er das Geld für ein Taxi hätte.
„Manu?“, ruft Hilde aus dem Wohnzimmer. „Musst du nicht los?“
Und außerdem ist es unwahrscheinlich, dass etwas passiert. Beim letzten Mal ist ja auch nichts passiert. Und all die tausend Male davor. Beim letzten Mal nur beinahe. Oder eigentlich nur: vielleicht beinahe.
„Manu?“, ruft Hilde. „Gleich ist es vier!“ Auf der Hinfahrt hat er sowieso keine Angst. Solange es hell ist. Eher dann schon auf der Rückfahrt. Das weiß man doch, wie die Leute sind. Bis da einer aufsteht. Bis da einer etwas sagt. Bis da einer, das schon überhaupt nicht, dazwischengeht.
„Manu?“, ruft Hilde. „Um zwölf nach geht die Bahn!“ Aber es muss ja auch keiner gleich zuschlagen. Natürlich, reden, das tun sie. Aber das haben sie schließlich schon immer getan.
„Manu?“, sagt Hilde. Sie steht in der Zimmertür, die Lesebrille verrutscht. „Ich dachte, es ist so wichtig heute? Ich dachte, weil es das letzte Training ist …“
„Wir hatten Mathe auf“, sagt Manu. Er schlägt den Ordner zu und steckt ihn in den Rucksack. Langsam. „Wenn du dich beeilst, kriegst du die U-Bahn noch“, sagt Hilde. Sie sieht ihn misstrauisch an. „Oder ist irgendwas los?“ Manu schiebt den Stuhl unter den Schreibtisch. „Nee, nee, alles okay“, sagt er. Wenn Hilde sich nicht immer so einmischen würde. Fragen und kontrollieren und aufpassen, dass er nicht zu spät kommt. „Ja, dann beeil dich aber auch mal!“, sagt Hilde, und allmählich klingt ihre Stimme ungeduldig. „Manchmal versteh ich dich wirklich nicht!“ Musst du ja auch nicht, denkt Manu. Verlangt kein Mensch von dir. Könntest du auch gar nicht. Meine Güte, was weißt denn du! „Ich nehm sowieso das Rad“, sagt Manu und schnürt sich die Stiefel zu. „Nur keine Hektik.“ Hilde zuckt die Achseln und geht zurück ins Wohnzimmer. „Viel Spaß jedenfalls“, sagt sie und guckt noch einmal über die Schulter zurück. „Aber irgendwas ist los, ich bin doch nicht blöd.“

Nee, bist du vielleicht nicht, denkt Manu. Blöd seid ihr ja alle nicht. Aber Ahnung habt ihr trotzdem keine. Der Regen schlägt vor der Haustür auf die Steine. Wenn er läuft, kriegt er die U-Bahn noch leicht. Er müsste ja verrückt sein, jetzt mit dem Rad zu fahren. Bei diesem Wetter ausgerechnet. Manu zieht den Kopf zwischen die Schultern und läuft. Er ist gut im Training, die Strecke schafft er in drei Minuten. Höchstens. Und schließlich, denkt Manu, was ist schon gewesen? Ihre Bierdosen haben sie aufgerissen, ihre Mäuler auch. Noch nicht mal Glatzen haben sie gehabt, noch nicht mal Springerstiefel, irgendwie völlig normal. Müsste einem fast peinlich sein, dass man sich da gleich so aufregt. Schließlich haben sie früher auch schon geredet. Solange er denken kann schon. Aber früher haben sie eben noch keine Menschen angezündet, das macht einen Unterschied. Jetzt kann man ihnen glauben, was sie sagen. „Ey, guck mal, die Dachpappe", hat einer gesagt. Offene Jacke, Pickel rechts am Kinn. Da saßen sie schon lange mit ihm im Abteil, zu dritt, hatten längst ihre Bierdosen geöffnet. Hatten gerülpst und die Beine von sich gespreizt, hatten sich über die missbilligenden Blicke der Alten gefreut und über die Jungen, die taten, als sähen sie nichts. Angestrengt. Und plötzlich war Rülpsen nicht mehr genug. „Ey, guck mal, die Dachpappe! Darf der seinen schwarzen Arsch auf deutsche Bänke setzen?" „Genau!", sagte der Nächste: klein, ein bisschen dick, ein deutscher Mann. Sah in die Richtung, in der Manu saß, und tat, als läse er Stephen King[1]. „Und später setzen sich da wieder deutsche Frauen hin, was? Wo der mit seinem Kaffernarsch[2] ..."

Zwei Männer mit Aktenkoffern und den Gesichtern von Taubblinden drängten sich an den dreien vorbei und stiegen aus der Bahn. Noch zwei Haltestellen bis zu Hause.

„He, Dachpappe! Arsch hoch, aber bisschen rucki, zucki!" Manu sah erstaunt, wie weiß seine Fingerknöchel waren, so fest hielt er jetzt das Buch. Bisher war noch alles ganz harmlos. [...]

„Du nix deutsch, oder was? Du nur Uga-Uga, bum-bu?" Wenn sie lachten, war es erst mal gut. Wenn sie sich auf die Schenkel schlugen, war es gut, so lange waren sie zufrieden. So lange mussten sie nicht zu ihm kommen und tun, was sie nun tun wollten und wovon sie vielleicht noch nicht einmal wussten, was es sein würde. Das würde sich dann schon ergeben. „Nächste Haltestelle ...", sagte der Lautsprecher. Wenn er hier ausstieg, war er in Sicherheit. Er konnte die nächste Bahn abwarten und das letzte Stück zwanzig Minuten später fahren. Aber wenn er hier ausstieg, war er auf dem dunklen Bahnsteig allein. Wenn er hier ausstieg, war er vielleicht mit den dreien auf dem dunklen Bahnsteig allein. Eine alte Frau ging langsam zur Tür. Stieg über die weit in den Gang gestreckten Beine, sah niemanden an, hielt krampfhaft ihre Tasche. In der offenen Tür drehte sie sich noch einmal um. „Schämen solltet ihr euch, schämen!", rief sie. Ihre Stimme war klein und dünn, und die drei schlugen sich auf die Schenkel. „Tun wir ja, Oma, tun wir ja!", schrie der mit der offenen Jacke. Um sie herum starrten die Leute aus dem Fenster. Manche hatten das Glück, in ihre Zeitung sehen zu können. „Ich hab gehört, Dachpappe brennt gut", sagte der mit der Jacke und rülpste wieder. „Was? Brennt tierisch gut, der Scheiß!" Manu stand langsam auf. Der Lautsprecher sagte die Station an, gleich war er angekommen. „Guck mal, kann doch Deutsch, der Kaffer", sagte der Kleine. „Und jetzt putz die Bank mal schön sauber, Zuluhäuptling[3]! Bevor sich da der nächste Weiße hinsetzt!"

Drei Meter nur bis zur Tür, er war gut im Training. „Hast du nicht gehört, Kanake[4]?", brüllte der Kleine. „Abputzen sollst du!" Da war der Bahnsteig, und die Tür war offen, und Manu rannte, rannte am Kiosk vorbei und die Treppe nach oben, horchte nicht, ob Schritte hinter

1 Stephen King: Autor von Gruselromanen

2 Kaffern: Schimpfwort, das als rassistisch empfunden wird; ursprünglich Bezeichnung für „Ungläubige"

3 Zulu: afrikanische Volksgruppe

4 Kanake: Schimpfwort für Ausländer

ihm waren. Erst zu Hause merkte er, dass er das Buch in der Bahn gelassen hatte. Es war aus der Bücherei gewesen, bestimmt musste er es bezahlen. Arschlöcher, denkt Manu. Die Bahn fährt noch nicht einmal ein, als er auf den Bahnsteig kommt. Er hat doch gewusst, dass er es schaffen kann. – Bestimmt hatten die nur geredet. Die hätten mir nie was getan. Aber ich bin ja immer gleich in Panik. Er geht ein paar Schritte zu einer Frau, die einen kleinen Jungen an der Hand hält. Und wenn sie etwas versucht hätten, wäre auch bestimmt jemand gekommen, bestimmt. Man darf nicht danach gehen, wie die Leute sich verhalten, solange nichts passiert. Es ist doch schließlich nichts passiert. Vielleicht haben sie alle nur gewartet. Vielleicht haben sie dagesessen mit ihren starren Gesichtern, die Fäuste in den Taschen. Vielleicht wären sie aufgesprungen, alle zusammen, es ist nicht nötig, Angst zu haben. Die Bahn fährt ein, die Türen öffnen sich. Wenn er ganz nahe bei der Frau bleibt, was soll schon passieren. Schließlich ist letztes Mal auch nichts passiert.

1 Lest den Text und lasst ihn auf euch wirken.

2 Was für Bilder ruft die Geschichte in euren Köpfen hervor?
a Tauscht euch darüber aus.
b Beschreibt das Bild, das ihr zu der Geschichte malen würdet. Nennt wichtige Bildelemente.

3 Gebt wieder, was Manu in der U-Bahn passiert ist. Ihr könnt folgende Begriffe verwenden:

dunkelhäutig • auf dem Weg zum Sporttraining • rassistische Sprüche • beleidigen • Ängste

4 Diskutiert den Ausgang der Geschichte.
a Überlegt, durch welchen Umstand Manu glimpflich davon gekommen ist.
b Wie hättet ihr euch als Beobachter dieser Situation verhalten?
c Stellt den Bezug zum Titel her.

5 a Betrachtet die drei Illustrationen genau.
b Schätzt sie danach ein, ob sie die Autorin Kirsten Boie zum Schreiben ihrer Geschichte angeregt haben könnten.
c Vergleicht sie mit euren eigenen Vorschlägen.

6 Verortet den Bildimpuls in der Geschichte.

a Betrachtet die Illustration oben genau.

b Beschreibt, was die Illustration darstellt. Bezieht auch Details mit in eure Beschreibung ein.

c Stellt Vermutungen an: Welche Textstelle könnte die Illustration bildlich umsetzen? Begründet eure Entscheidung.

7 Denkt das Ende der Geschichte neu.

a Vergegenwärtigt euch das Ende der Erzählung von Boie. Lest dazu noch einmal den Text auf Seite 78 ff. (▸ Z. 129–158) und bezieht auch eure Lösungen zu Aufgabe 4 auf Seite 80 mit ein.

b Überlegt, ob es andere Möglichkeiten gibt, die Geschichte enden zu lassen. Notiert erste Ideen.

c Tragt euch eure Vorschläge für einen neuen Schluss gegenseitig vor.

8 Schreibt das Ende der Erzählung um.

a Bildet Gruppen und entscheidet euch in der Gruppe jeweils für einen alternativen Schluss (▸ Aufgabe 7 c).

b Gestaltet euren Entwurf zu einem veränderten Schluss und schreibt ihn auf. Behaltet dabei den Sprachstil des Originaltexts bei.

c Stellt euch eure Gruppenergebnisse gegenseitig vor.

d Welchen Schluss haltet ihr für am gelungensten? Begründet eure Entscheidung.

Alles auf einen Blick – Analyseergebnisse auf der Wandzeitung festhalten

1 Untersucht den Text „Schließlich ist letztes Mal auch nichts passiert" von Kirsten Boie (▶ S. 78 ff.) arbeitsteilig in Gruppen.

a Bildet Dreier- oder Vierergruppen.

b Bearbeitet in der Gruppe den euch zugewiesenen Arbeitsauftrag und erstellt dazu eine Seite für eine Wandzeitung.

Gruppe 1: Merkmale einer Kurzgeschichte verwenden

1 Die Geschichte „Schließlich ist letztes Mal auch nichts passiert" ist eine Kurzgeschichte. Lest im Grundwissen nach, welche Merkmale auf diese Textsorte zutreffen.

2 Weist die genannten Merkmale am Text nach. Notiert entsprechende Textstellen. Nennt ebenfalls Merkmale der Kurzgeschichte, die nicht auf diesen Text zutreffen.

3 Findet Angaben zu Ort, Zeit und Figuren der Handlung. Wo befinden sie sich? Notiert auch die Zeilenangaben. Haltet eure Ergebnisse in Form eines Clusters fest.

4 Formuliert gemeinsam eine Einleitung zum Text. Beurteilt dann, ob sie zu dieser Geschichte passt. Welchen Einfluss hat die neue Einleitung auf die Geschichte?

Gruppe 2: Die Erzählform festlegen

1 Die Erzählform beeinflusst die Aussage einer Geschichte. Lest dazu die Informationen rechts.

2 Prüft, welche Erzählform die Autorin gewählt hat. Lest zunächst die Beispiele rechts. Zitiert Textstellen, an denen die Erzählform deutlich wird.

3 Besprecht, warum Kirsten Boie diese Erzählform gewählt hat.

4 Wählt einen Textauszug und erzählt ihn aus der Sicht einer anderen Figur. Besprecht die veränderte Wirkung im Vergleich mit dem Originaltext.

5 Diskutiert in der Gruppe weitere Möglichkeiten, die Sichtweise zu ändern.

> Der Erzähler ist eine Figur, die die Handlung einer Geschichte darstellt.
> Der **Ich-Erzähler oder die Ich-Erzählerin** ist Teil der Geschichte, z. B.: *Der Tag begann schlecht. Ich hatte verschlafen und musste ohne Frühstück zum Bus rennen.*
> **Die Sie-Erzählerin / Der Er-Erzähler** ist nicht direkt am Geschehen beteiligt, z. B.: *Der Tag begann schlecht. Tom hatte verschlafen und musste nun ohne Frühstück zum Bus rennen.*

Gruppe 3: Formen der Figurenrede gezielt einsetzen

1 Untersucht Textstellen mit wörtlicher Rede. Besprecht, was euch bei den Formulierungen auffällt.

2 Erzählende Texte werden durch Dialoge und Monologe lebendiger. Lest im Grundwissen nach, was beide Formen der Figurenrede voneinander unterscheidet.

3 Gebt jeweils Beispiele im Text an, wo die Autorin Dialoge oder Monologe verwendet.

4 Woran sind Monologe oder Dialoge zu erkennen? Erkärt auch ihre Funktionen im Text.

5 Ergänzt am Schluss der Geschichte einen Dialog zwischen Manu und der Frau mit dem kleinen Jungen an der Hand. Geht auf das ein, was in der U-Bahn passiert ist.

Gruppe 4: Die Zeitformen wechseln

1 Im Text ändern sich mehrfach die Zeitformen. Zu Beginn und am Ende steht das Präsens. Lest den im Präsens verfassten Anfang der Geschichte noch einmal.
2 Was geschieht in diesem ersten Teil der Geschichte? Notiert das Geschehen in einem Satz.
3 Welche Funktion hat dieser Teil für die Geschichte? Beurteilt, ob er für den Verlauf der Handlung wichtig ist.
4 Was erfahrt ihr über die Gefühle der Hauptfigur? Weist am Text nach, dass es zwei Handlungsebenen gibt, eine innere und eine äußere (▸ S. 296). Notiert Zeilenangaben.
5 Untersucht den Schluss der Geschichte. Warum kehrt Boie hier erneut zum Präsens zurück?

Gruppe 5: Rückblenden verwenden

1 Welcher Teil der Geschichte steht im Präteritum? Stellt Vermutungen darüber an, warum die Autorin dafür diese Zeitform gewählt hat.
2 Dieser Teil stellt eine **Rückblende** dar. Lest dazu die Information auf Seite 77.
3 Welche Funktion hat die Rückblende? Was bewirkt sie beim Leser?
4 Welche Rolle spielen die anderen Figuren in der U-Bahn? Wie reagieren sie? Erstellt eine Liste dieser Figuren und notiert, wie sie sich verhalten.
5 Formuliert, warum die Autorin die Reaktion der anderen Fahrgäste so detailliert geschildert hat. Welchen Schluss lässt dies auf die aktuelle Situation zu?

Gruppe 6: Sprache gezielt einsetzen

1 Die Autorin verwendet zahlreiche sprachliche und stilistische Mittel (▸ S. 325). Weist sie im Text nach und beschreibt ihre Wirkung im Textzusammenhang. Erstellt eine Tabelle mit Zeilenangaben.
2 Wodurch unterscheidet sich die Sprache der drei Jugendlichen in der U-Bahn von der Manus? Schreibt jeweils Beispiele heraus.
3 Benennt die verschiedenen Sprachebenen (▸ S. 324), die im Text verwendet werden.
4 Dass Manu dunkelhäutig ist, steht nicht im Text. Drei Begriffe lassen dennoch darauf schließen. Schreibt sie heraus und beschreibt die Wertungen, die damit einhergehen.
5 Ab Zeile 142 verwendet die Autorin mehrfach den Konjunktiv (▸ S. 311). Notiert diese Stellen mit den entsprechenden Zeilenangaben. Erklärt, was Kirsten Boie damit deutlich machen will.

Gruppe 7: Mit allen Sinnen schildern

1 Eine Situation wird dann gut vorstellbar, wenn alle Sinne einbezogen sind. Findet im Text jeweils Beispiele für Sinneswahrnehmungen mit Zeilenangaben.
2 Stellt euch vor, ihr seid Mitfahrerin/Mitfahrer in der U-Bahn. Schreibt aus dieser Beobachtung Gedanken und Sinneswahrnehmungen zu dem Geschehen auf.
3 Worin unterscheidet sich die Wahrnehmung einer Beobachterin / eines Beobachters? Welcher Teil der Geschichte fehlt in der Darstellung? Vergleicht mit der Sicht Manus.
4 Diskutiert die Vor- und Nachteile der Erzählform. Was spricht dafür, aus der Sicht der Hauptfigur zu schildern? Was spricht für einen neutralen Beobachter?

2 Präsentiert eure Ergebnisse im Plenum. Befestigt eure erarbeiteten Papiere an der Wandzeitung und stellt sie den anderen Gruppen vor.

Testet euer Wissen!

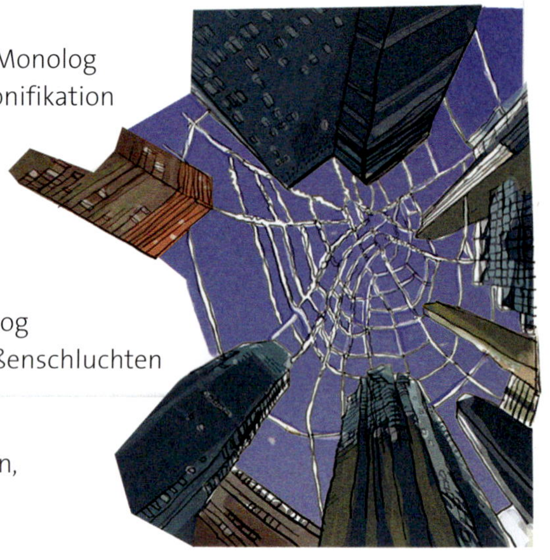

A Einstieg mit einer Schilderung • Abrundung • wörtliche Rede zu Beginn • Anfang mit innerem Monolog
B Umgangssprache • Vergleich • Metapher • Personifikation
C Ausruf • Frage • Lautmalerei • Ellipse
D Ein Lächeln huscht über ihr Gesicht. • Eisiger Wind fegt durch die Straßen. • Sie verspürt ein unbändiges Glücksgefühl. • Wolken jagen über den Himmel.
E Schilderung • Dialog • Monolog • Innerer Monolog
F Häusermeer • Spinnweben • Nebelsuppe • Straßenschluchten

1 In jeder Reihe finden sich Begriffe oder Formulierungen, die nicht zu den anderen passen. Nennt diese und erklärt eure Entscheidung.

AN In der Erzählung dürfen nur Figuren vorkommen, die man auch auf dem Bild sieht.
BI Erzählungen zu Bildern können der Form von Kurzgeschichten entsprechen oder auch in Einleitung, Hauptteil und Schluss gegliedert sein.
LDE Die Handlung kann aus der Sicht eines Ich-Erzählers, eines Er-Erzählers oder einer Sie-Erzählerin erzählt werden.
STO Der Ich-Erzähler schildert die Geschichte wie ein Beobachter von außen, während der Er-Erzähler oder die Sie-Erzählerin als eine der Figuren auftritt.
RZU Durch den inneren Monolog kann der Leser an den Gedanken einer Figur teilhaben.
MLE Bei der Erzählung zu einem Bild verwendet man das Präsens bei inneren Monologen oder bei Schilderungen von Stimmungen.
GRÜ Das Präsens zur Spannungserzeugung darf nicht vorkommen.
BENB In den Rückblenden erinnert der Erzähler an Vergangenes, das aber mit dem aktuellen Geschehen in Zusammenhang steht.
RIN Damit die Figuren überzeugend wirken, wählt man die für sie passende Sprachebene, z. B. Jugendsprache für Jugendliche.
GTE Um Spannung zu erzeugen, verwendet man sprachliche Bilder wie Vergleiche, Metaphern, Personifikationen oder Redewendungen.
GEN Die Aneinanderreihung von kurzen Sätzen, Ellipsen oder Einzelwörtern sorgt für Spannung und bewirkt eine rasche Abfolge von Eindrücken.

2 Welche der Merksätze oben sind richtig?
a Notiert die Buchstaben vor den richtigen Aussagen nebeneinander in euer Heft. Die Lösung gibt euch einen Hinweis, worauf es beim Erzählen nach Bildern ankommt.
b Verbessert die falschen Behauptungen.

4.3 Fit in ...? – Zu einem Bild erzählen

In einer Schulaufgabe soll der folgende Arbeitsauftrag bearbeitet werden:

Verfasse eine Erzählung zu dem Foto und finde eine passende Überschrift. Die Erzählform kannst du frei wählen und auch Figuren dazuerfinden.

Die Erzählung planen

1 Übertragt den ersten Teil des Schreibplans in euer Heft und beantwortet die Fragen stichpunktartig.

Informationen, die das Bild liefert
Wer ist abgebildet?
Wo befindet sich die Figur?
Welche Tageszeit, welche Jahreszeit ist zu erkennen?
Welche Stimmung wird vermittelt?

2 Ergänzt euren Schreibplan. Übernehmt dazu die Fragen und versucht, sie stichwortartig zu beantworten. Lasst euch durch den Notizzettel rechts anregen.

Fragen, die das Bild nahelegt
Was nimmt die Hauptfigur meiner Erzählung wahr?
Woran denkt die Hauptfigur?
Was fühlt die Figur?
Was ging der Szene auf dem Bild voraus?
Was wird wohl nach der dargestellten Szene passieren?
Gibt es unterschiedliche Handlungsorte?

Seht euch das Foto genau an, um Informationen und Anregungen für die Erzählung zu erhalten. Notiert die Ergebnisse am besten in einem Schreibplan.

Versöhnung
Ort: Geschichte spielt am Badesee
Vorher: Rückblende (in Gedanken) auf schlechte Mathearbeit
Gefühle: Wut auf sich selbst, traurig, aber auch Scham
Handlung: Ausflug mit den Eltern an den See – Beichte der schlechten Note,
→ Geschrei, Streit zwischen Vater und Tochter,
→ dann: Streit der Eltern
Stimmung: aus der Ferne fröhliches Lachen planschender Kinder, Pommes-Duft aus dem Kiosk vermischt sich mit dem Geruch von Sonnenöl, Grashalme kitzeln die nackten Beine

3 Entscheidet, welche erzählerischen Mittel ihr einsetzen möchtet.
Ergänzt euren Schreibplan im Heft mit den folgenden Möglichkeiten.

Erzählerische Mittel

Verankerung des Bildes	zu Beginn, im Hauptteil oder im Schluss der Erzählung?
Erzähler und Erzählform	Ich- oder ?
Erzählanfang	W-Fragen-Einleitung oder Schilderung ? oder ? oder ?
Ende der Erzählung	abrundend oder ?
Erzählzeit	durchgehend Präteritum oder ?
Erzählverlauf	chronologisch geordnet oder unterbrochen durch ? oder ?

Die Erzählung zum Bild schreiben

1 Eine Schülerin hat für ihre Erzählung zur Fotografie folgende Entscheidungen getroffen:

Szene auf dem Foto zu Beginn der Erzählung aufgreifen – Mädchen als Hauptfigur – mit einer Situationsschilderung beginnen (Präsens!!! Sinneseindrücke!! Gefühle) – Ich-Erzählung aus der Perspektive des Mädchens

Verfasst den Anfang ihrer Erzählung. Nutzt hierfür auch die Einträge im Schreibplan aus den Aufgaben 1–3 von Seite 85 f.

2 In einer Rückblende denkt die Ich-Erzählerin an den Auslöser für den Familienstreit.
Entscheidet euch jeweils für A oder B und setzt damit die Erzählung zum Bild fort.

A *Warum musste ich ausgerechnet heute meinen Eltern von der Fünf in Mathe erzählen?*
B *Irgendwann muss ich ja meinen Eltern von der Fünf in Mathe erzählen.*

A *Heute Abend, wenn wir gut gelaunt von unserem Badeausflug zurückkehren, wird wohl der beste Zeitpunkt dafür sein.*
B *Ich dachte wirklich, die entspannte Atmosphäre hier am See könnte meinen aufbrausenden Vater gnädig stimmen.*

A *Na, da hatte ich mich ja gründlich getäuscht!*
B *Na, wenn ich mich da mal nicht täusche!*

A *„Was ist denn so schwer daran, sich einfach hinzusetzen und zu lernen, was zu lernen ist?“, herrschte er mich an, als ich die schlechte Note kleinlaut beichtete.*
B *Ich weiß jetzt schon, was mir das wieder einbringen wird – Ärger, Hausarrest, Nachhilfe!*

3 Im Fortgang der Geschichte geraten sich auch die Eltern der Ich-Erzählerin in die Haare. Veranschaulicht die Gedanken und Gefühle des Mädchens durch einen inneren Monolog.

a Entscheidet, welche der folgenden sprachlichen Mittel ihr hierfür verwendet:

Er-Form • Ausrufe • Fragen • genaue Begründungen für Gefühle • unvollständige Sätze • Präsens • Präteritum • Ich-Form • Sinneseindrücke • Interjektionen • Konjunktionen • Gedankensprünge • Darstellung von Zusammenhängen • indirekte Rede

b Setzt den Abschnitt unten mit einem inneren Monolog der Hauptfigur fort.

Das hätte sie wohl besser nicht gesagt, denn nun beachtete Papa nicht mehr mich, sondern er fing an, sich mit Mama zu streiten. Am liebsten wäre ich im Erdboden versunken! Nichts wie weg hier! Jch ergriff die Flucht in den See, doch, wie peinlich ...

c Beendet den inneren Monolog am besten mit einer Sinneswahrnehmung, die die Figur aus ihren Gedanken reißt. Wählt eine der beiden Fortsetzungen unten. Begründet eure Wahl.

A *Da meldete sich mein Magen mit einem lauten Knurren! Na, das war ja auch kein Wunder – schließlich hatte ich seit einer gefühlten Ewigkeit nichts mehr gegessen.*

B *Autsch! Zu allem Überfluss bohrte sich nun ein besonders spitzer Kieselstein in meine rechte Fußsohle. Jch humpelte ans Ufer und ließ mich ein paar Meter von den Streithähnen entfernt ins Gras sinken.*

Die Erzählung zum Bild überarbeiten

1 Gestaltet den Auszug aus einer Schülerarbeit anschaulicher und lebendiger, indem ihr sprachliche Mittel verwendet. Nutzt zur Überarbeitung im Heft die Hinweise am Rand.

Jch war verzweifelt, weil ich meinen Eltern ausgerechnet heute von der schlechten Note erzählen musste.	*Formuliere eine Frage:* → *Warum musste ...*
Jch ließ meinen Blick über den See gleiten.	*Stimmung! Beginne den Satz mit einem Adjektiv.*
Jch sah braun gebrannte Badegäste.	*Schildere weitere Sinneseindrücke:* → *... vergnügt lachende ...*
Plötzlich spürte ich, wie zwei Hände mich V an der Schulter berührten. V Jch drehte mich um.	*Ergänze Adjektive oder Vergleiche.*
Meine Eltern hatten sich in der Zwischenzeit wieder versöhnt. Sie standen Hand in Hand V hinter mir.	*Verknüpfe die Sätze zu einem Satzgefüge; ergänze einen Vergleich.*
Sie umarmten mich. Jch verspürte ein Glücksgefühl.	→ *Satzgefüge; finde eine Personifikation* → *Als sie ...*
Nun war alles wieder gut.	*Ende mit wörtlicher Rede des Vaters.*

2 Ein Schüler hat einen offenen Schluss für seine Erzählung zu der Fotografie verfasst. Überarbeitet auch diesen mit Hilfe der Anmerkungen und übertragt ihn verbessert ins Heft.

Mein Blick fiel auf einen abgestorbenen Baum, der V aus dem Wasser ragte.	Ergänze ein Adjektiv oder einen Vergleich.
Der lag bestimmt schon lange im Wasser.	Formuliere in eine Frage um.
Das müssen schätzungsweise zehn Jahre sein.	Verkürze den Satz auf die Zeitangabe.
Jch seufzte V auf.	Ergänze ein Adjektiv, um die Stimmung der Jch-Erzählerin zu veranschaulichen.
Jch verspürte Tränen.	Bilde die Personifikation und stelle sie an den Satzanfang. → Tränen ...
Zehn Jahre! Jn zehn Jahren wird diese Szene ohne Bedeutung sein. Aber jetzt?	Gelungen!

3 Erklärt, warum der letzte Abschnitt gelungen ist. Berücksichtigt dabei, was ein offener Schluss beim Leser erreichen möchte.

Checkliste

Zu einem Bild erzählen

Inhalt
- Habe ich **das Bild genau betrachtet** und das Wesentliche in der Erzählung aufgenommen: zentrale Figur, Tages- und Jahreszeit, Handlungsort, Stimmung ...?
- Habe ich **Anregungen aus dem Bild fantasievoll weiterentwickelt:** Wahrnehmungen, Gedanken und Gefühle der Hauptfigur, besonderes Ereignis, Geschehen vor und nach der dargestellten Szene (Rückblende, Vorausschau)?
- **Passt** meine **Erzählung zum Bild** und folgt sie **einem roten Faden?**

Form und Art der Erzählung
- Habe ich die im Bild **dargestellte Szene sinnvoll** in meiner Erzählung **platziert?**
- Habe ich die einmal gewählte **Erzählform** (Ich- oder Er-Form) **eingehalten?**
- Habe ich mich für den **Aufbau** einer Kurzgeschichte entschieden (unmittelbarer Beginn, offenes Ende) oder für die geschlossene Form (Einleitung, Hauptteil, Schluss)?
- Folgt die **Handlung im Hauptteil** einer **sinnvollen Abfolge von Handlungsschritten?**

Sprache
- Erzähle ich vorwiegend im **Präteritum** und verwende das **Präsens** für Schilderungen, im inneren Monolog und zur Spannungssteigerung?
- Verwende ich **sprachliche Mittel zur Schilderung der Sinneswahrnehmungen und Gefühle** (ausdrucksstarke Verben, anschauliche Adjektive, sprachliche Bilder usw.)?
- Gibt ein **innerer Monolog** Gedanken und Gefühle der Hauptfigur wieder?
- Ist der **Satzbau abwechslungsreich** mit verknüpften Sätzen, **Fragen und Ausrufen?**

5 Auf einmal ist alles anders –
Einen Roman erschließen und Lesefreude wecken

1 Betrachtet das Foto. Benennt die unterschiedlichen Möglichkeiten des Lesens.

2 Welche Medien bevorzugt ihr zum Lesen? Sprecht darüber und geht dabei auch auf Vor- und Nachteile der einzelnen Medien ein.

3 Bildet Dreier- oder Vierergruppen und tauscht euch aus: Welches Buch habt ihr zuletzt gelesen? Stellt es kurz den anderen vor und begründet, warum ihr das Buch empfehlen würdet oder nicht.

4 Erklärt, woher ihr Buchtipps bekommt.

In diesem Kapitel ...

- nehmt ihr die Erzählhaltung in den Blick und erkennt, aus wessen Perspektive erzählt wird,
- beschreibt ihr die Romanfiguren und ihre Beziehungen untereinander,
- untersucht ihr Rezensionen und schreibt selbst Leseempfehlungen,
- bereitet ihr eine Aktion vor, bei der ihr anderen Bücher vorlest.

5.1 Tanz der Tiefseequalle – Ein Jugendbuch erschließen

Die Hauptfiguren kennen lernen

Stefanie Höfler

Tanz der Tiefseequalle (2017, Auszug 1)

„Stell dir mal vor, du würdest so aussehen“, sagt Melinda zu mir. Klar, sie spricht wieder mal aus, was alle anderen nur denken. Melinda eben. Die sagt dauernd Sachen, die man nicht sagen muss, weil jeder sie sehen kann. Ich sag nichts, kicher nur ein bisschen. Kann mir echt nicht vorstellen, so auszusehen wie Niko. Aber klar starr ich ihn auch weiter an und schäm mich ein bisschen dafür. Ist allerdings ein nicht ganz ernst gemeintes Schämen, weil es zu einem guten Stück mit Erleichterung vermischt ist. Nämlich, dass ich nicht so ausseh wie Niko. Dass er Pech gehabt hat und ich Glück. Das Leben ist ungerecht. Ziemlich fies, ich weiß.

Niko steht mitten auf der Wiese. Da lungert die halbe Schule in der Pause rum, sobald es über 17 Grad ist. Aber Niko steht da jetzt nicht freiwillig rum. Wer so aussieht, stellt sich nicht in die Mitte auf die Wiese. Kann ihn ja jeder sehen. Und sehen heißt in seinem Fall anglotzen.

Eigentlich heißt er Nikolaus. Kein Wunder, dass er sich lieber Niko nennt, sieht ja aus wie ein junges Walross. Nicht schwabbelig-dick, eher fest, wie diese Gummitiere im Freibad, prall aufgeblasen. Ist einfach insgesamt zu viel dran an seinem Körper. Dann weiße Haut, wie Papier, obwohl man nie viel davon zu sehen bekommt. Meistens ist er in langen Hosen und Pullover. In dunklen Farben, dunkelblau, schlammbraun und so. Klar, der will verstecken, was geht.

Es ist jetzt nicht so, dass ich mir dauernd Gedanken über Niko mach. Ich vergess ihn immer, wenn nicht grad so was wie heute passiert. Auch wenn er in meiner Klasse ist, hatte ich eigentlich noch nichts mit ihm zu tun. Seine tiefe Stimme, die hat mich aber schon überrascht, weil irgendwie wart ich wegen dem schwammigen Körper immer auf was Quietschendes, Wabbeliges. Kann eine Stimme wabbelig sein? Ist jedenfalls richtig tief und klar, die Stimme, irgendwie angenehm.

Ja gut, und die Sache im Sportunterricht vor Kurzem. Dass der Dicke es im Sport nicht leicht hat, damit muss er rechnen. Die Aktion mit dem Handtuch war aber überdurchschnittlich fies. Fand ich nicht okay, dass die andern ihm die Kleider weggenommen haben, während er geduscht hat. Und er musste dann im Handtuch über den ganzen Sportplatz. Im Sekretariat haben die ihm irgendwelche Kleider aus der Fundkiste gegeben, die hatte er dann den Rest des Tages an. Haben ihm natürlich nicht gepasst, sah aus wie ein zu fest gestopfter Boxsack, weil dem passen ja keine normalen Kleider. Kam er also in den zu kleinen Kleidern zu spät in Mathe, die Hose konnte er nicht mal richtig zumachen, und alle wussten schon Bescheid. Weil Marko die ganze Geschichte natürlich schon in der Pause rumerzählt hatte. Aber Niko, der kam ins Klassenzimmer, als wär nichts passiert. Sah nicht mal verheult aus. Hat sich einfach auf seinen Platz gesetzt mit der offenen Hose – muss man sich mal vorstellen, irgendwie fast schon cool. Die meisten haben natürlich gelacht, als er reinkam. Okay, ich auch, bisschen jedenfalls. Mitgelacht eben. Obwohl ich's nur mittelwitzig fand. Sagen wollt ich aber auch nichts, vielleicht wegen Marko. Marko, der ist das exakte Gegenteil von Niko. Marko macht Leichtathletik und hat so was Ähnliches wie den Sixpack, den alle Jungs unbedingt haben wollen. Und in Sport hat er natürlich keine Probleme, dafür in Mathe und Deutsch. Dann natürlich die lässige Frisur, so dicke schwarze Haare, seitlich ausrasiert und vorne fallen sie in die Stirn. Seit er diese Frisur hat, haben sich mindestens drei andere aus der Klasse dieselbe Frisur schneiden lassen. Blöde Ideen hat er dauernd, der geht allen Lehrern auf die Nerven. Manchen von uns auch, mir zum Beispiel, jedenfalls manchmal. Anscheinend findet er mich gut. Melinda sagt, wir könnten das Traumpaar der Klasse werden. Klingt ein bisschen neidisch, wenn sie das sagt. Ich weiß nicht. Hab noch nie einen Freund gehabt. Weiß ehrlich gesagt nicht mal, ob ich einen will. Marko, na ja, ich find den schon auch irgendwie gut. Alle finden den gut. Und dass Niko da jetzt mitten auf der Wiese steht, hat wieder was mit Marko zu tun, ist ja klar. Marko, Jan und ein paar andere haben Nikos Rucksack hoch in den Baum geworfen und jetzt lachen sie sich natürlich halb tot. [...]

Es klingelt, Ende der Mittagspause. Ich such meine Sachen zusammen, schiel aber weiter zu den Jungs rüber. Niko steht immer noch da wie angewachsen und schaut hoch zum Rucksack. X-beinig, hängende Arme, rostbraunes Schlabberoberteil, Jeans hinten am Arsch bisschen heller und ausgebeult.

„Hypnose, oder was?", murmelt irgendwer neben mir. Allgemeines Gelächter.

Melinda grinst. „Kommst du, Sera?", fragt sie mich, als ich mich nicht gleich bewege.

Ich glaub, ich würd jetzt heulen, wenn ich der wäre. Ich seh Marko, wie er ganz nah an Niko ranschlendert, sich die Haare aus dem Gesicht schleudert und grinst. „Ist echt ein super Kletterbaum", sagt er laut zu Niko.

1
a Lest den Text und stellt fest, wer hier erzählt.
b Gebt in eigenen Worten wieder, was in diesem Textauszug passiert.
c Durch Rückblenden erfährt der Leser von Ereignissen, die schon länger zurückliegen. Nennt diese und gebt die entsprechenden Zeilen an.

2
a Versetzt euch in Nikos Lage. Beschreibt, wie er sich wohl fühlt.
b Tauscht euch darüber aus, wie Sera die Aktionen gegenüber Niko sieht. Unterstützt eure Aussagen durch passende Textstellen.
c Das Vorgehen gegen Niko kann als Mobbing bezeichnet werden. Belegt dies durch Verhaltensweisen der Figuren.

Den Erzähler im Blick

Stefanie Höfler

Tanz der Tiefseequalle (2017, Auszug 2)

Ich bin beinahe sofort auf die Idee mit dem Sprunganzug gekommen. In den Anzug aus Naturkautschuk würde man von oben hineinsteigen, und unten an den Füßen wären zwei Sprungfedern, die so sensibel auf Druck reagieren, dass man damit genauso hoch springen kann, wie es gerade nötig ist. An der Seite des Anzugs wären mehrere feinmotorische Tentakel befestigt, die automatisch nach dem Gegenstand greifen, an den man ohne Sprunganzug niemals herankäme. Der Anzug wäre maximal dehnbar und würde sich dem Körper ideal anpassen, sodass jeder, der ihn benutzen möchte, hineinpasst, ohne den Bauch schmerzhaft einzuquetschen. Auch ich.

Der Ahornbaum, der mitten auf der trostlosen Wiese vor unserem Schulgebäude steht, ist circa zehn Meter hoch und hat eine breite Krone mit buschigem Blattwerk, in der hier und dort Luftballonfetzen hängen, ein paar einsame Schnüre, ein komplett durchlöcherter rosa Kinderhandschuh und eine hellblaue Jungenunterhose (ausnahmsweise nicht meine). Etwas unterhalb von der Stelle, an der der erste Ast entspringt, ist der Stamm mit rotem, blauem und gelbem Garn umhäkelt – eine Art Anti-Schulhofgrau-Verzierung. Mein Rucksack hängt knapp über der Häkelei. Mit dem multifunktionalen Sprunganzug spränge ich problemlos so hoch, noch bevor Marko und allen anderen die Augen aus dem Kopf fallen würden.

Es ist jetzt nicht so, dass ich in den letzten acht Minuten nur den Sprunganzug erfunden habe. Vielmehr habe ich eine Auswahl an Möglichkeiten in Betracht gezogen, meine Sachen wieder vom Baum herunterzubefördern, zum Beispiel einen vollautomatischen Roboteraffen oder die stoffmagnetische Riesenpfanne. Der Sprunganzug gefällt mir aber am besten. Bloß stehen im Augenblick weder Sprunganzugmaterialien noch besonders viel Zeit zur Verfügung. Also warte ich auf das Klingeln und damit logischerweise darauf, dass alle anderen ins Schulgebäude gehen. Ich gehe zum Hausmeister. Herr Krauss macht schon auf, bevor ich klingeln kann. […] „Guten Morgen“, sage ich brav, obwohl gerade die Mittagspause vorbei ist. „Haben Sie ein langes Seil für mich?“

„Klar.“ Er hat das aufgewickelte Seil schon in der Hand. In der anderen hält er eine leere Kabeltrommel. […]

Ich brauche nur zwei Anläufe, bis ich den Rucksack an der richtigen Stelle treffe und er mitsamt ein paar kleinen Ästen neben mir zu Boden geht. Heute ist mein Glückstag, nicht mal mein Apfel ist Matsch, denn der Rucksack ist zufällig auf der richtigen Seite gelandet. Ich komme auch nur ein bisschen zu spät in den Unterricht. Das sind meine Lehrer gewöhnt. Keiner stört sich besonders daran und so kann ich in Mathe jetzt gleich eine detaillierte Skizze des Sprunganzugs machen. Es ist schließlich durchaus wahrscheinlich, dass ich ihn noch mal brauche, und besonders nützliche Erfindungen skizziere ich immer direkt, für eine bisher undefinierte Zukunft, in der ich Gelegenheit haben werde, alle meine Erfindungen zu realisieren.

Natürlich könnte ich behaupten, dass ich selber gar nicht daran denke, dass ich dick bin, nur wäre das leider gelogen. Mir ist voll und ganz bewusst, dass ich eine Figur wie ein Michelin-Männchen habe: massive Schultern, stämmige Beine, die wegen des Gewichts von hinten ein leichtes X formen, und speckige Knie mit Grübchen wie bei einem Baby. Meine Hosen sind so groß, dass eineinhalb Leute darin Platz finden würden. Ich bin mir ebenfalls darüber im Klaren, dass mich manche Leute in der Klasse Mondgesicht nennen und andere noch viel unangenehmere Namen für mich haben. Ich bin ja nicht blöd. Manche Schimpfwörter hat todsicher jeder Dicke schon mal gehört, die kann ich nach ihrer Häufigkeit sortiert aufsagen: fette Sau, Fettsack, dickes Schwein, Tonne, Obelix, Dampfwalze. Dämlich aber wenigstens einfallsreicher sind: Doppelarsch, Fettauge oder Schweinebauch. Und dann gibt es auch noch die ganz originellen Beschimpfungen wie zum Beispiel „Von hinten sieht er aus wie ein Panzer!“ oder „Du bist so dünn, wie ein Hundeschiss lecker ist“.

Ich höre immer, was andere über mich reden – wie ein Elefant, von dem man sagt, dass er trotz (warum eigentlich trotz?) seiner imposanten Größe besonders empfindlich ist. Allerdings sind bei mir nur die Ohren empfindlich, ansonsten finde ich mich relativ robust. Ich ignoriere Spitznamen und Angriffe, so gut ich kann. Und ich kann es eigentlich gar nicht so schlecht. Seit ein paar Jahren habe ich sogar das mit dem Heulen ziemlich gut unter Kontrolle. Nicht mal, als die anderen nach dem Sportunterricht meine Kleider geklaut haben, habe ich geheult, obwohl es das Schlimmste war, was mir passiert ist, seit ich auf diese Schule gehe, auf jeden Fall mindestens fünf Mal so schlimm wie jetzt der Rucksack im Baum.

1 Sprecht darüber, wie Niko auf die Aktionen der Mitschülerinnen und Mitschüler reagiert.

2 Untersucht, aus wessen Sicht in dem Textauszug auf Seite 92–93 erzählt wird.
a Lest die Informationen im Merk-Kasten unten auf der Seite.
b Entscheidet, welche Erzählform und welches Erzählverhalten hier vorliegen.
c Vergleicht mit dem vorhergehenden Textauszug (▶ S. 90/91). Nennt die Vorteile dieser Erzählweise.
d Zeigt auf, inwiefern der Erzählerwechsel auch optisch am Text erkennbar ist.

3 Sprachlich unterscheiden sich die beiden Erzähler. Legt eine Tabelle an und ordnet die Stichpunkte im Wortspeicher Sera und Niko zu. Ergänzt Beispiele mit Zeilenbelegen aus den Textauszügen.

Sera	Niko
– *z. B.: „kicher“, „ausseh“ (S. 90, Z. 6, 13)*	– …

formuliert redegewandt • verschluckt Silben • verwendet unvollständige Sätze • verwendet einen mündlichen Sprachstil • schildert in nüchternen Sätzen • greift auf Fremdwörter zurück • bildet umfangreiche Satzgefüge • spricht Umgangssprache • verwendet Jugendsprache

Wissen und Können **Erzählform und Erzählverhalten (Erzählperspektive)**

Der Erzähler darf nicht mit dem Autor verwechselt werden. Der Autor wählt die Erzählform und das Erzählverhalten ganz bewusst.

- **Erzählform:** In der Er-/Sie-Form tritt der Erzähler als Figur in den Hintergrund, in der Ich-Form ist der Erzähler als Figur selbst an der Handlung beteiligt.
- **Erzählverhalten** (Erzählperspektive):
  – **personal:** Der Erzähler gibt die Handlung aus der Sicht einer Figur oder wechselnd aus der Sicht mehrerer Figuren wieder. Er bleibt in der Sichtweise der Figur bzw. der Figuren verhaftet und steht im Geschehen.
  – **auktorial:** Der Erzähler behält jederzeit den Überblick über alle Figuren und das Geschehen. Er steht außerhalb der Handlung und kann bewerten, voraus- und zurückblicken. Er kennt die Gefühle und Gedanken aller Figuren.
  – **neutral:** Der Erzähler tritt als Figur völlig zurück. Er erzählt als neutraler Beobachter.

Die Hauptfiguren und ihre Beziehung zueinander untersuchen

Stefanie Höfler

Tanz der Tiefseequalle (2017, Auszug 3)

Auf einer Klassenfahrt der 8. Klasse bewahrt Niko Sera vor einer Grapschattacke Markos. Dieser verbreitet daraufhin falsche Gerüchte über Sera, sodass die Mitschülerinnen und -schüler auch sie meiden. Am Abend tanzt Sera aus Trotz mit Niko in der Jugendherberge.

Mit Sera zu tanzen ist im ersten Moment ein Gefühl, als wenn ich mit einer Königin und Pocahontas gleichzeitig tanzte, ein Supernikomoment ohne Supernikobrause[1]. Ich fasse vorsichtig um ihre Taille, und diese Taille ist so schmal, dass ich beinahe wieder loslasse.

Und dann weiß ich kurz nicht, wie es weitergehen soll. Aber Niko, der tanzt einfach los. Und, was soll ich sagen, der tanzt exakt im Takt.

[…] Zuerst bleibt alles still, alles außer der Musik natürlich, aber dieser Augenblick fühlt sich schon so an wie jene Momente mit tiefschwarzem Himmel im Hochsommer, in denen jeder nach oben schaut und mit bis in den letzten Muskel gespanntem Hals auf das Losbrechen des Gewitters wartet – nur, dass es in dieser Situation hier unmöglich sein würde, sich irgendwo unterzustellen.
„Aha, aha, unser neues Liebespaar!" Natürlich ist es Marko, der das Gewitter losbrechen lässt, in das alle sofort einstimmen, weil sie nur auf den Startschuss gewartet haben.
„Fettsäcke sind also dein Geschmack, Sera!"
„Na, schwabbelt es schön?" Viel Gekicher.
„Fettauge und Lästermaul!"
Ich frage mich kurz, was das Lästermaul zu bedeuten hat, aber eigentlich ist klar, dass es irgendwie mit dem zu tun haben muss, was heute Nachmittag zwischen Marko und Sera passiert ist – oder besser gesagt mit der Geschichte, die Marko daraus gemacht hat.
„Und, grapscht er gut, Niikoolaus, der Weihnachtsmann?" „Der hat doch noch nie ein Mädchen angefasst!" „Guck mal, sein Bauch berührt sie!"
„Igitt!"
„Hast du keine Angst, dass sein Fett ansteckend ist?"
„Guck mal, sieht aus wie eine tanzende Tiefseequalle!" Das war einer der schlaueren Mitschüler – sonst wüsste er nicht, dass eine solche Spezies überhaupt existiert.
„Mit ihrer Liebsten."
„Der Liebestanz der Tiefseequalle!" Großes Gelächter.
„Haben die überhaupt ein Geschlecht, die Quallen?"
„Gut versteckt vielleicht!" Noch viel lauteres Gelächter.

Ich schwebe weiter, eine Tiefseequalle weit unter der Oberfläche, ganz ohne Gewicht. Andere Leute würden das als Mobbing der Sonderklasse bezeichnen, aber komischerweise ist es das für mich gar nicht, denn während des ganzen Spottgewitters halte ich mich tatsächlich immer noch an Sera fest beziehungsweise sie sich an mir, und ich tanze weiter, diesen besonderen Duft in der Nase, mache schlafwandlerisch einen Schritt nach dem anderen, so lange jedenfalls, bis sie beginnt, sich erst immer fester in meine Schultern zu krallen, um dann komplett aus dem Takt zu geraten. Und dann reißt sie sich los und stürmt aus dem Partykeller. […]

Niko folgt Sera nach draußen, wo sie sich auf einen Baum geflüchtet hat.

„Wie hältst du das bloß aus?“, fragt Seras Stimme plötzlich.
Sie kommt von irgendwo oben aus dem Dunkel über mir. Erstaunlich, dass sie auf Bäume klettert, das hätte ich ihr gar nicht zugetraut.
„Ist bei dir ja jeden Tag so!“ Das Ausrufezeichen in ihrem Satz steht in der Luft. Ich mache mir gar nicht die Mühe, sie zu orten, und zucke nur mit den Schultern.
„Und jetzt gehst du da gleich einfach wieder rein, oder was?“
„Hast du einen Alternativvorschlag?“ Ich weiß, dass ich lässiger klinge als nötig, aber das ist nur eine ausgleichende Reaktion auf die übertriebene Hysterie in ihrer Stimme.
„Ich geh da jedenfalls nicht mehr rein!“ Sie schreit beinahe.
„Wieso, waren doch alle auf mich gerichtet, die Beleidigungen“, sage ich. „Tiefseequalle, schwabbel, schwabbel, igitt, der Bauch.“
„Dir geht’s wohl zu gut!“ Ihre Stimme schnappt jetzt vollends über. „So was Beschissenes ist mir noch nie passiert!“
Ich sage zuerst nichts, aber dann kann ich es doch nicht lassen. Vielleicht war Littles[2] Schlagfertigkeitstraining doch nicht ganz vergeblich. „Ich denke mal, in der Tat bist du es, der es besser gehen könnte. Mir hingegen geht es wirklich fast zu gut. Immerhin habe ich gerade das allererste Mal mit einem Mädchen getanzt, und zwar mit einem ziemlich schönen.“

1 Supernikobrause: Niko träumt von dieser Erfindung, mit der er sein Gewicht zurücklassen kann und leicht sowie dünn ist.

2 Little: ein Freund von Niko

1 a Bringt das Cover und den Titel des Buches in Bezug zum Textauszug.
b Beurteilt Markos Verhalten gegenüber Sera und Niko.
c Sera und Niko nehmen die Situation unterschiedlich wahr. Erklärt, warum.
d Beschreibt, wie Seras Aufgebrachtheit sprachlich umgesetzt wird.

2 Nach dem Verlassen des Partykellers schreibt Sera eine Nachricht an Melinda, Niko schreibt an Little.
a Wählt eine der Hauptfiguren aus und formuliert deren Nachricht.
b Begründet, warum ihr euch für Sera bzw. Niko entschieden habt.

3 Sammelt Informationen darüber, was an eurer Schule getan wird, um Mobbing zu verhindern.

Stefanie Höfler

Tanz der Tiefseequalle (2017, Auszug 4)

Sera und Niko beschließen, aus der Jugendherberge abzuhauen. Dabei erleben sie einiges und fühlen sich sehr wohl miteinander. Auf einem Spielplatz schaukeln beide, bis Niko abstürzt und im Sand landet. Er lacht darüber.

Der lacht. Nicht laut, aber schon mehr als ein Grinsen. Liegt da im Sand und lacht. Ich starre. Ich stütz mich mit den Händen im Sand ab. Stoß dabei mit meinem Ellbogen an seine Handfläche, aus Versehen. Die ist warm und weich, aber nicht schwammig weich, sondern angenehm weich. Fühlt sich gut an. Komisch, dass ich das in dem Moment denk, ausgerechnet. Ich zieh den Arm wieder zurück, kann aber nicht aufhören zu glotzen.

„Was denn?“, frage ich, als sie mich so entgeistert anstarrt, als sei ich ein pinkfarbenes Ufo.
„Nix. Ich wunder mich nur, dass du da jetzt so lachen kannst.“
„Wieso denn nicht?“
„Na ja, ich mein …“ Sie macht diese Pause, in der sie eine breite schwarze Haarsträhne um ihren Ringfinger wickelt. Es sieht aus wie ein glänzender Ring aus dunklem Holz. „Ich mein ja nur. Du hast's eben echt nicht leicht.“
Sie schafft es nicht, zu sagen, was sie wirklich meint. Ich verstehe es trotzdem. Ich stoße mit dem letzten Lacher die Luft mit einem lauten Zischen aus. „Ich hab es *schwer,* meinst du?“, sage ich extra betont. Sie hält den Atem an. Fast tut sie mir leid – wahrscheinlich wüsste ich an ihrer Stelle auch nicht, was ich sagen soll. Ich möchte ihr plötzlich so gerne erklären, wie das alles ist bei mir, vielleicht wollte ich noch nie so gerne jemandem erklären, wie alles ist bei mir. Also rede ich einfach drauflos. „Es ist nicht so wahnsinnig witzig, fett zu sein, da hast du schon Recht. Im Gegenteil, meistens ist es sogar ziemlich unwitzig, ehrlich gesagt. Nur, das heißt nicht, dass deshalb alles andere auch unwitzig ist, weißt du. Oder dass man nichts auf der Welt witzig finden kann.“
Sie sagt nichts, schaut mich nur an. Ihre Augen sind sehr schwarz und ohne Abenteuerglitzern. Ich schau zurück. Sie schaut weg und lässt die Haarsträhne wieder los, und der Ring rollt sich ganz langsam wieder auseinander wie etwas Lebendiges, eine Schlange vielleicht, die sich auf Seras Schulter ausrollt und dort liegen bleibt. Ich bemerke die winzigen feinen Härchen in Seras Gesicht. Wenn man nur nahe genug hinsieht, bemerkt man, dass der Mensch immer noch so behaart ist wie seine evolutionären Vorfahren, nur

sind die Haare winzig klein, fein, flaumig – und jeder Mensch hat andere Stellen, an denen sie sich zu minimalen Pelzen verdichten, bei Sera ist es diese kleine dreieckige Stelle unterhalb des Ohrs. Noch nie habe ich jemanden gesehen, bei dem sogar dieses Haar-Urzeitrelikt so perfekt zu seiner Schönheit beiträgt.

„Wie ist es denn, so auszusehen wie du?", frage ich.

„Was, so auszusehen wie ich?"

„Schön", sage ich. „Wie ist es, schön zu sein?"

Mir fällt Littles Schockstarre im Supermarkt ein, als er Sera erblickte. Zum ersten Mal denke ich daran, dass Sera vielleicht ebenso oft angestarrt wird wie ich.

„Haha. Danke."

„Nein, im Ernst." Sie antwortet nicht. „Ich meine, im Gegensatz zu mir dürfte dir alles leichtfallen. Alle finden dich bezaubernd, du hast alle Möglichkeiten. Du könntest zum Film gehen, was weiß ich. Model werden."

Sie schaut mich an, als hätte sie gerade begriffen, dass ich geisteskrank bin. „Model werden?" Ihre Augen blitzen wütend.

„Ja, zum Beispiel, also, ich meine …"

„Seh ich so dumm aus, als würd ich nichts anderes hinkriegen im Leben?"

Das gibt's doch nicht, dass der jetzt mit diesem Model-Scheiß kommt. „Und du? Berühmt durch Diät-Werbung oder was?" Mann, das war jetzt echt blöd. „‚Tschuldigung'. Hab's nicht so gemeint." „Doch, doch, hast du", sagt er. Völlig cool. Als ich mich wieder trau, ihm ins Gesicht zu schauen, bemerk ich zum ersten Mal das Grübchen rechts neben dem Mund, ist nur ein ganz kleines und nur eins. Das bewegt sich, wenn der lacht. „Mit größerer Wahrscheinlichkeit werde ich mal Erfinder", sagt er. Als hätt ich ganz normal nach seinen Zukunftsplänen gefragt. […] „Und ich entschuldige mich ebenfalls", sagt er. „Für das Model, meine ich." „Vielleicht musst du mal eine Maschine erfinden, mit der jeder ein paar andere Körper ausprobieren kann", sage ich. „Eine … Entkörperungsmaschine."

4 In literarischen Texten werden Figuren auf unterschiedliche Weise charakterisiert.

a Erklärt, was folgende Sätze über die jeweilige Figur aussagen.

A Sie schafft es nicht zu sagen, was sie wirklich meint. (▸ Z. 21 f.)

B „Nur, das heißt nicht, dass deshalb alles andere auch unwitzig ist, weißt du. Oder dass man nichts auf der Welt witzig finden kann.“ (▸ Z. 34–36)

C „Schön“, sage ich. „Wie ist es, schön zu sein?“ Mir fällt Littles Schockstarre im Supermarkt ein, als er Sera erblickte. (▸ Z. 57–59)

D „Alle finden dich bezaubernd.“ (▸ Z. 65)

E „Seh ich so dumm aus, als würd ich nichts anderes hinkriegen im Leben?“ (▸ Z. 72 f.)

b Es gibt zwei Möglichkeiten, wie Merkmale und Eigenschaften einer Figur im Text dargestellt werden können. Erklärt den Unterschied von C und D im Vergleich zu den anderen Beispielen.

5 Ihr habt in den bisherigen Textausschnitten die beiden Hauptfiguren Sera und Niko besser kennen gelernt.

a Teilt euch in Gruppen auf und beschäftigt euch mit einer der beiden Figuren, indem ihr aus den Textauszügen alle wichtigen Informationen zu Sera und Niko herausarbeitet und diese mit Zeilenangaben belegt.

b Legt für eure Figur eine Mind-Map wie im Beispiel unten an, in der ihr wichtige Informationen festhaltet und eure Schlussfolgerungen mit Zeilenangaben belegt. Ergänzt nach Möglichkeit auch passende Zitate mit Zeilenangaben.

Wissen und Können **Merkmale und Eigenschaften einer Figur**

Die Merkmale und Eigenschaften einer Figur können im Text direkt benannt werden. Oft sind sie aber auch indirekt dargestellt, sodass der Leser sie selbst erschließen kann.

- **Direkt beschrieben** wird eine Figur durch Textstellen, in denen sie Aussagen über sich selbst macht oder in denen andere Figuren oder der Erzähler Dinge über sie zur Sprache bringen, z. B.: *„Sie hat lange schwarze Haare und ein völlig symmetrisches Gesicht […].“*
- **Indirekt beschrieben** wird eine Figur zum Beispiel durch die Art und Weise, wie sie spricht, denkt und handelt, z. B.: *„Ich muss kurz schlucken, als ich auf Nikos Klingel drück und der Summton kommt.“* → Figur ist nervös.

6 Beschreibt nun „eure“ Figur.
Gebt einleitend allgemeine Informationen. So könnt ihr beginnen:
Eine der beiden Hauptfiguren des Jugendromans „Tanz der Tiefseequalle“ heißt Niko. Er ist ... Über sein Aussehen wird mitgeteilt ... In Z. X kann man erkennen ... Zudem zeigt Nikos Aussage in Z. ... Mich hat Niko überrascht, denn ...

Formulierungshilfen
Wenn die Figur sagt, dass ... • Sie/Er macht sich Gedanken über ... •
Anfangs wirkt sie/er ... • Sie/Er verfügt über • Sie/Er macht einen ... Eindruck •
Die Figur sieht aus wie ... • Darin wird deutlich ... •
Ihr/Sein Auftreten ist ..., was auch daran liegen könnte ...

Es gab einen Roman einer anderen Autorin, in dem am Rande dicke Jugendliche auftauchten, und darüber haben sich manche Leser sehr aufgeregt. Dieses „Das gibt es zwar, aber da spricht man doch nicht darüber!“ – das ist immer etwas, was mich ärgert. Denn klar ist es vielleicht nicht das gemütlichste Thema, übers Dicksein (oder andere körperliche Auffälligkeiten) zu sprechen. Aber Menschen, die anders aussehen, nicht der Norm entsprechen, die gibt es eben, ob man nun drüber spricht oder nicht. Und dann ist es ja so: Hinschauen, starren, tuscheln tun trotzdem alle. Deshalb steht Niko in meiner Geschichte mitsamt seinem Körper im Mittelpunkt – und es wird sehr drastisch genau über das geredet, was viele nicht so gerne thematisieren.

7 a Lest den Ausschnitt aus einem Interview mit der Autorin Stefanie Höfler zu der Frage, wie bei ihr die Idee zu „Tanz der Tiefseequalle“ entstand.
b Schreibt eine E-Mail an die Autorin, in der ihr darlegt, ob euch die Textauszüge angesprochen haben und ihr das Buch gern ganz lesen würdet. Geht dabei auch auf Aussagen aus dem Interview ein.

Wissen und Können **Literarische Figuren beschreiben**

In literarischen Texten werden Figuren auf verschiedene Weise beschrieben. Ein besonders **genaues Bild vom Charakter einer Figur** erhaltet ihr, wenn ihr auf folgende Punkte achtet:
- **äußeres Erscheinungsbild:** Aussehen, besondere Merkmale, z. B.: Sprache, typische Tätigkeiten, Verhaltensweisen,
- **Lebensumstände,** z. B.: Herkunft, Stand, Vorgeschichte *(Seras Familie kommt aus Ägypten),*
- **Vorlieben, Gedanken, Gefühle, Eigenschaften:** *Nico z. B. denkt sich oft Erfindungen aus,*
- **Verhältnis zu anderen Figuren:** *Sera fühlt mit Niko mit,*
- **Einstellungen, Absichten, Motive:** *Nico will Sera helfen.*

Sollt ihr selbst eine Figur beschreiben, formuliert sachlich, anschaulich und textbezogen. Belegt eure Aussagen also mit Zeilenangaben. Nennt zu Beginn allgemeine Informationen wie den Namen oder das Alter. Am Schluss könnt ihr darlegen, wie die Figur auf euch wirkt.

5.2 Suchst du noch oder liest du schon? – Jugendbücher finden und empfehlen

Auf der Suche nach einem passenden Buch

1 In Deutschland gibt es zahlreiche Literaturpreise für Kinder- und Jugendbücher.

a Überlegt, weshalb Literaturpreise verliehen werden. Nennt Gründe.

b Einer der bedeutendsten Preise ist der Deutsche Kinder- und Jugendliteraturpreis. „Tanz der Tiefseequalle" war für diesen Preis nominiert. Lest die folgende Jurybegründung.

Stefanie Höfler wurde 1978 geboren und studierte Germanistik, Anglistik und Skandinavistik. Sie arbeitet heute in Baden-Württemberg als Lehrerin und Theaterpädagogin.

In „Tanz der Tiefseequalle" lässt Stefanie Höfler den Leser tief in die Seele der beiden jugendlichen Hauptfiguren blicken. […] Abwechselnd aus Seras und Nikos Perspektive werden dem Leser [die] Ereignisse und die sich daraus ergebenden Bewältigungsstrategien der Akteure präsentiert. Dafür hat die Autorin beide Heranwachsende mit einem ganz eigenen Sprachstil ausgestattet, der ihre jeweiligen moralischen Dilemmata erfahrbar macht. […] In knapper Form werden so wichtige Themen wie „seinen Platz innerhalb der Gesellschaft finden", Identitätsfindung, Mobbing, Gruppenzwang oder sexuelle Belästigung gelungen auserzählt.

c Klärt unbekannte Begriffe in der Begründung der Jury.

d Nennt die Themen, die in den Textauszügen bereits deutlich werden.

e Formuliert in eigenen Worten schriftlich, warum ihr dieses Buch als preiswürdig erachtet.

2 Für den Jugendliteraturpreis war auch „Pferd, pferd, tiger, Tiger" der Autorin Mette Eike Neerlin nominiert. Recherchiert in einer Online-Buchhandlung den Inhalt.

3 a Lest die Ausschnitte aus den Rezensionen.

Das chinesische Sprichwort mama huhu, übersetzt Pferd, pferd, tiger, Tiger, bedeutet, dass etwas nicht wirklich gut ist, aber schlimmer sein könnte. Für die 15-jährige Honey heißt das, dass sie sich mit allem arrangiert, nie Nein sagt, sondern permanent versucht, es allen recht zu machen. Die dänische Autorin Mette Eike Neerlin lässt die 15-Jährige in eigenen Wor-

Eine Rezension ist die persönliche, kritische Bewertung eines Buches, eines Theaterstückes, eines Films usw.

ten erzählen. Die Ungerechtigkeit, mit der sie behandelt wird – ohne dass sie es merkt –, schnürt einem dabei fast den Hals zu. [...] Es ist ein schwieriger Prozess, der viel mit der Freundschaft zu dem todkranken Marcel zu tun hat, der Honey allmählich anders auf sich, ihr Leben und ihre Umgebung blicken lässt. Ohne auch die dramatischen Ereignisse wirklich drastisch zu schildern, sondern eher beiläufig und leise, wie es Honeys Art ist, spitzt sich die Situation allmählich zu.

Auch die mit diesen Figuren konstruierte Geschichte wirkt, will man sie in einem Satz wiedergeben, reichlich abstrus: Das offensichtlich vom Leben schwer benachteiligte Mädchen Honey steigt eines Nachmittags in einen falschen Bus, gerät aus Versehen in das Hospizzimmer eines alten Mannes, freundet sich mit dem Sterbenden an und besucht ihn bis zu seinem Tod. Zu viel, zu viel, zu viel!
Warum dieses Buch trotzdem lesenswert ist? Weil es ziemlich cool ist. Weil es schnell und pointiert und sehr eigenwillig erzählt wird. Und weil man irgendwann mit ziemlicher Sicherheit heult, obwohl man das nun wirklich gar nicht wollte.

Mit derbem Realismus und trockenem Humor balanciert Neerlin die Schwere und die Leichtigkeit ihrer Erzählung gekonnt aus. Und sie schafft mit Honey eine liebenswerte Hauptfigur, die die Narben in ihrem Gesicht zwar blöd findet, deren größtes Problem aber ein anderes ist: Es fällt ihr schwer, für sich selbst einzustehen – eine Baustelle, die wohl jeder kennt.

b Erklärt den ungewöhnlichen Titel des Buches.
c Würdet ihr das Buch gerne lesen? Begründet eure Meinung anhand der Informationen zu Inhalt, Sprache und Erzählweise.
d Stellt dar, was von den Rezensenten kritisiert wird.

4 Schreibt eine eigene Rezension zu einem Buch, dem ihr viele Leser wünscht.

Einen Leseblog gestalten

Jordan Sonnenblick

Wie ich zum besten Schlagzeuger der Welt wurde – und warum (2008)

Zu Hause passierte auch allerhand. In Jeffreys zweiter Therapiewoche sprach es sich anscheinend im Freundeskreis meiner Eltern herum, dass es Zeit wäre, sich irgendwie zu Jeffreys Krankheit zu verhalten. Plötzlich riefen alle möglichen Leute an. Es war, als ob jemand an einem Schalter gedreht hätte. Karten verstopften unseren Briefkasten. Besorgte Erwachsene strömten in unser Haus und brachten Körbe und Tüten mit Lebensmitteln, Blumen, Ballons und Spielsachen. Ich muss zugeben, das essbare Zeug war eine schöne Abwechslung zum Mikrowellenfutter, und trotzdem war das ganze Theater irgendwie bizarr. Ihr könnt es euch vorstellen: Der wohlwollende Besucher tritt ein. Wir danken ihm (oder meistens ihr), wenn die Tupperdosen überreicht werden. Danach stehen alle verlegen herum, während der Gast krampfhaft nach irgendwas Passendem sucht, das er sagen könnte. Wenn ich dabei bin, ist es besonders peinlich – sie fragen mich, wie es mir geht, aber ich kann über neunzig Prozent meines Lebens nichts sagen. Was sie wirklich meinen, ist: *Wie geht es dir jetzt, wo dein Bruder so krank ist?* Und wenn Jeffrey dabei ist, ist es der allergrößte Albtraum. Die Hälfte von ihnen versucht, auf Teufel komm raus fröhlich zu sein. Sie sind laut und herzlich, schwenken Jeffrey im Kreis herum und erzählen uralte Witze. Ich dagegen stehe nur da und brülle im Stillen: Pass auf, du Trottel! DASS IHM NUR NICHTS PASSIERT! Bitte ... lass ... den ... Jungen ... in ... Ruhe!

Die andere Hälfte ist auf Teufel komm raus ernst, was genauso schrecklich ist. Weil Jeffrey von Natur aus ein fröhliches Kind ist, war er in der ersten Zeit trotz der Krankheit meistens gut gelaunt. Manchmal hatte er Schmerzen, besonders in den Beinen, war oft müde, und die Chemotherapie machte ihn körperlich fertig. Aber geistig war er immer noch Jeffrey – er wollte lachen und spielen oder, wenn ihn alles zu sehr anstrengte, einfach nur eine Kindersendung schauen. Wenn die Trauerklöße kamen, wollten sie Jeff als traurigen, kranken Jungen sehen – damit er den Rinderbraten, oder was auch immer sie anschleppten, auch verdiente. Diese Besuche wirkten wie Dämpfer für seine Laune, jedenfalls für eine Weile.

Nach ungefähr einer Woche machten Jeffrey und ich ein Spiel daraus. Wenn sich jemand mit der obligatorischen riesigen Einkaufstüte der Haustür näherte, sagte ich: „Jeff, was glaubst du – Trauerkloß oder Stimmungskanone?"

„Ganz bestimmt eine Stimmungskanone, glaube ich. Wir hatten schon dreimal hintereinander Trauerklöße."

„Da hast du Recht, Kleiner. Eine Stimmungskanone wäre fällig. Aber sie sieht ein bisschen nervös aus. Ich wette mit dir um einen Dollar, dass sie ein Trauerkloß ist."

Dann machten wir die Tür auf, grinsten uns während des Besuchs ständig an, und wenn die Frau wieder gegangen war, verteilten wir Punkte. Egal, wie schrecklich die Sache auch war – wenn ich den Besuch wie ein Sportreporter kommentierte, konnte ich Jeffrey fast immer zum Lachen bringen:

„Eine unerhörte Anstrengung der freundlichen alten Mrs Jacobs aus der Buchhaltung. Sie bringt einen Apfelkuchen – aber, Moment mal, er ist nicht selbst gebacken! Das gibt Abzüge, Jeff. Für Backwaren müssen wir ihr fünf von zehn Punkten geben. In der Kategorie Verhalten gehört sie auf jeden Fall zu den Stimmungskanonen – Jeff, ich schulde dir einen Dollar, du Zocker. Aber sie räuspert sich in einer Tour, ein klares Zeichen der Unsicherheit.

Andererseits hat sie dir den Kopf ziemlich heftig getätschelt. Ich muss ihr dafür eine Sieben geben."
„Aber sie hat komisch gerochen, Steven. Kann man da was abziehen?"
„Oooh, ganz bestimmt! Ein obligatorischer Punktabzug. War es ein Schmuddelgeruch oder ein Altersgeruch?"
„Alter."
„Okay, dann gibt es noch einen Abzug. Wie wär's mit einer Sechs im Ganzen?"
Meine Eltern sagten natürlich, wenn sie uns zuhörten, dass wir *nett* sein sollten, aber ich hatte das Gefühl, dass meinen Vater seit Jeffs Nasenbluten nichts mehr so sehr aufgemuntert hatte.

1 Lest den Textauszug und zeigt auf, wie hier der Spagat zwischen ernster Thematik und Humor deutlich wird.

Trotz schwerer Thematik – der Humor kommt nicht zu kurz

„Wie ich zum besten Schlagzeuger der Welt wurde – und warum" von Jordan Sonnenblick

Der 13-jährige Steven besucht die 8. Klasse und ist ein leidenschaftlicher Schlagzeugspieler. Das Leben der Hauptfigur wird auf den Kopf gestellt, als ihr acht Jahre jüngerer Bruder an Leukämie erkrankt. Die ganze Familie ist mit der Situation überfordert. Die Mutter verbringt viel Zeit mit Jeffrey im Krankenhaus, während der Vater versucht, die Familie finanziell über Wasser zu halten. Steven fühlt sich oft allein, weshalb er stundenlang Schlagzeug spielt, damit sein Solo beim Schulkonzert perfekt ist.
Der Ich-Erzähler lässt einen teilhaben an seinen Sorgen, seinen Ängsten, aber auch an der Wut gegenüber den Eltern, die Steven kaum mehr Beachtung schenken. Obwohl die Thematik sehr ernst ist und Jeffreys Erkrankung realistisch beschrieben wird, schafft es der Autor Jordan Sonnenblick, den Humor nicht zu kurz kommen zu lassen, sodass ich das Buch nur empfehlen kann.

2 Beschreibt mit Hilfe des Blogeintrags einer Schülerin, wie eine Leseempfehlung aufgebaut ist.

3 Entscheidet euch für ein Buch, das euch gefallen hat, und schreibt eine Leseempfehlung.
a Gestaltet dazu einen Leseblog. Seht euch zunächst Leseblogs anderer Schulen im Internet an.
b Erstellt eine Liste, wer welches Buch vorstellt.
c Zusätzlich könnt ihr weitere Materialien dazu anbieten, indem ihr beispielsweise ein Interview mit einer Figur aus dem Buch führt und dieses in einem Clip präsentiert.

Wissen und Können **Eine Leseempfehlung erstellen**

Eine Leseempfehlung gibt die **eigene Meinung** zu einem Buch schriftlich wieder. Neben Angaben zum Buch enthält sie eine **kurze Inhaltsangabe.** Am Ende erfolgt die persönliche Wertung, wobei die eigene Meinung begründet werden muss.

5.3 Projekt: Anderen vorlesen

1 Anlässlich des bundesweiten Vorlesetags will sich eure Klasse engagieren und anderen vorlesen.
a Sammelt Ideen, welchen Personengruppen ihr vorlesen könntet.
b Teilt euch in Gruppen auf. Jede Gruppe bereitet jeweils ihre Vorleseaktion für eine bestimmte Personengruppe vor.

2 Im Vorfeld eures Vorhabens müssen einige organisatorische Aufgaben erledigt werden. Listet alle nötigen Schritte in der richtigen Reihenfolge auf. Berücksichtigt dabei folgende Aspekte:
– altersgemäße Bücher auswählen
– Ansprechpartner festlegen
– organisatorische Details klären
– Anschauungsmaterial suchen

3 Wenn ihr das passende Buch gefunden habt, aus dem ihr vorlesen möchtet, klärt folgende Fragen:
– Wie führen wir das Buch ein?
– Welche Textstellen eignen sich zum Vorlesen?
– Welche Handlungsschritte müssen wir zwischen den vorgelesenen Textauszügen vermitteln?
– Wie runden wir die Geschichte ab, ohne den Schluss zu verraten?

4 a Wiederholt, was man beim Vorlesen von Buchausschnitten beachten muss und was zum guten Vorlesen gehört.
b Schreibt den folgenden Textausschnitt aus dem Roman „Wie ich zum besten Schlagzeuger der Welt wurde – und warum" von Jordan Sonnenblick ab und bearbeitet den Text mit entsprechenden Kennzeichnungen.

Betonungszeichen helfen euch, einen Text ausdrucksvoll vorzulesen:
- kurze Sprechpause: |
- längere Sprechpause: ||
- zu betonendes Wort: <u>Schlagzeug</u>
- steigender Ton: ◀
- fallender Ton: ▶

Ja, mir geht's gut. Mir geht's mehr als gut – einfach blendend! Ich mag es unheimlich, wenn ich zu einer Konferenz geschleppt werde und mich die Hälfte aller Lehrer dieser Schule fertigmacht, weil mich IRGENDEIN MÄDCHEN verpetzt hat!

5 Verfasst einen Artikel über eure Vorleseaktionen für die Schulhomepage und für die regionale Presse.

6 Entscheidende Momente – Literarische Texte beschreiben

1 Beschreibt das Bild und äußert Vermutungen, welche Situation dargestellt ist.

2 a Sammelt konkrete Lebenssituationen und Ereignisse, die mit einem Soundtrack oder einem Musikstück in Verbindung gebracht werden könnten, und nennt Musiktitel oder Stilrichtungen, die dazu passen würden.

b Diskutiert, ob ein und dasselbe Ereignis, das zwei oder mehr Menschen erleben, mit unterschiedlicher Musik ausgedrückt werden kann.

3 Erklärt euren Mitschülerinnen und Mitschülern, welcher Musiktitel/Song eure aktuelle Lebenssituation am besten beschreibt. Begründet eure Entscheidung.

In diesem Kapitel ...

- fasst ihr Inhalte literarischer Texte mit eigenen Worten zusammen,
- untersucht ihr Aussageabsichten und Textsortenmerkmale,
- beschreibt ihr sprachliche Besonderheiten,
- charakterisiert ihr Figuren und beschreibt deren Beziehung zueinander.

6.1 Der Soundtrack deines Lebens – Literarische Texte verstehend interpretieren

Andrea Behrens

Supersonic Me (2015)

Mir gefällt es, wenn das Leben unwahrscheinlich verläuft. Wie eine Geschichte, ein Film oder ein Songtext. Wie etwas, das sich jemand ausgedacht hat, dass ihm die Welt weniger öde erscheint, weniger vorhersehbar. Der beste Song der Welt heißt *Don't stop me now!* von Queen[1]. Das weiß ich genau, denn dieser Song hat mein Leben in etwas verwandelt, das absolut unwahrscheinlich ist. Unwahrscheinlich irre und unwahrscheinlich cool.

Bis zu diesem Sommer fand ich Mädchen überflüssig. Sie waren nichts weiter als jemandes kleine oder große Schwester. Sie saßen im Klassenzimmer auf den Tischen und redeten stundenlang über nichts Interessantes. Manchmal forderten sie einen heraus, kitzelten, piekten, boxten und rannten weg. Doch wehe man ging darauf ein. Sobald sie merkten, wer der Stärkere war, wurde aus Kichern Heulen, aus Witzen wurde Pamperei, und der Spaß war vorbei. In diesen Spielen schien es Regeln zu geben, die ich nicht kannte, geheime Regeln, die keiner kannte, keiner wissen konnte. Außer ihnen natürlich. Jedenfalls, ich ging ihnen lieber aus dem Weg. Was aber immer schwieriger wurde, denn in diesem Sommer schienen sie plötzlich überall zu sein. Wie Ameisen. Sie waren auf dem Sportplatz, im Skaterpark, selbst vor Edies Büdchen, einfach überall. Und sie verbreiteten Unruhe. Obwohl sie wie üblich nichts weiter taten, als dabeizustehen und freche Bemerkungen zu machen, ging von ihnen eine verstörende Energie aus, die an dem faulen Frieden der warmen Sommerabende wackelte wie an einem lockeren Zahn. Wir lästerten über sie und bewarfen sie mit Steinen oder Coladosen und doch hatte sich etwas verändert.

Der Erste, der auf die schiefe Bahn geriet, war Alex Hübner. Der war bis dahin ein ganz brauchbarer Typ gewesen. Gutmütig, süchtig nach Fisherman's Friends, den grünen, und ein echt guter Torwart. Eines Tages erschien er mit einer Lederkrawatte über seinem T-Shirt und diesem affigen Strohhut, den er den ganzen Sommer über nicht mehr abnahm.

„Sü-hüß!", riefen Esther Pawel und Romi Heins, die sich die Nägel schwarz lackierten und sich selbst die Vampirschwestern nannten. Doch anstatt ihnen vor die Füße zu spucken und ihnen Schläge anzudrohen, grinste Alex nur sein gutmütiges Grinsen, bei dem für Sekunden ein grünes Fisherman's zwischen seinen Lippen aufblitzte. Als sei er tatsächlich geschmeichelt oder sowas. Immer öfter fehlte er beim Kicken und wenig später ließ er sich gar nicht mehr blicken. Es hieß, er hinge jetzt mit seiner Schwester und ihren Leuten ab. Als er dann aber Hand in Hand mit Jennifer Coroneo über den Schulhof zog, machte uns das echt fertig. Klar, dass wir nicht darüber sprachen. Wir zerstreuten uns, jeder allein mit seinen Gedanken, einsame, harte Cops. Wie Clint Eastwood als Dirty Harry.

Wir waren im Schwimmbad. Jonas und Macke

1 „Don't Stop Me Now" wurde 1978 von der Rockband Queen veröffentlicht, komponiert und gesungen von Freddie Mercury.

hatten uns Plätze an den Startblöcken freigehalten. Von da hatte man einen guten Überblick und musste nicht erst über die Wiese, die hauptsächlich aus Wespen, Zigarettenkippen und matschigen Pommes bestand. Und man war mit einem Sprung im Wasser: Arschbombe, Köpper, zweifacher Salto, Handstandsprung mit Schraube linksrum oder rechtsrum. Im vorherigen Sommer hatten wir es mit unseren Sprüngen zu einiger Berühmtheit gebracht. Doch dieses Jahr sprangen wir nicht. Wir waren cool. Wir trugen Sonnenbrillen. Wir lauerten.

Natürlich hatte ich schon früher mal Mädchen ins Wasser geschubst. Um sie zu ärgern oder weil sie mir im Weg waren. Dieses Mal schien es auf etwas anderes anzukommen und ich rätselte insgeheim darüber, was es war. Klar wusste ich über die Neuigkeiten Bescheid. Mädchen schminkten sich. Sie bekamen Brüste und ihre Tage, ihre Mütter schrieben ihnen Entschuldigungen für den Sportunterricht. Doch was das Ganze mit mir zu tun haben sollte, war mir schleierhaft. Ich kam mir einigermaßen bescheuert vor. Trotzdem blieb ich in der Deckung meiner verspiegelten Sonnenbrille am Beckenrand hocken und wartete ab. Schon nach kurzer Zeit näherte sich das saugende Schlapp-Schlapp von Flip-Flops. Macke sprang auf, wir auch. Es war keine große Sache. Wir rempelten sie an und zerrten sie ins Wasser. Die Mädchen kreischten und krallten sich mit ihren Kratznägeln an uns fest, um nach wenigen Sekunden doch mitsamt ihrem Kokosduft, ihrem Klimperschmuck und ihren Flip-Flops abzusaufen. Nur Rakete – die nicht.

Sie war mir vorher nie aufgefallen. Zog immer im Kielwasser von zwei beachtlich großen Blondinen herum. Gegen die war sie klein, mager und eckig. Ihr in tausend rattenschwanzdünne Zöpfe geflochtenes Haar zerrte an ihrem Gesicht und ließ Nase und Kinn spitz aussehen. Im linken Nasenflügel klemmte ein winziger blauer Stein. Ich bekam Gelegenheit, ihn gründlich zu betrachten, denn anstatt halbherzig herumzufuchteln und zu kratzen, fixierte Rakete mich mit ihren Husky-Augen, stemmte ihre Beine in den Boden und rang mit mir. Sie war stark. Obwohl sie mir nur bis zum Kinn reichte, dauerte es eine ganze Weile, bis ich sie an der Beckenkante hatte. Genau in diesem Augenblick, in dem ich ihr den entscheidenden Stoß versetzte, mitten im freien Fall über dem Wasser, schnellte ihre Hand hoch und schnappte sich meine Haifischzahnkette. Ich hatte keine Chance.

Wir zischten runter wie Tornados, glatt durch eine gewaltige Wolke prickelnder Blubberblasen, hinab auf den stillen, glasigen Grund. Hoch über uns trieben träge Schlieren aus blauem Licht, ab und zu aufgerührt von zuckenden, geisterbleichen, kopflosen Körpern. Rakete hielt meine Kette so fest, dass sie in meinen Nacken schnitt. Ihr Gesicht war ganz nah, so nah, dass die silbrigen Perlenschnüre ihres Atems meine Nase kitzelten. Glitzersplitter funkelten in ihren Augenbrauen. Blaue Schatten spielten mit den Sommersprossen auf ihrer bleichen Haut. Ihr Haar wurde lebendig und wand sich wie Tentakel um ihren Kopf. Es gab keine Welt mehr, keine Zeit. Jemand hielt die STOPP-Taste gedrückt, während wir schwerelos im Raum festhingen wie Zwillingsplaneten in einer anderen Dimension. Mein Herzschlag wurde langsamer. Stille sickerte in mich rein, Tropfen für Tropfen. Um uns herum funkelten Galaxien aus Luftblasen, Lichtstrahlen und winzigen Schwebeteilchen. Und wir, Rakete und ich, waren mittendrin. Rakete schaute mich an.

Als wir wieder auftauchten, vielleicht Sekunden, vielleicht auch Jahre später, traf mich die gleißende, laute Welt wie ein Schlag auf den Kopf. Benommen paddelte ich zum Beckenrand, hievte mich rauf. Rakete war schon oben, zog Wasser und Rotz hoch und fasste sich dabei an die Nase. Sie erstarrte, ging in die Knie und strich mit der Hand über die Betonplatten. Plötzlich drehte sie ihr Gesicht zu mir. „Piercing-Stecker ...“ Sie hielt mir Daumen und Zeigefinger nah beieinander vor die Nase. „... mit einem blauen Stein.“ Ihre Stimme passte zu ihr, klein und irgendwie eckig. Ich musste

mich zusammenreißen, um sie nicht blöde anzugrinsen. Ihr schien die Sache richtig nahezugehen. Ein schmaler Streifen flüssiger Wimperntusche rann aus ihren weit aufgerissenen Augen und einer ihrer Eckzähne bohrte sich in ihre Unterlippe. Sie tastete weiter den Boden ab. Jonas, Macke und ich standen dabei wie die Zirkusbären, linkisch und ratlos.

Wer weiß, was passiert wäre, wenn Jonny-the-Walker Kretschmar, Bademeister und Hobby-DJ, nicht plötzlich aus einer Laune heraus die Musikanlage auf volle Pulle gedreht hätte? *Don't stop me now!* ist schon immer einer meiner Lieblingssongs gewesen. Und nach dem, was dann passierte, hat er gute Chancen, es für immer zu bleiben. Die ersten Töne rauschten aus den Boxen: *Tonight I'm gonna have myself a real good time.* Sie spülten wie eine heiße Brandung über mich hinweg. *I feel alive and the world is turning inside out – Yeah!* Dann erfüllte der Rhythmus meinen Kopf. *I'm floating around in ecstasy, so don't stop me now, don't stop me …*

Ich atmete tief ein, denn jetzt wusste ich genau, was zu tun war.

Ich habe später oft versucht auszurechnen, wie wahrscheinlich es ist, in einem Dreihunderttausendliterbecken einen Nasenstecker von der Größe eines Reiskorns zu finden. Tatsache ist: Ich habe ihn gefunden. Meine Lungen platzten fast und meine Ohren knackten, doch ich folgte meinem Instinkt. Ich folgte der Musik, die in meinem Kopf weiterbrüllte: … *so don't stop me now, don't stop me, 'cause I'm having a good time, having a good time …*

Wie ein Kompass in meinem Kopf.

Als ich tropfend vor ihr stand, das kleine blaue Wunder in der ausgestreckten Hand, guckte sie zu mir hoch wie ein Kind zum Weihnachtsmann. Sie lachte, wischte mit dem Handrücken die Maskaraspur quer über ihr Gesicht, sodass es aussah, als habe jemand versucht es durchzustreichen. Dann machte sie einen Schritt auf mich zu, zog mein Gesicht zu sich herunter und presste ihre Lippen sanft auf meine. Ich hatte gerade noch Zeit zu denken: „Das passiert wirklich, jetzt, in diesem Moment", bevor die Musik wieder loslegte: *I'm gonna go go go, there's no stopping me. I'm burning through the sky. Yeah! Two hundred degrees, that's why they call me Mister Fahrenheit. I'm trav'ling at the speed of light. I wanna make a supersonic man out of you!*

Was soll ich sagen? Ich wurde berühmt. Ich war Supersonic Man! Zumindest für diesen Sommer. Auf dem Schulhof boxten mir die Jungs anerkennend gegen die Brust und nannten mich Alter, Alter. Und auf dem Mädchenklo gab es einige schmeichelhafte Dinge über mich zu lesen. Rakete und ich küssten uns noch genau neun Mal: vier Mal auf dem Schulhof, damit es alle sahen, einmal hinter Edis Büdchen und vier Mal vor ihrer Haustür. Dann tauschte sie mich gegen Alex Hübner und seinen Strohhut ein. Das tat verdammt weh. Doch ich trug meine Wut und meine Trauer wie ein harter, einsamer Cop. Ganz Dirty Harry. Wann immer ich an einem Spiegel oder einer Fensterscheibe vorbeikam, warf ich einen langen Blick hinein. Und da war er wieder, der Soundtrack meines Sommers, der Beat in meinem Kopf:

Don't stop me now,
I'm having such a good time, I'm having a ball
Don't stop me now,
If you wanna have a good time, just give me a call
Don't stop me now ('Cause I'm having a good time)
Don't stop me now (Yes I'm havin' a good time)
I don't want to stop
at all *

Stopp – Fünf Haltestellen bis zur Inhaltszusammenfassung

Stopp 1 Überfliegendes Lesen – Allgemeine Informationen in der Einleitung geben

1 Informiert in der Einleitung einer Inhaltszusammenfassung über die Basisinformationen zum Text: Textsorte, Namen des Autors bzw. der Autorin, Titel der Erzählung und, wenn bekannt, die Quelle. Gebt auch das Thema des Textes an.

●○○ So könnt ihr beginnen:

In der Kurzgeschichte „...“ von ..., die im Jahr ... erschienen ist, wird ... beschrieben, ...

Stopp 2 Genaues Lesen – Handlungsschritte notieren

2 Lest den Text genau.
Formuliert die einzelnen Handlungsschritte in kurzen Sätzen und stellt sie in einem Flussdiagramm nach dem Muster rechts dar.

Verwendet das **Präsens** und formuliert **in eigenen Worten.**

Handlungsschritte „Supersonic Me“

1. Der Ich-Erzähler erinnert sich ...
↓
2. Im Schwimmbad trifft ...
↓
3. Beide, ... und der Ich-Erzähler, empfinden ...
↓
4. Rakete ...
↓
5. Der Lieblingssong des Erzählers ...
↓
6. Er findet ...
↓
7. Sie küsst ..., sodass er sich wie ...
↓
8. Die Beziehung zu dem Mädchen ..., aber

Wissen und Können **Die Bus-Stopp-Methode**

In einer Inhaltszusammenfassung formuliert ihr euer Textverständnis und teilt anderen das Wichtigste aus der Geschichte mit. Geht dazu nach der Bus-Stopp-Methode vor.

- **Löst** die jeweiligen **Aufgaben** zunächst **in Einzelarbeit.**
- Wenn ihr eine Aufgabe bearbeitet habt, steht auf und **wartet an** einer im Raum **gekennzeichneten „Haltestelle“** zur Aufgabe (Bus-Stopp) auf einen anderen Schüler / eine andere Schülerin, der/die die Aufgabe gelöst hat.
- **Vergleicht euer Arbeitsergebnis.** Korrigiert und ergänzt eure Aufzeichnungen, falls nötig.
- **Löst** dann die **nächste Aufgabe** wieder **allein, geht** anschließend **zum nächsten Stopp** und **vergleicht euer Ergebnis** mit einem anderen Schüler / einer anderen Schülerin.
- Wenn ihr mit allen Aufgaben fertig seid, **bereitet** mit einem Lernpartner / einer Lernpartnerin eure Ergebnisse für **eine Präsentation vor.**
- **Stellt eure Arbeitsergebnisse** in der Klasse **vor.**
  Klärt offene Fragen und korrigiert Fehler.

Stopp 3 Zeit nehmen – Den Hauptteil schreiben

3 Lest den Anfang der folgenden Inhaltszusammenfassung und verbessert ihn mit Hilfe der Anmerkungen am Rand:

VORSICHT FEHLER!

Der Ich-Erzähler beschreibt seine Erinnerungen an die Ereignisse eines Sommertages. Er mag es, dass sein Leben wie ein Film oder ein Songtext ablief, als ob es sich jemand ausgedacht hat, damit ihm die Welt weniger öde erscheint. Dabei empfindet er seinen „ersten Kuss" immer noch. Alle Mädchen sind für ihn und seine Freunde unwichtig, sie ärgern und provozieren die Mädchen lediglich. Im Schwimmbad trifft er auf ein eher unscheinbares Mädchen, „Rakete", das sich aber seinem Angriff widersetzt.

Eigene Worte verwenden
Tempus
unnötig
Keine Zitate
Zusammenhänge klarer darstellen, passende Satzverknüpfungen wählen

Sätze logisch verknüpfen
Durch **Satzverknüpfungen** könnt ihr inhaltliche Zusammenhänge verdeutlichen, z. B. durch:
- **Konjunktionen:** *als, wenn, weil, damit, denn, und, aber, dass, ob, um, während …*
- **Pronomen:** *die, der, das, dieser, welcher …*

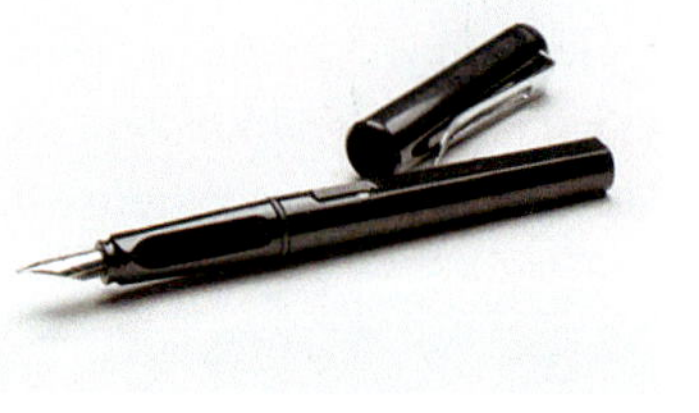

Stopp 4 Vertiefen – Zeitgestaltung und Erzählstile beachten

4 Ausführliche Beschreibungen, detaillierte Schilderungen, Dialoge oder innere Monologe sind typische Elemente erzählender Texte.
Sie wirken sich auf die Zeitgestaltung in Geschichten aus.

a Lest die Passage Zeile 38 bis 76 im Text auf Seite 106/107 und erklärt mit Hilfe der Fachbegriffe im Wissen und Können-Kasten, welche Zeitgestaltung vorliegt.
b Sucht weitere Textstellen mit der gleichen Zeitgestaltung.
c In einer Inhaltszusammenfassung werden solche Textstellen nur übernommen, wenn sie für die Erzählung von Bedeutung sind. Begründet, warum die Passage ab Zeile 38 in die Zusammenfassung aufgenommen werden muss.
d Sucht im Text „Supersonic Me" (▶ S. 106–108) Beispiele für weitere Möglichkeiten der Zeitgestaltung.

5 Die Handlung in der Kurzgeschichte „Supersonic Me“ wird nicht in chronologischer Reihenfolge entfaltet. Stellt das Geschehen (chronologisch) geordnet in einer Zeitleiste dar.

Zeitleisten eignen sich gut als Schreibplan für die Zusammenfassung von Texten, in denen der Erzähler die zeitliche Reihenfolge der Ereignisse nicht einhält.

6 Setzt die Inhaltszusammenfassung aus Aufgabe 3 in eurem Heft fort.
Haltet dabei folgende Regeln ein:
- Schreibt im Präsens (bzw. bei Vorzeitigkeit im Perfekt).
- Fasst wörtliche Reden zusammen, umschreibt sie oder gebt sie indirekt wieder.
- Schreibt sachlich, lasst unwichtige Details weg.

Stopp 5 Das eigene Textverständnis darlegen – Den Schluss formulieren

7 Verfasst zu „Supersonic Me“ einen aussagekräftigen Schlussteil, in dem ihr eure Meinung zum Text darlegt. Bezieht eventuell sogar euren Lieblingssoundtrack, der eure eigene Lebenssituation darstellt, mit ein.

Wissen und Können — Die Zeitgestaltung in einer Erzählung

In literarischen Texten wird nicht immer chronologisch erzählt.

- **Rückblenden** liefern oft Hintergrundinformationen, welche die Handlung erklären.
  Diese müssen in der Inhaltszusammenfassung nur **wiedergegeben werden,** wenn sie **für das Textverständnis erforderlich sind.** Man muss sie an der Stelle in der Zusammenfassung anführen, an welcher der Grund für eine Handlungsweise verständlich werden soll.
  Es ist auch möglich, mit entsprechenden Formulierungen darauf hinzuweisen, dass man den Inhalt einer Rückblende zusammenfasst, z. B.:
  „Dabei erinnert sich der Ich-Erzähler an ein Ereignis ...“
- **Vorausdeutungen** sind in einer Erzählung meist Köder, um den Leser zum Weiterlesen anzuregen. In einer Inhaltszusammenfassung dürfen sie **nicht angeführt werden,** da es keinen Spannungsaufbau geben darf.
- **Erzählzeit:**
  die Zeitspanne, die erforderlich ist, um einen Text zu lesen oder zu erzählen.
- **Erzählte Zeit:**
  die Zeitspanne, in der die Handlung stattfindet (z. B.: „Supersonic Me“ ca. 15–20 Minuten)
- **Zeitdeckung:**
  Im Text sind alle Ereignisse so lange erzählt, wie es dauert, sie zu lesen
  (Erzählzeit = erzählte Zeit).
- **Zeitraffung:**
  Im Text sind die Geschehnisse eines längeren Zeitraums verknappt, also gerafft dargestellt
  (Erzählzeit < erzählte Zeit).
- **Zeitdehnung,** die in literarischen Texten durch ausführliche Schilderungen, Beschreibungen, innere Monologe usw. entsteht, wird in der Zusammenfassung auf die **sachliche Information reduziert.**

„Gut, vielleicht nicht in den letzten Wochen.“ – Sprachliche Besonderheiten untersuchen

Marcus Jauer

Eins (2001)

In fünf Minuten würde sie zuschließen und sich auf den Weg machen. Am Fluss entlang zur S-Bahn laufen und aus der Stadt hinaus nach Hause fahren. Sie würde die Bettdecke vor den Fernseher tragen, den Ton ausstellen und die Musik an. So würde sie einschlafen. Wenn nicht jetzt noch jemand kommt. Es sah nicht danach aus heute Abend. Wer schaut sich schon einen angolanischen Dokumentarfilm in der Spätvorstellung an. Ständig liefen solche Filme in diesem Kino, und es war ein Wunder, dass überhaupt Besucher kamen. Außerdem waren die Sitze durchgesessen, die Leinwand winzig, und am Wochenende war geschlossen, weil der Besitzer allein sein will. Siebzig Mark zahlte er ihr jeden Abend. Egal, ob jemand kam. Es war kein schlechter Job.

Sie hatte gerade abgeschlossen, als es an die Tür klopfte. Er hatte die Gestalt eines großen, traurigen Vogels. Seine Schultern hingen nach unten und die Hände steckten tief in den Taschen. Sie hätte mit dem Kopf schütteln können oder auf ihre Uhr zeigen. Aber er sah aus, als wisse er nicht, wohin er sonst sollte. „Bist aber der Einzige, sonst ist keiner da.“

„Läuft der Film denn trotzdem?“

„Ja. Kostet zehn Mark, kannst dir aussuchen, wo du sitzt.“

Er lächelte und sagte, er sei noch nie allein im Kino gewesen. Sie lächelte nicht und meinte, wenn was ist, könne er ja rufen. Dann ging sie den Filmapparat einschalten und sah durch das kleine Fenster, wie sich der traurige Vogel in der Mitte der Sitzreihen niederließ. Komisch. Sie hätte sich nie allein in ein Kino gesetzt. Sie wäre überhaupt nicht allein weggegangen.

Aber sie musste es auch nicht, irgendeinen Jungen hatte es immer gegeben. Gut, vielleicht nicht in den letzten Wochen. Er hatte nicht mehr angerufen und sie hatte sich nicht mehr getraut. Die Zahlen hatten auch gesagt, dass sie es lassen sollte. Und sie hörte fast immer auf die Zahlen bei solchen Sachen. Es war ganz einfach: Ungerade Zahlen bedeuteten Ja, gerade Zahlen bedeuteten Nein. Seinetwegen war sie damals extra zu dem Aussichtsturm gefahren, draußen auf dem Hügel am Rande der großen Stadt. Es waren 138 Stufen bis ganz nach oben gewesen. 138. Gerade. Also nein. Also nicht mehr anrufen. Sie hatte zwar das Gefühl gehabt, es war die falsche Entscheidung. Aber der Turm hatte nun mal 138 Stufen. Sie hat sie noch mal gezählt beim Hinuntergehen. Seit sie mit den Zahlen angefangen hatte, schien es immer Sachen zu geben, bei denen genauso viele Gründe für etwas sprachen wie dagegen. Heute hatte sie sich nach dem Aufstehen gefragt, ob es ein guter Tag werden würde. Einundzwanzig Sprossen hatte das Laufrad ihres Hamsters gehabt. Einundzwanzig. Ungerade. Ein guter Tag also. Er war fast vorbei und gestimmt hatte es nicht. Wegen eines einzigen Besuchers hatte sie hier im Kino bleiben müssen.

Endlich war der Film aus. Sie öffnete die Tür, ging die Sitzreihen entlang nach unten, und als sie auf seiner Höhe war, sah sie, dass er schlief. Er war in seine Jacke hineingerutscht, sein Kopf lag auf der Seite. Das Gesicht war schmal, die Nase ein bisschen groß, der Mund ganz schön. Über dem linken Auge hatte er eine kleine Narbe. Sicher nicht von einer Prügelei, dachte sie, wahrscheinlich war er irgendwo dagegengelaufen. Sie hielt ihre Hände ganz dicht an sein Ohr und klatschte sie mit ganzer Kraft zusammen. Er schreckte hoch und sein Knie knallte gegen den Getränkehalter. Es muss sehr weh getan haben, aber jetzt war er wach. „Tut mir leid", sagte sie, „du hast geschlafen und ich will nach Hause. Geht's wieder?" Als er zur Tür ging, humpelte er noch ein wenig. Sie säuberte die Popcorn-Maschine und löschte überall das Licht.

Dann setzte sie den Walkman auf und lief den Fluss entlang zur S-Bahn. Es war jetzt kurz nach elf. Der Bahnsteig war leer. Nur auf der letzten Bank saß jemand und ein paar Schritte weiter erkannte sie ihn. Er war wieder in die Jacke hineingekrochen, nur die blonden Haare schauten heraus. Vielleicht sollte sie ihn noch mal wecken. Doch als sie neben ihm stand, schlug er die Augen auf.

„Schläfst du schon wieder?"

„Dafür sind die Schmerzen noch zu groß."

„Tut mir leid. Hat dir der Film wenigstens gefallen?"

„Ich kenne das Ende ja nicht."

„Soll ich es dir erzählen?"

Als die S-Bahn kam, hatte sie gerade erst herausgefunden, an welcher Stelle er eingeschlafen war. „Ich muss", sagte sie und stand auf. „Und das Ende?" „Kannst ja eine Station mitkommen." Er streckte ihr die Hand entgegen. „Hilfst du mir? Weißt ja, das Bein." Sie lächelte und nahm seine Hand. Sie war warm. Und seine Augen waren grau und blau.

1 Lest den Text „Eins" und bringt anschließend die Handlungsschritte in einem Flussdiagramm in eine sinnvolle Reihenfolge. Schreibt in euer Heft.

- Der Film ist aus, sie weckt den Besucher so abrupt auf, dass er sich vor Schreck das Knie anstößt.
- Als sie abgeschlossen hat, klopft es, und ein einziger Gast möchte den Film sehen.
- Sie denkt über diesen einsamen Kinogast nach und darüber, dass sie einen Jungen nicht mehr angerufen hat.
- Sie arbeitet in einem ruhigen Kino und möchte gleich Feierabend machen.
- Sie schließt ab und geht zur S-Bahn-Station, wo der einsame Kinogast sitzt.
- Sie hat Mitleid mit dem Besucher, lässt ihn ein und startet den Film nur für ihn.
- Beide unterhalten sich und steigen gemeinsam in die S-Bahn ein.

2 Untersucht man die Sprache eines Textes, muss man sprachliche Besonderheiten berücksichtigen, die beim Leser auch eine bestimmte Wirkung erzielen sollen.
In der Kurzgeschichte „Eins" ist besonders der Satzbau auffällig.

a Lest die Zeile 2 ff. laut vor der Klasse vor. Beschreibt den Satzbau und benennt seine Form.

b Tauscht euch über die Wirkung dieser Satzkonstruktion aus.

3 a Zeigt anhand zweier Beispiele, dass die Figuren in der Kurzgeschichte direkt miteinander sprechen, der Autor aber auch die indirekte Rede benutzt.

b Besprecht, welche Wirkung der Autor damit erzielen kann. Vervollständigt den folgenden Text:
Zur Wiedergabe von Gesprächen nutzt der Autor sowohl die ... als auch die ... Rede. Vor allem die ... Rede bewirkt, dass die Situation für den Leser ... Dagegen ist die ... Rede ein Rückblick, bei dem der Autor dem Leser ...

4 „Gut, vielleicht nicht in den letzten Wochen." (▶ Z. 39 f.)

a Erklärt, was an diesem Satz besonders ist, und nennt den Fachbegriff für dieses Satzbaumuster.

b Findet im Text zwei weitere Beispiele, die das gleiche Satzmuster aufweisen.

c Tauscht euch in der Klasse aus, welche Wirkung mit diesem Satzbau erzielt wird.

d Haltet anschließend euer Ergebnis im Heft fest.

●○○ So könnt ihr beginnen:
In Zeile ... sowie in Zeile ... verwendet Marcus Jauer ... Beim Leser entsteht so der Eindruck, dass er ... der Hauptfigur verstehen kann. Wenn man nämlich ..., formuliert man oft nicht in ... Sätzen.

5 a Lest das folgende Zitat und benennt die sprachliche Auffälligkeit.

> „Außerdem waren die Sitze durchgesessen, die Leinwand winzig, und am Wochenende war geschlossen, weil der Besitzer allein sein will."

b Wählt die Formulierungen aus, die auf das Zitat zutreffen:
- zählt Beispiele auf,
- beschreibt ausführlich,
- geht auf Details ein,
- veranschaulicht die Umgebung,
- zeugt von Genauigkeit.

c Formuliert wie in den Aufgaben 3 und 4 das entsprechende Ergebnis eurer Untersuchung.

6 Ihr kennt bereits eine Reihe rhetorischer Mittel.

a Aktiviert euer Vorwissen und ordnet den Erklärungen die passenden Fachbegriffe zu. Schreibt die Fachbegriffe zusammen mit dem Lösungsbuchstaben untereinander ins Heft und lasst unter jedem rhetorischem Mittel zwei Zeilen frei.
Bei richtiger Zuordnung ergeben die Buchstaben nebeneinandergeschrieben ein Lösungswort.

Ihr könnt euch die Stilmittel besser merken, wenn ihr sie gruppiert:
- Mittel zur Betonung
- Mittel zur Veranschaulichung
- ...

Erklärung	Wirkung
Mindestens zwei aufeinanderfolgende Wörter beginnen mit dem gleichen Anfangsbuchstaben oder Anlaut.	Betonung
Wiederholung eines Wortes am Satzanfang	Betonung, Hervorhebung
Unvollständiger, verkürzter Satz durch Auslassen von Satzteilen, die vom Lesenden leicht ergänzt werden können	Beschränkung auf das Wesentliche, das damit hervorgehoben wird
Frage, auf die keine Antwort erwartet wird	Verstärkung der Aussage, Beeinflussung des Lesers, der zustimmen soll
Bildhafter Ausdruck mit übertragener Bedeutung, kann nicht wörtlich verstanden werden	Veranschaulichung
Verknüpfung zweier Begriffe oder Sachverhalte durch „wie" oder „als"	Steigerung der Anschaulichkeit

EL	Vergleich
GE	Ellipse
TRA	Alliteration
RV	Rhetorische Frage
URI	Anapher
OG	Metapher

b Sucht im Text „Eins" ein passendes Beispiel für jedes Stilmittel und schreibt es in die freigelassenen Zeilen der Tabelle von Aufgabe a.

c Beschreibt die Wirkung, die mit der jeweiligen Textstelle erzielt wird.
Achtet dabei auf textbezogene Erklärungen:
– Was wird betont?
– Was wird veranschaulicht?
– Was wird verstärkt?

d Der Kinogast wird im Text besonders anschaulich beschrieben.
Notiert Textstellen und schreibt daneben, welche sprachlichen Mittel genutzt werden, um das Bild eines „traurigen Vogels" zu erzeugen.

Ein trauriger Vogel – Figuren in literarischen Texten charakterisieren

1 Die Kurzgeschichte handelt von zwei Personen und deren erster Begegnung in einem Kinosaal. Legt einen Cluster mit Informationen über die Filmvorführerin an.
- Berücksichtigt dabei auch indirekte Beschreibungen (z. B. durch ihre Handlungen, Reaktionen des Kinobesuchers auf ihre Handlungen, Aussagen anderer über die literarische Figur).
- Notiert neben den Informationen, welche Folgerungen sich daraus ziehen lassen. In den Feldern „Lebensumstände“ und „Verhaltensweisen“ findet ihr je ein Beispiel.

Aussehen/Erscheinung
...

Lebensumstände
„Aber sie musste es auch nicht, irgendeinen Jungen hatte es immer gegeben. Gut, vielleicht nicht in den letzten Wochen.“ → lebt allein ...

Filmvorführerin

Verhaltensweisen
„Sie hätte mit dem Kopf schütteln können oder auf ihre Uhr zeigen. Aber er sah aus, als wisse er nicht, wohin er sonst sollte.“ → gutmütig

Innere Vorgänge
(Gedanken, Gefühle, Wünsche ...)

2 Die Beobachtungen der Filmvorführerin haben bereits sehr aussagekräftige Hinweise auf das Aussehen des späten Besuchers gegeben. Aber auch über seinen Charakter werden Andeutungen gemacht, die der Leser interpretieren soll.
Sammelt in Partnerarbeit Textstellen, aus denen man Rückschlüsse auf die Wesenszüge des Kinogastes ziehen kann, und notiert diese ebenfalls in einem Cluster.

3 Ein Schüler hat den folgenden Teil einer Charakterisierung der männlichen Hauptfigur formuliert.

a Benennt die Fehler und verbessert die Charakterisierung schriftlich.

b Ergänzt anschließend fehlende Charaktermerkmale.

VORSICHT FEHLER!

Das äußere Erscheinungsbild des einzigen Kinobesuchers scheint wenig ansprechend zu sein, mit „hängenden Schultern" (Z. 20 f.), einem schmalen Gesicht und einer viel zu großen Nase. Auch eine Narbe über dem rechten Auge wird im Text erwähnt, die die junge Frau auf eine Schlägerei zurückführt (Z. 72 ff.). Daneben beobachtet sie jedoch auch positive Auffälligkeiten. So nennt sie einen schönen Mund und hebt am Ende auch die graugrünen Augen hervor. Außerdem bemerkt die Filmvorführerin seine kalten Hände.
Sein Charakter lässt sich durch sein höfliches Auftreten gleich zu …

4 Beschreibt, wie sich das Verhältnis zwischen der Filmvorführerin und ihrem einzigen Kinogast im Lauf der Geschichte entwickelt.
Begründet, warum es sich verändert.
Belegt eure Aussagen mit Zitaten.
●○○ Ihr könnt folgende Formulierungen nutzen:

Der Textstelle von Z. xx bis Z. xx ist zu entnehmen … •
Das Verhalten in Zeile xx weist darauf hin … •
Als die junge Frau später sagt …, zeigt sich eindeutig, dass …

Wissen und Können **Eine literarische Figur charakterisieren**

In einer Charakterisierung werden Merkmale und Eigenheiten einer literarischen Figur beschrieben. Wichtig sind dabei:

- **das äußere Erscheinungsbild** (Alter, Körperbau, Haarfarbe …),
- **das soziale Umfeld** (Lebensumstände, Beruf, Beziehungen, Gesellschaftsschicht …),
- **das Verhalten** (Sprache, Handlungen, auch gegenüber anderen Figuren …),
- **innere Vorgänge** (Gefühle, Einstellungen, Wünsche …).

Manche dieser Merkmale werden **direkt im Text** genannt, andere nur **indirekt.**
Man muss sie **ableiten** von:

- **Aussagen und Verhaltensweisen der Figur,**
- **Aussagen und Reaktionen anderer Figuren.**

Alle Aussagen müssen durch entsprechende Zitate oder Textverweise belegt werden.
Die Charakterisierung wird im Präsens verfasst.

Richtiges Zitieren wiederholen

1 Bei der Sprachanalyse und der Personencharakterisierung belegt ihr eure Aussagen mit Zitaten aus dem Text. Untersucht die folgenden Zitate und leitet die Regeln ab, die ihr schon kennt. Geht dabei auf folgende Fragen ein:
- Welche Textstellen werden zitiert?
- Wie kennzeichnet man Zitate?
- Wie kennzeichnet man Abkürzungen/Auslassungen?

Die Filmvorführerin ist zu Beginn frustriert, dass doch noch ein Kinogast gekommen ist: „Sie lächelte nicht und meinte, wenn was ist, könne er ja rufen." (Z. 30 f.)

Das Gespräch der beiden an der S-Bahn-Haltestelle ab Zeile 94 zeigt, dass sich die Gedanken und die Einstellung der jungen Dame zum Positiven hin gewandelt haben: „Schläfst du schon wieder? [...] Soll ich es dir erzählen?"

Das Aussehen des Kinobesuchers wird als „Gestalt eines großen, traurigen Vogels" (Z. 19 f.) beschrieben.

2 Der folgende Text ist ein Ausschnitt aus einer Sprachanalyse zur Kurzgeschichte „Eins".

a Überprüft den Ausschnitt und nennt die Fehler. Im Wortspeicher rechts findet ihr Hilfen, die ihr passend zuordnen könnt.

Anführungszeichen fehlen •
Zeilenangabe fehlt •
Zitat entspricht nicht dem Wortlaut des Originaltextes

VORSICHT FEHLER!

Die Filmvorführerin beschreibt das Aussehen des Mannes sehr genau. Der Autor legt ihr dazu anschauliche Adjektive in den Mund: „groß" (Z. 19), schmal (Z. 71) und ganz schön (Z. 72). Betrachtet man den Satzbau, erkennt man, dass einfache, kurze Sätze deutlich überwiegen. Der Text enthält vor allem übersichtliche, knappe Hauptsätze, z. B.: „So würde sie heute wohl einschlafen. Wenn nicht noch jemand kommt. Es sah nicht danach aus." (Z. 6 ff.) Der Leser kann sich so schnell in die triste Situation der jungen Dame hineinfühlen. Zusätzlich findet man eine ganze Reihe von Ellipsen, unvollständige Sätze: „Einundzwanzig. Ungerade. Ein guter Tag also."

b Schreibt den Text anschließend verbessert in euer Heft.

Wissen und Können **Richtiges Zitieren**

Nur **besondere Textstellen** sollten als Zitate wiedergegeben werden wie typische Beispiele oder wichtige Aussagen einer Figur. Damit man die zitierten Stellen wiederfindet, muss immer eine **Zeilenangabe** ergänzt werden.
- Wörtliche Zitate werden in Anführungszeichen gesetzt.
- Die Zeilenangaben folgen in Klammern dahinter oder in einem Begleitsatz.
- Ausgelassene Stellen werden durch eckige Klammern [...] gekennzeichnet.
- Das Zitat muss wortwörtlich wiedergegeben, der Text darf nicht geändert werden.

Testet euer Wissen!

1 Ordnet die Fachbegriffe für die zeitliche Gestaltung von Erzählungen den Erklärungen richtig zu. In der richtigen Reihenfolge ergeben die Buchstaben von oben nach unten gelesen das Lösungswort. Achtung: Zwei Erklärungen sind falsch!

Erzählzeit
Zeitraffung
Zeitdehnung
Zeitdeckung
erzählte Zeit

T	Alle Ereignisse so lange erzählt, wie es dauert, sie zu lesen.
E	Zeitspanne, in der die Handlung stattfindet.
R	Zeitspanne, die erforderlich ist, um einen Text zu lesen oder zu erzählen.
S	Blitzlichtartige Wortreihungen, damit die Erzählung schnell zu Ende geführt wird.
U	Die in literarischen Texten durch ausführliche Schilderungen, Beschreibungen, innere Monologe usw. entstehende Verzögerung.
P	Einheitliche Zeitgestaltung, um dem Leser das Lesen zu erleichtern.
O	Geschehnisse eines längeren Zeitraums verknappt, also gerafft, dargestellt.

2 „Was soll ich sagen? Ich wurde berühmt. Ich war Supersonic Man!"

a Stellt fest, welche der folgenden Satzarten in dem Zitat verwendet wurden.

kurze Sätze • Satzgefüge • Fragesatz • Ellipse • Ausrufesatz

b Entscheidet, welche Wirkung die Autorin mit diesen Satzarten erzielen wollte.

Die Autorin wollte mit diesen Satzarten zeigen, ...

dass die Hauptfigur von der Situation selbst überrascht war. •
dass sie die Sprache gut beherrscht und verschiedene Satztypen anwenden kann. •
dass die Hauptfigur über die Entwicklung verärgert ist.

3 Entscheidet, welchen Untersuchungskriterien die Zitate aus der Kurzgeschichte „Supersonic Me" zugeordnet werden könnten.

„Rakete fixierte mich mit ihren Husky-Augen."
„Sie war mir vorher nie aufgefallen. Zog immer im Kielwasser von zwei beachtlich großen Blondinen herum."
„Bis zu diesem Sommer fand ich Mädchen überflüssig."
„Sü-hüß!", riefen Esther Pawel und Romi Heins […]."

innere Vorgänge
Verhalten
äußeres Erscheinungsbild
soziales Umfeld

6.2 „Das findest du lustig, oder?“ – Kreative Schreibformen anwenden

Einen literarischen Text erschließen

1 Listet auf, was ihr mit dem Begriff „Partnerarbeit“ verbindet.

2 a Hört euch die Geschichte an und macht euch währenddessen Notizen zu folgenden Fragen:
- Wer sind die Hauptfiguren?
- Wie alt sind sie vermutlich?
- Was haben sie miteinander zu tun?

b Was antwortet Ben wohl auf Simons Frage? Nennt verschiedene Möglichkeiten.

Stefanie Dominguez

Partnerarbeit (2014)

Tessa Fuchs war die Einzige, die nicht mit ihrem Banknachbarn redete – es gab keinen. Und sie war die Einzige, die nicht über den Witz von Simon Bösenecker lachte, weil der Witz wieder einmal auf ihre Kosten ging.

„Hey, Tessa! Woher hast du denn die Jacke? Aus der Kleidersammlung?“

Das hatte er sie schon einmal gefragt, damals in der fünften Klasse, aber die anderen lachten trotzdem. Wahrscheinlich hatten sie vergessen, dass der Spruch nur eine Wiederholung war. Tessa hatte es nicht vergessen, auch das Lachen nicht. Sie lachten immer.

Sie zuckte zusammen, als sich der Stuhl neben ihr bewegte, und beobachtete aus den Augenwinkeln, wie sich jemand darauf niederließ. Ein Räuspern, das nach dem verstummten Gelächter so furchtbar laut klang. „Maik ist krank, deshalb dachte ich, wir könnten ja heute nebeneinandersitzen?“

Es kam als Frage heraus. Immer stellten sie ihr Fragen.

Tessa schielte zu der Person neben ihr herüber. Die moosgrünen Augen konnten nur Ben Wolf gehören, dem netten, unscheinbaren Jungen aus ihrer Straße. Nicht dass er zu ihr nett war, aber zu den anderen war er es. Zu ihr war niemand nett, die meisten ignorierten sie und das war gut so. Besser als die Witze von Simon und seinen Freunden, aber auch darüber konnte sie mittlerweile hinwegsehen. Sie hätte nicht gedacht, dass Ben auch einer von denen war.

„Lass mich in Ruhe", sagte Tessa und wandte sich wieder ihrem Religionsbuch zu.

„Aber in dem Buch steht, dass wir die Aufgabe mit unserem Partner lösen sollen. Meiner ist krank, du hast keinen, also ..."

„Es ist mir egal, was in dem Buch steht. Du schaffst diese dämliche Aufgabe auch alleine."

Ben schüttelte den Kopf, sodass ihm eine kommaförmige Strähne ins Gesicht fiel. „Ich möchte aber neben dir sitzen."

Tessa war versucht, zu schnauben, aber dann hätte man sie nur wieder als Schwein bezeichnet. Und es dauerte doch immer so lange, bis Simon aufhörte, Nachrichten auf ihrem Tisch zu hinterlassen, wenn er eine neue Beleidigung gefunden hatte.

„Tessa", flüsterte Ben und sie erschrak darüber, wie nah er ihr plötzlich war. „Es tut mir leid, wenn ich früher über dich gelacht habe. Lass es mich wiedergutmachen."

Entschlossen rückte sie ein Stück von ihm weg und konzentrierte sich darauf, ihm nicht in die Augen zu blicken. „Ich will kein Mitleid. Und es stört mich nicht, wenn du lachst. Alle lachen."

„So war das doch gar nicht gemeint." Bens Stimme wurde lauter, viel zu laut. Die anderen sahen bereits zu ihnen herüber und Tessa versuchte, weiterhin auf ihr Buch zu starren.

„Geh weg. Bitte. Sonst fangen sie wieder an."

Ben berührte sie leicht am Arm, aber sie entzog sich seinem Griff. Trotzdem blieb er sitzen und redete weiter, als hätte sie nichts gesagt. „Zeig her, was steht denn da? Hm, okay ... Wir müssen also fünf verschiedene Phasen der Freundschaft festlegen. Die erste ist bestimmt ..."

„Das findest du lustig, was?", fuhr sie ihn an. Ihre Unbeherrschtheit würde ihr zwar wieder einige Lacher einbringen, aber sie konnte sich einfach nicht zurückhalten. „Das findest du lustig, oder? Ausgerechnet mit mir über Freundschaft zu reden, wo ich ja so viele Freunde habe!"

Tessa stellte sich vor, wie sie ihm das letzte Wort vor die Füße spuckte. Das half, wenn auch nur ein bisschen.

Ben hob die Hände und machte große Augen. „Nein, das ... Ich wollte doch nur ... Ich dachte, wir machen das zusammen, als Fuchs und Wolf sozusagen."

Der Witz war so erbärmlich, dass Tessa kichern musste. Es war ein leises Kichern, so als wüsste sie nicht, wie Lachen überhaupt funktionierte.

Sie dachte daran, wie die Augen der anderen immer aussahen, wenn sie lachten. Wie die Kieselsteine, die ihr Bruder manchmal sammelte. So blitzend. Ihre Augen sahen bestimmt nicht so aus. Höchstens wie Kieselsteine, die ins Wasser fielen, weil niemand sie mit nach Hause nehmen wollte, nicht einmal ihr Bruder.

„Siehst du, so schlimm bin ich gar nicht", meinte Ben und schob das Buch in die Mitte. Es lag jetzt genau zwischen ihnen.

Tessa öffnete den Mund, aber Simon kam ihr zuvor. „Fuchs und Wolf? Benny, flirtest du gerade etwa mit unserer Klassenschönheit?"

Die anderen brachen in Gelächter aus. Es schmerzte in ihren Ohren.

Bens Miene war vollkommen ausdruckslos. Er lachte nicht, er zog bloß eine Augenbraue hoch und wandte sich an Simon. „Ja, tue ich, was dagegen?"

3 a Lest Bens Antwort (▶ Z. 103 ff.).

b Begründet, ob euch die Antwort überrascht. Vergleicht sie mit euren vorher genannten Vorschlägen.

Gedanken und Gefühle in einem inneren Monolog ausdrücken

1 Lest die drei folgenden Textauszüge, entscheidet euch für einen und bearbeitet die Aufgabe unter der angeführten Textstelle.

Die moosgrünen Augen konnten nur Ben Wolf gehören, dem netten, unscheinbaren Jungen aus ihrer Straße. Nicht dass er zu ihr nett war, aber zu den anderen war er es. Zu ihr war niemand nett, die meisten ignorierten sie und das war gut so. Besser als die Witze von Simon und seinen Freunden, aber auch darüber konnte sie mittlerweile hinwegsehen. (▶ S. 121, Z. 24–31)

a Setzt die Textstelle mit einem inneren Monolog Tessas fort.
Nutzt hierfür die Informationen aus dem Text.

Das hatte er sie schon einmal gefragt, damals in der fünften Klasse, aber die anderen lachten trotzdem. Wahrscheinlich hatten sie vergessen, dass der Spruch nur eine Wiederholung war. Tessa hatte es nicht vergessen, auch das Lachen nicht. Sie lachten immer.
Sie zuckte zusammen, als sich der Stuhl neben ihr bewegte, und beobachtete aus den Augenwinkeln, wie sich jemand darauf niederließ. (▶ S. 120, Z. 8–16)

b Versetzt euch in Ben, der Tessa helfen möchte. Beachtet die wörtlichen Reden im Text. Sie geben euch Hinweise darauf, was Ben denkt. Schreibt die Gedanken des Jungen auf, als Simon erneut einen gemeinen Kommentar in die Klasse ruft.

„Fuchs und Wolf? Benny, flirtest du gerade etwa mit unserer Klassenschönheit?“
Die anderen brachen in Gelächter aus. (▶ S. 121, Z. 99–101)

c Schildert Tessas wechselnde Gefühle kurz vor, während und nach diesem Satz in einem inneren Monolog. Lest dazu noch einmal den Absatz im Text der Zeilen 95–97 und achtet auf Hinweise, die der Text euch liefert.

Wissen und Können **Innerer Monolog**

In literarischen Texten werden Gedanken und Gefühle der Figuren oft in der **Ich-Form** als innerer Monolog, als stummes Selbstgespräch, wiedergegeben. Um einen inneren Monolog zu verfassen, muss man **sich in eine Figur hineinversetzen** und ihre **Gedanken und Gefühle nachempfinden.** Dazu ist es notwendig, genau auf Hinweise im Text zu achten, welche die Einstellung der Figur ausdrücken.
Die Sprache des inneren Monologs muss zur Figur und zur Textvorlage passen. Ausrufe, Fragen, Wiederholungen und Gedankensprünge sind gestalterische Mittel des inneren Monologs.

Einen Dialog entwickeln und ausformulieren

1 „Er lachte nicht, er zog bloß eine Augenbraue hoch und wandte sich an Simon. ‚Ja, tue ich, was dagegen?‘“ (▸ S. 121, Z. 103–106)
Überlegt, wie sich das Gespräch nach Simons Antwort weiterentwickeln könnte.
Sammelt unterschiedliche Möglichkeiten. Begründet eure Vorschläge.

2 Stellt euch vor, Ben spricht Tessa in der Pause nach der geschilderten Unterrichsstunde an.

a Wie könnte das Mädchen reagieren? Beschreibt unterschiedliche Szenarien.

b Tessa reagiert positiv, als Ben sie auf dem Pausenhof anspricht. Entwickelt in Partnerarbeit einen schriftlichen Dialog und schreibt ihn in euer Heft. Beachtet die Zeichensetzungsregeln.
So könnt ihr beginnen:
Ben: „Hallo Tessa! Ich wollte dich vorhin nicht verunsichern, ich habe es wirklich gut gemeint …“
Tessa: „Hi Ben. O.k., das ist schön zu hören, aber weshalb …?“
Ben: …

c Spielt eure Dialoge in verteilten Rollen vor der Klasse. Setzt Mimik und Gestik passend ein.

Wissen und Können | **Einen Dialog schreiben**

Ein Dialog ist eine **Wechselrede zwischen zwei** oder mehreren **Personen.**
Beispiel:
Tessa: „Ich will kein Mitleid. Und es stört mich nicht, wenn du lachst. Alle lachen.“
Ben: „So war das doch gar nicht gemeint.“
Wenn man einen Dialog für Figuren eines literarischen Textes formulieren soll, muss man zunächst Textstellen untersuchen, in denen die Figuren gesprochen haben. Dadurch erkennt man Besonderheiten ihrer Sprechweise. Außerdem sind die Einstellung und der Charakter der Figuren zu beachten, damit der erfundene Dialog zum Handlungsverlauf passt.

Einen persönlichen Brief schreiben

3 Ben schreibt am Abend einen Brief an Tessa.
Versetzt euch in die Lage des Jungen und schreibt den Brief weiter. Geht dabei auf Bens Situation und Gedanken ein. Achtet darauf, dass der Inhalt des Briefes durch die Erzählung bereits geklärt ist.
●○○ Ihr könnt den Wortspeicher für eure Briefe nutzen.

gemeines Verhalten • Beleidigungen • schöne Jacke •
viele andere lachen nur, weil sie selbst Angst … • häufiger mal zusammenarbeiten

Höchberg, 13. Mai 20..

Liebe Tessa,
hoffentlich geht es dir gut und du hast die Schule heute noch ohne weitere Beleidigungen von Simon überstanden. Dass ich mich in der Partnerarbeit zu dir gesetzt habe, war wirklich …

6.3 Fit in ...? – Einen literarischen Text fragengeleitet beschreiben

Folgende Arbeitsaufträge wurden in einer Schulaufgabe gestellt:

Beschreibe den Text „Immer besser scheitern“ von Ditta Rudle und bearbeite dazu im Hauptteil folgende Aufgaben:

1. Informiere in eigenen Worten über den Inhalt des Textes.
2. Beschreibe drei sprachliche Besonderheiten des Textes.
3. Der Text „Immer besser scheitern“ ist eine Kurzgeschichte. Weise drei Merkmale mit konkreten Textbelegen und inhaltlichem Bezug nach.
4. Charakterisiere das Mädchen Tina. Gehe dabei auch darauf ein, wie sich ihr Verhalten und ihre Einstellung im Lauf der Geschichte verändern.
5. Tina und Tom essen am Ende der Geschichte zusammen Eis. Verfasse einen Dialog zwischen beiden, der sich im Anschluss an die Schlussszene entwickelt.

Ditta Rudle

Immer besser scheitern (2000)

Ever try, ever fail
No matter
Try again, fail again
Fail better

Tina ist verliebt. Nicht zum ersten Mal, aber sehr. Alles will sie perfekt machen, kein Fehler wird ihr gerade begonnenes Glück gefährden.

Kein Problem für Tina, sie ist ohnehin die Perfektion in Person. Kein Fleck am T-Shirt, kein Pickel auf der Nase, keine Widerrede gegen Erwachsene, kein Makel, kein Versehen, kein Irrtum, lieber den Mund gehalten als Blödsinn gesagt. Zicke, kichern die anderen, vollkommen blöd ist auch vollkommen, spötteln sie. Jetzt aber: Tina verliebt, perfekt verliebt. Die perfekte Strategie – wie ihn kriegen, wie ihn halten – liest sie im „Ratgeber für die perfekte Beziehung“.

Tina geht mit Tom in die Fußgängerzone. In der Fensterscheibe spiegelt sich ein komisches Paar. Er lässig, buntes Hemd, Skaterhosen samt Loch, ausgelatschte Leinentreter. Daneben eine Puppe, makellos, leblos. Tom will wissen, ob sie lebt, die Puppe. Er schüttelt Tina, kitzelt sie unter dem Kinn, will, dass sie lacht. Er soll nicht kindisch sein, sagt Tina, und sich benehmen auf der Straße, wie es sich gehört. Tom weiß nicht so genau, was sich gehört, starrt stumm in die Auslagen mit den Blumentöpfen, denkt, dass er nie so grünes Zeug in

seinem Zimmer haben möchte. Lieber einen Stern aus einem Zitronenkern.
Tina beobachtet Tom, folgt seinem Blick auf die Palme in der Auslage. Sie sollte ihn fragen, was er denkt. Perfekte Mädchen fragen nicht, sie wissen. Tina weiß, Tom liebt Pflanzen und die Palme landet samt Kübel in der „Wie ich Tom glücklich mache"-Box. Tina hat sie in ihrem Kopf aufgestellt. Die perfekte Geliebte wird das perfekte Geschenk machen, jetzt gleich, doppelt und dreifach. Drei Palmen, Dünger, Gießkanne, Übertopf inklusive. Perfekt geplant, perfekt geliebt. Perfekt übers Ziel geschossen!
Tom braucht keine Palme und keine Tina, die sein Zimmer unaufgeräumt nennt. Das macht ohnehin seine Mutter. Tom will nicht mehr mit Tina gehen. Sabina, die mit den offenen Schuhbändern und der miesen Note in Englisch, die gefällt ihm jetzt. Tom küsst Sabina auf den Schokoladenmund.
Tina kriecht in ihren Panzer, in den Panzer der Vollkommenheit. Sie will eine Heilige werden, sagen die anderen und gehen ihr aus dem Weg. Perfekt sein ist perfekt beschränkt, und außerdem – wer kann das schon? Nicht einmal Tina, die hat sich auch geirrt. Entweder mit den Palmen oder mit Tom. Der Herr Goethe, der einem ganz schön auf die Nerven gehen kann mit seinen gescheiten Sprüchen, hat doch manchmal Recht: „Irren ist menschlich." Das heißt ja wohl, wer sich niemals irrt, ist gar nicht menschlich. Genau, sagt die Sabina, die Tina ist Lara Croft, eine gezierte Barbie, perfekt gestylt im Cyberspace, perfekt gegossen aus Plastik. Perfekte Puppe, aber als Mensch ein Fehler. Tina ist einsam in ihrem Panzer und traurig. Traurig sein ist nicht cool. Tina will nicht mehr cool sein, nicht super, nicht affengeil. Tina lässt die Tränen fließen und fühlt sich trotzdem gut. Aus dem Spiegel schaut ein fremdes Gesicht, Augen rot, Wangen verschmiert, heruntergezogene Mundwinkel, vorgeschobene Unterlippe, nicht makellos, aber interessant. Tina ist fasziniert, so hat sie sich noch nie gesehen, immer neue Grimassen schneidet sie ihrem Spiegelbild, bis sie spürt, wie der Panzer knackt. Sie sollte ..., sie müsste ..., egal, sie wird sich jetzt einen Big Mac holen. Sie wird sich den Fehler erlauben, auf die Englischvokabeln zu pfeifen und lieber mit dem Skateboard zur Eisdiele düsen. Vielleicht ist ja Tom dort. Dann könnte sie ihm sagen, dass sie gar nicht so perfekt ist, nicht mehr so sein will, dass sie sich auch irren kann, dass es so schrecklich anstrengend ist, alles zu können, keine Fehler zu machen, einem Bild zu entsprechen, das andere gemalt haben, andere, die gar nichts wissen von ihr. Sie wird Tom erzählen, dass ihre Mutter ein perfektes Baby wollte und danach ein perfektes Mädchen und dann sicher eine perfekte Frau, mit toller Karriere und tollem Mann und tollen Kindern und tollen Urlaubsreisen und irgendwann tollem Herzinfarkt im tollen Irrenhaus. Nein, nein. Ein Radfahrer drehte sich erstaunt um. Tina hat sie ganz laut gerufen, ihre Absage an die Vollkommenheit, sie will nicht aus Marmor sein, kalt, perfekt, unveränderbar. Sie will lebendig sein. Vollkommen ist doof, perfekt ist ..., na ja, so spricht man nicht.
Sie wird Tom ein Gedicht schenken. Sie wird sich ein Gedicht schenken. Damals, als sie es gehört hatte, ist es ihr nicht sehr gescheit erschienen und die Mutter hat die Stirn gerunzelt. Es handelt vom Scheitern, vom Fehlermachen, vom Stolpern und Immer-wieder-Aufstehen, es macht Mut zur Unvollkommenheit. Das gefällt der Mutter nicht. Der Vater hat es hergesagt, als der Braten misslungen war, angebrannt, steinhart und ungenießbar. Die Mutter hat geweint, der Vater gelacht und die ganze Familie auf Spagetti eingeladen. Das ist der

Samuel Beckett, hat er erklärt, ein großer Dichter. Also, der Vater war sich nicht ganz sicher, aber er meinte, das Gedicht sei von Samuel Beckett. Ist auch egal, von wem, gescheit ist es jedenfalls. Jetzt klaubt Tina die Wörter wieder zusammen, sie wird sie für Tom, nein, für sich selbst übersetzen. Zwei Zeilen hatte sie schon:

Immer versuchen, immer irren
Versuch es wieder, irr dich wieder.
Irr dich besser.

Aber dazwischen, die Zeile dazwischen, die kriegt sie nicht hin. So schön reimt sich „no matter" auf „fail better". Was reimt sich auf besser? Kesser? Messer? Nässer? Nichts passt. Macht auch nichts, denkt die neue Tina. Ich probier es einfach noch einmal.

Immer versuchen, immer irren
Nicht genieren
Wieder versuchen, wieder irren.
Besser irren.

Nicht perfekt, denkt Tina, aber es reicht. Sie will sowieso keine Dichterin werden. Tom steht vor dem Eissalon. Allein. Wo ist Sabina? „Ach, Sabina ..., willst du kosten, Schokolade?" Tüte vor der Nase, kalt auf der Zunge. Fast ein Kuss.

Aus: Zwischen nicht mehr und noch nicht. Humanistischer Verband Deutschlands, Berlin 2000, S. 124 ff.

Die Aufgabe verstehen und den eigenen Text planen

1 Legt für die Einleitung einen Textsteckbrief nach folgendem Muster an und ergänzt notwendige Informationen:

Textsteckbrief „Jmmer besser scheitern"
Titel: ...
Autorin: ...
Textsorte: ...
...

2 Um den Inhalt wiedergeben zu können, solltet ihr das Wichtigste veranschaulichen. Fertigt dazu in eurem Heft eine Zeitleiste nach dem folgenden Muster an und tragt die Handlungsschritte in ihrer zeitlichen Reihenfolge ein.

Tina ist ein perfektes Mädchen, weil ihre Mutter sie so haben will.

Tina ist in Tom verliebt und will, dass auch in ihrer Beziehung alles perfekt ist.

...

Jn ihrem Kummer erinnert sich Tina an ein Gedicht, das ihr Vater zitiert hat, nachdem der Mutter ein Braten misslungen ist. Dieses Gedicht ...

...

3 a Übertragt die Tabelle in euer Heft und notiert die euch bekannten Merkmale der Kurzgeschichte.
b Weist die Merkmale am Text nach.

Merkmal Kurzgeschichte	Textnachweis
unvermittelter Beginn	...
...	*Erste Liebe und erster Liebeskummer:* *„Tina ist verliebt." (Z. 5)* *„Tom braucht keine Palme und keine Tina ..." (Z. 48)*
...	
Wendepunkt	...
offenes Ende	...

4 a Lest die folgenden Textstellen und ordnet passende Charaktereigenschaften aus dem Kasten zu. Übertragt die Zuordnungen in euer Heft.
Z. 54: „Tina kriecht in ihren Panzer ..."
Z. 5: „Tina ist ..."
Z. 105: „Sie will ..."
Z. 70: „Tina ist ..."

fröhlich • perfektionistisch • zufrieden • unsicher • verliebt • traurig • einsichtig • ordentlich • hoffnungsvoll • wütend • verkrampft

b Findet in der Kurzgeschichte zusätzliche Textstellen zu weiteren Eigenschaften aus dem Wortspeicher und ergänzt diese in eurem Heft.
c Erweitert euren Hefteintrag um Textstellen, in denen ihr etwas über Tinas Aussehen erfahrt.

5 a Überprüft, welche der folgenden sprachlichen Besonderheiten im Text nachgewiesen werden können.

Metaphern • Alliterationen • Anglizismen • Anaphern • rhetorische Fragen • Wiederaufnahme von Ausdrücken in anderen Zusammenhängen • Ellipsen

b Übertragt die Tabelle in euer Heft und ergänzt drei Auffälligkeiten aus dem Text stichpunktartig.

Besonderheit	Beispiel als Beleg aus dem Text	Wirkung
...	*„vollkommen blöd ist auch vollkommen" (Z. 15)* *„perfekt sein ist perfekt beschränkt" (Z. 57 f.)* *„immer versuchen, immer irren ... wieder irren, besser irren" (Z. 138 ff.)*	...
...	...	...

c Zu Beginn der Geschichte fällt eine Besonderheit im Satzbau auf. Ergänzt sie in der Tabelle und erklärt ihre Wirkung textbezogen.

6 „Ach, Sabina ..., willst du kosten, Schokolade? [...] Fast wie ein Kuss." (▶ Z. 145 ff.)
a Sammelt stichpunktartig mögliche Inhalte des Gesprächs zwischen Tina und Tom, z. B.: Lieblingseissorte, Rückblick auf das letzte Treffen/Date der beiden ...
b Lest noch einmal im Text die wörtlichen Reden der beiden Figuren und notiert, welche Sprachebene ihr verwenden müsst, um ihre Sprache möglichst treffend nachzuahmen.

Den Text schreiben und überarbeiten

1 Formuliert mit Hilfe eurer Aufzeichnungen die Einleitung, die Inhaltszusammenfassung, die Sprachanalyse und die Textsortenbestimmung.

2 Überarbeitet den Beginn der Charakterisierung mit Hilfe der Hinweise am Rand und ergänzt weitere Punkte anhand eurer Aufzeichnungen. Schreibt in euer Heft.

VORSICHT FEHLER!

Die Hauptfigur der Kurzgeschichte heißt Tina. Sie wird gleich zu Beginn als makelloses Mädchen vorgestellt, das „keinen Fleck auf ihrem T-Shirt und keine Akne auf der Nase" (Z. 10 f.) hat. Ihre Rivalin Sabina vergleicht das Mädchen mit Lara Croft (Z. 67) bzw. einer gezierten Puppe V. Weitere Aussagen über Tinas Aussehen werden nicht gemacht.	*Zitat genau übernehmen* *Zeilenangaben zu Zitaten*
Die Autorin schildert aber Tinas Verhalten und ihre Gefühle. Die verliebte Tina wird als Perfektionistin bezeichnet (Z. 5 ff), die auch ihre Beziehung zu Tom genau und perfekt planen möchte. Des Weiteren ...	*Wortwiederholung vermeiden*
Nach der Trennung wird Tina traurig beschrieben, die sich zurückzieht und über die eigene Situation nachdenkt. In dieser Situation lässt sie ihren Gefühlen das erste Mal freien Lauf und bekennt sich zu einer neuen Lebenseinstellung ...	*umständlicher Satzbau* *Zeilenangaben und Textbelege einfügen*

3 Rundet eure Textbeschreibung mit einem ausführlichen Schlussgedanken ab.

4 Überprüft anschließend eure Texte anhand der Checkliste.

Checkliste

Kurze literarische Texte fragengeleitet beschreiben

- Habe ich den **Titel,** die **Autorin** / den **Autor,** die **Textsorte** und die **Quelle** angegeben?
- Ist die **Kernaussage** des Textes in maximal zwei Sätzen angeführt?
- Habe ich den **Handlungsverlauf** folgerichtig wiedergegeben, Gründe für Handlungen genannt und mich auf das Wesentliche beschränkt?
- Habe ich die richtige **Zeitform** (Präsens; bei Vorzeitigkeit das Perfekt) verwendet?
- Habe ich meine **Sätze** inhaltlich miteinander **verknüpft?**
- Ist der **Satzbau** abwechslungsreich und der **Stil** sachlich?
- Habe ich beim Textsortennachweis die **Merkmale der Erzählung bzw. Kurzgeschichte** erfasst und mit passenden **Textbeispielen** belegt?
- Habe ich bei der **Charakterisierung** beachtet, dass ich bei der Beschreibung äußerer Merkmale nur den Text als Grundlage nehmen darf, bei Gedanken, Gefühlen und Verhaltensweisen aber auch interpretieren muss?
- Bin ich bei der **Beschreibung sprachlicher Auffälligkeiten** auf die geforderten Bereiche eingegangen und habe ich die **Wirkung der sprachlichen Besonderheiten** erläutert und meine Aussagen mit passenden Zitaten und Zeilenangaben belegt?
- Habe ich **korrekt zitiert?**
- Sind bei der weiterführenden Aufgabe die **Vorgaben berücksichtigt** und die **Regeln eingehalten?**
- Habe ich zur Wirkung des Textes oder zum Verhalten der Figuren **Stellung genommen?**

7 Unterwegs –
Gedichte untersuchen und gestalten

1 Beschreibt das Bild.

2 Haltet Gedanken und Gefühle, die das Bild in euch auslöst, in einem Cluster fest.

3 Schreibt zu einem Gedanken oder einem Gefühl ein Akrostichon, indem ihr zu jedem Buchstaben des Begriffs ein Wort oder einen Satz findet.

In diesem Kapitel ...

- untersucht ihr Inhalt und Form von Gedichten,
- gestaltet und verändert ihr lyrische Texte,
- tragt ihr fremde und eigene Gedichte wirkungsvoll vor.

7.1 Reisen im Spiegel der Lyrik – Gedichte untersuchen

Form und Sprache eines Gedichts erschließen

Joachim Ringelnatz

Es gibt der Worte nicht genug,
Um Heim und Heimat laut zu preisen.
Um zehn Uhr vierzig geht mein Zug.
Adieu! Adieu! Ich muss verreisen.

Mein Reisekoffer, frisch entstaubt,
Folgt seiner Sehnsucht in die Weite
Und hat mir freundschaftlich erlaubt,
Dass ich ihn unterwegs begleite.

Und Sehnsucht, Kohle und Benzin
Soll uns recht fern durch Fremdes treiben,
Damit wir denen, die wir fliehn,
Recht frohe Ansichtskarten schreiben.

Auf Wiedersehn! Ich reise fort.
Mein Reisegeld sucht andres, andre.
Bis ich erkenne: Hier ist dort
Und neu vergnügt nach Hause wandre.

Joachim Ringelnatz wurde 1883 in Wurzen bei Leipzig geboren. Zeiten von Gelegenheitsarbeiten und Arbeitslosigkeit wechselten ständig. Die Veröffentlichung von Gedichten in der Münchner Satirezeitschrift „Simplicissimus“ sowie Auftritte im Berliner Kabarett „Schall und Rauch“ und im Rundfunk besserten seine finanzielle Lage nicht. Die Nationalsozialisten erteilten ihm Auftrittsverbot. Er starb verarmt 1934. Am bekanntesten ist seine Gedichtsammlung „Kuttel Daddeldu“.

1 a Beschreibt, woran man erkennt, dass es sich bei dem Text um ein Gedicht handelt. Nutzt folgende Begriffe:

Vers • Strophe • Reimschema (Paarreim, Kreuzreim, umarmender Reim) • Zeilensprung zur besonderen Betonung von Wörtern

b Welches formale Element ist für Gedichte nicht unbedingt notwendig? Begründet eure Aussage.

2 Untersucht das Gedicht.

a Nennt das Thema des Gedichts.

b In den ersten beiden Strophen werden Gefühle angesprochen, die das lyrische Ich mit der anstehenden Reise verbindet. Formuliert dazu einen Satz.

c Erklärt den Widerspruch, der in der markierten Textstelle enthalten ist.

Wenn einer eine Reise tut, dann kann er was erzählen.

Erst die Fremde lehrt uns, was wir an der Heimat haben.

Am schönsten ist es doch daheim.

Reisen bildet.

Das Gras ist anderswo auch nicht grüner.

3 Jedes der Sprichwörter kann mit dem Gedicht in Verbindung gebracht werden.

a Wählt das Sprichwort aus, das eurer Meinung nach am besten zur Aussage des Gedichts passt.

b Gebt an, mit welchen Versen ihr eure Wahl belegen könnt.

4 a In Gedichten spielt die Sprache eine besonders wichtige Rolle. Kein Wort wird zufällig gewählt, jedes steht an der Position, die der Dichter bewusst ausgewählt hat. Schreibt aus dem Gedicht alle Nomen heraus, die ihr im Text findet.
Ordnet sie in einer Rangfolge von wichtig bis weniger wichtig.

b Findet eine passende Überschrift für das Gedicht.

c Weist nach, an welcher Stelle des Gedichts Dinge wie Menschen dargestellt werden. Beachtet den Tipp.

d Joachim Ringelnatz gibt dem Gedicht den Titel „Reisegeldgedicht".
Vergleicht diesen Titel mit euren Vorschlägen.
Stellt Vermutungen an, weshalb sich Ringelnatz für diese Überschrift entschieden hat.

e Ringelnatz hat in seiner Überschrift Begriffe kombiniert, die üblicherweise nicht zusammengehören. Benennt dieses sprachliche Mittel.

Orientiert euch an den Nomen und prüft, mit welchen Verben sie in Verbindung stehen.

5 Der Dichter hält sich an den unterstrichenen Stellen nicht an die Sprachregeln.

a Formuliert die Textstellen so um, dass sie grammatisch richtig sind.

b Stellt Vermutungen an, weshalb sich Ringelnatz nicht an die Sprachnorm hält.

6 Schreibt ein neues Gedicht und setzt an die Stelle des Reisekoffers euren Schulrucksack, den ihr personifiziert.

Den Inhalt eines Gedichts erfassen – Sprachliche Besonderheiten erklären

Durs Grünbein

Kosmopolit[1] (1999)

Von meiner weitesten Reise zurück, anderntags
Wird mir klar, ich verstehe vom Reisen nichts.
Im Flugzeug eingesperrt, stundenlang unbeweglich,
Unter mir Wolken, die aussehn wie Wüsten,
Wüsten, die aussehn wie Meere, und Meere,
Den Schneewehen gleich, durch die man streift.
Beim Erwachen aus der Narkose, sehe ich ein,
Was es heißt, über die Längengrade zu irren.

Dem Körper ist Zeit gestohlen, den Augen Ruhe.
Das genaue Wort verliert seinen Ort. Der Schwindel
Fliegt auf mit dem Tausch von Jenseits und Hier
In verschiedenen Religionen, mehreren Sprachen.
Überall sind die Rollfelder gleich grau und gleich
Hell die Krankenzimmer. Dort im Transitraum,
Wo Leerzeit umsonst bei Bewusstsein hält,
Wird ein Sprichwort wahr aus den Bars von Atlantis[2].

Reisen ist ein Vorgeschmack auf die Hölle.

1 Kosmopolit: Weltenbürger; jemand, der sich auf der ganzen Welt zu Hause fühlt

2 Atlantis: geheimnisvolles Inselreich, von dem seit über 2000 Jahren erzählt wird, das aber kein Mensch je gesehen hat

1 Der Autor des Gedichts setzt verschiedene sprachliche Mittel ein, um die Eindrücke und Stimmungen auf Reisen anschaulich darzustellen.

a Ordnet den folgenden Beispielen den richtigen Fachbegriff zu. Übertragt dazu die Tabelle in euer Heft und ergänzt sie.

b Erklärt, was der Autor dem Leser mit diesen Formulierungen sagen möchte, und schreibt eure Vermutung auf.

	Stilmittel	Absicht
Wolken, die aussehn wie Wüsten (V. 4)	*Vergleich*	*Betonung der Trostlosigkeit*
Narkose (V. 7)	...	...
dem Körper ist Zeit gestohlen (V. 9)	...	...
...	...	...

2 Auch am Satzbau des Gedichts fällt eine Besonderheit auf.

a Beschreibt den Satzbau der Verse 2 und 3 sowie 5 und 6 in der zweiten Strophe.

b Erklärt, welche Wirkung damit erzielt wird.

3 a Ersetzt Metaphern und Personifikationen aus dem Gedicht durch sachliche Beschreibungen und stellt den Satzbau um.

b Beschreibt die Wirkung des Gedichts und eurer Texte.

Wissen und Können **Die Sprache eines Gedichts beschreiben**

In Gedichten wird Sprache ver„dichtet". Der Autor setzt besondere Wörter ein, ordnet sie in origineller Weise an und wählt einen ungewöhnlichen Satzbau. Der Leser bekommt dadurch Anregungen zum Nachdenken und kann eigene Gedanken (Assoziationen) hinzufügen.

Häufig treten in Gedichten sprachliche Bilder auf, beispielsweise:

- **Personifikation:**
  Übertragung von Eigenschaften lebender Wesen auf Dinge sowie Vermenschlichung von Gegenständen, z. B.: *Die Sonne lachte vom Himmel.*
- **Metapher:**
  Bildhafter Ausdruck, der in einer übertragenen Bedeutung verwendet wird, z. B.: *Suppe* für dichten Nebel.
- **Vergleich:**
  Verbindung zweier Bereiche oder Dinge durch *wie* oder *als ob,* z. B.: *Es kam ihm vor, als ob er Sand schlucken müsste.*

Nicht selten weichen Autoren von Gedichten auch gezielt von herkömmlichen Satzbaumustern ab:

- **Enjambement:**
  Wenn ein Vers über das Ende eines Verses hinaus auf den folgenden Vers übergreift, spricht man von einem „Zeilensprung" oder Enjambement. Dadurch werden Wörter besonders betont oder es wird eine Bewegung mit sprachlichen Mitteln zum Ausdruck gebracht.

Das lyrische Ich

> Aus welcher Perspektive geschrieben wird, kann man anhand der Personalpronomen erkennen.

1 Das Ich in einem Gedicht nennt man lyrisches Ich. Man darf es nicht mit dem Autor gleichsetzen. Wer ein Gedicht verfasst, kann dies aus ganz verschiedenen Perspektiven tun.

a Nennt die Perspektive, die das lyrische Ich im Gedicht „Kosmopolit“ (▶ S. 132) einnimmt.
b Beschreibt die Situation, in der sich die Person befindet.
c Gebt an, was ihr über das lyrische Ich zwischen den Zeilen erfahrt.

2 Das lyrische Ich kommt zu dem Schluss: „Reisen ist ein Vorgeschmack auf die Hölle.“

a Notiert in Stichpunkten die Nachteile des Reisens, die im Gedicht erwähnt werden.
b Diskutiert, was ihr vom Titel des Gedichts haltet.
c Formuliert einen Titel für das Gedicht, der die Gefühle des lyrischen Ichs zusammenfasst.

3 Lest das Gedicht von Joachim Ringelnatz auf Seite 130 noch einmal. Formuliert knapp, was ihr in diesem Gedicht über das lyrische Ich erfahrt.

Paul Maar

Zukunft (2009)

Die Zukunft kommt
Schon morgen früh?
Kann man die nicht verschieben?
Ich wär so gern
Und zwar mit dir
im Heute hier geblieben.

4 Das lyrische Ich möchte die Zukunft am liebsten verschieben. Sammelt mögliche Gründe für diesen Wunsch.

5 „Zukunft“, „heute“, „hier“ – Begriffe, die nur bedingt zusammenpassen. Beschreibt mögliche Situationen, in denen es euch genauso geht, wie im Gedicht beschrieben.

Wissen und Können | **Das lyrische Ich**

In vielen Gedichten begegnet dem Leser ein Sprecher, der ihm seine persönlichen **Gefühle, Stimmungen, Beobachtungen oder Gedanken** mitteilt. Man spricht von einem **lyrischen Ich,** dessen Perspektive man durch das Gedicht kennenlernen kann. Dieses so genannte lyrische Ich darf nicht mit dem Autor oder der Autorin gleichgesetzt werden.

Ein Dialektgedicht untersuchen

Gerhard C. Krischker

desweechä (1994, Auszug)

ich brauch ka sanssouciiich
hob mai pommersfelden
iich brauch ka rocky mountains
iich hobb mai fränkische schweiz
iich brauch ka pastete
iich hob mein leberkäs
iich brauch kann stierkampf
iich hob mei fischerstechen
iich brauch kan gardasee
iich hobb main dechsendorfer weiher
iich brauch ka ...

1 Der Text ist im Bamberger Dialekt verfasst.
Nennt die sprachlichen Besonderheiten, die euch im Vergleich zur Standardsprache oder im Vergleich zu eurem eigenen Dialekt auffallen.

2 Fasst die Kernaussage des Gedichts in einem Satz zusammen.

3 Begründet, inwieweit ihr mit dem lyrischen Ich einer Meinung seid.

4 Krischker beginnt andere Verse so:

iich brauch ka artischocken ...
croissants ...
petersdom ...
real madrid ...
Goethe ...
leipziger messe ...
arrividerci ...

Vervollständigt die Verse mit eigenen Ideen und beginnt mit „iich hob mei ...“. Schreibt in euer Heft.

5 Übertragt das Gedicht in euren Dialekt oder in Jugendsprache.
Ihr könnt auch ein Gedicht über Dinge, Orte, Personen, Tätigkeiten usw. schreiben, die ihr gerne kennenlernen würdet.

Testet euer Wissen!

Kurt Tucholsky

Augen in der Großstadt (1930)

Wenn du zur Arbeit gehst
am frühen Morgen,
wenn du am Bahnhof stehst
mit deinen Sorgen:
da zeigt die Stadt
dir asphaltglatt
im Menschentrichter
Millionen Gesichter:
Zwei fremde Augen, ein kurzer Blick,
die Braue, Pupillen, die Lider –
Was war das? Vielleicht dein Lebensglück ...
vorbei, verweht, nie wieder.

Du gehst dein Leben lang
auf tausend Straßen;
du siehst auf deinem Gang,
die dich vergaßen.
Ein Auge winkt,
die Seele klingt;
du hast's gefunden,
nur für Sekunden ...
Zwei fremde Augen, ein kurzer Blick,
die Braue, Pupillen, die Lider –
Was war das? Kein Mensch dreht die Zeit zurück ...
vorbei, verweht, nie wieder.

Du musst auf deinem Gang
durch Städte wandern;
siehst einen Pulsschlag lang
den fremden Andern.
Es kann ein Feind sein,
es kann ein Freund sein,
es kann im Kampfe dein
Genosse sein.
Es sieht hinüber
und zieht vorüber ...
Zwei fremde Augen, ein kurzer Blick,
die Braue, Pupillen, die Lider –
Was war das?
Von der großen Menschheit ein Stück!
Vorbei, verweht, nie wieder.

1 Ordnet die Zusammenfassungen A bis C der jeweils passenden Strophe zu.

A Beziehungen zwischen Menschen sind immer brüchig. Freunde und Feinde begleiten nur ein kurzes Stück.
B Menschen hetzen auf dem Weg zur Arbeit aneinander vorbei, ohne sich zu sehen.
C Es wird beschrieben, wie im Lauf des Lebens viele Begegnungen nur kurz aufblitzen.

2 Beschreibt die Form des Gedichts, indem ihr auf die Begriffe Vers, Strophe und Reim eingeht.

3 Bestimmt, ob es sich bei den folgenden Sprachbildern jeweils um eine Metapher, eine Personifikation oder um einen Vergleich handelt:

endloses Häusermeer • Gleise schreien • ein Blinzeln so kurz wie ein Kolibriflügelschlag • Schlothälse • Rauchhaare • Autos bäumen sich auf • einsam wie ein Sandkorn im Eismeer • Elfenschleier

7.2 Ich und mein Gedicht – Kreativ mit Gedichten umgehen

Ein Parallelgedicht schreiben

Wer ein Gedicht verfasst, setzt sich auf ganz persönliche Weise mit einem Thema auseinander, das ihm wichtig ist. Er bringt seine Gefühle, Erfahrungen und Ansichten ein. Das kann beim Leser dazu führen, dass er sich wiedererkennt. Es kann aber auch sein, dass man selbst ganz andere Erfahrungen zu dem Thema gesammelt hat.

Bertolt Brecht

Vergnügungen (1954)

Der erste Blick aus dem Fenster am Morgen
Das wiedergefundene alte Buch
Begeisterte Gesichter
Schnee, der Wechsel der Jahreszeiten
Die Zeitung
Der Hund
Die Dialektik[1]
Duschen, Schwimmen
Alte Musik
Bequeme Schuhe
Begreifen
Neue Musik
Schreiben, Pflanzen
Reisen
Singen
Freundlich sein.

1 Dialektik: Methode des Diskutierens und Nachdenkens, bei der man mit Hilfe von Gegensatzpaaren etwas erkennen und lernen möchte

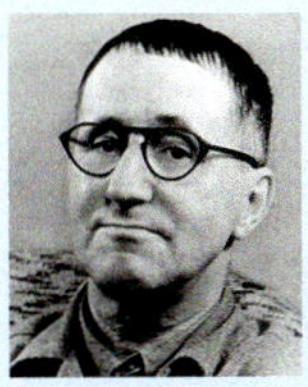

Bertolt Brecht wurde 1898 in Augsburg geboren. In seinen Werken griff er immer wieder Themen wie soziale Missstände und gesellschaftliche Ungerechtigkeiten auf. 1933 floh er vor der nationalsozialistischen Diktatur und kämpfte von den USA aus für ein demokratisches Deutschland. Nach dem Zweiten Weltkrieg ließ er sich in der DDR nieder, ging aber nach dem Arbeiteraufstand vom 17. Juni 1953 auf Distanz zum Regime. Er starb 1956 in Ost-Berlin.

1 Stellt fest, worum es in dem Gedicht geht.

2 Verfasst ein Parallelgedicht.
a Notiert eure Gedanken und Gefühle beim Lesen des Brecht-Gedichts in Form eines Ideensterns.
b Verfasst mit Hilfe des Ideensterns ein eigenes Gedicht mit euren Erfahrungen und Überlegungen. Behaltet die äußere Form der Gedichtvorlage bei.
c Vergleicht Brechts Gedicht mit eurem Ideenstern.

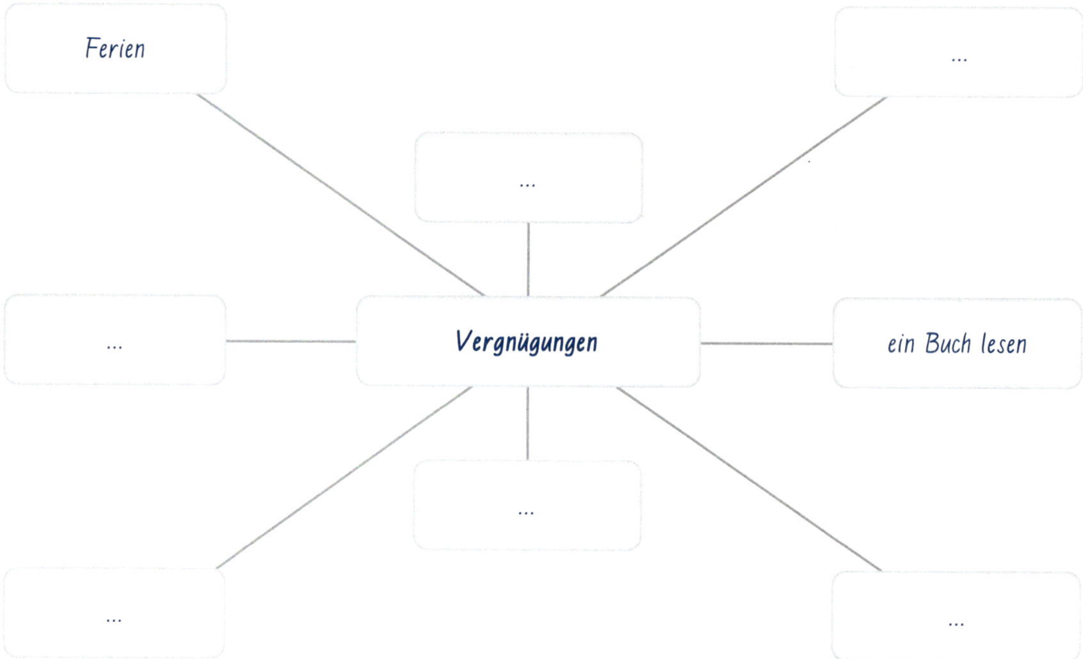

3 Schreibt ein Parallelgedicht zu einer anderen Lebenssituation.
Gebt dem Gedicht einen passenden Titel.
●○○ Ihr könnt so beginnen:
Die ersten Schritte am Morgen in die Schule ...
Die ersten Geräusche des Tages ...

Wissen und Können **Parallelgedichte verfassen**

Gedichte laden die Leser dazu ein, sich selbst mit deren Themen oder dargestellten Situationen auseinanderzusetzen. Jeder Mensch hat seine eigenen Erfahrungen und Gedanken, die er beim Lesen und Verstehen eines Textes einbringt. Parallelgedichte sind ein Weg, ein Gedicht zu erschließen.

- Findet heraus, worum es in dem Gedicht geht.
- Spürt euren eigenen Gedanken und Gefühlen zum Thema nach, indem ihr zum Beispiel eure Augen schließt und euch in die Szene hineinversetzt, die das Gedicht beschreibt.
- Ordnet eure Gedanken mit einem Cluster oder mit einem Ideenstern.
- Behaltet die äußere Form der Vorlage bei: Anzahl der Verse und Strophen, Reimschema.
- Orientiert euch grob am Satzbau der Gedichtvorlage.
- Verändert den Inhalt des Gedichts so, dass ein neues Gedicht mit euren Erfahrungen und Gedanken entsteht.

Einen inneren Monolog verfassen

Cro

Bye Bye (2014, Songtext)

Es ist ein unglaublich schöner Tag
Draußen ist es warm
Er ist auf dem Weg nach Hause mit der Bahn
Schaut aus dem Fenster und lässt Gedanken freien Lauf
Lehnt sich ganz entspannt zurück
Denn er muss lange noch nicht raus
'n paar Menschen steigen ein, andere wieder aus
Er wechselt grad das Lied
Und plötzlich stand da diese Frau
Und er dachte sich „Wow"
Sagte: „Klar, der Platz ist frei"
Sie lachte und er dachte sich nur
Bitte komm
Sprich sie an
Das ist das Schönste, was du je gesehen hast
Und sie hat sicherlich keinen Mann
Stell dich nicht so an (an)
Wenn nicht jetzt, wann (dann)?
Doch alles, was man hört, ist mein Herzschlag
Bamms
Was soll ich nur sagen
Irgendwas knockt mich aus
Ich bin ein Versager, weil ich mich doch nicht trau'
Mein Kopf ist voller Wörter, doch es kommt nichts raus
Sie steht auf
Und steigt aus

Bye bye, bye bye meine Liebe des Lebens
Und ja, wir beide werden uns nie wiedersehen
Kann schon sein, dass man sich im Leben zweimal begegnet
Doch es beim zweiten Mal dann einfach zu spät ist

1 Hört euch das Lied gemeinsam an oder lest den Liedtext.
a Formuliert, welche Stimmung in dem Lied beschrieben wird.
b Begründet anhand geeigneter Textstellen, aus wessen Perspektive der Songtext verfasst ist.
c Fasst den Inhalt des Songs zusammen. Ihr könnt den Wortspeicher verwenden.

verpasste Chance • verpasstes Glück • Liebe auf den ersten Blick • Großstadt • Bedauern • flüchtige Begegnung • einmalig

2 Im Song finden sich Elemente eines inneren Monologs. Weist diese nach.

3 Versetzt euch in die Lage der jungen Frau und bringt in einem inneren Monolog zum Ausdruck, wie sie die Situation empfindet.

4 „Mein Kopf ist voller Wörter ..." (▶ V. 24).
Formuliert, was der Sänger / junge Mann zu der Frau / dem Mädchen sagen könnte.

Gedichte vergleichen

Johann Wolfgang Goethe

Wandrers Nachtlied (1780)

Über allen Gipfeln
Ist Ruh',
In allen Wipfeln
Spürest du
Kaum einen Hauch;
Die Vögelein schweigen im Walde.
Warte nur, balde
Ruhest du auch.

Eugen Oker

an goethe (1983)

iwa de baam iss scho schdaad
koi liffdal waad
drinnad en wold bfeechala schlouffa
fo driwahal hea
lus nea
dou woadd aaf die wea
heasd wäis de rouffa

1 a Vergleicht die beiden Gedichte im Hinblick auf das Reimschema, Enjambements, den Titel, die Aussage des Textes und seine Wirkung.

b Übertragt Goethes Gedicht in eure Alltagssprache. Denkt daran, dass ihr auch die Umgebung euren Lebensumständen anpassen könnt.

c In Daniel Kehlmanns Roman „Die Vermessung der Welt" wird Alexander von Humboldt mitten auf dem Rio Negro von Begleitern gebeten, eine Geschichte zu erzählen. Er antwortet, dass er keine kenne, aber er könne „das schönste deutsche Gedicht vortragen, frei ins Spanische übersetzt":

> Oberhalb aller Bergspitzen sei es still, in den Bäumen kein Wind zu fühlen, auch die Vögel seien ruhig, und bald werde man tot sein.

d Diskutiert, ob bzw. auf welche Weise sich das „schönste deutsche Gedicht" in der Version Humboldts verändert hat.

7.3 Projekt: Poetry-Slam

Im Mittelalter wetteiferten Minnesänger miteinander. Auch heutzutage gibt es diese Art Wettkampf zwischen Dichtern. Man nennt ihn Poetry-Slam.

Julia Engelmann

Erwachsenwerden (2015)

Ihr fragt mich, was ich werden will,
ihr sagt mir, es wird jetzt langsam Zeit.
Aber ich weiß doch nicht mal, wer ich bin!
Ich fühle mich noch nicht bereit!

Und Kinder, wie die Zeit vergeht,
eben war ich noch so klein.
Ich will noch nicht erwachsen werden,
ich war grad gewohnt, ein Kind zu sein.

Und ich will nicht an morgen denken,
ich versuch mich abzulenken
und schwelge in Erinnerungen ...

[...] und mir wird klar, wie schön und sorglos
meine Kindheit war:
erstes Wort, Kinderhort,
Zahnlücken, Blumen pflücken,
Kindergarten, Klassenfahrten,
Carrerabahn, in Urlaub fahrn,
Rucksack tragen, Mama fragen,
Flaschendrehen, ins Kino gehen.

[...] 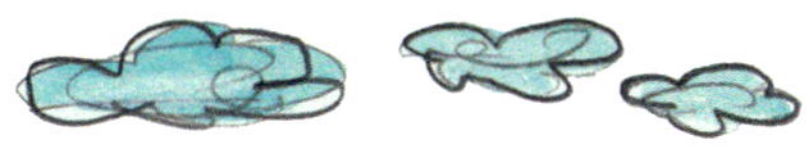

Und ich will nicht an morgen denken [...]

Dann greift das nämlich alles
wie große ölige Zahnräder ineinander:
erst studieren, promovieren[1],
Geld verdienen, sich verlieben,
Haus fliesen, Wagen leasen,
Baum pflanzen, fortpflanzen,
Schulranzen und Finanzen,
Burnoutprävention[2] und Benimmkonvention,
Tupperware, Wechseljahre,
Tinnitus[3] und Hexenschuss.
Und eh du dich versiehst,
sind die fetten Jahre schon vorbei!

1 promovieren: den Doktortitel erwerben

2 Burnoutprävention: Vorbeugung vor seelischer und körperlicher Erschöpfung

3 Tinnitus: Krankhafte Ohrgeräusche wie Klingeln oder Pfeifen

[...]

Und wenn ich mir überlege, was die Kids heutzutage
alles so machen,
dann ist meine To-do-Liste noch viel zu lang:
dieses so genannte ...
... Chillen, relaxen und Messages texten,
Filme laden, Google fragen,
facebooken, vintage looken,
youtuben, abgrooven,
sich langweilen, gangnamstylen,
dubsteppen, anecken,
Shisha rauchen, Wodka saufen,
drei Tage wach und Führerschein.
Ich will noch nicht erwachsen werden!
Ich will noch auskosten, ein Kind zu sein!

[...]

Was ich will?

Was ich will, ist Jugend auf Hormone kommt raus!
Ich will mitnehmen, was geht, ohne schlechtes Gewissen!
Ich hab grad keinen Bock drauf, vernünftig zu sein,
und genau das will ich jetzt klassisch genießen!

Ich will stürmen und drängen und frühlingserwachen!
Ich will sommernachtsträumen und Freudentränen lachen!
Ich will gegen den Strom zur Quelle schwimmen!
Ich will mein Weltbild neu malen
und meinen Standpunkt bestimmen!
Ich will Neues fühlen, sehen, riechen und schmecken!

[...] *

1 Lest euch gegenseitig das Gedicht von Julia Engelmann strophenweise vor.

2
a Poetry-Slammer sprechen oft das aus, was viele Menschen denken und fühlen. Wählt die Textstelle aus, in der ihr euch wiedererkennt. Macht euch Notizen, um zu erklären, inwiefern sie zu eurer Lebenssituation passt.
b Tragt die Textstelle zusammen mit eurer Begründung vor der Klasse vor.

3 Veranstaltet einen eigenen Poetry-Slam.
a Setzt die gelb markierten Satzanfänge mit eigenen Gedanken fort.
b Überlegt, wie ihr euer Gedicht vortragen wollt.
Was müsst ihr betonen? Wo sollte die Lesegeschwindigkeit verändert werden?
c Tragt eure Version des Gedichts vor. Lasst den Klassenapplaus entscheiden, welche Gruppe als Sieger aus dem Wettkampf hervorgeht.

Wissen und Können **Einen Poetry-Slam veranstalten**

Ein Poetry-Slam ist ein Dichterwettkampf, bei dem das Publikum durch seinen Applaus einen Sieger bestimmt. Die Textform ist nicht vorgeschrieben, es ist alles erlaubt – Voraussetzung ist nur, dass der Text vom vortragenden Künstler selbst verfasst wurde. Es ist ein bestimmter zeitlicher Rahmen vorgeschrieben, an den sich der Künstler halten muss.

8 Vernunftgeleitet handeln –
Die literarische Aufklärung

Radierung von Francisco de Goya

bei ? besehen •
etwas ins rechte ? rücken •
die Wahrheit ans ? bringen •
etwas in einem anderen ? sehen •
jemandem geht ein ? auf

1 Lest die Redewendungen und Sprichwörter. Ergänzt den fehlenden Begriff und notiert euch, wofür die Redewendung jeweils steht. Findet noch weitere, ähnliche Beispiele.

2 Beschreibt das Bild mit dem Titel „Der Schlaf der Vernunft gebiert Ungeheuer“ und überlegt, wofür es steht.

3 Die literarische Epoche Aufklärung heißt auf Englisch „enlightenment“ (wörtlich „Erleuchtung“), auf Französisch „lumières“ (lumière = Licht). Formuliert in einem Satz, was ihr damit verbindet.

In diesem Kapitel ...

- lernt ihr Merkmale und Anliegen der literarischen Aufklärung kennen,
- untersucht ihr einen Text aus dem Zeitalter der Aufklärung,
- erarbeitet ihr selbst eine Theaterinszenierung zu einem Dramenauszug.

8.1 „Habe Mut ...“ – Wichtige Autoren der Epoche

Immanuel Kant: Was ist Aufklärung?

Immanuel Kant (1724–1804) war ein deutscher Philosoph und einer der wichtigsten Denker der Aufklärung. Er stammte aus Königsberg. Dort lehrte er später als Professor an der Universität die Fächer Logik und Metaphysik.

Er wurde vom preußischen König Friedrich II. gefördert und war bei den Studenten wegen seines Humors und seines scharfen Verstandes sehr beliebt. Legendär ist Kants Pünktlichkeit – angeblich stellten die Königsberger ihre Uhr nach seinem Spaziergang. Er beantwortet die Frage „Was ist Aufklärung?“ so:

„Aufklärung ist der Ausgang des Menschen aus seiner selbst verschuldeten Unmündigkeit. Unmündigkeit ist das Unvermögen, sich seines Verstandes ohne Leitung eines anderen zu bedienen. Selbst verschuldet ist diese Unmündigkeit, wenn die Ursache derselben nicht am Mangel des Verstandes, sondern der Entschließung und des Mutes liegt, sich seiner ohne Leitung eines anderen zu bedienen. Sapere aude! ‚Habe Mut, dich deines eigenen Verstandes zu bedienen!‘, ist also der Wahlspruch der Aufklärung. ‚Faulheit und Feigheit sind die Ursachen, warum ein so großer Teil der Menschen [...] gerne zeitlebens unmündig bleibt [...]. Es ist so bequem, unmündig zu sein.‘“ *

1 „Was ist Aufklärung?“ Wählt die jeweils richtige Aussage aus und übertragt sie in euer Heft.

Immanuel Kant versteht unter dem Begriff „Unmündigkeit“ ...
- **A** ... fehlende Begabung bzw. angeborene Dummheit.
- **B** ..., dass man Angst hat, vor anderen Menschen etwas zu sagen.
- **C** ..., dass man nur das für richtig hält, was andere einem sagen.

Selbst verschuldet ist die Unmündigkeit, wenn man ...
- **A** ... etwas nicht versteht, also zum Beispiel Mathematik.
- **B** ... seine Intelligenz nicht nutzt.
- **C** ... durch Eltern oder Schule nicht gefördert wird.

Laut Kant bleiben viele Menschen unmündig, weil sie ...
- **A** ... faul und zu ängstlich sind.
- **B** ... unterdrückt sind.
- **C** ... dumm sind.

2 Nennt den Satz, der am besten erklärt, warum Kant hier das Wort „Mut“ verwendet.
- **A** Selbst denken kostet Zeit, daher wollen es viele Menschen vermeiden.
- **B** Wer selbst denkt, weiß oft wenig über Hintergründe und kommt evtl. zu falschen Ergebnissen.
- **C** Wenn man selbst denkt, kann man zu Ergebnissen kommen, die nicht mit dem übereinstimmen, was andere sagen. Das kann zu Konflikten führen.

Der Wahl-O-Mat hat sich als feste Informationsgröße in Wahlkampfzeiten etabliert. [...] Der Wahl-O-Mat konfrontiert den User mit 38 Thesen aus unterschiedlichen Politikfeldern, die im jeweiligen Wahlkampf eine Rolle spielen, etwa: „Die Videoüberwachung im öffentlichen Raum soll ausgeweitet werden." Die Internetnutzer können sich zu diesen Aussagen positionieren, indem sie „stimme zu", „stimme nicht zu" oder „neutral" anklicken [...]. Bevor der Wahl-O-Mat online gestellt wird, hat eine Redaktion aus Experten und Jugendlichen die Thesen auf der Grundlage der Wahlprogramme aller Parteien entwickelt und die Parteien haben ihre Positionen zu den Thesen selbst beantwortet. Der Wahl-O-Mat kalkuliert, nachdem der jeweilige Nutzer über alle Thesen „abgestimmt" hat, welche Partei dem User mit Blick auf die Thesen am nächsten steht und wie weit entfernt andere Parteien von dieser Position liegen. *

3 Erklärt, was Immanuel Kant zu dieser Form der Meinungsermittlung sagen würde. Was spricht dafür? Was spricht dagegen?

In der Kürze liegt die Würze – Aphorismen

Aphorismen sind kurze, geistreiche Sätze, die eine umfassende Wahrheit auf den Punkt bringen. Als Begründer des Aphorismus in Deutschland gilt Georg Christoph Lichtenberg.

Gotthold Ephraim Lessing
(* 22. Januar 1729 in Kamenz, Sachsen;
† 15. Februar 1781 in Braunschweig,
Philosoph, Dichter, Literaturkritiker):

1 Die Menschen sind nicht immer, was sie scheinen. – Doch selten etwas Besseres. *

Jean-Jacques Rousseau
(* 28. Juni 1712 in Genf;
† 2. Juli 1778 in Ermenonville bei Paris;
Philosoph, Pädagoge, Naturforscher und Komponist):

2 Die Freiheit des Menschen liegt nicht darin, dass er tun kann, was er will, sondern dass er nicht tun muss, was er nicht will.

Georg Christoph Lichtenberg
(* 1. Juli 1742 in Ober-Ramstadt bei Darmstadt;
† 24. Februar 1799 in Göttingen;
Mathematiker und Physiker):

3 Wenn ein Buch und ein Kopf zusammenstoßen und es klingt hohl, ist das denn allemal im Buch?

4 Jeder Fehler erscheint unglaublich dumm, wenn andere ihn begehen.

5 Es ist fast unmöglich, die Fackel der Wahrheit durch ein Gedränge zu tragen, ohne jemandem den Bart zu versengen.

1 a Legt eine Tabelle an und ordnet die Aphorismen den folgenden Oberbegriffen zu.

Freiheit	Wahrheit	Dummheit
...	...	...

b Gebt mit eigenen Worten wieder, was die Aphorismen zu diesen Themen sagen.

Die Vernunft anwenden – Die Anliegen der Aufklärer

A Im 18. Jahrhundert herrschte der König absolutistisch. Das heißt, die Untertanen waren der Willkür des Fürsten ausgesetzt. Die Menschen lebten in einer Ständegesellschaft, in der der Adel und die Kirchenvertreter viele Vorrechte besaßen. Auch vor dem Gesetz waren nicht alle Menschen gleich. Sogar der Glaube wurde vom Fürsten bestimmt. Deutschland war in viele kleine Fürstentümer zersplittert, daher gab es zahlreiche Grenzen und Zölle.

1 Lest den ersten Teil des Textes und notiert stichpunktartig, wie man die Situation vor der Aufklärung beschreiben kann. Übertragt und vervollständigt die folgende Tabelle in eurem Heft.

	Wissenschaft	Politik	Literatur	Kirche
Wie war die Situation vor der Aufklärung?	…	…	…	…

B Gegen all dies wendeten sich nun die Aufklärer. Sie plädierten dafür, dass man die Vernunft anwenden sollte. Sie richteten sich gegen Vorurteile und setzten sich für Toleranz und Wissensverbreitung ein. Immer stärker begann sich das Bewusstsein durchzusetzen, dass alle Menschen gleichberechtigt sein sollten. Viele glaubten nicht mehr länger, was Machthaber wie Staat oder Kirche sagten, sondern sie überlegten selbst, ob das, was gesagt wurde, richtig und gut begründet war. Der Einsatz des gesunden Menschenverstands sollte die Menschen zu einem tugendhaften Leben und Menschlichkeit (Humanität) führen. Ziele waren nun die Freiheit und Menschenwürde aller Menschen. So wandten sich die Aufklärer gegen Folter und Hexenverbrennung. Die Kirche wehrte sich gegen die neuen Ideen, doch konnte sie sich der Wirkung nicht dauerhaft widersetzen. Langfristig führte die Aufklärung dazu, dass in Deutschland Staat und Kirche getrennt voneinander gesehen wurden. Politisch wurden die Ideen der Aufklärung in der Gründung der Vereinigten Staaten von Amerika und in der Französischen Revolution verwirklicht.

Die Wirkung der Aufklärung blieb aber nicht auf die Politik beschränkt. Es ging auch darum, Wissen zu sammeln, das man dann auch in Lexika veröffentlichte. Lesegesellschaften richteten sich an Menschen aus ganz verschiedenen sozialen Schichten. Zeitungen und Zeitschriften entstanden. Dabei änderten sich auch die Lesegewohnheiten. Es ging nicht mehr darum, die Bibel mehrmals zu lesen, sondern es ging um Neuigkeiten und aktuelle Fragen. Buchmarkt und Verlagswesen erlebten einen Aufschwung. Jetzt sprach und schrieb man deutsch – das Latein der Kirche und das Französisch der Adligen gerieten in den Hintergrund. Wissenschaft gründete sich nun vor allem auf Experimente. Erfindungen wie die Dampfmaschine wiesen den Weg in die Zukunft.

2 Ergänzt in der linken Spalte der Tabelle aus Aufgabe 1 die Frage „Was änderte sich?“. Notiert knapp, was sich in den verschiedenen Bereichen durch die Aufklärung änderte.

●○○ Diese Begriffe können euch bei der Bearbeitung von Aufgabe 2 auf Seite 146 helfen:

Autoritäten • Buchmarkt und Verlagswesen • Dampfmaschine • Deutsch • Lexika • Experimente • Folter • Französische Revolution • Freiheit und Menschenwürde • Hexenverfolgung • Humanität • Lesegesellschaften • Neuigkeiten • Forschung • Vorurteile

3 Untersucht, inwieweit die Bilder zu den Gedanken der Aufklärungszeit passen. Formuliert jeweils einen Satz nach dem Muster:
Bibliotheken passen zu den Gedanken der Aufklärung, weil ...

Mit Literatur erziehen – Lessing und sein Werk

Lessing – Leben und Werk

Keiner prägte die deutschsprachige Aufklärung wie Gotthold Ephraim Lessing. Als er seine ersten Werke veröffentlichte, las und sprach der Adel Französisch. Doch mit Lessing kam einer, der neues Leben in die deutschsprachige Literatur brachte. 1729 wurde er in Kamenz geboren und wuchs in einem protestantischen Elternhaus auf. Die wichtigsten Bücher in seinem Elternhaus waren Bibel und Gesangbuch. Lessing studierte ab 1746 in Leipzig Theologie und Medizin, Letzteres schloss er nach einer Unterbrechung in Meißen ab. Doch schon früh zeigte sich, dass seine Leidenschaft der Literatur galt. Diese revolutionierte er von Grund auf. Drei Jahre lang arbeitete er für eine Zeitung, bevor er ab 1748 mit ersten eigenen Theaterstücken an die Öffentlichkeit trat. Als Autor schuf er eine neue Dramenform: das „bürgerliche Trauerspiel" (► S. 161). Lessing setzte sich ein für eine dauerhafte Suche nach der Wahrheit. Er glaubte, dass man diese nie ganz erreichen könne – aber dass man ihr mit Diskussionen näherkommen könne. Gewissenlosigkeit, Engstirnigkeit und Intoleranz bekämpfte er. Seine Werke setzen sich mit der Wirklichkeit auseinander; auch das Bürgertum kam zu Wort. Lessing glaubte daran, den Menschen mit Literatur erziehen zu können. Auch als Theaterkritiker wollte er ab 1767 dazu beitragen. 1776 heiratete er, zwei Jahre später starb seine Frau. Nach einem arbeitsamen Leben, das nicht selten geprägt war von Geldnöten, starb er 1781 hochgeschätzt, aber vereinsamt und fast erblindet, in Braunschweig.

1 Lest den Text zu Lessings Leben und Werk aufmerksam durch.

a Legt eine Zeitleiste an, auf der ihr die wichtigsten Lebensstationen Lessings eintragt.

b Überlegt, welche der folgenden Aussagen von Lessing stammen könnten. Begründet eure Zuordnungen.

- Nieder mit den Ausbeutern!
- Alles ist umsonst – die Menschheit will betrogen werden.
- Ich verbiete Widerworte! Solange du deine Füße unter meinen Tisch stellst …
- Theater tragen zur Verdummung der Bevölkerung bei.
- Die Wahrheit muss man verfolgen wie ein Kommissar den Täter.
- Alle Menschen sind gleich viel wert.
- Bücher können Menschen erziehen.
- Vorurteile verhindern freies Denken.

Tierische Geschichten zur Erziehung – Fabeln

Äsop

Der Rabe und die Füchsin (6. Jahrhundert v. Chr.)

Ein Rabe schnappte sich ein Stück Fleisch und ließ sich auf einem Baum nieder. Eine Füchsin sah ihn und wollte an das Fleisch herankommen. Deshalb stellte sie sich hin und pries ihn, wie groß und schön er sei, und sagte, dass er zuvörderst[1] König der Vögel werden müsse, und das sollte doch auch möglich sein, wenn er eine schöne Stimme habe. Der nun wollte ihr zeigen, dass er durchaus eine schöne Stimme habe. Er ließ das Fleisch fallen und krächzte laut. Sie aber lief hinzu, schnappte sich das Fleisch und sagte: „Ach, du dummer Rabe, wenn du nur Verstand hättest, dann fehlte dir nichts, um über alle zu herrschen."
Auf einen Mann ohne Verstand passt die Fabel gut.

1 zuvörderst: vor allem anderen

Nach Lessing

Der Rabe und der Fuchs

Ein Rabe trug ein Stück vergiftetes Fleisch, das der erzürnte Gärtner für die Katzen seines Nachbarn hingeworfen hatte, in seinen Klauen fort. Und eben wollte er es auf einer alten Eiche verzehren, als sich ein Fuchs herbeischlich und ihm zurief: „Sei mir gesegnet, Vogel des Jupiter!" „Für wen hältst du mich?", fragte der Rabe. „Bist du nicht der rüstige Adler, der täglich von der Rechten des Zeus auf diese Eiche herabkommt, mich Armen zu speisen?", erwiderte der Fuchs und fuhr fort: „Warum verstellst du dich? Sehe ich denn nicht in der siegreichen Klaue die erflehte Gabe, die mir dein Gott durch dich schickt?" Der Rabe staunte und freute sich innig, für einen Adler gehalten zu werden. „Ich muss", dachte er, „den Fuchs aus diesem Irrtum nicht bringen." Großmütig dumm ließ er ihm also seinen Raub herabfallen und flog stolz davon. Der Fuchs fing das Fleisch lachend auf und fraß es mit boshafter Freude. Doch bald verkehrte sich die Freude in ein schmerzhaftes Gefühl; das Gift fing an zu wirken und er verreckte. Möchtet ihr euch nie etwas anderes als Gift erloben, verdammte Schmeichler! *

1 a Beschreibt, welche Charaktereigenschaften der Fuchs und der Rabe in beiden Fabeln haben.
b Beschreibt, was mit dem Schmeichler und dem Umschmeichelten jeweils geschieht.
c Formuliert zu jeder Fabel eine Lehre und begründet, welche Fabel euch besser gefällt.

Wissen und Können **Die Fabel**

In Fabeln haben **Tiere** oder **Pflanzen menschliche Eigenschaften** und sie handeln auch wie Menschen. Die Texte sind **kurz** und haben oft eine **überraschende Pointe.** Sie eignen sich deshalb gut, um der Leserschaft eine **allgemein gültige Moral** mit auf den Weg zu geben. Lessing nahm dabei die antiken Fabeln Äsops (6. Jh. v. Chr.) als Vorbild und aktualisierte sie.

Folgende Fabeln stammen von Lessing.

A

Der Hamster und die Ameise

„Ihr armseligen Ameisen“, sagte ein Hamster. „Lohnt es sich der Mühe, dass ihr den ganzen Sommer arbeitet, um ein so Weniges einzusammeln? Wenn ihr meinen Vorrat sehen solltet! – –“
„Höre“, antwortete eine Ameise, „wenn er größer ist, als du ihn brauchst, so ist es schon recht, dass die Menschen dir nachgraben, deine Scheuern ausleeren und dich deinen räuberischen Geiz mit dem Leben büßen lassen!“

B

Der Hirsch und der Fuchs

Der Hirsch sprach zu dem Fuchse: „Nun weh uns armen schwächeren Tieren! Der Löwe hat sich mit dem Wolfe verbunden.“ „Mit dem Wolfe?“, sagte der Fuchs. „Das mag noch hingehen! Der Löwe brüllt, der Wolf heult und so werdet ihr euch noch oft beizeiten mit der Flucht retten können. Aber dann möchte es um uns alle geschehen sein, wenn es dem gewaltigen Löwen einfallen sollte, sich mit dem schleichenden Luchse zu verbinden.“

C

Der Stier und der Hirsch

Ein schwerfälliger Stier und ein Hirsch weideten auf einer Wiese zusammen. „Hirsch“, sagte der Stier, „wenn uns der Löwe anfallen sollte, so lass uns für einen Mann stehen; wir wollen ihn tapfer abweisen.“ – „Das mute ich mir nicht zu“, erwiderte der Hirsch, „denn warum sollte ich mich mit dem Löwen in ein ungleiches Gefecht einlassen, da ich ihm sicherer entlaufen kann?“

D

Der hungrige Fuchs

„Ich bin zu einer unglücklichen Stunde geboren!“, so klagte ein junger Fuchs einem alten. „Fast keiner von meinen Anschlägen will mir gelingen.“ „Deine Anschläge“, sagte der ältere Fuchs, „werden ohne Zweifel doch klug sein. Lass doch hören, wann machst du deine Anschläge?“ „Wann ich sie mache? Wann anders, als wenn mich hungert?“ „Wenn dich hungert?“, fuhr der alte Fuchs fort. „Ja! da haben wir es! Hunger und Überlegung sind nie beisammen. Mache sie künftig, wenn du satt bist, und sie werden besser ausfallen.“

E

Der Esel und der Wolf

Ein Esel begegnete einem hungrigen Wolfe. „Habe Mitleiden mit mir“, sagte der zitternde Esel, „ich bin ein armes krankes Tier; sieh nur, was für einen Dorn ich mir in den Fuß getreten habe!“ „Wahrhaftig, du dauerst mich“, versetzte der Wolf. „Und ich finde mich meinem Gewissen verbunden, dich von diesen Schmerzen zu befreien.“ Kaum war das Wort gesagt, so ward der Esel zerrissen.

Worterklärungen:
armselig → ärmlich •
Scheuern → Scheune •
dann möchte es um uns alle geschehen sein → dann sind wir verloren •
mute mir zu → tue ich mir an

2 a Bildet fünf Gruppen und gebt pro Gruppe jeweils den Inhalt einer Fabel in eigenen Worten wieder.
b Notiert im Heft, welcher der folgenden Sätze zu welcher Fabel passt. Nicht alle Sätze können einer Fabel zugeordnet werden.

Die Mächtigen missbrauchen ihre Macht. Sie kennen kein Mitleid. •
Raffgier lohnt nicht. • Gefahr kann sich auch auf leisen Sohlen nähern. •
Jeder ist sich selbst der Nächste. • Mit Vernunft und Überlegung gelangt man ans Ziel. •
Wer Diener eines mächtigen Mannes ist, ist deswegen nicht selber mächtig.

3 Übersetzt eine der Fabeln in eine moderne Version: Überlegt euch, in welcher Situation Menschen besonders raffgierig, egoistisch usw. handeln.

4 Begründet, warum es noch zeitgemäß ist, Lessings Fabeln zu lesen.
●○○ Überlegt, inwieweit ihr den folgenden Aussagen zustimmt:
- Fabeln gehören zum Grundwissen.
- Fabeln und ihre Lehren sind auf unser Leben übertragbar und wir haben einen Nutzen davon.
- Jedes Tier hat nur eine Eigenschaft, das ist doch viel zu primitiv für die Darstellung unseres Lebens.
- Man kann nur aus langen Texten etwas lernen.
- Sparsamkeit, Bescheidenheit, Klugheit – das sind doch abgedroschene Werte! Nur die Kohle zählt!
- Wir brauchen heute keine schlauen Sprüche mehr.
- Wir brauchen unsere Kritik nicht mehr zu verstecken!

8.2 „Nathan der Weise“ – Eine Parabel untersuchen

Lessings letztes großes Werk „Nathan der Weise“ ist in Jerusalem angesiedelt und spielt zur Zeit des Dritten Kreuzzuges am Ende des 12. Jahrhunderts. Die europäischen Christen versuchten, Jerusalem zu erobern, und griffen die dort regierenden Muslime an. In der Stadt treffen drei Weltreligionen aufeinander: das Christentum, der Islam und das Judentum.

Die Hauptfigur Nathan ist Jude. Er ist ein erfolgreicher Geschäftsmann, der sich den Beinamen „der Weise“ erworben hat, weil er großzügig, großherzig und aufgeschlossen ist. Während einer Judenverfolgung hat Nathan seine Frau und seine sieben Söhne verloren. Wenig später nimmt er das Waisenkind Recha, eine Christin, in sein Haus auf. Er erzieht das Mädchen, das zunächst nicht weiß, dass es adoptiert wurde, weder jüdisch noch christlich, zu einem toleranten Menschen.

Bei Einsetzen der Handlung ist Recha bereits eine junge Frau. Als Nathan von einer Geschäftsreise zurückkommt, erfährt er, dass sie während seiner Abwesenheit von einem jungen christlichen Tempelherrn aus dem Feuer seines brennenden Hauses gerettet worden ist. Der Tempelherr und Recha verlieben sich ineinander.

Der Tempelherr seinerseits ist kurze Zeit vorher von Saladin, dem muslimischen Herrscher Jerusalems, bei Kämpfen um Jerusalem gefangen genommen und begnadigt worden, weil er dessen Bruder ähnlich sieht. Sultan Saladin gilt als großzügiger Mensch, der jedoch gegenüber seinen Feinden, den Kreuzrittern, erbarmungslos auftritt.

Es stellt sich im Lauf der Handlung heraus, dass Recha und der Tempelherr Geschwister sind – sie sind nämlich die Kinder des verschollenen Bruders des Sultans Saladin.

1 Entwerft eine Skizze, in die ihr eintragt, wie die Figuren zueinander in Beziehung stehen. Notiert, was ihr über die Figuren Nathan, Recha, Tempelherr und Saladin erfahren habt. Ergänzt die Religionszugehörigkeit der einzelnen Figuren.

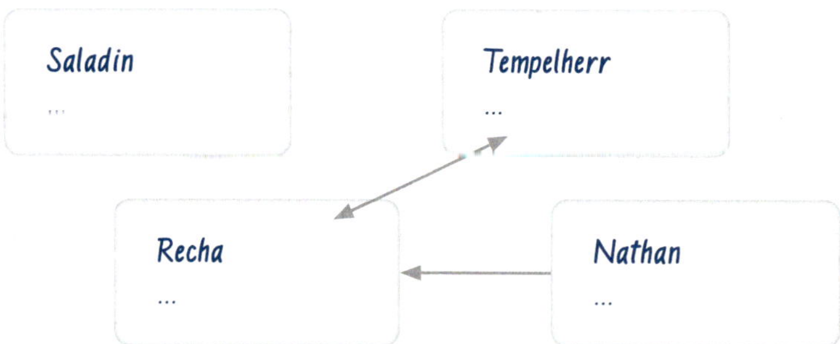

2 Mirjam Pressler erhielt 2009 für ihren Roman „Nathan und seine Kinder“, der Lessings Drama in moderner Sprache als Roman erzählt, den Jugendbuchpreis Corine. Überlegt, was die Autorin bewogen haben könnte, eine Geschichte, die aus dem Jahr 1779 stammt, 230 Jahre später noch einmal zu erzählen.

3 Lest den Text. Beschreibt danach den Ring, um den es in der Erzählung geht, und seine Bedeutung innerhalb der Familie.

Der Moslem Saladin fragt den Juden Nathan:
Da du nun
So weise bist: so sage mir doch einmal –
Was für ein Glaube, was für ein Gesetz
Hat dir am meisten eingeleuchtet?

Er möchte von dem klugen Juden die Wahrheit hören, damit er einen seiner Titel, nämlich „Verbesserer der Welt des Gesetzes“, mit Recht führen darf.
Nathan erzählt ihm daraufhin folgende Geschichte:

Vor grauen Jahren lebt' ein Mann in Osten,
Der einen Ring von unschätzbarem Wert
Aus lieber Hand besaß. Der Stein war ein
Opal, der hundert schöne Farben spielte,
Und hatte die geheime Kraft, vor Gott
Und Menschen angenehm zu machen, wer
In dieser Zuversicht ihn trug. Was Wunder,
Dass ihn der Mann in Osten darum nie
Vom Finger ließ; und die Verfügung traf,
Auf ewig ihn bei seinem Hause zu
Erhalten? Nämlich so. Er ließ den Ring
Von seinen Söhnen dem geliebtesten;
Und setzte fest, dass dieser wiederum
Den Ring von seinen Söhnen dem vermache,
Der ihm der liebste sei; und stets der liebste,
Ohn' Ansehn der Geburt, in Kraft allein
Des Rings, das Haupt, der Fürst des Hauses werde.
– [...]

So kam nun dieser Ring, von Sohn zu Sohn,
Auf einen Vater endlich von drei Söhnen;
Die alle drei ihm gleich gehorsam waren,
Die alle drei er folglich gleich zu lieben
Sich nicht entbrechen konnte. Nur von Zeit
Zu Zeit schien ihm bald der, bald dieser, bald
Der Dritte – sowie jeder sich mit ihm
Allein befand und sein ergießend Herz
Die andern zwei nicht teilten – würdiger
Des Ringes; den er denn auch einem jeden
Die fromme Schwachheit hatte zu versprechen.
Das ging nun so, solang es ging. – Allein
Es kam zum Sterben, und der gute Vater
Kömmt in Verlegenheit. Es schmerzt ihn, zwei
Von seinen Söhnen, die sich auf sein Wort
Verlassen, so zu kränken. – Was zu tun? –
Er sendet in geheim zu einem Künstler,
Bei dem er, nach dem Muster seines Ringes,
Zwei andere bestellt und weder Kosten
Noch Mühe sparen heißt, sie jenem gleich,
Vollkommen gleich zu machen. Das gelingt
Dem Künstler. Da er ihm die Ringe bringt,
Kann selbst der Vater seinen Musterring
Nicht unterscheiden. Froh und freudig ruft
Er seine Söhne, jeden insbesondre;
Gibt jedem insbesondre seinen Segen –
Und seinen Ring – und stirbt. – [...] *

4 Formuliert den gelb markierten Textteil so um, wie man ihn heute erzählen könnte.

5 a Beschreibt die problematische Situation, in der der Vater sich befindet.
b Beurteilt seinen Lösungsversuch.

Kaum war der Vater tot, so kömmt ein jeder
Mit seinem Ring, und jeder will der Fürst
Des Hauses sein. Man untersucht, man zankt,
Man klagt. Umsonst; der rechte Ring war nicht
Erweislich; – [...]
Fast so unerweislich, als
Uns itzt – der rechte Glaube. [...]
Die Söhne
Verklagten sich; und jeder schwur dem Richter,
Unmittelbar aus seines Vaters Hand
Den Ring zu haben. – Wie auch wahr! – Nachdem
Er von ihm lange das Versprechen schon
Gehabt, des Ringes Vorrecht einmal zu
Genießen. – Wie nicht minder wahr! – Der Vater,
Beteurt' jeder, könne gegen ihn
Nicht falsch gewesen sein; und eh' er dieses
Von ihm, von einem solchen lieben Vater,
Argwohnen lass': eh' müss' er seine Brüder,
So gern er sonst von ihnen nur das Beste
Bereit zu glauben sei, des falschen Spiels
Bezeihen; und er wolle die Verräter
Schon auszufinden wissen; sich schon rächen. *

6 Übertragt die gelb markierten Textstellen in modernere Begriffe.

7 Formuliert den Inhalt der grün markierten Textstelle in eigenen Worten.
Tipp: Überlegt euch, warum sich jeder der Brüder sicher war, den richtigen Ring zu haben.

8 Der Richter soll eine Entscheidung treffen. Überlegt, welche Lösung ihr vorschlagen würdet.

[...] Ich höre ja, der rechte Ring
Besitzt die Wunderkraft, beliebt zu machen;
Vor Gott und Menschen angenehm. Das muss
Entscheiden! Denn die falschen Ringe werden
Doch das nicht können! – Nun; wen lieben zwei
Von Euch am meisten? – Macht, sagt an! Ihr schweigt?
Die Ringe wirken nur zurück? und nicht
Nach außen? Jeder liebt sich selber nur
Am meisten? – Oh, so seid ihr alle drei
Betrogene Betrüger! Eure Ringe
Sind alle drei nicht echt. Der echte Ring
Vermutlich ging verloren. Den Verlust
Zu bergen, zu ersetzen, ließ der Vater
Die drei für einen machen. [...]

Mein Rat ist aber der: ihr nehmt
Die Sache völlig, wie sie liegt. Hat von
Euch jeder seinen Ring von seinem Vater:
So glaube jeder sicher seinen Ring
Den echten. – [...] Und gewiss;
Dass er euch alle drei geliebt, und gleich
Geliebt: indem er zwei nicht drücken mögen,
Um einen zu begünstigen. – Wohlan!
Es eifre jeder seiner unbestochnen
Von Vorurteilen freien Liebe nach!
Es strebe von euch jeder um die Wette,
Die Kraft des Steins in seinem Ring' an Tag
Zu legen! komme dieser Kraft mit Sanftmut,
Mit herzlicher Verträglichkeit, mit Wohltun,
Mit innigster Ergebenheit in Gott
Zu Hilf'! *

9 Vergleicht die Antwort des Richters mit euren eigenen Überlegungen aus Aufgabe 8.

a Klärt, woran der Richter erkennen möchte, welcher Bruder den richtigen Ring hat.

b Legt dar, warum der Richter zu dem Schluss kommt:
„Der echte Ring
Vermutlich ging verloren."

c Formuliert den grün markierten Rat des Richters mit eigenen Worten.

10 Ruft euch noch einmal die Frage des Sultans Saladin ins Gedächtnis, die Nathan dazu veranlasst hat, diese Parabel zu erzählen. Denkt darüber nach, in welcher Form Judentum, Christentum und Islam, Gott und die Gläubigen in der Geschichte erscheinen. Formuliert mit eigenen Worten, welche Botschaft die Parabel für die drei Weltreligionen enthält.

11 Auch heute noch hätte Nathan uns etwas zu sagen.

a Prüft die aktuellen Nachrichten und sammelt Meldungen, die zum Drama „Nathan der Weise" passen würden.

b Gebt an, wo ihr Bezüge zum Theaterstück „Nathan" erkennt.

Wissen und Können **Die Parabel**

Eine Parabel ist ein **abgeschlossener Kurztext,** der meist von einer Erzählerin / einem Erzähler an die Zuhörenden weitergegeben wird. Es geht dabei um die Vermittlung einer verborgenen **Wahrheit** oder einer **Lebensweisheit,** die veranschaulicht werden soll. Um das zu erreichen, überträgt die Erzählerin / der Erzähler das eigentliche Thema in einen ganz anderen Zusammenhang.

8.3 „Emilia Galotti" – Eine Theaterszene inszenieren

„Emilia Galotti" – Ein bürgerliches Trauerspiel

Worum geht es in dem Theaterstück?

1

„Emilia Galotti" spielt in einer italienischen Stadt um 1500. Es regiert der absolutistische Herrscher Prinz Gonzaga, der sich gerade von seiner Geliebten Gräfin Orsina getrennt hat und kurz davorsteht, eine Vernunftehe einzugehen. Da sieht er Emilia Galotti, ein Mädchen aus niedrigem Adel, in das er sich Hals über Kopf verliebt. An dem Tag, an dem wir die Handlung verfolgen, erfährt der Prinz, dass Emilia ihren Verlobten Graf Appiani in wenigen Stunden heiraten wird. Er beauftragt seinen Kammerherrn Marinelli, diese Heirat zu verhindern. Dieser plant sofort einen Überfall auf die Hochzeitskutsche.

2

Odoardo Galotti, der Vater Emilias, lebt auf dem Land und bewirtschaftet dort seine Güter. Tochter und Frau leben in der Stadt, damit Emilia eine gute Ausbildung bekommt. Er besucht seine Familie in der Stadt und erfährt von seiner Frau, dass sich der Prinz für die Tochter interessiert. Odoardo ist beunruhigt und verärgert. Er weiß, dass seine Tochter nicht für den Prinzen als Ehefrau in Frage kommt – und dass dieser nur auf ein Abenteuer aus ist. Die Mutter teilt die Sorgen des Vaters nicht. Als Emilia vom Gottesdienst zurückkehrt, berichtet sie der Mutter, dass der Prinz ihr in der Kirche seine Liebe gestanden hätte, woraufhin sie sofort nach Hause geflüchtet ist. Die Mutter rät Emilia, niemandem davon zu erzählen.

Emilia Galotti.

Ein Trauerspiel
in
fünf Aufzügen.
Von
Gotthold Ephraim Lessing.

Berlin,
bey Christian Friedrich Voß, 1772.

3

Beim Überfall auf die Kutsche kommt Graf Appiani ums Leben. Emilia kann flüchten und wird von Marinelli zum Lustschloss des Prinzen gebracht. Dort, so verspricht er ihr, wäre sie sicher. Der Prinz umwirbt Emilia heftig, aber erfolglos. Emilia ist voller Sorge und Angst. Sie weiß noch nicht, dass ihr Verlobter tot ist.

4

Als Emilias Mutter eintrifft, durchschaut sie die Intrige. Da erscheint der Vater Emilias. Auch Gräfin Orsina ist zum Lustschloss geeilt. Sie erkennt, dass sie den Prinzen verloren hat – und sinnt auf Rache. Sie deckt Odoardo die ganze Intrige auf – und gibt ihm einen Dolch.

5

Als Odoardo seine Tochter mit heimnehmen möchte, verweigert dies der Prinz. Er gibt vor, dass die Tochter bis zur Aufklärung des Überfalls bei ihm bleiben müsse. Odoardo erkennt, dass er machtlos ist. Als er seine Tochter kurz unter vier Augen sprechen kann, fleht diese ihn an, er solle sie töten. Sie gesteht, dass sie nicht weiß, ob sie der Verführung des Prinzen widerstehen könne. Bevor sie jedoch in Unehre und Schande falle, wolle sie lieber sterben. Da ersticht der Vater Emilia. Er unterwirft sich dem Gericht des Prinzen, räumt aber ein, dass die letzte Instanz Gott sei. Der Prinz entlässt Marinelli, dem er die Schuld an allem gibt.

1 Lest die Handlungsschritte und fertigt eine Übersicht an, in welcher gesellschaftlichen Rangfolge die Figuren Prinz, Familie Galotti, Gräfin Orsina angesiedelt sind.

2 Wie bei einem Kriminalfall ist es auch hier interessant, über die Motive der einzelnen Figuren nachzudenken.
Beantwortet folgende Fragen in eurem Heft.

Warum

- *... ist der Vater über das Treffen mit dem Prinzen besorgt?* →
- *... freut sich die Mutter darüber, dass die Tochter den Prinzen getroffen hat?* →
- *... ermordet Marinelli den Verlobten?* →
- *... möchte Emilia, dass ihr Vater sie tötet?* →
- *... erfüllt der Vater die Bitte seiner Tochter und tötet sie?*

3 Überlegt, wie die anderen Figuren Emilias Tod hätten verhindern können.
Zum Beispiel: *Der Prinz hätte die Katastrophe verhindern können, indem er ...*
Die Zeichen zeigen euch, wo eine andere Reaktion möglich gewesen wäre.

4 Begründet anhand von Textstellen, welchen Handlungsabschnitten 1–5 man die folgenden Originalszenen zuordnen kann.

A

CLAUDIA: Denn hab ich dir schon gesagt, dass der Prinz unsere Tochter gesehen hat?
ODOARDO: Der Prinz? Und wo das?
CLAUDIA: In der letzten Vegghia, bei dem Kanzler Grimaldi, die er mit seiner Gegenwart beehrte. Er bezeigte sich gegen sie so gnädig – –
ODOARDO: So gnädig?
CLAUDIA: Er unterhielt sich mit ihr so lange – –
ODOARDO: Unterhielt sich mit ihr?
CLAUDIA: Schien von ihrer Munterkeit und ihrem Witze so bezaubert – –
ODOARDO: So bezaubert? –
CLAUDIA: Hat von ihrer Schönheit mit so vielen Lobeserhebungen gesprochen – –
ODOARDO: Lobeserhebungen? Und das alles erzählst du mir in einem Tone der Entzückung? O Claudia! Eitle, törichte Mutter!

B

DER PRINZ: Mit einem Worte – *(Indem er nach dem Porträt springt und es dem Marinelli in die Hand gibt.)* Da! – Diese? Diese Emilia Galotti? – Sprich dein verdammtes „Ebendie“ noch einmal und stoß mir den Dolch ins Herz!

MARINELLI: Ebendie!
DER PRINZ: Henker! – Diese? – Diese Emilia Galotti wird heute – –
MARINELLI: Gräfin Appiani! – *(Hier reißt der Prinz dem Marinelli das Bild wieder aus der Hand und wirft es beiseite.)* Die Trauung geschiehet in der Stille, auf dem Landgute des Vaters bei Sabionetta. Gegen Mittag fahren Mutter und Tochter, der Graf und vielleicht ein paar Freunde dahin ab.
DER PRINZ *(der sich voll Verzweiflung in einen Stuhl wirft)*: So bin ich verloren! – So will ich nicht leben!
MARINELLI: Aber was ist Ihnen, gnädiger Herr?
DER PRINZ *(der gegen ihn wieder aufspringt)*: Verräter! – Was mir ist? – Nun ja, ich liebe sie; ich bete sie an. Mögt ihr es doch wissen!

C

Orsina: Nun da, buchstabieren Sie es zusammen! – Des Morgens sprach der Prinz Ihre Tochter in der Messe, des Nachmittags hat er sie auf seinem Lust – Lustschlosse.

Odoardo: Sprach sie in der Messe? Der Prinz meine Tochter?

Orsina: Mit einer Vertraulichkeit! mit einer Inbrunst! – Sie hatten nichts Kleines abzureden. Und recht gut, wenn es abgeredet worden, recht gut, wenn Ihre Tochter freiwillig sich hierher gerettet! Sehen Sie: So ist es doch keine gewaltsame Entführung, sondern bloß ein kleiner – kleiner Meuchelmord.

Odoardo: Verleumdung! Verdammte Verleumdung! Ich kenne meine Tochter. Ist es Meuchelmord, so ist es auch Entführung. – *(Blickt wild um sich und stampft und schäumet.)* […]

Orsina: Wirkt es, Alter! Wirkt es?

Odoardo: Da steh ich nun vor der Höhle des Räubers – *(indem er den Rock von beiden Seiten auseinanderschlägt und sich ohne Gewehr sieht.)* Wunder, dass ich aus Eilfertigkeit nicht auch die Hände zurückgelassen! – *(An alle Taschen fühlend, als etwas suchend.)* Nichts! Gar nichts! Nirgends!

Orsina: Ha, ich verstehe! – Damit kann ich aushelfen! – Ich hab einen mitgebracht. *(Einen Dolch hervorziehend.)* Da nehmen Sie! Nehmen Sie geschwind, eh' uns jemand sieht! –

Odoardo: Ich ward auch so wütend, dass ich schon nach diesem Dolche griff *(ihn herausziehend)*, um einem von beiden – beiden! – das Herz zu durchstoßen.

D

Emilia: Um des Himmels willen nicht, mein Vater! – Dieses Leben ist alles, was die Lasterhaften haben. – Mir, mein Vater, mir geben Sie diesen Dolch.

Odoardo: Kind, es ist keine Haarnadel.

Emilia: So werde die Haarnadel zum Dolche! – Gleichviel.

Odoardo: Was? Dahin wäre es gekommen? Nicht doch; nicht doch! Besinne dich. – Auch du hast nur ein Leben zu verlieren.

Emilia: Und nur eine Unschuld!

Odoardo: Die über alle Gewalt erhaben ist. –

Emilia: Aber nicht über alle Verführung. – Gewalt! Gewalt! Wer kann der Gewalt nicht trotzen? Was Gewalt heißt, ist nichts: Verführung ist die wahre Gewalt. – Ich habe Blut, mein Vater, so jugendliches, so war-

mes Blut als eine. Auch meine Sinne sind Sinne. Ich stehe für nichts. Ich bin für nichts gut. Ich kenne das Haus der Grimaldi. Es ist das Haus der Freude. Eine Stunde da, unter den Augen meiner Mutter – und es erhob sich so mancher Tumult in meiner Seele, den die strengsten Übungen der Religion kaum in Wochen besänftigen konnten! – Der Religion! Und welcher Religion? – Nichts Schlimmers zu vermeiden, sprangen Tausende in die Fluten und sind Heilige! – Geben Sie mir, mein Vater, geben Sie mir diesen Dolch.

ODOARDO: Und wenn du ihn kenntest, diesen Dolch! –

EMILIA: Wenn ich ihn auch nicht kenne! – Ein unbekannter Freund ist auch ein Freund. – Geben Sie mir ihn, mein Vater, geben Sie mir ihn.

ODOARDO: Wenn ich dir ihn nun gebe – da! *(Gibt ihn ihr.)*

EMILIA: Und da! *(Im Begriffe, sich damit zu durchstoßen, reißt der Vater ihr ihn wieder aus der Hand.)*

ODOARDO: Sieh, wie rasch! – Nein, das ist nicht für deine Hand.

EMILIA: Es ist wahr, mit einer Haarnadel soll ich – *(Sie fährt mit der Hand nach dem Haare, eine zu suchen, und bekommt die Rose zu fassen.)* Du noch hier? – Herunter mit dir! Du gehörest nicht in das Haar einer – wie mein Vater will, dass ich werden soll!

ODOARDO: Oh, meine Tochter! –

EMILIA: Oh, mein Vater, wenn ich Sie erriete! – Doch nein, das wollen Sie auch nicht. Warum zauderten Sie sonst? – *(In einem bittern Tone, während dass sie die Rose zerpflückt.)* Ehedem wohl gab es einen Vater, der seine Tochter von der Schande zu retten, ihr den ersten, den besten Stahl in das Herz senkte – ihr zum zweiten Male das Leben gab. Aber alle solche Taten sind von ehedem! Solcher Väter gibt es keinen mehr!

ODOARDO: Doch, meine Tochter, doch! *(Indem er sie durchsticht.)* – Gott, was hab ich getan! *(Sie will sinken und er fasst sie in seine Arme.)*

EMILIA: Eine Rose gebrochen, ehe der Sturm sie entblättert. – Lassen Sie mich sie küssen, diese väterliche Hand. *

E

DER PRINZ: Wo ist sie? Wo? – Wir suchen Sie überall, schönstes Fräulein. – Sie sind doch wohl? – Nun so ist alles wohl! Der Graf, Ihre Mutter –

EMILIA: Ah, gnädigster Herr! Wo sind sie? Wo ist meine Mutter?

DER PRINZ: Nicht weit; hier ganz in der Nähe.

EMILIA: Gott, in welchem Zustande werde ich die eine oder den andern vielleicht treffen! Ganz gewiss treffen! – Denn Sie verhehlen mir, gnädiger Herr – ich seh es, Sie verhehlen mir –

DER PRINZ: Nicht doch, bestes Fräulein. – Geben Sie mir Ihren Arm und folgen Sie mir getrost.

EMILIA *(unentschlossen)*: Aber – wenn ihnen nichts widerfahren – wenn meine Ahnungen mich trügen: – Warum sind sie nicht schon hier? Warum kamen sie nicht mit Ihnen, gnädiger Herr?

Der Prinz: So eilen Sie doch, mein Fräulein, alle diese Schreckenbilder mit eins verschwinden zu sehen.

Emilia: Was soll ich tun? *(Die Hände ringend.)*

Der Prinz: Wie, mein Fräulein? Sollten Sie einen Verdacht gegen mich hegen? –

Emilia *(die vor ihm niederfällt)*: Zu Ihren Füßen, gnädiger Herr –

5 Die markierten Stellen in drei Szenen zeigen Besonderheiten der Textgattung „Drama". Benenne und beschreibe sie mit Hilfe des Merkkastens.

6 Die Darsteller in Dramen sprechen in Dialogen und in Monologen. Klärt anhand der Szenen, welche Redeweisen jeweils vorliegen.

7 a In klassischen Dramen traten früher nur adlige Figuren auf. Erklärt, inwiefern sich die Figuren in Lessings Drama davon unterscheiden. Lest dazu auch nochmals die Zusammenfassung der Handlung auf Seite 156/157.

b Erklärt anhand der Figuren, des Drameninhalts und des Ausgangs von „Emilia Galotti", warum man diese Theaterstücke als „bürgerliche Trauerspiele" bezeichnet.

8 Ehre und Schande sind Begriffe, deren Bedeutung stark von der jeweiligen Zeit und Gesellschaft abhängig ist. Findet Situationen, die für euch heute zu folgenden Sätzen passen würden.

„Mann, war das peinlich." • „Das ist eine Frage der Ehre!" •
„Das ist eine Schande für den ganzen Verein / die ganze Familie / die Schule."

Wissen und Können **Das Drama**

In einem Drama (griech.: Handlung) wird die Handlung durch Schauspielerinnen und Schauspieler auf einer Bühne dargestellt. Die Darsteller sprechen in **Dialogen** oder **Monologen.**

- Meist entsprechen die Theaterstücke dem **Aufbau des klassischen Dramas:**
  1. Akt: **Einleitung, Figuren, Ausgangslage** (Exposition)
  2. Akt: Probleme entstehen, die **Spannung** steigt (erregendes Moment)
  3. Akt: Höhepunkt, **dramatischer Konflikt**
  4. Akt: **Lösungsversuche,** Aufklärung bahnt sich an (retardierendes Moment)
  5. Akt: **Lösung,** Aufklärung, glückliches Ende oder Katastrophe
- Man unterscheidet drei Hauptformen:
  – das **Lustspiel,** eine Komödie mit heiterer Handlung, oft mit umgangssprachlichen Elementen und einem glücklichen Ende.
  – Das **Trauerspiel** mit tragischem Ende und
  – das **Schauspiel,** das zwischen diesen beiden Formen steht, indem es eine ernste Handlung und ein ausgewogenes Ende hat.
- Das **bürgerliche Trauerspiel** wurde von Gotthold Ephraim Lessing entwickelt. Themen sind meist: Familienkonflikte, Fragen der Moral, Unterdrückung durch den Adel. Die Texte sind nicht mehr gereimt und die Stücke haben ein tragisches Ende.

„Emilia Galotti" – Die Szenen vorbereiten

1 a Klärt, was ihr über den Charakter der einzelnen Figuren Emilia, Prinz, Marinelli, Odoardo, Claudia und Gräfin Orsina erfahren habt.
b Ordnet folgende Eigenschaften den einzelnen Figuren zu:

> religiös • gehorsam • ehrbar • naiv • gutgläubig • machtlos • egoistisch • untreu • intrigant • eifersüchtig • skrupellos

2 Erarbeitet nun, wie man bei einem Theaterstück die einzelnen Dialoge betonen müsste.
a Übt die Dialoge in Partnerarbeit. Überlegt euch, welche Betonung richtig ist, welche Tonhöhe euch angemessen erscheint, wie laut ihr reden wollt und in welcher Geschwindigkeit.
●○○ Man kann appellieren, unterstellen, vorwerfen, zurechtweisen, befehlen, belehren, kritisieren, schmeicheln, trösten, beschwichtigen, rechtfertigen, aufbegehren, ausrufen, anklagen, wehklagen, aufschrecken, gestehen.
b Tragt euren Entwurf in der Klasse vor. Sprecht darüber, was gelungen war und was man verbessern könnte.

3 Wie kann man den Charakter und die Lebenssituation der Figuren durch die Körperhaltung darstellen? Baut ein Standbild, das alle Figuren kurz vor dem Tod Emilias zeigt. Der Tipp kann euch helfen.

Ein Standbild erstellen
- Beim Standbild nehmen alle Darsteller eine „eingefrorene" Haltung ein.
- Bildet eine Gruppe aus sechs Darstellern, einem Bildhauer und einem Reporter. Macht euch Gedanken zu Mimik und Gestik der Figuren.
- Die Darsteller nehmen nun die Haltung ein, der Bildhauer überprüft, inwieweit die Darstellung der Absprache entspricht.
- Ist das Standbild fertig, stellt der Reporter den einzelnen Figuren Fragen.

4 Der Schluss des Theaterstücks war schon zu Lebzeiten Lessings sehr umstritten. Diskutiert, was ihr vom Ausgang des Stückes haltet.
●○○ Überlegt, welcher Aussage ihr mehr zustimmt:

> – Lessing will zeigen, dass das Bürgertum schwach ist, es kann sich nicht gegen den Adel wehren.
> – Der Schluss soll provozieren. Die Bürger sollen sich vom Adel nicht mehr alles gefallen lassen.
> – Der Adel ist gewissenlos und treibt die Menschen in den Tod. Die Bürger haben keine Möglichkeit, sich zu wehren. Sie sind dem Adel ausgeliefert.
> – Die Tugend steht über dem Tod. Das hat Emilia bewiesen.

●●● In der letzten Szene wird die Rose als Metapher verwendet. Überlegt, wofür sie steht.

5 Diskutiert, ob der Inhalt und die Botschaft des Theaterstücks noch aktuell sind.

„Emilia Galotti“ – Das Stück auf die Bühne bringen

Aus den Szenen lässt sich nun eine gekürzte Form von Emilia Galotti erstellen.

1 Klärt die Rahmenbedingungen für eure Aufführung.
Wollt ihr alle Szenen gemeinsam erarbeiten oder die einzelnen Szenen auf verschiedene Gruppen verteilen? Wann und in welchem Rahmen soll die Aufführung stattfinden?

2 Erarbeitet die Texte.

a Markiert auf Textkopien die Parts der einzelnen Sprecher/-innen mit verschiedenen Farben.
b Streicht das, was euch unnötig erscheint.
c Reichen alle Regieanweisungen? Müssen noch weitere Anweisungen eingefügt werden?
d Wie wollt ihr von einer Szene zur nächsten überleiten?
  – Entscheidet, ob es eine Sprecherin / einen Sprecher geben soll. Formuliert, was sie/er sagt.
  – Wollt ihr pantomimisch darstellen, was zwischen den Szenen geschieht?

3 Als Bühnenbild bezeichnet man die Gestaltung der Bühne. Dazu gehören die Kulisse, Möbel, Requisiten, Kleidungsstücke usw. Legt fest, wie ihr das Bühnenbild gestalten wollt.
Tipp: Für die Aufführung braucht man auch Kostüme. Dazu kann man richtige Kostüme aus dem Theaterfundus verwenden oder mit einfachsten Mitteln, z. B.: Tücher, Kopfbedeckungen, Gegenstände, Schminke ausdrücken, um wen es sich handelt.

4 Verteilt die Rollen und erstellt einen Probenplan.

a Von wem sollen die einzelnen Rollen besetzt werden?
b Legt fest, wer sich um das Bühnenbild, die Kostüme, das Schminken, um das Soufflieren (Einsagen) und die Regie kümmern soll. Braucht ihr einen Kameramann?
c Erarbeitet einen Zeitplan, der festlegt, bis wann die einzelnen Aufgaben erfüllt sein müssen.
  – Wann müssen die Texte gelernt worden sein?
  – Bis wann braucht ihr das Bühnenbild und die Kostüme?
  – Wann finden Proben statt?

Testet euer Wissen!

Lessings Dramen „Nathan der Weise“ und „Emilia Galotti“

- **M** Man muss Freundschaften vermeiden.
- **P** Alle Menschen sind schlecht.
- **S** Das Leben ist sinnlos.
- **U** Die Liebe gibt es nicht.
- **B** Mein Fürst hat immer recht!
- **L** Hab ich es doch gewusst! Einem Fürsten kann man nie trauen!
- **T** Gut, dass ich seinem Bruder ähnle! Sonst hätte ich mein Leben verloren!
- **O** Keine Religion ist besser als die andere. Es kommt auf die guten Taten an!
- **A** Ich muss diese Heirat unbedingt verhindern!
- **I** Ich möchte diesen Juden zum Freund haben!
- **F** Bevor ich meine Ehre verliere, möchte ich lieber sterben!
- **R** Was für eine schwierige Frage mir der Mann doch stellt. Ich werde sie mit einer Geschichte beantworten.
- **E** Mein Mann sieht überall nur Schlechtes. Der Prinz ist doch so ein netter Mann!
- **E** Es lohnt nicht, den Kampf gegen Unrecht aufzunehmen.
- **A** Mein Vater ist ein Muslim, mein Bruder ein Christ – und ich bin von einem Juden erzogen worden!

1 Fünf der Sätze könnten von Figuren aus „Emilia Galotti“, fünf von Figuren aus „Nathan der Weise“ stammen. Übertragt die Tabelle in euer Heft. Ordnet die Sätze richtig in die Tabelle ein. Die Buchstaben, die hinter den Sätzen stehen, ergeben zwei Begriffe, die ihr in dem Kapitel kennengelernt habt.

Nathan:	*Was für eine … R*	**Emilia:**	…
Recha:	…	**Prinz:**	…
Tempelherr:	…	**Marinelli:**	…
Sultan:	…	**Claudia:**	…
Lehre der Ringparabel:	…	**Odoardo:**	…
Lösungswort:	…	**Lösungswort:**	…

2 Ordnet die Begriffe und Namen schriftlich den passenden Erklärungen zu.

- **A** Autor, der während der Aufklärungszeit in Deutschland neue Maßstäbe gesetzt hat.
- **B** Berühmter Text, in dem der Autor zum Ausdruck bringt, dass keine Religion mehr wert ist als andere.
- **C** Erzählung, die eine Lehre vermittelt. Es treten Tiere auf.
- **D** Geschichte, in der das Thema in eine andere Situation übertragen wird, um eine moralische Lehre zu vermitteln.
- **E** Philosoph, der forderte, die Menschen sollen ihren eigenen Verstand verwenden.

1 Fabel
2 Lessing
3 Kant
4 Parabel
5 Ratio
6 Ringparabel
7 Goethe
8 Der Kreuzzug
9 Märchen
10 Sage
11 Nathan

9 „Sturm und Drang“ und „Klassik“ –
Die „Dichterfürsten“ Goethe und Schiller

Einen kritischen Freund an der Seite, kommt man immer schneller vom Fleck.

Goethe: Briefe an Carl Ludwig von Knebel, 31. Dezember 1798

Wir wissen den getreuen Freund zu ehren. Dem Falschen wehren, ist der Klugheit Pflicht.

Schiller: Die Jungfrau von Orleans

Freundschaft, nicht Geburt, macht uns zu Brüdern.

Goethe: Über die Iphigenie auf Tauris, 1787. Dritter Aufzug, Orest zu Iphigenie

Denn über alles Glück geht doch der Freund. Ders fühlend erst erschafft, ders teilend mehrt.

Schiller: Wallenstein

1 Welche Aussage über die Freundschaft spricht euch besonders an? Begründet eure Entscheidung.

2 Formuliert selbst einen Satz über das Thema „Freundschaft“. Erklärt, was euch an einem Menschen, den ihr Freund/Freundin nennt, besonders wichtig ist.

3 Betrachtet das Bild.
- a Beschreibt das Goethe-Schiller-Denkmal. Achtet dabei auf die Kleidung, die Körperhaltung und den Gesichtsausdruck der beiden Dichter.
- b Begründet, warum beiden Dichtern ein gemeinsames Denkmal errichtet worden ist.

In diesem Kapitel …

- lernt ihr die Dichter Goethe und Schiller kennen,
- erfahrt ihr, was man unter den Epochen des „Sturm und Drang“ und der „Weimarer Klassik“ versteht,
- lernt ihr wichtige Werke der beiden Dichter kennen,
- versteht ihr, warum die Werke Goethes und Schillers noch heute bedeutsam sind.

9.1 Der „Sturm und Drang“ (1765–1785)

Protestbewegung junger Dichter

Das Zeitalter der Aufklärung verstand den Menschen vor allem als vernunftbegabtes Wesen. Ab der Mitte des 18. Jahrhunderts begannen junge Schriftsteller wie Johann Wolfgang Goethe und Friedrich Schiller dagegen aufzubegehren. Sie vertraten ein neues Verständnis von Literatur: Es ging ihnen nicht mehr darum, in ihren Texten die Menschen zu belehren, sondern ihre Fantasie und ihr unmittelbares Gefühl auszudrücken, das sich keinen Regeln unterwirft. Als Vorbild galt das „Originalgenie“, das sein Leben kraftvoll und ungebändigt nach eigenen Vorstellungen selbst gestaltet.

In den Werken dieser Epoche geht es zum einen um den Ausdruck starker Gefühle und Empfindungen, etwa um die Sehnsucht nach der großen Liebe oder um die Begeisterung, ein Teil der Natur und völlig frei zu sein. Das Genie wurde als Ausdruck schöpferischer Kraft gesehen, der Mensch als ein naturverbundenes Wesen, das erst in der Natur zu sich findet.

Zum anderen übten die Schriftsteller des „Sturm und Drang“ Kritik an den bestehenden politischen und gesellschaftlichen Verhältnissen: Im Europa des 18. Jahrhunderts regierten Fürsten, die sich nur Gott allein verantwortlich fühlten. Die Untertanen hatten sich ihrem Willen und ihrer Herrschaft, die an keine Gesetze gebunden war, unterzuordnen. Wer sich auflehnte, hatte mit harten Strafen zu rechnen. Die Menschen lebten in starren gesellschaftlichen Zwängen. So waren junge Menschen bei der Berufs- oder Partnerwahl nicht frei in ihrer Entscheidung, sondern mussten sich den Gesetzen der Ständegesellschaft beugen. Die Adligen beuteten vielfach den dritten Stand, die Bürger und Bauern, zu ihrem Vorteil aus. Das „einfache“ Volk sollte sich in die gottgegebene Ordnung fügen und nach strengen christlich-bürgerlichen Moralvorstellungen leben. Dagegen rebellierten die jungen Autoren in vielen ihrer Werke, sie forderten die freie Entfaltung des Menschen und gleiche Rechte und Pflichten für alle.

In den Dramen und Gedichten des „Sturm und Drang“ geht es aber nicht nur um den Ausdruck tiefster Gefühle und das kraftvolle Aufbegehren der jungen Autoren gegen die absolutistische Fürstenherrschaft und die starre Ordnung der Ständegesellschaft. Vielfach stehen auch persönliche Erlebnisse oder geschichtliche Ereignisse im Mittelpunkt der Werke, in denen die Helden in ihrem Kampf um Liebe, Freiheit und Selbstbestimmung auch scheitern können.

1 Wertet die Informationen aus dem Text aus und vervollständigt die folgenden Sätze in eurem Heft:

- *Bedeutende Autoren sind …*
- *Natur bedeutet …*
- *Als „Originalgenie“ bezeichnet man …*
- *Werke dieser Epoche handeln oft von …*
- *Merkmale absolutistischer Herrschaft sind …*
- *Typisch für die Gesellschaft des 18. Jahrhunderts sind …*
- *Die Dichter kritisieren …*

Johann Wolfgang Goethe

Willkomm und Abschied

(Erste Fassung, 1771)

Es schlug mein Herz. Geschwind, zu Pferde!
Und fort, wild wie ein Held zur Schlacht.
Der Abend wiegte schon die Erde,
Und an den Bergen hing die Nacht.
Schon stund im Nebelkleid die Eiche
Wie ein getürmter Riese da,
Wo Finsternis aus dem Gesträuche
Mit hundert schwarzen Augen sah.

Der Mond von einem Wolkenhügel
Sah schläfrig aus dem Duft hervor,
Die Winde schwangen leise Flügel,
Umsausten schauerlich mein Ohr.
Die Nacht schuf tausend Ungeheuer,
Doch tausendfacher war mein Mut,
Mein Geist war ein verzehrend Feuer,
Mein ganzes Herz zerfloss in Glut.

Ich sah dich und die milde Freude
Floss aus dem süßen Blick auf mich.
Ganz war mein Herz an deiner Seite,
Und jeder Atemzug für dich.
Ein rosenfarbnes Frühlingswetter
Lag auf dem lieblichen Gesicht
Und Zärtlichkeit für mich, ihr Götter,
Ich hofft es, ich verdient es nicht.

Der Abschied, wie bedrängt, wie trübe!
Aus deinen Blicken sprach dein Herz.
In deinen Küssen welche Liebe,
O welche Wonne, welcher Schmerz!
Du gingst, ich stund und sah zur Erden
Und sah dir nach mit nassem Blick.
Und doch, welch Glück, geliebt zu werden,
Und lieben, Götter, welch ein Glück!

Johann Wolfgang Goethe

Willkommen und Abschied

(Spätere Fassung, 1827)

Es schlug mein Herz, geschwind zu Pferde!
Es war getan fast eh gedacht.
Der Abend wiegte schon die Erde
Und an den Bergen hing die Nacht;
Schon stand im Nebelkleid die Eiche,
Ein aufgetürmter Riese, da,
Wo Finsternis aus dem Gesträuche
Mit hundert schwarzen Augen sah.

Der Mond von einem Wolkenhügel
Sah kläglich aus dem Duft hervor,
Die Winde schwangen leise Flügel,
Umsausten schauerlich mein Ohr;
Die Nacht schuf tausend Ungeheuer;
Doch frisch und fröhlich war mein Mut:
In meinen Adern welches Feuer!
In meinem Herzen welche Glut!

Dich sah ich, und die milde Freude
Floss von dem süßen Blick auf mich;
Ganz war mein Herz an deiner Seite
Und jeder Atemzug für dich.
Ein rosenfarbnes Frühlingswetter
Umgab das liebliche Gesicht,
Und Zärtlichkeit für mich – ihr Götter!
Ich hofft es, ich verdient es nicht!

Doch ach, schon mit der Morgensonne
Verengt der Abschied mir das Herz:
In deinen Küssen welche Wonne!
In deinem Auge welcher Schmerz!
Ich ging, du standst und sahst zur Erden,
Und sahst mir nach mit nassem Blick:
Und doch, welch Glück, geliebt zu werden!
Und lieben, Götter, welch ein Glück!

1 Hört euch das Gedicht von 1771 an oder lasst es euch vortragen.

2 a Nennt in einem Satz die Kernaussage des Gedichts.
b Fasst jede Strophe in Stichpunkten treffend zusammen.
c Wählt zwei der folgenden Gefühle aus, die im Gedicht ausgedrückt werden. Begründet eure Auswahl und bezieht euch dabei auf den Text.

Trauer • Freude • Wut • Enttäuschung • Verzweiflung • Ärger • Einsamkeit

3 Goethe hat dieses Gedicht in seinem Leben mehrfach umgearbeitet. Vergleicht die beiden Fassungen.
a Nennt die Stellen, die er verändert hat, und beschreibt, wie sich diese Veränderungen auf den Sinn des Gedichts auswirken.
b Welche Fassung gefällt euch besser? Begründet eure Meinung.
c Informiert euch im Internet über dieses Gedicht, seine Entstehungsgeschichte und die Gründe für die Veränderungen.
d Stellt eure Ergebnisse der Klasse in einem Kurzreferat vor.

4 Verfasst einen inneren Monolog (▸ S. 122) zu dem Geschehen aus der Sicht der jungen Frau.
So könnte euer Text beginnen:
Heute Nacht mussten wir voneinander Abschied nehmen! Die gemeinsame Zeit ist vorbei. Ach! Was soll ich sagen? Es fiel mir so schwer ...

Wem hat Goethe das Gedicht gewidmet?

Goethe ist Friederike Brion, einer einfachen Pfarrerstochter vom Land, eineinhalb Jahre lang (1770–1771) innig und schwärmerisch verbunden. Er besucht sie und ihre Familie oft, in der er sich sehr wohlfühlt. Er genießt die schöne Natur, die Spaziergänge mit Friederike und das Familienleben bei den gastfreundlichen Brions. Eine Heirat ist aber für ihn, den Studenten und Sohn eines wohlhabenden Rats, auch wegen des Standesunterschieds ausgeschlossen. Als ihn Friederike einmal mit ihrer Schwester in Straßburg besucht, wird ihm schmerzlich bewusst, dass sie mit ihrem Benehmen und ihrer einfachen elsässischen Tracht nicht in sein bürgerliches Leben passt. Sie schreiben sich aber weiterhin viele Briefe, in einem der letzten wird sich Goethe aus Friederikes Leben verabschieden. Friederike betrauert das Ende der Beziehung lange. Sie heiratet nie und lebt später im Haushalt ihres Bruders, der auch Pfarrer wird. Mit Handarbeiten und Französischunterricht trägt sie zum Familieneinkommen bei.

5 Stellt euch vor, Goethe versucht Jahre später, Friederike zu erklären, warum er sie verlassen hat. Verfasst mit Hilfe des Gedichts einen Dialog zwischen Goethe und Friederike.

6 Sucht heraus, welche typischen Elemente des „Sturm und Drang“ dieses Gedicht enthält, und notiert sie in eurem Heft. Lest dazu noch einmal auf Seite 166 nach.

Johann Wolfgang Goethe

Die Leiden des jungen Werthers (1774)

Goethes „Werther" ist ein sogenannter Briefroman. In Briefen wird von der unglücklichen Liebe eines jungen Mannes zu einem Mädchen erzählt. Fast alle Briefe Werthers sind an seinen Freund Wilhelm gerichtet. Neben den Briefen gibt es auch Kommentare eines erfundenen Herausgebers.

16. Juni 1771

Ich war ausgestiegen und eine Magd, die ans Tor kam, bat uns, einen Augenblick zu verziehen[1], Mamsell Lottchen würde gleich kommen. Ich ging durch den Hof nach dem wohlgebauten Hause, und da ich die vorliegenden Treppen hinaufgestiegen war und in die Tür trat, fiel mir das reizendste Schauspiel in die Augen, das ich je gesehen habe. In dem Vorsaale wimmelten sechs Kinder von eilf[2] zu zwei Jahren um ein Mädchen von schöner Gestalt, mittlerer Größe, die ein simples weißes Kleid, mit blassroten Schleifen an Arm und Brust, anhatte. Sie hielt ein schwarzes Brot und schnitt ihren Kleinen ringsherum jedem sein Stück nach Proportion ihres Alters und Appetits ab, gab's jedem mit solcher Freundlichkeit und jedes rief so ungekünstelt sein „Danke!", indem es mit den kleinen Händchen lange in die Höhe gereicht hatte, ehe es noch abgeschnitten war, und nun mit seinem Abendbrote vergnügt entweder wegsprang oder nach seinem stillern Charakter gelassen davonging nach dem Hoftore zu, um die Fremden und die Kutsche zu sehen, darin ihre Lotte wegfahren sollte. – „Ich bitte um Vergebung", sagte sie, „dass ich Sie hereinbemühe und die Frauenzimmer[3] warten lasse. Über dem Anziehen und allerlei Bestellungen fürs Haus in meiner Abwesenheit habe ich vergessen, meinen Kindern ihr Vesperbrot zu geben, und sie wollen von niemandem Brot geschnitten haben als von mir." – Ich machte ihr ein unbedeutendes Kompliment, meine ganze Seele ruhte auf der Gestalt, dem Tone, dem Betragen, und ich hatte eben Zeit, mich von der Überraschung zu erholen, als sie in die Stube lief, ihre Handschuhe und den Fächer zu holen.

1 verziehen: verweilen, warten

2 eilf: elf

3 Frauenzimmer: alter Ausdruck für Frau

1 Fasst das Geschehen in eigenen Worten zusammen.

2 Lotte schreibt am Abend in ihr Tagebuch und erinnert sich an die Begegnung mit Werther. Setzt den Tagebucheintrag fort.

> *Liebes Tagebuch,*
> *heute war ein junger Mann bei uns zu Gast, er heißt Werther. Er kam in unsere Küche, als ich gerade meine Geschwister versorgte …*

Nach einem gemeinsamen Ballbesuch kann Werther sein Glück kaum fassen, doch bald muss er erkennen, dass seine Liebe keine Chance hat. Denn Lotte ist mit Albert Kestner verlobt, mit dem auch Werther flüchtig befreundet ist. Werther ist mit der Situation überfordert, flieht aus der Stadt und tritt eine Stelle als Gesandter an. Doch er findet keine Ruhe und seine Verzweiflung wird immer größer. Er kehrt zurück und erfährt, dass Lotte mittlerweile mit Kestner verheiratet ist. Werther ist zutiefst unglücklich. Er sieht keinen Ausweg mehr und kommt zu der Erkenntnis:

„Einer von uns dreien muss hinweg […]!"

3 Vermutet, wie die Geschichte weitergeht.

In diesen Kleidern, Lotte, will ich begraben sein, du hast sie berührt, geheiligt; ich habe auch deinen Vater darum gebeten. Meine Seele schwebt über dem Sarge. Man soll meine Taschen nicht aussuchen. Diese blassrote Schleife, die du am Busen hattest, als ich dich zum ersten Male unter deinen Kindern fand – O küsse sie tausendmal und erzähle ihnen das Schicksal ihres unglücklichen Freundes. Die Lieben! Sie wimmeln um mich. Ach wie ich mich an dich schloss! Seit dem ersten Augenblicke dich nicht lassen konnte! – Diese Schleife soll mit mir begraben werden. An meinem Geburtstage schenktest du sie mir! Wie ich das alles verschlang! – Ach, ich dachte nicht, dass mich der Weg hierher führen sollte! – – Sei ruhig! ich bitte dich, sei ruhig! –
Sie sind geladen – es schlägt zwölfe! So sei es denn! – Lotte! Lotte, lebe wohl! lebe wohl!

4 Vergleicht eure Vermutungen mit dem tatsächlichen Ausgang und bewertet diesen.

5 Werthers Abschiedsbrief an Lotte bezieht sich auf das erste Kennenlernen.
Besprecht, welche Momente Werther erwähnt.

6 Werther begeht aus Kummer um eine unerfüllte Liebe Selbstmord. Diskutiert, welche Möglichkeiten ihr Werther vorschlagen würdet, um mit seiner Situation umzugehen.

Der Roman schließt mit den folgenden Worten des Herausgebers:

Um zwölfe mittags starb er. Die Gegenwart des Amtmannes und seine Anstalten tuschten[1] einen Auflauf. Nachts gegen elfe ließ er ihn an die Stätte begraben, die er sich erwählt hatte. Der Alte folgte der Leiche und die Söhne, Albert vermocht's[2] nicht. Man fürchtete für Lottens Leben. Handwerker trugen ihn. Kein Geistlicher hat ihn begleitet.

1 tuschen: verursachen, bewirken

2 vermocht's nicht: konnte es nicht

7 Erklärt, wie sich das Ende des Romans von den vorherigen Textstellen unterscheidet.

8 Verfasst einen Dialog zwischen Albert und Lotte am Tag der Beerdigung, zu der beide nicht gehen werden.
Versucht, im Gespräch Begründungen für ihr Fernbleiben zu finden.

9 In vielen seiner Werke verarbeitet Goethe Erlebnisse und Erfahrungen aus seinem Leben.
Vergleicht den Roman *Die Leiden des jungen Werthers* mit dem Gedicht *Willkommen und Abschied.*
Vermutet, in welcher Lebenssituation sich der Autor befand, als er diese Texte schrieb.

Der Werther-Roman traf den Puls der Zeit und viele junge Männer identifizierten sich mit der tragischen Hauptfigur. Unter der jüngeren Bevölkerung brach geradezu eine Werther-Hysterie aus: Werthers Kleidung (ein gelber Anzug mit blauer Weste) löste einen regelrechten Modetrend aus und viele junge Männer taten es Werther gleich und wählten aus enttäuschter Liebe den Freitod. Das Buch war ein Bestseller seiner Zeit und wurde schon zu Goethes Lebzeiten beinahe fünfzigmal nachgedruckt und in andere Sprachen übersetzt. Auch ein einstweiliges Verbot des Romans konnte dessen Popularität nicht schmälern.

10 Diskutiert, wodurch heute das Verhalten junger Menschen beeinflusst wird.
Denkt – neben Büchern – auch an die modernen Medien.

Ein literarisches Werk mit einem Jugendroman vergleichen

Lena Hach

Wanted. Ja. Nein. Vielleicht. (2014)

Seit ihn seine Freundin Sofie verlassen hat, leidet Finn an Liebeskummer der Stufe zehn. Das hat zumindest sein bester Kumpel Moritz diagnostiziert, der sich alle Mühe gibt, Finn aufzumuntern.

„Woran denkst du beim Aufwachen als Erstes?“

„An Sofie.“

Moritz runzelt die Stirn. So sieht er aus wie ein überzüchteter Hund. „Mann, Finn, du musst mich schon die Antwortmöglichkeiten vorlesen lassen. A: an Weiterschlafen, B: an Frühstück oder C: an deinen Exfreund beziehungsweise deine Exfreundin?“

„An Sofie.“

„Also C.“ Moritz macht ein Kreuzchen auf dem Zettel vor sich. Er hat sogar an ein Klemmbrett gedacht. Ein Klemmbrett. Manchmal übertreibt er es einfach.

„Nächste Frage: Woran denkst du beim Einschlafen? A: an die nächste Mathearbeit, B: an Brad Pitt beziehungsweise Angelina Jolie, C: an deinen Exfreund beziehungsweise deine Exfreundin?“

Meint Moritz das wirklich ernst? Ich starre ihn an. So fassungslos wie möglich. Als mein bester Kumpel sollte er wissen, dass ich auf Mädchen stehe. Das heißt, auf ein ganz bestimmtes Mädchen. Habe ich eigentlich schon erwähnt, wie sie heißt?

„Woher hast du diesen bescheuerten Test überhaupt?“

„Hab ich mir selbst ausgedacht. Für dich.“

„Und was soll dann das beziehungsweise?“

Moritz rückt seine Brille zurecht. Die ist neu, hat einen dicken Rahmen und steht ihm echt gut. Er sieht clever damit aus. Aber nicht zu clever. „Ich habe mich dazu entschieden, genderbewusst zu arbeiten.“

Natürlich könnte ich nachfragen, was Moritz damit meint. Aber ehrlich gesagt: Es interessiert mich nicht. Mich interessiert nur eins. Was Sofie macht. Jetzt, in diesem Augenblick. Heute ist Montag, kurz vor vier. In einer Stunde muss sie ins Training. Normalerweise würden wir bei ihr zu Hause chillen, Musik hören, auf dem Balkon sitzen. Später würde ich sie zur U-Bahn bringen, vielleicht sogar ein Stück mitfahren oder gleich ins Dojo mitkommen. Um Sofie zuzusehen, beim Kihon und Kumite, in ihrem weißen Anzug mit dem grünen Gürtel. Ja, genau. Nicht gelb, nicht orange, sondern grün ist das Ding. Bei der Prüfung war ich dabei und habe Daumen gedrückt, alle beide. Sogar die großen Fußzehen habe ich zusammengekniffen. Als ob Sofie es nötig gehabt hätte. Als ob sie irgendwas nötig hat. Oder irgendjemanden. Mich zum Beispiel.

„A, B oder C?“

Ich gebe immer noch keine Antwort.

Moritz seufzt sein Moritzseufzen. Es klingt, als würde ein Babywal ausatmen, was vielleicht damit zu tun hat, dass er ein paar Kilo zugelegt hat. Dann setzt er zu einer Erklärung an.

„Finn, mit Hilfe dieses Tests möchte ich deinen Liebeskummer analysieren. Ich kann nur einschätzen, welche Gegenmaßnahmen angemessen sind, wenn ich weiß, wie ernst es wirklich ist.“

Ich presse die Zähne aufeinander. Es ist scheißernst.

Sofinn. So haben sie uns genannt. Keine Ahnung, von wem das kam. Auf jeden Fall waren wir Sofinn. Unzertrennlich. Glaubte derjenige, der sich das ausgedacht hat. Vielleicht Hanna, die denkt sich oft solche Sachen aus. Und jetzt? Sind wir nicht mal mehr SofieundFinn. Sondern Finn. Und Sofie, am anderen Ende des Klassenzimmers, zwischen Mehmet und Micha, die ihr Glück nicht fassen können. Denn wer will nicht neben Sofie sitzen?! Ich bin mir sicher, sogar Heinz, unser Referendar, hätte nichts dagegen. Und Sofie? Sagt zu mir „Hallo" und „Tschüss", wie zu allen anderen. Als wären wir nicht elf Monate, zwei Wochen und vier Tage zusammen gewesen. Als hätte ich nie gesehen, wie sie weint. Oder wie sie sich hinhockt, um ins Gebüsch zu pinkeln. Oder wie ihr vor Lachen Cola aus der Nase schießt. Außerdem habe ich ihre Brüste gesehen, eigentlich habe ich alles gesehen und auch berührt. Aber geschlafen haben wir nicht miteinander. Moritz sagt, da könne ich verdammt froh sein. Sonst wäre mein Liebeskummer noch stärker. Aber ich bin nicht froh. Ich hätte schon gern.

Manchmal hat Moritz komische Ansichten. Das hängt vielleicht mit dem Beruf seiner Mutter zusammen: Psychologin. Moritz' Vater ist Masseur. Gesunder Körper, gesunder Geist und so. Bestimmt ist Moritz deshalb so versessen darauf, mir zu helfen. Ehrlich gesagt, bin ich ihm dafür dankbar. Auch wenn man es mir nicht immer anmerkt.

Fakt ist: Jetzt sind Sommerferien. Ich habe also sechs Wochen Zeit, um pausenlos an Sofie zu denken – ohne sie treffen zu können. Moritz meint, das sei auch besser so. Dann komme ich angeblich schneller über sie hinweg. Kann sein, dass das stimmt. Trotzdem will ich Sofie sehen, unbedingt. Deshalb fahre ich bei jeder Gelegenheit mit dem Rad an ihrem Haus vorbei. Was eine ziemliche Aktion ist, weil Sofie nämlich ganz oben auf dem Tempelhofer Berg wohnt. Und ich nicht gerade die trainiertesten Wadenmuskeln habe. Noch nicht.

Was ich in den Ferien eigentlich vorhatte? Mit Sofie zelten. Ich hatte im Internet schon Campingplätze rausgesucht, alle in Brandenburg, alle gut bewertet. Die Seiten habe ich ausgedruckt, und an dem Tag, an dem ich mit Sofie darüber sprechen wollte, hat sie Schluss gemacht. Fünf Tage vor den Ferien. Da hatten meine Eltern mir schon das Scheißzelt geschenkt.

Und jetzt sitze ich hier mit Moritz und beantworte seine Scheißfragen. Ich meine, Angelina Jolie und Brad Pitt? Die sind doch viel zu alt.

„Finn, kannst du mir sagen, welche Farbe dein Gefühl hat?"

Regenhimmelgrau. Und das mitten im Sommer.

1 Hört euch das erste Kapitel des Romans an oder lasst es euch vorlesen.

2 Erklärt, warum Moritz seinem Freund mit einem Fragebogen helfen will. Wie bewertet ihr dieses Vorgehen?

3 „Sofinn. So haben sie uns genannt. Keine Ahnung, von wem das kam. Auf jeden Fall waren wir Sofinn."
a Erklärt, wie der Name zustandekam.
b Der Name Sofinn sagt auch etwas darüber aus, wie Außenstehende die Beziehung der beiden wahrgenommen haben. Formuliert eure Vorstellungen davon, wie die beiden ihre Beziehung gezeigt haben..

4 Werther ist mit seinem Liebeskummer allein, ganz im Gegensatz zu Finn. Zeigt, warum es wichtig ist, in schwierigen Lebenssituationen Freunde zur Seite zu haben, indem ihr folgenden Satz ergänzt:
Freundschaft bedeutet für mich ...

Johann Wolfgang Goethe

Ein Student aus reichem Elternhaus wird mit 25 Jahren zum gefeierten Autor

Johann Wolfgang Goethe, geboren 1749 in Frankfurt am Main, war Sohn einer wohlhabenden und angesehenen Bürgersfamilie, die es sich leisten konnte, Johann Wolfgang und seine Schwester Cornelia von Hauslehrern unterrichten zu lassen. Auf Wunsch seines Vaters begann er 1765 in Leipzig ein Studium der Rechtswissenschaften, das er 1770 in Straßburg fortsetzte. Hier im Elsass lernte er den Schriftsteller Johann Gottfried Herder kennen und begeisterte sich für dessen Idee von einer naturverbundenen, gefühlsbetonten Dichtung. Der junge Goethe verliebte sich gerne und schnell – seine Bekanntschaften blieben aber immer nur flüchtig, denn er wollte sich nicht dauerhaft binden. Allerdings verarbeitete Goethe seine Gefühle in vielen Gedichten. Seine Liebe zu der Pfarrerstochter Friederike Brion schrieb er zum Beispiel in dem Gedicht *Willkommen und Abschied* (► S. 167) nieder. Diese Beziehung endete, als Goethe 1771 nach der Beendigung seines Studiums wieder zurück nach Frankfurt ging. Wenige Monate später begann er ein Praktikum am Reichskammergericht in Wetzlar. Nebenbei schrieb er das Drama *Götz von Berlichingen,* das ihm 1773 zu erster Bekanntheit als Schriftsteller verhalf. In dieser Zeit verliebte sich Goethe gleich zweimal unglücklich: in Charlotte Buff, die Verlobte seines Freundes, und in Maximiliane La Roche, ebenfalls bereits einem anderen versprochen. Sein Gefühlschaos verarbeitete Goethe in seinem Werk *Die Leiden des jungen Werthers*, das ein Besteller seiner Zeit werden sollte.

1 Erstellt eine Zeitleiste zum Leben des jungen Goethe.
Tragt in diese neben wichtigen biografischen Informationen auch Werke ein, die in dieser Zeit entstanden. Verwendet hierzu verschiedene Farben.
Ergänzt eure Aufzeichnungen mit Abbildungen aus dem Internet.

2 a Um das Handeln einer literarischen Figur besser zu verstehen, kann man mit ihr ein ausgedachtes Interview führen. Formuliert ein Interview, in dem ihr Goethe zu folgenden Aspekten befragt:

- Vereinbarkeit von Beruf und schriftstellerischer Tätigkeit
- Italienische Reise
- Hintergründe seiner Trennung von Friederike
- Entstehung und Verbot des Romans *Die Leiden des jungen Werthers*

b Stellt eure Ergebnisse in der Klasse vor. Bewertet die Interviews nach folgenden Kriterien:

- Art der Fragstellung
- Informationsgehalt der Antworten
- Höflichkeit im Umgang mit dem Gesprächspartner

Friedrich Schiller

Ein junger Mann flieht vor seinem Fürsten und landet einen Theatererfolg

Johann Christoph Friedrich Schiller wurde 1759 in Marbach am Neckar geboren. Sein Vater war Militärarzt. Obwohl er schon im Alter von 13 Jahren erste Theaterstücke schrieb, sollte Friedrich auf Wunsch des Vaters Theologie studieren, um Pfarrer zu werden.
Auf Befehl des Herzogs von Württemberg musste Friedrich mit 14 Jahren in die Karlsschule eintreten, in der militärische Disziplin, absoluter Gehorsam und bedingungslose Unterordnung von den Schülern gefordert waren. Der Unterricht begann um sieben Uhr und dauerte bis sechs Uhr abends, Ferien gab es nicht. Literatur und Kunst hatten hier keinen Platz. Dennoch schrieb Schiller heimlich in der wenigen freien Zeit, die ihm blieb.
1780, nach Beendigung seiner Schulzeit, trat er widerwillig eine Stelle als Militärarzt an. Nebenbei beendete er ein Theaterstück, mit dem er bekannt werden sollte: *Die Räuber.* In diesem Theaterstück geht es um den Streit zwischen zwei adligen Brüdern, von denen der eine zum Räuberhauptmann wird und so mit den gesellschaftlichen Vorstellungen seiner Zeit radikal bricht. Da Schiller bei der Erstaufführung 1781 in Mannheim dabei sein wollte, entfernte er sich unerlaubt vom Dienst. Die Aufführung wurde ein umjubelter Erfolg. Dem Herzog allerdings war das Stück ein Dorn im Auge: Schiller erhielt eine 14-tägige Haftstrafe und den herzoglichen Befehl, nur noch medizinische Schriften zu verfassen.
Voller Verzweiflung floh er mit seinem Freund. Da er sich ohne Erlaubnis aus dem Herzogtum sowie von seinem Regiment entfernte, galt Schiller somit als fahnenflüchtig. Aus Rücksicht auf seinen Vater hatte er die Entscheidung zu fliehen lange hinausgezögert.
Schillers Flucht führte ihn von Württemberg über Hessen nach Thüringen. 1783 trat er in Mannheim eine Stelle als Theaterdichter an. Viele bekannte Theaterstücke entstanden zu dieser Zeit, etwa ein bürgerliches Trauerspiel *(Kabale und Liebe),* das 1784 uraufgeführt wurde. In diesem Stück geht es anhand einer Liebesbeziehung zwischen der bürgerlichen Luise und dem jungen Adligen Ferdinand wieder um die Freiheit des Menschen gegenüber den politischen und moralischen Zwängen der Ständegesellschaft.
Im gleichen Jahr geriet Schiller, dessen Gesundheit bereits angegriffen war, in finanzielle Bedrängnis, denn sein Vertrag am Theater wurde nicht verlängert.

1 Erstellt eine Zeitleiste zum Leben des jungen Schiller. Tragt in diese neben wichtigen biografischen Informationen auch Werke ein, die in dieser Zeit entstanden. Verwendet verschiedene Farben. Ergänzt eure Aufzeichnungen mit Abbildungen aus dem Internet.

2 Vergleicht die Lebensgeschichten Goethes und Schillers.
Nennt die wichtigsten Unterschiede und Gemeinsamkeiten.

3 In der damaligen Zeit war es nicht üblich, sich dem Willen der Eltern zu widersetzen und sein Leben nach eigenen Vorstellungen zu gestalten. Diskutiert darüber, wie in der heutigen Zeit Auflehnung gegen die Eltern definiert wird und was „Freiheit" für euch bedeutet.

9.2 Die Weimarer Klassik (1786–1805)

Gereifte Dichter

Das vom Lateinischen *classicus* abgeleitete Adjektiv klassisch bedeutet im übertragenen Sinn mustergültig, vorbildlich oder vollendet. Im letzten Drittel des 18. Jahrhunderts verstand man darunter die Auseinandersetzung mit der antiken Welt der Griechen und Römer. Der Gedanke der auf Menschlichkeit begründeten Vernunft steht hierbei im Mittelpunkt. Das Ideal ist die Harmonie, der Gleichklang von Mensch und Natur. Das Wahre, Gute und Schöne wird hervorgehoben, um eine ausgewogene, ideale Ordnung zu schaffen. Aufgabe der Kunst sollte es sein, die Menschen in ihrem Charakter zu bilden, um so das Zusammenleben zu verbessern.

In der Literatur wird diese Epoche vor allem durch Goethe und Schiller bestimmt. Aus den leidenschaftlichen und gefühlsbetonen „Stürmern und Drängern" wurden maßvolle, gereifte Schriftsteller. Trotz der zehn Jahre Altersunterschied, sozialer Unterschiede und der literarischen Konkurrenz fanden die beiden zueinander und erkannten letztendlich neidlos den Erfolg des anderen an. Da beide schließlich in Weimar sesshaft wurden, spricht man auch von der „Weimarer Klassik". Zeitlich ist die Epoche durch zwei Ereignisse einzugrenzen: Sie beginnt mit Goethes Italienreise 1786 bis 1788 und dessen Auseinandersetzung mit antiken Ideen und endet mit Schillers Tod 1805.

Schon 1776 war Goethe nach Weimar gezogen. Er war Minister für Verwaltungsangelegenheiten, bewohnte ein herrschaftliches Haus und hatte neben seinen Verpflichtungen noch genügend Zeit, um als Naturforscher und Schriftsteller tätig zu sein. Er stand in der Gunst der höfischen Gesellschaft und wurde von der gebildeten Hofdame Charlotte von Stein mit einflussreichen Persönlichkeiten bekannt gemacht. Auch Schiller bekam durch seine Ehefrau Charlotte Zugang zum Weimarer Hof, da sie die Patentochter von Frau von Stein war. Seit 1799 lebte er ebenfalls in Weimar, allerdings wesentlich bescheidener, da er als Universitätsprofessor schlecht verdiente und auf die finanzielle Unterstützung wohlhabender Gönner angewiesen war. Finanzielle Sorgen plagten ihn und seine stetig wachsende Familie lange Zeit. Zudem kränkelte er häufig, viele schwere Erkrankungen, vor allem der Atemwege, zwangen ihn zu längeren Pausen. Seit 1794 gab Schiller eine literarische Zeitschrift, die *Horen,* heraus, für die er Goethe als Autor gewinnen konnte.

Auch über ihre Ideen tauschten sie sich nun intensiv aus. Schiller war häufig bei Goethe zu Gast und sprach mit ihm über Literatur, Politik und naturwissenschaftliche Studien. Zudem schrieben sich die beiden Freunde auch viele Briefe. Kurz vor seinem Tod veröffentliche Goethe 1829 diesen Briefwechsel. Schon zu Schillers Lebzeiten war beiden Männern bewusst, dass ihre Dichterfreundschaft etwas Besonderes war und öffentliche Aufmerksamkeit fand. Beide Schriftsteller blieben sich zeitlebens verbunden und wurden auf Goethes Wunsch hin in der Fürstengruft in Weimar beerdigt.

1 Vervollständigt euren Zeitstrahl zum Leben Goethes bzw. Schillers (▸ S. 174 f.) mit den Informationen aus dem Text.

2 Schiller bemühte sich von Anfang an um einen Austausch mit Goethe. Dieser jedoch reagierte zunächst zurückhaltend. Nennt mögliche Gründe.

Friedrich Schiller

Die Bürgschaft (1798)

Zu Dionys, dem Tyrannen, schlich
Damon, den Dolch im Gewande:
Ihn schlugen die Häscher[1] in Bande.
„Was wolltest du mit dem Dolche? sprich!"
Entgegnet ihm finster der Wüterich.
„Die Stadt vom Tyrannen befreien!"
„Das sollst du am Kreuze bereuen."

„Ich bin", spricht jener, „zu sterben bereit
Und bitte nicht um mein Leben;
Doch willst du Gnade mir geben,
Ich flehe dich um drei Tage Zeit,
Bis ich die Schwester dem Gatten gefreit[2];
Ich lasse den Freund dir als Bürgen,
Ihn magst du, entrinn' ich, erwürgen."

Da lächelt der König mit arger List
Und spricht nach kurzem Bedenken:
„Drei Tage will ich dir schenken.
Doch wisse, wenn sie verstrichen, die Frist,
Eh' du zurück mir gegeben bist,
So muss er statt deiner erblassen[3],
Doch dir ist die Strafe erlassen."

Und er kommt zum Freunde: „Der König gebeut[4],
Dass ich am Kreuz mit dem Leben
Bezahle das frevelnde Streben.
Doch will er mir gönnen drei Tage Zeit,
Bis ich die Schwester dem Gatten gefreit;
So bleib du dem König zum Pfande,
Bis ich komme, zu lösen die Bande[5]."

Und schweigend umarmt ihn der treue Freund
Und liefert sich aus dem Tyrannen;
Der andere ziehet von dannen.
Und ehe das dritte Morgenrot scheint,
Hat er schnell mit dem Gatten die Schwester vereint,
Eilt heim mit sorgender Seele,
Damit er die Frist nicht verfehle.

Da gießt unendlicher Regen herab,
Von den Bergen stürzen die Quellen,
Und die Bäche, die Ströme schwellen.
Und er kommt ans Ufer mit wanderndem Stab,
Da reißet die Brücke der Strudel herab,
Und donnernd sprengen die Wogen
Des Gewölbes krachenden Bogen.

1 Häscher: Verfolger, *hier:* Leibwache
2 gefreit: verheiratet
3 erblassen: *hier:* sterben
4 gebeut: gebietet
5 Bande: *hier:* Verpflichtung

Und trostlos irrt er an Ufers Rand:
Wie weit er auch spähet und blicket
Und die Stimme, die rufende, schicket.
Da stößet kein Nachen[6] vom sichern Strand,
Der ihn setze an das gewünschte Land,
Kein Schiffer lenket die Fähre,
Und der wilde Strom wird zum Meere.

Da sinkt er ans Ufer und weint und fleht,
Die Hände zum Zeus erhoben:
„O hemme des Stromes Toben!
Es eilen die Stunden, im Mittag steht
Die Sonne, und wenn sie niedergeht
Und ich kann die Stadt nicht erreichen,
So muss der Freund mir erbleichen."

Doch wachsend erneut sich des Stromes Wut,
Und Welle auf Welle zerrinnet,
Und Stunde an Stunde entrinnet.
Da treibt ihn die Angst, da fasst er sich Mut
Und wirft sich hinein in die brausende Flut
Und teilt mit gewaltigen Armen
Den Strom, und ein Gott hat Erbarmen.

Und gewinnt das Ufer und eilet fort
Und danket dem rettenden Gotte;
Da stürzet die raubende Rotte[7]
Hervor aus des Waldes nächtlichem Ort,
Den Pfad ihm sperrend, und schnaubet Mord
Und hemmet des Wanderers Eile
Mit drohend geschwungener Keule.

„Was wollt ihr?", ruft er vor Schrecken bleich,
„Ich habe nichts als mein Leben,
Das muss ich dem Könige geben!"
Und entreißt die Keule dem Nächsten gleich:
„Um des Freundes willen erbarmet euch!"
Und drei mit gewaltigen Streichen
Erlegt er, die andern entweichen.

Und die Sonne versendet glühenden Brand,
Und von der unendlichen Mühe
Ermattet sinken die Knie:
„O hast du mich gnädig aus Räubershand,
Aus dem Strom mich gerettet ans heilige Land,
Und soll hier verschmachtend verderben,
Und der Freund mir, der liebende, sterben!"

Und horch! da sprudelt es silberhell,
Ganz nahe, wie rieselndes Rauschen,
Und stille hält er, zu lauschen;
Und sieh, aus dem Felsen, geschwätzig, schnell,
Springt murmelnd hervor ein lebendiger Quell,
Und freudig bückt er sich nieder
Und erfrischet die brennenden Glieder.

Und die Sonne blickt durch der Zweige Grün
Und malt auf den glänzenden Matten
Der Bäume gigantische Schatten;
Und zwei Wanderer sieht er die Straße ziehn,
Will eilenden Laufes vorüberfliehn,
Da hört er die Worte sie sagen:
„Jetzt wird er ans Kreuz geschlagen."

Und die Angst beflügelt den eilenden Fuß,
Ihn jagen der Sorge Qualen;
Da schimmern in Abendrots Strahlen
Von ferne die Zinnen von Syrakus[8],
Und entgegen kommt ihm Philostratus,
Des Hauses redlicher Hüter,
Der erkennet entsetzt den Gebieter:

6 Nachen: kleines Boot

7 Rotte: Bande

8 Syrakus: Stadt auf Sizilien

„Zurück! du rettest den Freund nicht mehr,
So rette das eigene Leben!
Den Tod erleidet er eben.
Von Stunde zu Stunde gewartet' er
Mit hoffender Seele der Wiederkehr,
Ihm konnte den mutigen Glauben
Der Hohn des Tyrannen nicht rauben."

„Und ist es zu spät, und kann ich ihm nicht,
Ein Retter, willkommen erscheinen,
So soll mich der Tod ihm vereinen.
Des rühme der blut'ge Tyrann sich nicht,
Dass der Freund dem Freunde gebrochen die Pflicht,
Er schlachte der Opfer zweie
Und glaube an Liebe und Treue!"

Und die Sonne geht unter, da steht er am Tor,
Und sieht das Kreuz schon erhöhet,
Das die Menge gaffend umstehet;
An dem Seile schon zieht man den Freund empor,
Da zertrennt er gewaltig den dichten Chor:
„Mich, Henker", ruft er, „erwürget!
Da bin ich, für den er gebürget!"

Und Erstaunen ergreifet das Volk umher,
In den Armen liegen sich beide
Und weinen vor Schmerzen und Freude.
Da sieht man kein Auge tränenleer,
Und zum Könige bringt man die Wundermär;
Der fühlt ein menschliches Rühren,
Lässt schnell vor den Thron sie führen,

Und blicket sie lange verwundert an.
Drauf spricht er: „Es ist euch gelungen,
Ihr habt das Herz mir bezwungen,
Und die Treue, sie ist doch kein leerer Wahn[9] –
So nehmet auch mich zum Genossen an.
Ich sei, gewährt mir die Bitte,
In eurem Bunde der Dritte!"

9 Wahn: *hier:* leeres Wort

1 Hört euch den Text an oder lasst ihn euch vortragen. Macht euch Notizen zu folgenden Leitfragen:
- Welche Figuren treten in der Ballade auf?
- Wann und wo spielt die Geschichte?
- Welches Problem haben die beiden Freunde?
- Wie verhält sich der Herrscher zu Beginn und am Ende der Geschichte?

2 Die Bedeutung von Freundschaft ist das zentrale Thema des Gedichts.
a Nennt Textstellen, die belegen, was die einzelnen Personen darunter verstehen.
b Erklärt, warum ein Tyrann in den Freundschaftsbund aufgenommen werden möchte. Könnt ihr diesen Wunsch nachvollziehen? Nehmt Stellung zum Schluss der Ballade.

3 Freund oder Follower? Erklärt, ob es hier für euch einen Unterschied gibt.

4 Diskutiert darüber, was ihr für einen Freund tun würdet.

Johann Wolfgang Goethe

Faust. Eine Tragödie (1808)

60 Jahre lang hat Goethe immer wieder an dem Theaterstück gearbeitet. Grundlage des *Faust*-Stoffs ist ein Volksbuch aus dem Jahr 1587, das von der Geschichte des Alchemisten und Zauberkünstlers Georg Faust handelt, dem man einen Pakt mit dem Teufel unterstellte. Dieser Sagenstoff war sehr bekannt, wurde unter anderem als Puppenspiel aufgeführt und vielfach literarisch aufgegriffen. Nach Goethes erster Auseinandersetzung mit dem *Faust*-Stoff entstand 1775/76 der *Urfaust,* der überarbeitete *Faust I* erschien 1808 und der zweite Teil erst nach Goethes Tod 1832.

Im Mittelpunkt des ersten Teils des Dramas steht Dr. Faust, ein Gelehrter, der nach langem Streben und Studieren erkennt, „dass wir nichts wissen können". In seiner Verzweiflung nimmt er auch die Magie zu Hilfe. Es erscheint ihm ein schwarzer Pudel, der sich schließlich in den Teufel (Mephistopheles) verwandelt. Dieser bietet ihm einen schrecklichen Pakt an: Er will Faust helfen, zur endgültigen Erkenntnis zu gelangen, dafür darf er nach Fausts Tod über dessen Seele verfügen. Faust willigt ein. Wenn er endlich zur Ruhe kommt und nicht mehr rastlos nach mehr Wissen und Erkenntnis strebt, dann will er bereitwillig sterben *(„Werd ich zum Augenblicke sagen: Verweile doch! Du bist so schön!").* Der Teufel versucht nun, den weltfremden Faust mit verschiedenen Vergnügungen zu verführen. Durch einen Zaubertrank wird der alternde Faust zu einem jungen Mann und er verliebt sich in ein junges Mädchen, in Margarete (Gretchen). Faust bedrängt Mephisto, ihn mit Gretchen zusammenzubringen. Diese ist gerade bei Frau Marthe. Für den nächsten Abend wird ein Treffen in Frau Marthes Garten verabredet.

1 Formuliert drei Fragen zum Text. Stellt euch anschließend gegenseitig die Fragen.

GARTEN

(Margarete an Faustens Arm. Marthe mit Mephistopheles auf und ab spazierend.)

MARGARETE: Ich fühl' es wohl, dass mich der Herr nur schont,
Herab sich lässt, mich zu beschämen.
Ein Reisender ist so gewohnt,
Aus Gütigkeit fürlieb zu nehmen;
Ich weiß zu gut, dass solch erfahrnen Mann
Mein arm Gespräch nicht unterhalten kann.
FAUST: Ein Blick von dir, ein Wort mehr unterhält
Als alle Weisheit dieser Welt. *(Er küsst ihre Hand.)*
MARGARETE: Inkommodiert[1] Euch nicht! Wie könnt Ihr sie nur küssen?
Sie ist so garstig, ist so rau!
Was hab' ich nicht schon alles schaffen müssen!
Die Mutter ist gar zu genau.
[...]
Ja, aus den Augen aus dem Sinn!
Die Höflichkeit ist Euch geläufig;

1 sich inkommedieren: (veraltet) sich Mühe machen

Allein Ihr habt der Freunde häufig,
Sie sind verständiger, als ich bin.
FAUST: O Beste! glaube, was man so verständig nennt,
Ist oft mehr Eitelkeit und Kurzsinn.
MARGARETE: Wie?
FAUST: Ach, dass die Einfalt, dass die Unschuld nie
Sich selbst und ihren heil'gen Wert erkennt!
Dass Demut, Niedrigkeit, die höchsten Gaben
Der liebevoll austeilenden Natur –
MARGARETE: Denkt Ihr an mich ein Augenblickchen nur,
Ich werde Zeit genug an Euch zu denken haben.
FAUST: Ihr seid wohl viel allein?
MARGARETE: Ja, unsre Wirtschaft ist nur klein,
Und doch will sie versehen sein.
Wir haben keine Magd; muss kochen, fegen, stricken
Und nähn und laufen früh und spat;
Und meine Mutter ist in allen Stücken
So akkurat[2]!
Nicht dass sie just so sehr sich einzuschränken hat;
Wir könnten uns weit eh'r als andre regen:
Mein Vater hinterließ ein hübsch Vermögen,
Ein Häuschen und ein Gärtchen vor der Stadt.
Doch hab' ich jetzt so ziemlich stille Tage;
Mein Bruder ist Soldat,
Mein Schwesterchen ist tot.
Ich hatte mit dem Kind wohl meine liebe Not;
Doch übernähm' ich gern noch einmal alle Plage,
So lieb war mir das Kind.
FAUST: Ein Engel, wenn dir's glich.
[...]
Du hast gewiss das reinste Glück empfunden.
MARGARETE: Doch auch gewiss gar manche schwere Stunden.
Des Kleinen Wiege stand zu Nacht
An meinem Bett; es durfte kaum sich regen,
War ich erwacht;
Bald musst' ich's tränken, bald es zu mir legen,
Bald, wenn's nicht schwieg, vom Bett aufstehn
Und tänzelnd in der Kammer auf und nieder gehn,
Und früh am Tage schon am Waschtrog stehn;
Dann auf dem Markt und an dem Herde sorgen,
Und immer fort wie heut so morgen.
Da geht's, mein Herr, nicht immer mutig zu;
Doch schmeckt dafür das Essen, schmeckt die Ruh.
[...]
FAUST: Du kanntest mich, o kleiner Engel, wieder,
Gleich als ich in den Garten kam?

Xylographie von Alexander L. Meyer, um 1870

2 akkurat: ordentlich, genau

MARGARETE: Saht Ihr es nicht? Ich schlug die Augen nieder.
FAUST: Und du verzeihst die Freiheit, die ich nahm?
Was sich die Frechheit unterfangen,
Als du jüngst aus dem Dom gegangen?
MARGARETE: Ich war bestürzt, mir war das nie geschehn;
Es konnte niemand von mir Übels sagen.
Ach, dacht' ich, hat er in deinem Betragen
Was Freches, Unanständiges gesehn?
Es schien ihn gleich nur anzuwandeln,
Mit dieser Dirne[3] gradehin zu handeln.
Gesteh' ich's doch! Ich wusste nicht, was sich
Zu Eurem Vorteil hier zu regen gleich begonnte;
Allein gewiss, ich war recht bös' auf mich,
Dass ich auf Euch nicht böser werden konnte.
FAUST: Süß Liebchen!
MARGARETE: Lasst einmal!
(Sie pflückt eine Sternblume und zupft die Blätter ab, eins nach dem andern.)
FAUST: Was soll das? Einen Strauß?
MARGARETE: Nein, es soll nur ein Spiel.
FAUST: Wie?
MARGARETE: Geht! Ihr lacht mich aus. *(Sie rupft und murmelt.)*
FAUST: Was murmelst du?
MARGARETE *(halblaut)*: Er liebt mich – liebt mich nicht.
FAUST: Du holdes Himmelsangesicht!
MARGARETE *(fährt fort)*: Liebt mich – Nicht – Liebt mich – Nicht – *(Das letzte Blatt ausrupfend, mit holder Freude:)* Er liebt mich!
FAUST: Ja, mein Kind! Lass dieses Blumenwort
Dir Götterausspruch sein. Er liebt dich!
Verstehst du, was das heißt? Er liebt dich! *(Er fasst ihre beiden Hände.)*
MARGARETE: Mich überläuft's!
FAUST: O schaudre nicht! Lass diesen Blick,
Lass diesen Händedruck dir sagen,
Was unaussprechlich ist:
Sich hinzugeben ganz und eine Wonne
Zu fühlen, die ewig sein muss!
Ewig! – Ihr Ende würde Verzweiflung sein.
Nein, kein Ende! Kein Ende! *(Margarete drückt ihm die Hände, macht sich los und läuft weg. Er steht einen Augenblick in Gedanken, dann folgt er ihr.)*

3 die Dirne: *hier* in der alten Bedeutung „das Mädchen“ gebraucht

2 a Lest den Textauszug. Fasst den Inhalt in eigenen Worten zusammen.
b Heute würden sich Faust und Gretchen anders unterhalten. Schreibt den Text in Jugendsprache um.
c Tragt eure Textfassungen mit verteilten Rollen vor.

3 Faust und Gretchen dürfen sich nicht allein treffen – das gilt in der damaligen Gesellschaft als unangemessen. Diskutiert darüber, welche Freiheiten Jugendliche in dieser Hinsicht heute haben.

Faust verführt Gretchen schließlich mit Mephistos Hilfe. Mephisto reißt Faust nun von Gretchen weg und zeigt ihm den Tanz der Hexen auf dem Blocksberg.

4 Vermutet, warum Faust dem Teufel gehorcht und Gretchen verlässt.

Kurz darauf stellt Gretchen fest, dass sie ein Kind erwartet. Sie ist verzweifelt, denn eine unverheiratete Mutter wird von der Gesellschaft der damaligen Zeit verachtet und ausgegrenzt. Als Gretchens Bruder Valentin erfährt, wer der Vater des ungeborenen Kindes ist, stellt er Faust zur Rede. Es kommt zum Duell, in dem Faust Gretchens Bruder tötet. Bruder und Mutter sind tot, der Geliebte ist verschwunden: Gretchen tötet schließlich in ihrer Verzweiflung das Kind nach der Geburt. Sie wird als Kindsmörderin zum Tod verurteilt und wartet im Gefängnis auf ihre Hinrichtung. Faust erfährt davon und bittet Mephisto, ihn zu der Geliebten zu bringen und sie zu befreien. Er macht Mephisto bittere Vorwürfe, dass dieser Gretchen ins Unglück gerissen habe.

5 Mephisto weist jede Schuld an Gretchens Schicksal von sich. Begründet, warum er damit nicht ganz Unrecht hat.

6 Diskutiert darüber, warum die „Gretchen-Tragödie“ in der heutigen Zeit anders verlaufen wäre. Welche Möglichkeiten hätte Gretchen heute?

Gretchen ist im Gefängnis wahnsinnig geworden. Als sie Faust wiedersieht, erkennt sie, dass er sich mit dem Teufel verbündet hat. Sie wendet sich voller Grauen von Faust ab, um ihre Strafe zu empfangen. Faust glaubt Gretchen nun endgültig verloren, doch aus dem Nichts ertönt plötzlich die Stimme: „Sie ist errettet!“

7 Erklärt, was mit dem Satz „Sie ist errettet“ gemeint ist.

Fausts Versuch, Gretchen mit Hilfe von Mephisto vor dem sicheren Tod zu bewahren, ist gescheitert. Er ist tief erschüttert und wird anschließend vom Teufel fortgerissen. Neue Erfahrungen warten auf ihn, die sich ihm dann im zweiten Teil der Tragödie offenbaren.

8 Diskutiert darüber, warum Faust I nicht mit einem Happy End schließen kann.

9 Stellt euch vor, Gretchen hätte die Tragödie überlebt und stellt Faust nun zur Rede. Entwickelt ein Rollenspiel:
– Welche Vorwürfe macht ihm Gretchen?
– Was bringt Faust zu seiner Verteidigung vor?
Stellt den Dialog vor und lasst euch ein Feedback geben.

10 Auch heute kann man in den Bann von Personen, Dingen oder Tätigkeiten geraten, die einen schädigenden Einfluss haben. Sammelt Beispiele.

Wissen und Können **Die Tragödie**

In einer Tragödie gerät die Hauptfigur in einen **unlösbaren Konflikt** oder in eine **ausweglose Lage.** Keine ihrer Entscheidungen würde zu einem positiven Ausgang der Handlung führen. Am Ende „zerbricht“ der tragische Held, oft stirbt er sogar.

Testet euer Wissen!

„Sturm und Drang“

Goethe und Schiller prägten die Epoche des „Sturm und Drang“. Notiert vom Vornamen des Jüngeren die ersten beiden Buchstaben.

Mit dem Theaterstück „Die Räuber“ wurde Schiller bekannt. Doch seinem Landesherrn war das Stück ein Dorn im Auge und Schiller erhielt neben einer Haftstrafe auch Schreibverbot als Schriftsteller. Wie reagierte er darauf? Übernehmt den vierten und fünften Buchstaben des ersten Wortes und den letzten Buchstaben des fünften Wortes aus dem richtigen Lösungssatz.

A Er bat den Herzog um eine Aussprache.
B Gemeinsam mit seinem Freund floh er außer Landes.
C Erst nach dem Tod seines Herrschers schrieb er weitere Werke.
D Er schrieb über seinen Herzog ein Gedicht, in dem er ihn als guten Herrscher pries.

Die Schriftsteller des „Sturm und Drang“ sahen den Menschen als Genie an. Darunter verstanden sie ...

A ... die überdurchschnittliche Begabung eines naturliebenden Menschen.
B ... die reine schöpferische Kraft eines naturverbundenen Menschen.
C ... die genialen Ideen eines glücklichen Menschen.
D ... einen traurigen Menschen, der seine Gefühle in der Natur auslebt.

Vervollständigt den Satzanfang mit der richtigen Lösung. Notiert vom zweiten Wort des richtigen Lösungssatzes den zweiten und dritten und vom vierten Wort den letzten Buchstaben.

Das Lösungswort drückt aus, was sich die jungen Schriftsteller in einer Gesellschaft voller Zwänge und Unterdrückung sehnlichst wünschten.

Klassik

Ordnet den Erklärungen A bis D die passenden Namen und Begriffe aus dem Kasten zu.

A Bedeutung des lateinischen Begriffs „classicus“.
B Stadt, in der Goethe und Schiller seit Ende des 18. Jahrhunderts lebten.
C Name des Mädchens, das von Faust ins Unglück gestürzt wird.
D Dieses Land besuchte Goethe gleich zweimal.

1 Italien
2 mustergültig, vorbildlich, vollendet
3 Gretchen
4 Spanien
5 einfach, schön, natürlich
6 München
7 Eva
8 Weimar

9.3 Projekt: Goethes „Faust" – Zu Zitaten aus einem literarischen Werk eigene Texte verfassen

„Die Botschaft hör ich wohl, allein mir fehlt der Glaube."

1 a Lest den Text und beschreibt, in welchem Zusammenhang das Zitat aus dem „Faust" hier eingebunden worden ist.
b Erklärt die Bedeutung der Redewendung.
c Nennt weitere Situationen, in denen die Redewendung gebraucht werden kann.
d Findet Textstellen, welche die Situation besonders anschaulich machen.

Als Hannes ins Wohnzimmer kam, sah er seinen Vater mit einer großen Tasse Kaffee am Fenster stehen. Er blickte hinaus in den Himmel und wirkte völlig in Gedanken versunken. Es war an der Zeit zu reden, Hannes wusste es. Doch nach dem heftigen Streit vorhin war es gar nicht so einfach, den ersten Schritt zu tun. Würde sein Vater ihm überhaupt zuhören wollen? Nach all den Gemeinheiten, die er ihm im Eifer des Gefechts an den Kopf geworfen hatte? Er fasste sich ein Herz und setzte sich schweigend auf das Sofa. Die Stille im Raum war unerträglich, noch viel unangenehmer als die lautstarke Auseinandersetzung zuvor. Sein Vater drehte sich nach einer gefühlten Ewigkeit zu ihm um und sah ihn nachdenklich an. Als er endlich zu sprechen begann, war sein Tonfall ganz leise und weich, gar nicht mehr so polternd und wütend wie vorhin. „Ich glaube dir schon, dass du im nächsten Schuljahr mehr lernen willst. Ich will mich nicht mit dir wegen deiner Schulnoten streiten – denn ich war auch nicht gut in Mathe. Aber es hilft doch alles nichts, wenn du nicht schleunigst versuchst, deine Wissenslücken aufzufüllen, wirst du das nächste Schuljahr nicht schaffen." Hannes schluckte, er spürte einen dicken Kloß in seinem Hals. Insgeheim musste er seinem Vater zustimmen: Von einigen Stoffgebieten hatte er wirklich kaum einen blassen Schimmer. Doch er würde es allen zeigen! Er würde sich nun jeden Tag nachmittags mit seinem Freund Paul hinsetzen und lernen. Wäre doch gelacht, wenn er in der nächsten Schulaufgabe nicht eine deutlich bessere Note schreiben könnte! „Papa, du kannst mir vertrauen – ich werde ab morgen mein Handy freiwillig nachmittags in die Küche legen und dann mit Paul Mathe lernen. Der ist wirklich gut und kann mir auch alles so erklären, dass ich es verstehe!" Er sah seinen Vater zuversichtlich an. Dieser musterte ihn nachdenklich und schwieg. „Was hältst du denn nun von meinem Vorschlag?", bohrte Hannes nach. „Ach weißt du, die Botschaft hör ich wohl, allein mir fehlt der Glaube", murmelte sein Vater kaum hörbar.

Denn was man schwarz auf weiß besitzt, kann man getrost nach Hause tragen. • Mit Worten lässt sich trefflich streiten. • Hier bin ich Mensch, hier darf ich's sein. • Es irrt der Mensch, solang er strebt. • Ja, aus den Augen, aus dem Sinn! • Der Worte sind genug gewechselt, lasst mich auch endlich Taten sehen. • Das also war des Pudels Kern!

1 Wählt eine Redewendung aus.

2 Bildet Gruppen und verfasst eine lebendige und stimmungsvolle Geschichte zu der Redewendung, die ihr gewählt habt.
Geht dabei so vor:

1. Schritt
Tauscht euch über eure Redewendung aus und recherchiert im Internet, was sie bedeutet.

2. Schritt
Notiert auf einem kleinen Plakat eure Redewendung und formuliert eine Erklärung, z. B.:
In der Redewendung geht es darum, dass …

3. Schritt
Legt ein Placemat an und schreibt eure Redewendung in die Mitte. Notiert in eurem Feld stichwortartig Ideen zu eurer Geschichte. Dreht das Blatt dann im Uhrzeigersinn, lest und kommentiert die Vorschläge der anderen Gruppenmitglieder. Einigt euch zum Schluss auf eine Schreibidee.

4. Schritt
Notiert in einer Checkliste, worauf ihr bei einer anschaulichen Erzählung achten solltet. Orientiert euch dabei am Erzähltext auf der vorherigen Seite.

5. Schritt
Verfasst in der Gruppe die Geschichte. Überlegt euch, ob ihr aus der Ich- oder der Er-/Sie-Perspektive schreiben wollt. Denkt daran, bei der wörtlichen Rede die Satzzeichen richtig zu setzen.

6. Schritt
Bewertet die Gruppentexte eurer Klasse mit der Methode „Kommentarlawine“.
- Gebt euren Gruppentext im Uhrzeigersinn an die Nachbargruppe weiter.
- Lest und kommentiert den Text, den ihr erhaltet, nach folgenden Kriterien:
  - Ist die Geschichte logisch aufgebaut?
  - Kann sich der Leser in die Situation hineinversetzen?
  - Wird das Problem oder der Konflikt deutlich erklärt?
  - Findet sich an einer Stelle im Text die Redewendung wieder?
  - Trifft die Erzählung die Bedeutung der Redewendung?
- Reicht die von euch kommentierte Geschichte an die Nachbargruppe weiter und bewertet den nächsten Text.
- Notiert in grüner Farbe, was ihr gelungen findet. Schreibt Verbesserungsvorschläge in Rot dazu.

7. Schritt
Überarbeitet eure eigene Geschichte, nachdem ihr sie zurückerhalten habt.

10 Fenster zur Welt –
Zeitungstexte

1 Beschreibt das Bild. Was ist daran besonders ungewöhnlich?

2 Diskutiert: Wozu lesen Menschen Zeitung?

a Welche Tages- oder Wochenzeitungen lest ihr? Nennt Titel, auch fremdsprachige.

b Führt in der Klasse eine mündliche Umfrage durch:
- Wer liest welche Zeitung wie oft?
- Welche Themen interessieren euch?

3 Woher bezieht ihr sonst noch Informationen über das aktuelle Tagesgeschehen? Tauscht euch aus.

In diesem Kapitel …

- informiert ihr euch über den Aufbau von Zeitungen einschließlich Online-Zeitungen,
- lernt ihr journalistische Textsorten kennen,
- beschreibt ihr Vor- und Nachteile unterschiedlicher Informationsmedien.

10.1 Aktuelle Ereignisse – Zeitungstexte gedruckt und online untersuchen

Boulevard oder Abonnement? – Zeitungstypen unterscheiden

Hell und Dunkel: Die große Caravaggio-Ausstellung in München › Feuilleton

Süddeutsche Zeitung

MÜNCHNER NEUESTE NACHRICHTEN AUS POLITIK, KULTUR, WIRTSCHAFT UND SPORT

Das Streiflicht

Erste Hilfe für Notre-Dame

Schon am Tag nach dem verheerenden Brand starten Initiativen zur Rekonstruktion der Pariser Kathedrale, 600 Millionen Euro Spenden sind zugesagt. Experten gehen davon aus, dass die Grundstruktur der Kirche hält. Die Ursache des Feuers ist noch ungeklärt

Karlsruhe berät über Sterbehelfer

Abschiebe-Gesetz soll Kabinett passieren

Außerdem in dieser Ausgabe

Neue Panne bei Ermittlungen in Lügde

Bio gegen Grün

Bundeswehr-Jet entgeht Unglück nur knapp

AfD muss 400 000 Euro Strafe zahlen

20°/1°

Immer mehr Banken lösen alte Konten auf

Sparbuch-Alarm!

SO RETTEN SIE JETZT IHR GELD

MITTWOCH, 17. APRIL 2019

Bild

UNABHÄNGIG · ÜBERPARTEILICH

Erstmal zu Penny

1.79

PENNY.

Hoeneß provoziert den DFB

Sollen Kerzen aufstellen, dass der FC Bayern neue Spieler liefert

LESERBRIEFE

Das Wunder von Paris

Notre-Dame hat das Höllen-Feuer überstanden. BILD beschreibt die Heiligtümer in der Kathedrale – und wie sie vor den Flammen gerettet wurden

GEWINNER

VERLIERER

1 Betrachtet die Titelseiten zweier Zeitungen vom selben Tag.

a Nennt das Thema, das beide Tageszeitungen aufgreifen.

b Vergleicht die Gestaltung (das Layout) der Titelseiten und die Schlagzeilen zu diesem Ereignis. Notiert die Unterschiede.

c Begründet, für welche der beiden Zeitungen ihr euch entscheiden würdet.

2 Das Layout der beiden Titelseiten ist unterschiedlich. Erstellt eine einfache Skizze zu beiden Titelseiten, in die ihr folgende Fachbegriffe an der richtigen Stelle eintragt.

Zeitungskopf • Aufmacherfoto • Schlagzeile • Unterzeile • Vorspann • Spaltendruck • Impressum • Werbeanzeigen • Leitartikel

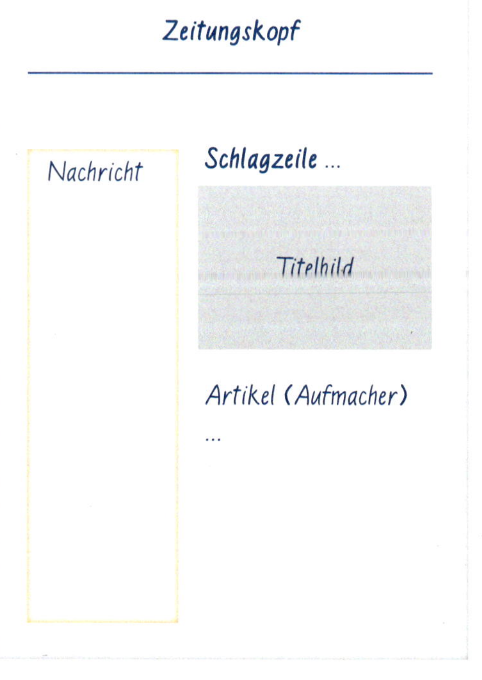

Mich interessieren vor allem regionale Themen. Welche kulturellen Veranstaltungen finden im Landkreis statt? Was hat sich in der Stadtpolitik ereignet? **A**

Ich möchte mich ausführlich über das politische und wirtschaftliche Geschehen im gesamten Land informieren. **B**

Also, ich muss schon zugeben – gelegentlich lasse ich mich von einer besonders auffälligen Überschrift oder einem interessanten Bild zum Kauf animieren. **C**

Wochentags komme ich oft nur dazu, mich über die Radio- und Fernsehnachrichten auf dem Laufenden zu halten. Über wichtige Themen informiere ich mich dann gerne ausführlich am Wochenende. **D**

3 Stellt Vermutungen dazu an, welche Zeitung die Personen oben wählen könnten. Lest hierzu die Information unten im Merkkasten.

4 Diskutiert: Welche Voraussetzungen muss eine Tageszeitung erfüllen, damit ihr sie gerne lest. Orientiert euch an den im Wortspeicher genannten Aspekten.

preisgünstig • aktuell • bunt • wichtige Themen • unterhaltend • gründlich recherchiert • überall erhältlich • viele Bilder • große Überschriften • interessante Themen • nicht wertend • viele Werbeanzeigen • Horoskope • sachlicher Stil • nicht diffamierend • seriöse Quellen

Wissen und Können **Zeitungstypen unterscheiden**

Zeitungen können z. B. unterschieden werden nach ihrer Erscheinungshäufigkeit **(Tages-** oder **Wochenzeitung),** nach dem Verbreitungsgebiet **(regionale Zeitung** oder **überregionale Zeitung)** und nach ihrem journalistischen Anspruch **(seriöse Presse** oder **Boulevardzeitung).**

- **Boulevardzeitungen** (franz. *boulevard:* große Straße) werden auf der Straße oder am Kiosk verkauft. Sie haben einen hohen Unterhaltungswert und oft eine **reißerische Aufmachung** (plakative Schlagzeilen, hoher Bildanteil, auffällige Farben, wenig Text), z. B.: *BILD* (überregionale Tageszeitung), *Münchner Abendzeitung* (regionale Tageszeitung).
- **Abonnementzeitungen** werden hauptsächlich bestellt (abonniert). Sie haben einen hohen Informationswert und zählen so zur **seriösen Presse,** z. B.: *Mittelbayerische Zeitung* (regionale Tageszeitung), *Süddeutsche Zeitung* (überregionale Tageszeitung).
- **Regionale Zeitungen** (Lokalzeitungen) erscheinen nur in einer bestimmten Gegend, z. B.: *Nürnberger Nachrichten* (regionale Tageszeitung).
- **Überregionale Zeitungen** kann man in ganz Deutschland beziehen, z. B.: *DIE ZEIT* (überregionale Wochenzeitung).

Ordnung im Blätterwald – Ressorts unterscheiden

EU-Gipfel in Brüssel
Illegales Wettrennen nach Diskobesuch endete tödlich
Neuinszenierung von Lessings Drama „Nathan der Weise“ in den Münchner Kammerspielen
Jahreshauptversammlung des örtlichen Helferkreises
Google unter Druck
Erneutes Treffen von Trump und Putin
Literaturpreis in Stockholm vergeben
Straubinger Tigers gewannen Eishockey gegen starke Gegner
Nürnberg: Der 1. FC auf Erfolgskurs
Fachkräftemangel bremst Wirtschaft
Hohe Besucherzahlen im Historischen Museum Nürnberg

1 Lest die Schlagzeilen und ordnet sie den verschiedenen Ressorts zu. Nutzt dazu den Wissen-und-Können-Kasten unten.

2 Schlagzeilen unterliegen bestimmten Regeln.
a Beschreibt, was beim Formulieren einer Schlagzeile zu beachten ist.
b Formuliert selbst eine Schlagzeile, die ein Geschehen vom Schultag auf den Punkt bringt.

3 Neben Texten, die den unten genannten Ressorts zuzuordnen sind, gibt es in Zeitungen weitere Elemente zur Unterhaltung und/oder Information.
a Tauscht euch darüber aus, was in eurer Familie gern genutzt wird.
b Überlegt, was in Lokalzeitungen besonders interessant für die Leser ist.

4 Marktplatz-Zeitung.
a Fertigt in **Expertengruppen** Zeitungscollagen an. Geht dabei so vor:
– Bildet Gruppen zu den Ressorts Politik, Wirtschaft, Sport, Kultur, Lokales.
– Sammelt eine Woche lang interessante Artikel zu eurem Ressort.
– Fertigt aus euren Artikeln eine Collage. Hängt sie im Klassenraum auf.
b Bildet **Präsentationsgruppen** und stellt euch gegenseitig eure Collagen vor.

Stellt eure Ergebnisse an so genannten „Marktständen“ im Klassenzimmer aus. Wandert von Collage zu Collage und lasst euch die Ressorts von den jeweiligen Experten erklären.

Wissen und Können **Die Ressorts (Themenbereiche) einer Zeitung**

- Zeitungen sind nach Themen geordnet. Diese nennt man **Ressorts.**
- Die wichtigsten Ressorts sind *Politik, Wirtschaft, Kultur* (auch: *Feuilleton* nach: franz. Blättchen), *Wissen, Sport und Lokales, Aus aller Welt.*
- Je nach Zeitung gibt es noch die Rubriken: *Unterhaltung* oder *Spezialthemen.*
- Die Redakteure spezialisieren sich auf einen Themenbereich. Überregionale Themen werden von Agenturen übernommen, z. B.: **d**eutsche **P**resse**a**gentur (dpa).

Immer auf dem Laufenden: Die Onlinezeitung

1 Beschreibt die Seite aus der Onlineausgabe der „Passauer Neue Presse".
Falls ihr Internetzugang habt, könnt ihr die Seite auch direkt aufrufen. Nutzt die folgenden Begriffe:

Suchfunktion • Reiter zu den Ressorts • Schlagzeile • Bilderstrecken • Vorlesefunktion • Link zur Fortsetzung des Zeitungsartikels • Link zu weiteren Artikeln • Archiv • Audiodateien

2 Diskutiert Vor- und Nachteile von Onlinezeitungen. Gebt an, welche zusätzlichen Funktionen die Onlinezeitung im Vergleich zur herkömmlichen Tageszeitung (Printausgabe) bietet.
Wo könnten die Kritikpunkte liegen?

Wissen und Können Zeitungen online lesen

Die meisten Zeitungen bieten heute neben der **gedruckten Ausgabe (Printversion)** auch eine **Onlineausgabe** im Internet an. Man kann sie als E-Paper abonnieren und auf digitalen Geräten lesen. Onlinezeitungen und E-Paper verfügen über verschiedene Besonderheiten:

- Sie werden **ständig aktualisiert,** auch mehrmals täglich.
- Sie sind **interaktiv.** Leser können Artikel kommentieren oder an Abstimmungen teilnehmen.
- Die Inhalte sind **multimedial,** d. h., die Zeitung kann auch Film- oder Tonbeiträge enthalten.
- Sie reißen auf der Startseite lediglich Themen an. **Links** führen zu weiteren Informationen.
- Es gibt eine **Such- und Archivfunktion,** über die Leser gezielt Artikel suchen können.

Pressefreiheit – Fakt von Fake unterscheiden

Grundgesetz für die Bundesrepublik Deutschland
Artikel 5

(1) Jeder hat das Recht, seine Meinung in Wort, Schrift und Bild frei zu äußern und zu verbreiten und sich aus allgemein zugänglichen Quellen ungehindert zu unterrichten. Die Pressefreiheit und die Freiheit der Berichterstattung durch Rundfunk und Film werden gewährleistet. Eine Zensur findet nicht statt.
(2) Diese Rechte finden ihre Schranken in den Vorschriften der allgemeinen Gesetze, den gesetzlichen Bestimmungen zum Schutze der Jugend und in dem Recht der persönlichen Ehre.
(3) Kunst und Wissenschaft, Forschung und Lehre sind frei. Die Freiheit der Lehre entbindet nicht von der Treue zur Verfassung.

1 a Lest Artikel 5 des Grundgesetzes der Bundesrepublik Deutschland.
b Erklärt, welche Freiheiten dieser Artikel dem einzelnen Journalisten bietet.
c Formuliert, wodurch diese Freiheiten eingeschränkt sind. Nennt Beispiele.

2 In den sozialen Medien kann jeder Nachrichten verfassen und ist damit an den Artikel 5 gebunden. Diskutiert, welche Konsequenzen das für das Nutzerverhalten hat.

3 Sicher ist euch der Begriff „Fake News“ schon begegnet. Sprecht darüber, was gemeint ist, und nennt Beispiele.

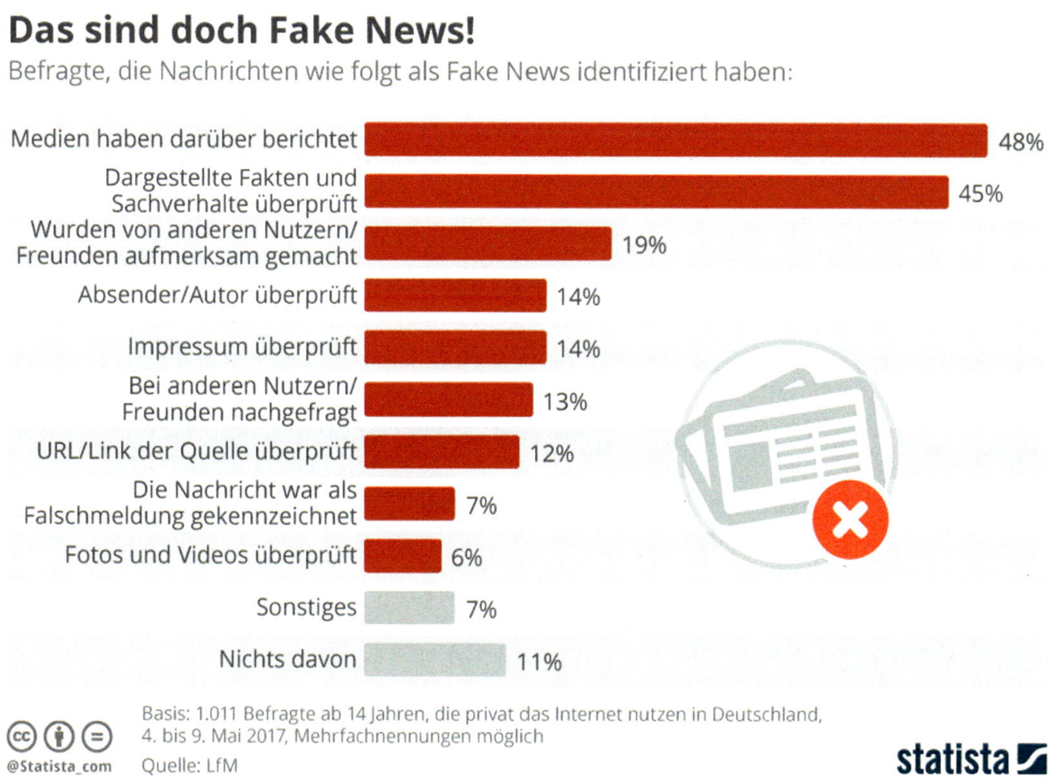

4 Falschmeldungen sind leider nicht selten.

a Verschafft euch einen Überblick über die Grafik. Worüber gibt sie Auskunft? Formuliert in ganzen Sätzen. Beachtet dabei unbedingt die Legende am unteren Rand.
●○○ Beginnt so: *Das Balkendiagramm gibt in genauen Angaben wieder, wie viel Prozent der 1011 im Mai 2017 Befragten im Alter ab 14 Jahren …*

b Wertet die im Diagramm enthaltenen Angaben aus.
- Welche Strategien, Fake News zu erkennen, werden genannt?
- Welche Strategien bevorzugen Internetnutzer, um Falschmeldungen zu entlarven?
- Lassen die Prozentangaben Rückschlüsse darauf zu, welche Strategien am ehesten zum Ziel führen?
- Stellt Vermutungen darüber an: Was könnte unter „Sonstiges“ gemeint sein?

c Formuliert Tipps, wie man Falschmeldungen auf die Schliche kommen kann. Nutzt dazu eure Analyseergebnisse der vorausgehenden Teilaufgaben.

> Unter Legende **versteht** man eine **erläuternde Bildunterschrift** zu Grafiken und Diagrammen. Darin werden die verwendeten Symbole und Farben erklärt. Ihr findet sie meistens unterhalb oder am Rand der Grafik.

5 Fake News werden häufig über soziale Medien verbreitet.
Besprecht in der Klasse folgende Fragen:
- Wer hat daran Interesse, Falschmeldungen in Umlauf zu bringen?
- Warum eignen sich digitale Medien eher als Printmedien für die Verbreitung?
- Was können solche Nachrichten bewirken?

10.2 Notre-Dame brennt – Journalistische Textsorten unterscheiden

Objektiv berichten und subjektiv werten

Notre-Dame: Feuerwehrmann vergleicht Einsätze mit Hochleistungssport

Drei Monate nach dem Brand vor Ort: Wie sich der Platz rund um Notre-Dame verändert hat.

Notre-Dame hat genug. Spendet für andere!

Brand in Pariser Kathedrale Notre-Dame

1 Die Schlagzeile selbst gibt oft schon Auskunft darüber, in welcher Form informiert wird.

a Lest die Schlagzeilen. Stellt Vermutungen darüber an, ob die zu den Schlagzeilen gehörenden Artikel den Vorfall eher objektiv darstellen oder subjektiv bewerten.

b Lest das Merkwissen unten auf der Seite. Entscheidet euch dann, welche Schlagzeile über welcher Textsorte steht. Begründet eure Festlegung.

2 Die verschiedenen journalistischen Textsorten verfolgen unterschiedliche Zielsetzungen. Nutzt euer Vorwissen und die Informationen aus dem Merkkasten, um den journalistischen Textsorten A–D die jeweils richtige Intention zuzuordnen.

A Meldung, Nachricht, Bericht	**1** Befragung eines Experten oder Betroffenen
B Reportage	**2** Meinungsäußerung und Bewertung
C Kommentar	**3** objektive Berichterstattung
D Interview	**4** Information und Unterhaltung durch subjektive Eindrücke

Wissen und Können **Journalistische Textsorten unterscheiden**

Die verschiedenen journalistischen Textsorten unterscheiden sich durch ihre Intentionen.

- **Meldung, Nachricht und Bericht** informieren sachlich und wahrheitsgetreu über ein Ereignis oder ein aktuelles Thema.
  - Die **Meldung** gibt nur den Kern eines Ereignisses in aller Kürze wieder.
  - Eine **Nachricht** enthält noch weitere wichtige Informationen.
  - Ein **Bericht** informiert ausführlich über Einzelheiten.
- **Reportagen** informieren und unterhalten zugleich, indem sie sachliche Informationen durch subjektive Eindrücke und Schilderungen ergänzen.
- **Interviews** werden geführt, um Fachleute, Wissenschaftler, aber auch Betroffene zu einem Thema, Ereignis oder einer Person zu befragen.
- **Kommentare** sind subjektiv wertende Artikel, in denen der Verfasser seinen Standpunkt zu einem dem Leser bereits bekannten Thema äußert und begründet.

Von der Meldung zur Reportage

1 Überschriften, Zwischenüberschriften und Layout geben erste Anreize, einen Text zu lesen.
a Formuliert ausgehend vom Layout eure Erwartungen an die beiden folgenden Texte.
b Sammelt in der Klasse Fragen, die vor allem der zweite Text vermutlich beantwortet. Bezieht Abbildungen, Zwischenüberschriften und die Hyperlinks mit ein.

Brand in der Pariser Kathedrale Notre-Dame

In der weltberühmten Kathedrale Notre-Dame ist am Montagabend ein Feuer ausgebrochen. Über dem Wahrzeichen waren Flammen und eine riesige Rauchsäule zu sehen. Wenig später brach der kleine Spitzturm in der Mitte des Daches zusammen. Das Feuer hatte sich offenbar auf dem Dachboden der Kirche entzündet und könnte mit Renovierungsarbeiten zusammenhängen.

Nach dem Feuer in Notre-Dame

Wie der Brand Paris berührt

Die Menschen können es nicht fassen. Am Tag danach hält Paris immer wieder inne. Viele einzelne Schweigeminuten. Szenen aus einer trauernden Stadt.

Angie Pohlers, Richard Friebe, Giacomo Maihofer

Die Pariser Kathedrale steht in Flammen. Foto: Stefano Zaccaria

Auch am Dienstagmorgen ist die Île de la Cité, die Seine-Insel, auf der sich Notre-Dame befindet, noch abgesperrt. Polizisten versuchen, Autoverkehr und Fußgängerströme in Einklang zu bringen, die Situation ist etwas chaotisch – zu eng sind die Bürgersteige hier am Südufer, zu viele Menschen sind unterwegs, auch weil zwei U-Bahn-Stationen in der Gegend wegen des Brandes in der vergangenen Nacht nicht bedient werden. Viele Menschen machen sich zu Fuß auf den Weg zur Arbeit und nehmen sich einen Moment, um Notre-Dame, die Kathedra-

le, die nun ohne Dach und Spitze, dafür mit halb eingestürztem Baugerüst dasteht, zu betrachten und Fotos zu machen.
[…] An der Seite des Kirchenschiffes, über dem Bogen eines Rosettenfensters, sieht man die Spuren ganz deutlich. Rußschlieren ziehen sich am Gemäuer hoch.
„Als ich aufgewacht bin, hatte ich Angst, dass über Nacht noch mehr kaputtgegangen ist." Im Innenraum war Muriel Taupin zuletzt im Herbst, bei gutem Wetter sitzt sie gern auf dem Platz davor, mit Blick auf die zwei Türme, die gerade von Einsatzkräften auf Hebebühnen in Augenschein genommen werden. Taupin ist glühende Pariserin. Und Saint-Michel, das Viertel gleich südlich von Notre-Dame, sei das schönste der ganzen Stadt. „Alle verreisen, aber ich finde, es ist nirgends so toll wie hier."

Sie wird die Kirche nie mehr so sehen, wie sie war

Sie wünscht sich, dass genau aufgeklärt wird, ob bei den Reinigungsarbeiten am Dach Fehler gemacht wurden, die zum Ausbruch des Feuers führten – und dass alles getan wird, um Notre-Dame wieder aufzubauen. Sie sieht die Situation düster. „Ich glaube nicht, dass ich Notre-Dame in meinem Leben nochmal genauso sehe, wie es war. Das wird Jahrzehnte dauern." Muriel Taupin ist 47 Jahre alt.
Als das Feuer ausbrach, war Jackie Gibson gerade dabei, ihr Café am Quai de Montebello zu schließen. Sie sah die ersten Rauchschwaden aufsteigen, bald kamen die ersten Rettungswagen an, die glücklicherweise kaum gebraucht wurden. „Dann hat es noch eine gute Dreiviertelstunde gedauert, bis die ersten Feuerwehrkräfte da waren." Der Feierabendverkehr in diesem Teil von Paris ist legendär nervenaufreibend, Gibson nimmt an, dass es daran lag, dass die Löschfahrzeuge nicht schneller durchgekommen sind. „Als die Flammen später auch aus den unteren Fenstern des Kirchenschiffs zu sehen waren, habe ich geweint." Bis 23 Uhr ist sie geblieben, da war das Feuer noch nicht gelöscht, aber sie musste endlich ihren kleinen Sohn ins Bett bringen. […]

Eine Frau stimmt „Ave Maria" an

Einheimische und Touristen kommen zielstrebig auf die Brücke, unterbrechen ihren Weg durch die Nacht, obwohl gleich die letzte Métro fährt. An dieser Stelle sind es vielleicht 150, 200 Leute. Rund um die Insel gibt es diese Orte, wo Menschen stehen bleiben. Es ist seltsam still. Und Notre-Dame in Flammen.
Die Blicke gehen rüber zu den zwei wuchtigen gotischen Kalksteintürmen, die ein paar hundert Meter entfernt zwischen herrschaftlichen Fassaden zu erahnen sind. Eine Frau stimmt „Ave Maria" an, liest den Text vom Handy ab. Wer kann, stimmt mit ein. Kamerateams halten fast dankbar drauf. Ein Mann bläst auf seinem Horn ein paar schiefe Töne, lässt es bald wieder sein, untröstlich. Improvisierte Trauer. […]

Sie war ein Symbol der Beständigkeit

Notre-Dame, 130 Meter lang, 50 Meter breit und bis zu 69 Meter hoch, besucht von bis zu 14 Millionen Menschen jährlich, der Grundstein wurde 1163 gelegt, ist ein Symbol der Beständigkeit im krisengeschüttelten Frankreich. War ein Symbol der Beständigkeit.
Und Notre-Dame ist ein Wirtschaftsfaktor, das darf man nicht vergessen, sagt Chave und nickt rüber zu ihrer Kollegin Celia Bachmann, die nicht so viele Worte findet. Dabei hat sie sonst jede Menge zu erzählen, wenn es um Notre-Dame geht. Regelmäßig führt sie deutsche Touristen rund um die Kirche. Wer weiß, sagt sie, wie lange es dauern wird, bis man die berühmten leuchtend blauen Rosettenfenster wieder von innen wird sehen können? […]

„Wir werden eine Woche weinen"

[…] Unten am Wasser ist es voller als sonst. Am frühen Dienstagnachmittag klappen die Bouquinistes ihre dunkelgrünen Metallstände mit den alten Büchern, Comicheften und Schallplatten auf, als ob nichts gewesen wäre. Einheimische schieben Fahrräder über den engen Bürgersteig, haben Aktentaschen in der Hand und schauen mit halb offenen Mündern rüber zur Kathedrale, ihrer Kathedrale. Das „Notre“ im Namen fühlt man heute mehr als sonst. Viele bleiben für einen Moment stehen, lauter einzelne Schweigeminuten. „Wir werden eine Woche weinen, und dann wird es eben weitergehen“, sagt ein Mann in sein Handy. *

2 Lest die Meldung und die Reportage zum Brand der Kathedrale Notre-Dame.

3 Schon das Layout lässt die Textsorte „Reportage“ erkennen.

a Belegt diese Aussage, indem ihr den Gestaltungsmitteln links unten die jeweiligen Funktionen rechts im Wortspeicher zuordnet. Schreibt ins Heft.

b Ergänzt eure Zuordnungen durch Beispiele aus dem Text (mit Zeilenangaben).

Dachzeile • Schlagzeile • Vorspann • Autorennamen • Fotos/Grafiken • Zwischenüberschriften • Hyperlinks • Bildunterschriften

die Gefühle der Leser ansprechen • die Schlagzeile erläutern • zum Weiterlesen motivieren • Recherchen vor Ort beweisen • Interesse wecken • Verknüpfungen herstellen • den Textinhalt kurz zusammenfassen • den Artikel inhaltlich und optisch gliedern • Leseanreiz schaffen • Blickfang bieten • genauer erklären • auf Text mit subjektiven Eindrücken, Bewertungen und Kommentaren verweisen

4 Reportagen informieren sachlich anhand von wichtigen Hintergrundinformationen, geben aber auch subjektive Eindrücke von einem Ereignis wieder.

a Stellt objektive Informationen über die Kathedrale Notre-Dame und den Brand zusammen.

b Fasst Textstellen, die Bewertungen der Verfasser erkennen lassen, knapp zusammen.

c Erklärt, warum es wichtig ist, dass der Leser subjektive Bewertungen erkennen kann.

5 Die Reportage „Wie der Brand Paris berührt“ enthält einige Zitate.

a Nennt Beispiele und gebt die wörtlichen Aussagen kurz wieder.

b Erläutert die Funktion der Zitate.

Wissen und Können **Intention und Textsorte am Layout erkennen**

Das Layout (die Gestaltung), z. B.: Schlagzeilen, Untertitel, Fotos und Grafiken, gliedert und organisiert Zeitungstexte und erfüllt zugleich bestimmte Funktionen.

- **Sachlich formulierte Schlagzeilen** verweisen auf informierende Texte (Nachricht, Bericht), Artikel mit subjektiver Darstellung (Reportage, Features) haben oft **plakativ-wertende Schlagzeilen.**
- **Fotos vom Geschehensort** bürgen für Authentizität, d. h., sie zeigen, dass direkt vor Ort recherchiert wurde.
- Der **Name des Reporters** steht für die **persönliche, subjektive Sichtweise,** ebenso die Wiedergabe direkter Äußerungen und Wertungen von Personen in Form von **Zitaten.**

Gezielt gefragt – Das Interview

„Als ich die Bilder sah, dachte ich, der Dom ist verloren"

Albrecht Broemme, Brandschutzexperte und Präsident des Technischen Hilfswerks im Interview mit Friederike-Zoë Grasshoff

SZ: Herr Broemme, was haben Sie gedacht, als Sie vor dem Fernseher saßen und die Notre-Dame in Flammen stehen sahen?

Albrecht Broemme: Diese Bilder aus Paris haben mich sehr berührt. Wenn man sieht, wie Notre-Dame plötzlich lichterloh brennt. Mich trieben vor allem zwei Sorgen um: Brennt die Kirche ganz ab? Und: Schaffen die Feuerwehrleute es, diesen schwierigen Einsatz ohne Unfälle zu überstehen? Beides ist Gott sei Dank nicht eingetreten. [...] Die Kräfte der Pariser Feuerwehr haben einen wunderbaren Job gemacht.

Was macht den Einsatz an einem Monument wie der Notre-Dame besonders schwierig?

Die Notre-Dame liegt auf einer Insel, wir reden hier von einem Bauwerk mit monumentalen Ausmaßen, mit Höhen von an die hundert Meter, wo keine Drehleiter mehr hinreicht und man erst mal die Treppen hochlaufen muss. Der Farbe der Flammen nach zu urteilen müssen die Temperaturen bei 800, 900 Grad gelegen haben. Außerdem fand der Einsatz unter den Augen der Weltöffentlichkeit statt. Das sind mehrere Stressfaktoren, die hier zusammenkamen. [...]

Wie läuft so ein Einsatz ab? Man ist im Dienst und dann kommt der Notruf: In einem der bedeutendsten Wahrzeichen Europas brennt es ...

Für solche Fälle liegen in den meisten Feuerwehrautos Notfallpläne, die beziehen sich etwa auf das Objekt Notre-Dame oder auf die Kulturgüter in diesem Objekt; da steht auch drin, wo und in welcher Reihenfolge sie aus dem Feuer geholt werden sollen. Offenbar hat das gut funktioniert, die Dornenkrone, die Jesus am Tag

seiner Kreuzigung getragen haben soll, ist gerettet worden. [...]

Wie setzt man bei solchen Einsätzen die Prioritäten?

Wenn es ein bewohntes Haus wäre, würde die Priorität auf Menschenrettung liegen, sie geht dann vor Brandbekämpfung. Hier haben wir ein historisches Gebäude und da gilt der Grundsatz: „Rettung von Kulturgut geht vor Brandbekämpfung". [...]

Haben Sie es bei diesen schrecklichen Bildern für möglich gehalten, dass die beiden charakteristischen Türme der Notre-Dame stehen bleiben?

Als ich die Bilder sah, dachte ich, der Dom ist verloren. Es hätte nicht viel gefehlt, dann hätte der Dachstuhl weitergebrannt und dann wären die beiden markanten Türme auch von den Flammen erfasst worden – und dann wären die Glocken runtergekommen. Man ist sehr umsichtig mit der Situation umgegangen. Wie gesagt, die Pariser Feuerwehr hat einen wunderbaren Job gemacht. *

1 Lest das Interview und beantwortet anschließend die folgenden Fragen:
- Mit wem wird das Interview geführt? Wer interviewt?
- Worüber wird gesprochen?
  Fasst das Thema möglichst in einem Satz zusammen.

2 Lest die folgenden Aussagen und vervollständigt sie in eurem Heft.
- Der Brandschutzexperte lobt die Pariser Feuerwehr, weil ? .
- Die Farbe der Flammen zeigte, dass ? .
- Wenn ein bewohntes Haus brennt, müssen ? .
- Wenn ein historisches Gebäude oder Denkmal brennt, müssen ? .
- Die Türme der Notre-Dame wurden nicht von den Flammen erfasst, weil ? .

3 Erklärt: Wie erreicht die Interviewerin es gleich zu Beginn des Gesprächs, dass sich der Experte ausführlich äußert?

4 In einem Interview werden gezielt verschiedene Arten von Fragen eingesetzt.

a Lest gezielt die von Friederike-Zoë Grasshoff formulierten Fragen.

b Prüft anschließend, um welchen Fragetyp es sich jeweils handelt.
Lest hierzu den Merkkasten unten auf der Seite.
Entscheidet: Handelt es sich um eine Motivations-/Erzählfrage, um eine Einschätzungsfrage oder eine Konkretisierungsfrage?

c W-Frage oder Entscheidungsfrage: Erwägt die Vor- und Nachteile des Fragetyps für ein Interview.

5 Überlegt weitere Fragen, die ihr dem Brandschutzexperten gern stellen würdet.
Notiert sie und gebt auch schriftlich eine mögliche Antwort.

6 Entscheidet, welche der beiden Aussagen A oder B auf die Textsorte „Interview" zutrifft.
Begründet eure Entscheidung mit Belegen aus dem Text.

A Interviews beschränken sich auf die Wiedergabe von objektiven Informationen.
B Interviews bieten Informationen und die subjektive Einschätzungen der Befragten.

Wissen und Können **Interviews untersuchen**

In Interviews werden **Fachleute** oder **Betroffene** zu einem Thema befragt. Um für den Leser interessante Antworten zu erhalten, setzen Interviewer folgende Fragetypen gezielt ein:
- **Erzähl- oder Motivationsfrage:** Sie umreißt das Thema und wird oft als Einstiegsfrage zu Beginn des Interviews gestellt.
- **Konkretisierungsfrage:** Meist als W-Frage formuliert, fordert sie die interviewte Person dazu auf, einen Vorgang oder einen Zusammenhang näher zu erklären.
- **Entscheidungs- oder Einschätzungsfrage:** Auf diese Frage kann mitunter nur mit Ja oder Nein geantwortet werden. Der Befragte soll eine Situation oder einen Vorfall beurteilen.

Die Antworten der Interviewpartner beschränken sich in der Regel nicht auf sachliche Informationen, sie geben auch persönliche Haltungen zum Thema wieder.

Testet euer Wissen!

Rund um die Zeitung

A

Schulstreich landet vor Gericht

Opfer hatte monatelang Schmerzen

Hannover. Er zog seinem Mitschüler den Stuhl weg und landete deshalb vor dem Amtsgericht Hannover. Dort ist ein heute 17-Jähriger am Dienstag …

B

„Der/Die/Das Nutella"

Was die Anrufer der Duden-Hotline beschäftigt – trotz vieler Korrekturprogramme

„Anachronismus" ist kein einfaches Wort. Wer wissen will, wie man es schreibt, kann die Duden-Sprachberatung anrufen, statt wild herumzugoogeln. Deren Leiterin Kathrin Kunkel-Razum über die deutsche Rechtschreibung im Internetzeitalter und warum wir so oft an ihr verzweifeln.

SZ: Die Duden-Redaktion hat eine lange Liste „schwieriger Wörter" erstellt. Sie beginnt mit „asozial" und endet mit „zuwider". Ist Deutsch trotzdem eine schöne Sprache?

Kathrin Kunkel-Razum: Auf jeden Fall. Nehmen Sie ein Wort wie „fluffig", das erst seit 2006 im Duden steht …

C

Ferienjob im Phantasialand

In wenigen Schritten nach Mexiko

Brühl. 20 Jahre nach seinem ersten Ferienjob wagt sich GA-Reporter Simon Bartsch zurück ins Phantasialand. Dort arbeitet er als Achterbahn-Kontrolleur und als Aushilfe bei der Eiskunstlauf-Show.

Das Brüllen einer Raubkatze durchbricht die morgendliche Stille. Palmen säumen den kleinen Weg, auf der anderen Seite der Pflanzen stürzen sich Touristen in den todesmutigen Kampf mit der Black Mamba. Afrika ist so nah. In diesem Fall mitten in Brühl. Während junge Menschen und Familien ihren ersten Urlaubstag in dem Freizeitpark genießen, heißt es für mich richtig anpacken. Ich werde heute Ferienjobs im Phantasialand ausprobieren …

1 Bestimmt bei jedem Textausschnitt, um welche journalistische Textsorte es sich handelt.

2 Ordnet den Fachbegriffen in der linken Spalte die jeweilige Definition zu und schreibt die richtigen Kombinationen in euer Heft.

A Reportage	**1** wertender Text, in dem ein Autor zu einem Thema Stellung bezieht
B Boulevardzeitung	**2** Textanfang, der den Leser mitten ins Geschehen führt
C Ressorts	**3** Artikel, der anschaulich und lebendig über ein Ereignis informiert
D Kommentar	**4** sensationsorientierte Zeitung
E szenischer Einstieg	**5** Themengebiete einer Zeitung, z. B.: Politik, Sport ...

3 Vergleicht eure Ergebnisse mit einer Lernpartnerin / einem Lernpartner.

10.3 Projekt: Eine Reportage schreiben

Schritt für Schritt zur Reportage

Informationen aus erster Hand

von Daniela Albrecht, Redakteurin des Viechtacher Bayerwald-Boten

Was passiert während einer Nachtschicht bei der Viechtacher Polizei, was erleben Polizisten auf Streife und wann schlafen die Beamten während der zwölf Stunden dauernden Nachtschicht?

Diese Fragen sind Ausgangspunkt meiner Recherche für eine Reportage über eine Nachtschicht bei der Viechtacher Polizei gewesen. Einfach so die Zeit bei der Polizei zu verbringen, geht allerdings nicht. Außer, man randaliert betrunken und wird für eine Nacht in die Ausnüchterungszelle eingewiesen. Das kam für mich nicht in Frage.

Also ging ich den offiziellen Weg – über eine Anfrage an die Pressestelle des Polizeipräsidiums Niederbayern in Straubing, die mein Gesuch an die örtliche Polizeiinspektion weitergab. Nach einem ausführlichen Gespräch mit dem Inspektionsleiter stand der Termin für meine Vorort-Recherche. Vom Schreibtisch aus besorgte ich mir vorab Zahlen und Fakten zur Polizeiarbeit, zum Einzugsbereich der PI Viechtach und tauschte mich mit meinen Redaktionskollegen darüber aus, was wir uns von der Geschichte erwarten.

Eines Nachts im Juli 2017 hatte ich dann meine „Nachtschicht“ bei der Polizei. Statt ins Bett ging es auf die Wache – ausgerüstet mit Kamera, Notizbuch, Kugelschreibern und Bleistiften. Drei Polizeibeamte erwarteten mich bereits. Zum „Warmlaufen“ interviewte ich sie zunächst in großer Runde, fragte sie, was so los ist in einer Nacht, und ließ sie erzählen von Einsätzen. Ich machte mir parallel Notizen – nicht nur davon, was sie berichteten, sondern auch darüber, was ich sah und im Hintergrund hörte. Danach startete ich zusammen mit zwei Polizisten zu einer Streifenfahrt durch die nächtliche Stadt. Ich saß dabei hinten im Polizeiauto, bekam live mit, wohin der Kollege, der in der Wache geblieben war, die Streife per Funk schickte.

Auf dem Weg zu einer Personenkontrolle entdeckten die beiden Polizisten vor uns ein Auto, bei dem ein Rücklicht kaputt war. Was ich sonst

nur aus Filmen kannte, passierte nun in echt. Das Polizeiauto überholte den Wagen und via Leuchtschrift am Auto forderten die Polizisten den Fahrer auf anzuhalten, was dieser auch tat. Obwohl es dunkel war im Wagen, schrieb ich meine Eindrücke auf. Ich stand etwas abseits, schließlich gehörte ich nicht zur Polizei. Ich war zwar mittendrin, aber nur als Beobachterin. Die Beamten ermahnten den Autofahrer, das Rücklicht reparieren zu lassen. Er sollte an einem der folgenden Tage bei der Polizeiinspektion vorbeikommen und das Auto vorführen.
Zurück im Polizeiauto kam über Funk die Nachricht von einem Wildunfall. Die Streife machte sich auf zum Unfallort, wo sie den Unfall aufnahm und sich vom Fahrer berichten ließ, wohin das Tier gelaufen ist. Danach verständigten die Beamten den zuständigen Jäger. Ich machte Fotos vom Unfallauto und vom Polizeibeamten, wie er den Unfallschaden begutachtete und auf Spuren des Rehs hin absuchte. Damit wollte ich meine Reportage bebildern.

Auf der Wache ging es ans Verfassen der Protokolle. Und ich dachte, jetzt sei Schlafenszeit oder wenigstens Zeit für eine Pause! Aber da hatte ich mich getäuscht. Dafür hatte ich jetzt auch die Gelegenheit, mit den einzelnen Beamten allein zu sprechen. Ich ließ mir berichten, wie sie den Schichtdienst aushalten, wie sie sich ihren Alltag einrichten und wie sie es schaffen, durchzuhalten und wach zu bleiben.
Am nächsten Tag schaute ich meine Notizen durch, markierte wichtige Aussagen und Beschreibungen und schrieb meinen Artikel. Zahlen und Fakten wechseln sich mit erlebten Szenen ab, dazwischen gebe ich auch die eine oder andere Aussage direkt oder indirekt wieder. Im nächsten Schritt geht es an die Auswahl der Fotos, mit denen ich meinen Artikel bebildern möchte, und ich formuliere die dazugehörigen Bildunterschriften. Es kann auch vorkommen, dass ich noch offene Fragen habe, dann muss ich meine Interviewpartner noch mal anrufen, um Unklarheiten zu beseitigen oder Namen und Zahlen abzuklären. Und irgendwann landet der Text dann auf einer Zeitungsseite und erscheint am nächsten Tag in unserer Lokalausgabe.

1 Die Entstehung einer Reportage verläuft in mehreren Schritten.
a Lest den Text gezielt: Welche Arbeitsschritte werden genannt?
b Erstellt ein Flussdiagramm, das die Abfolge der Arbeitsschritte bei der Entstehung einer Reportage grafisch umsetzt. Bringt dazu die folgenden Stichpunkte in die richtige Reihenfolge.

Textabgabe in der Redaktion • Notizen, Bilder und Informationen sortieren • Suche nach Informationsquellen • Überarbeitung des Artikels • Themensuche • Sammeln eigener Eindrücke • Recherche bei Betroffenen und/oder Experten • Verfassen des Textes • Fotos erstellen

Schritt 1: Den Entstehungsprozess klären

1 Daniela Albrecht, die Redakteurin des Viechtacher Bayerwald-Boten, hat das Thema für ihre Reportage selbst gewählt. Das ist bei Zeitungstexten nicht immer so.
a Sammelt weitere Anlässe dafür, dass Artikel in der Zeitung erscheinen.
b Benennt mögliche Informationsquellen.

2 Geht das Flussdiagramm zur Entstehung einer Reportage noch einmal durch (▸ S. 202, Aufg. 1 b). Die einzelnen Schritte verweisen auf Textelemente, die in Berichten fehlen. Nennt diese.

Schritt 2: Das Thema finden

3 Eure Schülerzeitung plant eine Reihe von Reportagen mit dem Titel „Unterwegs mit …“. Lest die im Cluster aufgeführten möglichen Themen und ergänzt weitere.

Unterwegs mit …
- … dem Hausmeister
- … einem Streitschlichter
- … einem Mitschüler mit einem besonderen Hobby
- … einem Linkshänder
- … einer Reinigungskraft an unserer Schule
- … dem Schulbusfahrer

4 a Wählt eines der genannten Themen und bildet themenspezifische Gruppen.
b Plant und schreibt in der Gruppe eine Reportage zu eurem Thema. Orientiert euch dabei an den im Flussdiagramm aufgeführten Schritten (▸ S. 202, Aufg. 1) und bearbeitet die folgenden Aufgaben.

Schritt 3: Die Reportage planen

5 Erstellt einen Rechercheplan nach folgendem Muster.

Welche Fragen interessieren die Leser?	Woher bekommen wir Sachinformationen?	Welche Erlebnisse und Stimmungen sollen geschildert werden?	Welches Bildmaterial wird benötigt?
…	– *Zeitungen, Bibliotheken*	…	…

6 Sucht geeignete Interviewpartner und führt Befragungen durch (▸ S. 199, Aufg. 4).

Schritt 4: Die Reportage schreiben und das Layout gestalten

7 Nutzt für euren Artikel folgende Hilfestellungen:
- Formuliert einen szenischen Einstieg (▸ S. 200 und Kap. 11, S. 211).
- Verwendet sprachliche Mittel der Reportage (▸ Kap. 11, S. 212).
- Formuliert einen interessanten Schluss (Ausblick, Wunsch, kritische Frage).

8 Schreibt die Reportage am PC und gestaltet das Layout (▸ S. 197).

Schritt 5: Die Reportage überarbeiten

9 Tauscht eure Texte und überarbeitet sie nach der ESAU-Methode.

Wissen und Können **Einen Text nach der ESAU-Methode überarbeiten**

ESAU steht für das **E**rgänzen, das **S**treichen, das **A**ustauschen und das **U**mstellen.

- **Ergänzen:**
  Wo fehlt ein Gedanke, eine Information, ein Wort oder ein Satz?
  Beispiel: *Ein Linkshänder muss die richtige Stifthaltung erlernen.*
  → *Ein Linkshänder muss die richtige Stifthaltung erlernen, um leserlich zu schreiben.*
- **Streichen:**
  Wo erscheint etwas überflüssig?
  Beispiel: *An Zweiertischen sitzt ein Linkshänder am besten und sinnvollsten links.*
  → *An Zweiertischen sitzt ein Linkshänder am besten links.*
- **Austauschen:**
  Wo passt eine Formulierung oder eine Information nicht richtig?
  Beispiel: *In einer Welt für Rechtshänder wird der Linkshänder schnell zum Versager.*
  → *In einer Welt für Rechtshänder ist ein Linkshänder mit vielen Problemen konfrontiert.*
- **Umstellen:**
  Wo erscheint die Reihenfolge der Satzglieder oder Sätze unstimmig?
  Beispiel: *Lorenz meint, dass wenn man nach Linkshänderprodukten sucht, oft nicht fündig wird.*
  → *Lorenz meint, dass man oft nicht fündig wird, wenn man nach Linkshänderprodukten sucht.*

11 Abenteuer erleben –
Reportagen erschließen

1 Das Foto vermittelt eine gewisse Aufbruchsstimmung.
a Äußert Ideen, was die Jugendlichen vorhaben könnten.
b Bildet eine Redekette: Formuliert eine Frage oder einen Satz zu dem Foto. Ruft dann eine Mitschülerin oder einen Mitschüler auf und bittet sie oder ihn um eine Äußerung.

2 Reportagen berichten oft über fremde Länder und Kulturen.
a Nennt Medien, die in dieser Form berichten.
b Welche der Medien nutzt ihr? Tauscht euch in der Klasse aus.

3 Die Textsorte Reportage kennt ihr bereits aus der 7. Klasse. Sammelt Themen, die sich eurer Meinung nach besonders für eine Reportage eignen.

In diesem Kapitel ...

- vertieft ihr euer Wissen über die Textsorte Reportage,
- wendet ihr verschiedene Lesetechniken und -strategien an,
- beschreibt ihr eine Reportage anhand von Fragen.

11.1 Außerwöhnliche Erfahrungen – Reportagen untersuchen

Extreme Situationen – Informationen weitergeben

Mit dem Solarflugzeug einmal um die Erde

Bertrand Piccard und André Borschberg nach Atlantiküberquerung 2016

Der Ökoflieger „Solar Impulse 2“ hat seine über ein Jahr andauernde Weltumrundung erfolgreich beendet. In der Nacht zum Dienstag landete der Schweizer Pilot Bertrand Piccard mit dem nur mit Sonnenkraft betriebenen Flugzeug sicher in Abu Dhabi – und schrieb sich in die Geschichtsbücher ein. Es ist der erste Weltumrundungsflug mit reiner Solarenergie überhaupt. Während der 40000 Kilometer langen Reise hatte „Solar Impulse 2“ 16 Stopps eingelegt, darunter in Indien, China, den USA, Italien, Ägypten und den Vereinigten Arabischen Emiraten – dem Ausgangspunkt des Abenteuers. Die Kosten des Projekts werden auf mehr als 100 Millionen Dollar (rund 89 Millionen Euro) geschätzt. Die Spannweite des Flugzeugs ist größer als die einer Boeing 747. Es wiegt aber nur so viel wie ein Minivan. Seine Flügel sind mit 17000 Solarzellen ausgestattet, durch die die Propeller betrieben und Batterien aufgeladen werden. In der Nacht nutzt das Flugzeug gespeicherte Energie.

Da die „Solar Impulse 2“ ein Einsitzer ist, musste sich Piccard mit seinem Landsmann André Borschberg stets als Pilot abwechseln. Die Piloten schliefen maximal 20 Minuten durch und bewiesen dabei Durchhaltevermögen: Für die Atlantiküberquerung brauchte Piccard 70 Stunden. Borschbergs Reise über den Pazifik dauerte ganze 118 Stunden. Borschberg verkündete stolz, dass Fliegen ohne Benzin und damit ohne verschmutzende Emissionen möglich sei.

„Als ich im Flugzeug das erste Mal die Augen schloss, fühlte ich mich wie nachts allein im Dschungel mit vielen seltsamen Geräuschen. Mit Atemübungen kann ich aber gut einschlafen. Halte mich auch mit Yoga beweglich. Es war aber schon eine extreme Strapaze! Zuletzt habe ich jede Stunde gezählt. Ich wollte aber auch nicht, dass es aufhört. Nach der Landung auf Hawaii hat mir ein hawaiischer Therapeut geholfen. Aber ich wunderte mich, wie gut ich mich fühlte. Nur das Gleichgewicht war noch nicht wieder richtig im Lot. Ach ja, zwischendurch war eine Front aufgezogen, eine riesige Mauer aus Wolken. Was für ein Glück, dass ich sie in 8500 Metern überwinden konnte! Heikle Situationen gab es schon. Gott sei Dank nichts Ernstes! In Turbulenzen ist das Flugzeug allerdings verdammt schwer zu fliegen.

Jetzt sind wir total glücklich: Flugzeug und Pilot können auch ohne fossile Energien tagelang in der Luft bleiben. Eine Welt mit sauberer Technologie ist möglich!“

1 a Notiert stichpunktartig eure Gedanken und Gefühle, die die beiden Texte bei euch auslösen.
b Erklärt, warum die beiden Texte unterschiedlich auf euch wirken.

2 Was bezweckt jemand, der erzählt – welche Absicht hat jemand, der berichtet? Vervollständigt den Hefteintrag.

Absicht eines Autors ...
– beim Erzählen: ...
– beim Berichten: ...

3 In welcher Absicht wurden die beiden Artikel auf Seite 206 verfasst?
a Untersucht die folgenden Aspekte:
– Sollen die Texte unterhalten oder informieren?
– Vergleicht die Sprache der beiden Texte.
Achtet z. B. auf spannende Formulierungen, wörtliche Rede u. Ä.
Nehmt den Wortspeicher unten zu Hilfe und erstellt eine Tabelle.

Unterhalten durch Erzählen	Informieren durch Berichten
Sprache: ...	*Sprache: sachlich ...*
...	...

b Gebt passende Textstellen an und schreibt einen zusammenhängenden Text.
Ihr könnt so beginnen:

Der erste Text ist eher nüchtern geschrieben. Er vermittelt viele Fakten, zum Beispiel zu den Fragen, wie lange die Weltumrundung gedauert hat oder wann und wo das Solarflugzeug gelandet ist ...

sachlich • spannende Formulierungen • Präsens • Präteritum • nüchtern • umgangssprachliche Ausdrücke • ausschmückend • Übertreibungen • knapp • ausführlich • stimmungsvoll • wörtliche Rede

Wissen und Können **Berichten**

Im Gegensatz zur Erzählung **informiert ein Bericht knapp und genau** über ein vergangenes Ereignis, z. B.: eine Veranstaltung, einen Unfall.

- Er beschränkt sich auf die wesentlichen Informationen und beantwortet die wesentlichen W-Fragen: *Was geschah? Wann geschah es? Wo geschah es? Wer war beteiligt? Wie geschah es? Warum geschah es? Welche Folgen hatte das Ereignis?*
- Der Bericht steht gewöhnlich im **Präteritum,** ist etwas vorher passiert, wird das **Plusquamperfekt** verwendet, z. B.: *Nachdem er die Weltumrundung erfolgreich beendet hatte, schrieb er sich in die Geschichtsbücher ein.*

Parabeln fliegen – Merkmale einer Reportage erarbeiten

1 a Notiert in eurem Heft Fragen, die der Titel „Schwerelos – Selbstversuch über den Wolken“ und die Illustration zum Text bei euch auslösen.
Lasst nach jeder Frage ausreichend Platz für eine Antwort.

b Lest nun den Text konzentriert und erklärt euch gegenseitig unbekannte Wörter aus dem Textzusammenhang. Schreibt Begriffe heraus, die sich euch nicht erschließen und schlagt sie in einem Wörterbuch nach.

Schwerelos – Selbstversuch über den Wolken

Von Verena Linde

Für manche Artikel recherchiert man am besten direkt vor Ort. In diesem Fall wäre das eigentlich: der Weltraum. Schließlich wollten wir wissen, was in der Schwerelosigkeit mit dem menschlichen Körper geschieht. Zum Glück lässt sie sich auch am Himmel über Berlin erleben. Redakteurin Verena hat es ausprobiert.

Alles begann mit einem vermeintlich harmlosen Gespräch. Mein Kollege Lukas sagte: „Schön und gut, sich von Astronauten erzählen zu lassen, wie es sich anfühlt, durchs All zu schweben. Aber cooler wäre es doch, es selbst auszuprobieren.“ „Wie meinst du das denn?“, fragte ich. „Einer von uns könnte einen Parabelflug mit einem Flugzeug machen. Dabei fühlt man sich auch für kurze Zeit schwerelos“, sagte Lukas. „Gute Idee!“, warf ich in den Raum – und ahnte nicht, was kommen würde: „Genau genommen dachten wir an dich, Verena. Die anderen trauen sich nämlich nicht.“

Und so sitze ich nun im Auto und düse nach Strausberg bei Berlin. Denn dort bietet ein Pilot Parabelflüge an – in einem Ultraleichtflugzeug. Bislang weiß ich nur so viel: Eine Parabel ist eine Kurve (siehe Grafik). Genau solche Kurven beschreibt ein Ball, wenn er über den Boden hüpft. Ganz oben schwebt er für Sekundenbruchteile. Ich werde dieses Gefühl in einer halben Stunde gleich mehrfach erleben und drei Parabeln fliegen.

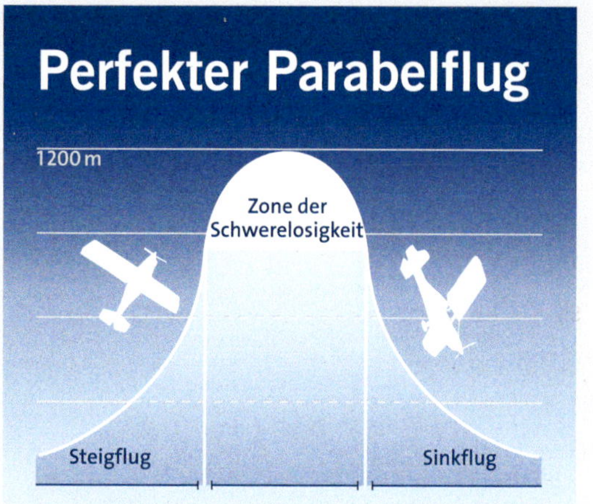

Das Geheimnis liegt im Flugmanöver: Im oberen Bereich der Parabel versetzt der Pilot das Flugzeug in den **freien Fall.** Dabei gelingt es ihm, den **Luftwiderstand** auszugleichen, sodass der Flieger und die Passagiere schwerelos schweben. Schwerelosigkeit fühlt man auf der Erde nämlich immer dann, wenn außer der Schwerkraft keine weitere Kraft auf einen wirkt – wie im freien Fall im luftleeren Raum.

Mittlerweile sind wir am Sportflughafen angekommen. Treffpunkt ist eine kleine Abflughalle mit zwei Schaltern und einem Kaffeeautomaten, der sogar Suppe anbietet. Ich verzichte lieber. Da marschiert auch schon Pilot Gido Ullrich herein. Fester Händedruck, verspiegelte Sonnenbrille. Sein Flugzeug parkt direkt vor dem Fenster, es wirkt winzig. „Wollen wir?", fragt er.

Der Zweisitzer sieht auch noch klein aus, als wir direkt vor ihm stehen. Gido erklärt mir, wie ich mich hineinzwängen kann: erst seitlich hinsetzen, dann ein Bein über den Steuerknüppel schwingen und die Füße unter den Pedalen verstauen. Bevor wir starten, zeigt Gido mir noch den roten Griff. Daran müsse ich im Notfall ziehen, etwa wenn er bewusstlos würde, dann würde oben am Flugzeug ein Fallschirm aufgehen. Ich versuche, mich zu entspannen und mich auf mein Thema zu konzentrieren: Schwerelosigkeit. Was war das noch mal genau?

In den Tiefen des Alls, fernab von Sonnen und Planeten, die eine Anziehungskraft ausüben, herrscht Schwerelosigkeit – zumindest annähernd. Ganz hört die Anziehungskraft der Gestirne nirgends auf. Das Gefühl der Schwerelosigkeit kann es trotzdem überall geben. Ein Mensch spürt es immer dann, wenn er nur der Erdanziehungskraft ausgesetzt ist und sonst keine Kraft auf ihn wirkt. Würde etwa ein Fallschirmspringer nicht durch die Luft, sondern durch ein Vakuum fallen, wäre er, solange er nicht auf dem Boden auftrifft, schwerelos, da die Gegenkraft des Luftwiderstands fehlt.

So funktioniert auch die Schwerelosigkeit beim Parabelflug: Das Flugmanöver erzeugt einen freien Fall, bei dem der Luftwiderstand des Flugzeugs für einige Sekunden exakt ausgeglichen wird. Selbst die ISS[1] wird ständig von der Erde angezogen, denn die Gravitation ist im Erdorbit kaum schwächer als auf dem Erdboden. Dadurch fällt die ISS im luftleeren Raum ständig zum Erdmittelpunkt – und die Astronauten sind schwerelos. Durch die zusätzliche Vorwärtsbewegung erreicht die ISS aber nie die Erde: Sie fällt gleichsam um die Erde herum.

Kurz nach dem Start finde ich den Gedanken zu fallen eher beängstigend. Das ultraleichte Flugzeug bebt bei jedem Windhauch. Erst als wir die Wolken unter uns lassen, gleitet es gleichmäßig geradeaus. Auf einmal ertönt Gidos Stimme in meinem Kopfhörer: „Bist du bereit für die erste Parabel?" „Absolut", höre ich mich betont zuversichtlich antworten. Schon neigt sich die Nase des Fliegers zum Boden, und wir sausen kurz abwärts. Da zieht Gido den Steuerknüppel wieder zu sich heran, und mit Schwung düsen wir fast senkrecht in die Höhe. Die Steilfahrt mündet im …

Nichts. Es fühlt sich an wie eine Pause, wie ein Schweben über allem. Ich beginne, breit zu grinsen, ich höre, wie jemand Achterbahngejauchze von sich gibt. Das bin wohl ich. Ich fühle mich so leicht, als wäre ich gar nicht da – und wundere mich, dass meine Arme nicht mehr im Schoß liegen, sondern vor mir in der Luft schweben. Wie übrigens auch die Taschentücher, mehrere Schrauben, und – ups – mein Smartphone. Ich schnappe es gerade noch rechtzeitig. Denn die Parabel ist schon vorbei, alles fällt wieder nach unten. Schade. In diesem Moment beneide ich die Astronauten um die andauernde Schwerelosigkeit. Doch: Die Kürze meines Selbstversuchs hat mir einiges erspart.

Bei vielen Astronauten löst Schwerelosigkeit die so genannte „Raumkrankheit" aus. In den ersten Stunden oder gar Tagen geht nichts ohne Spucktüte, weil der Gleichgewichtssinn verwirrt ist. Und das ist noch harmlos im Vergleich zu anderen All-Einflüssen. Fehlender Sauerstoff, geringer Druck, gefährliche Strahlung und eisige Temperaturen würden Astronauten innerhalb kürzester Zeit umbringen – wenn sie ihnen schutzlos ausgeliefert wären.

Quicklebendig zurück in der Redaktion löchern mich meine Kollegen sofort: „Wie war's?" Ich berichte von den Parabeln, dazu von einer Steilkurve, die Guido mit mir geflogen ist, damit ich spüre, wie sich eine hohe Beschleunigung anfühlt – quasi als Gegengewicht zur Schwerelosigkeit. […] *

1 ISS: Die Internationale Raumstation (englisch: International Space Station, kurz ISS)

Inhalt und Aufbau einer Reportage

1 Prüft, nachdem ihr den Text gelesen habt, welche eurer Fragen die Reportage beantwortet.

a Schreibt die Antworten direkt hinter eure Frage ins Heft (▸ S. 208, Aufgabe 1).

b Bleiben Fragen offen? Versucht, sie durch eigene Recherche zu klären.

2 Welche Wirkungen erzielen das Layout und die Grafik auf den Text „Schwerelos – Selbstversuch über den Wolken“?
Wählt aus dem Wortspeicher aus und formuliert in ganzen Sätzen in euer Heft. Ihr könnt so beginnen:
Die Grafik und der Infokasten zur vorliegenden Reportage wecken zunächst das Interesse ...

> gliedern den Text • geben Auskunft über den Inhalt • erleichtern die Lesbarkeit • wecken das Interesse • ergänzen die Informationen im Text • führen in das Thema ein • werten die im Text gegebenen Informationen optisch auf

3 Entscheidet: Welche der Aussagen A, B oder C gibt den Inhalt des Artikels am treffendsten wieder?

A Die Reportage informiert darüber, was Schwerelosigkeit ist und wie sich Astronauten im All fühlen.

B Die Reportage informiert darüber, was mit dem menschlichen Körper im Zustand der Schwerelosigkeit passiert, und schildert Eindrücke, die die Autorin bei einem Selbstversuch erlebt hat.

C Die Reportage erzählt von einem freiwilligen Selbstversuch der Autorin, die wissen möchte, wie sich Schwerelosigkeit im All anfühlt.

4 a Teilt den Text auf Seite 208 f. in Sinnabschnitte ein und findet passende Überschriften. Folgende Signale zeigen euch, wann ein neuer Sinnabschnitt beginnt.

> Beachtet: Nicht immer stimmen die Absätze mit den Sinnabschnitten überein.

> neues Thema • neuer Aspekt • Perspektivwechsel • anderer Sprachstil • Ortswechsel • Personenwechsel • Einschub (z. B.: Hintergrundinformationen)

b Schreibt neben eure Überschriften, woran ihr den neuen Sinnabschnitt jeweils erkannt habt.
Z. 8–20: Anlass und Idee der Reportage → Signal: Gespräch im Redaktionsbüro
Z. 21–x: Idee für

●○○ Ordnet die Überschriften aus dem Speicher den weiteren Sinnabschnitten zu.
Notiert auch die Zeilenangaben und schreibt alles in euer Heft.

> Informationen zur Raumkrankheit (▸ Z. x–y) • Einweisung durch den Piloten (▸ Z. x–y) • Eindrücke der Autorin beim Parabelflug (▸ Z. x–y) • Zurück in der Redaktion (▸ Z. x–y) • Anlass und Idee der Reportage (▸ Z. x–y) • Umsetzung der Idee für einen Selbstversuch (▸ Z. x–y) • Erklärung von Schwerelosigkeit beim Parabelflug (▸ Z. x–y) • Gedanken der Autorin auf dem Weg zum Parabelflug (▸ Z. x–y) •

5 Die Reportage ist in der Zeitschrift „Geolino extra" zum Thema „Raumfahrt" erschienen.
a Benennt mögliche Zielgruppen dieser Zeitschrift. Begründet eure Aussagen.
b Tauscht euch darüber aus, ob das Thema der Reportage aktuell ist.

6 Reportagen setzen sich aus verschiedenen Bestandteilen zusammen.
a Übertragt die Tabelle unten in euer Heft und ordnet die Textauszüge aus der Reportage von Seite 208 f. richtig zu.

„Aber cooler wäre es doch, es selbst auszuprobieren." (▸ Z. 12 f.)

„Eine Parabel ist eine Kurve (siehe Grafik). Genau solche Kurven beschreibt ein Ball, wenn er über den Boden hüpft." (▸ Z. 24–27)

„Fester Händedruck, verspiegelte Sonnenbrille. Sein Flugzeug parkt direkt vor dem Fenster, es wirkt winzig." (▸ Z. 36 f.)

Subjektive Schilderungen	Sachliche Informationen	Kommentare der Autorin
…	…	…

b Erklärt, warum die Unterstreichungen einen entscheidenden Hinweis darauf geben, ob geschildert, informiert oder ein Sachverhalt kommentiert wird.
c Ergänzt eure Tabelle um weitere Beispiele aus dem Text.
Unterstreicht die Formulierungen, die euch die Zuordnung erleichtert haben.

7 Die Reportage „Schwerelos – Selbstversuch über den Wolken" beginnt mit der so genannten „Zoomtechnik", einem häufig gewählten Einstieg in die Reportage.
Erklärt den Begriff mit Hilfe der Illustration und am Beispiel der Reportage „Schwerelos – Selbstversuch über den Wolken".

Wissen und Können **Inhalt und Aufbau von Reportagen**

Eine Reportage ist ein Erlebnisbericht und informiert besonders anschaulich und lebendig über ein meist aktuelles Ereignis.

- Je nach Thema und Zeitschrift richtet sie sich an unterschiedliche **Zielgruppen.**
- Die Reportage **beginnt oft mit einem Detail (Zoomtechnik),** z. B. der Schilderung einer Situation, einem Erlebnis oder einem Zitat.
- Danach folgen **sachliche Hintergrundinformationen, persönliche Aussagen von Betroffenen** und bisweilen auch **Kommentare der Verfasserin / des Verfassers.**
- Die Reporterin / Der Reporter **schildert** die Stimmung vor Ort und verwendet eine **bildhafte Sprache.**
- Durch den Wechsel von **subjektiven Schilderungen** und **objektiven Darstellungen** wirkt die Reportage abwechslungsreich und interessant.
- Zum **Schluss** wird meist der Beginn inhaltlich wieder aufgegriffen.

Sprachliche Besonderheiten der Reportage

Z. 12 f.: „Aber cooler wäre es doch, es selbst auszuprobieren"

Z. 17: „‚Gute Idee!', warf ich in den Raum"

Z. 21 f.: „und düse nach Strausberg bei Berlin"

1 Die Sprache der Reportage hat zum Ziel, ihre Leser zu fesseln. Der Einstieg ist daher oft eine szenische Schilderung, die durch besondere sprachliche Mittel gekennzeichnet ist.

a Benennt die sprachlichen Mittel der Beispiele oben.
Wählt dazu aus dem Wortspeicher aus und ordnet sie den Aussagen zu.

Vergleich • Aufzählung • Umgangssprache • Metapher • Fremdwort • Personifikation • Ellipse (verkürzter Satz) • rhetorische Frage • anschauliche Wortwahl

b Untersucht anschließend die Textabschnitte der Zeilen 21–51, 77–105 und 116–122.
Notiert Besonderheiten der Wortwahl, des Satzbaus und der sprachlichen Mittel in einer Tabelle.
Schreibt auch die Zeilenangaben dazu.

Wortwahl	Satzbau	sprachliche Mittel
anschauliche Verben: *„hüpft" (Z. 27), ...*	*Ellipsen:* *„Fester Händedruck, verspiegelte Sonnenbrille." (Z. 36 f.)*	*Vergleiche:* *...*
Umgangssprache: *...*	*Fragesätze:* *...*	*Neologismen:* *„Achterbahngejauchze" (Z. 93 f.)*

2 Nehmt nun die sachlichen Textabschnitte der Zeilen 53–77 und 106–115, die vor allem Hintergrundinformationen liefern, genau unter die Lupe.

a Benennt die sprachlichen Besonderheiten und findet jeweils Beispiele im Text auf Seite 208 f.

b Tragt sie zusammen mit den Zeilenangaben mit anderer Farbe in die Tabelle ein.

Wissen und Können **Die Sprache der Reportage**

Die Sprache von Reportagen ist meist **sehr kontrastreich,** da ein Thema aus verschiedenen Perspektiven betrachtet wird und verschiedene Personen zu Wort kommen.

- Bei der **Schilderung persönlicher Sichtweisen** und Stimmungen ist die Sprache **subjektiv und emotional.** Hier stehen oft Präsens und direkte Rede und es wird bildhaft beschrieben. Sprachliche Mittel sind dann z. B.: Vergleiche, Metaphern, Personifikationen. Der Satzbau ist eher einfach und weist oft Auslassungen auf (Ellipsen).
- Bei den **informierenden Textanteilen,** die oft **Hintergrundwissen** liefern, ist der Stil **sachlich** und durch Daten, Fachausdrücke und Fremdwörter geprägt. Hier steht oft das Präteritum und der Satzbau ist durch das Aufzeigen von Zusammenhängen komplexer.

Testet euer Wissen!

Die Reportage

1 Untersucht den Stil der Reportage „Schwerelos – Selbstversuch über den Wolken“ (▶ S. 208 f.). Lest dazu die folgenden Aussagen und notiert im Heft die Buchstaben der zutreffenden Hinweise. Sie verraten euch, wie die Verfasser einer Reportage auch genannt werden.

Die Reportage …

- **J** ist spannend.
- **N** gibt Aussagen direkt oder indirekt wieder.
- **O** wechselt sachliche und bildhafte Sprache ab.
- **A** hat subjektive und sachliche Anteile.
- **U** gibt Eindrücke des Verfassers wieder.
- **L** enthält Umgangssprache und Fachbegriffe.
- **V** setzt Hintergrundwissen voraus.
- **H** bietet lediglich Zahlen, Daten und Fakten.
- **R** gibt Hintergrundinformationen.
- **I** nennt Fakten und schildert stimmungsvoll.
- **W** enthält ausschließlich sachliche Passagen.
- **S** hat verschiedene Zeitformen.
- **K** hat ausschließlich schildernde Passagen.
- **T** enthält Satzgefüge, Ellipsen und Fragen.

2 Eine Reporterin / Ein Reporter verfolgt mit ihrem/seinem Text jeweils eine bestimmte Intention.

a Sucht aus dem Wortspeicher drei Absichten aus, die eurer Meinung nach am ehesten zutreffen. Begründet eure Auswahl.

> sich über etwas lustig machen • die Leserschaft für ein bestimmtes Thema interessieren • unterhalten • bewerten • Meinungsbildung betreiben • an einem Erlebnis teilhaben lassen • zu öffentlichen Äußerungen anregen • etwas erklären • in eine andere Welt versetzen • möglichst viel Geld verdienen

b Notiert, inwiefern die von euch gefundenen drei Aussagen auf die Reportage „Schwerelos – Selbstversuch über den Wolken“ zutreffen könnten. Formuliert wie im folgenden Beispiel:
Durch ein auffallendes Layout, einen spannenden Inhalt und eine abwechslungsreiche Sprache gelingt es der Autorin Verena Linde, den Leser für das Thema „Schwerelosigkeit“ zu interessieren …

Wissen und Können **Die Absicht einer Autorin / eines Autors von Reportagen**

- Die Journalisten beabsichtigen, die Leser auf **ein bestimmtes Thema aufmerksam zu machen.**
- Durch die Form der Darstellung wollen sie sowohl **unterhalten** und **am Erlebnis teilhaben lassen** als auch wichtige Informationen übermitteln.
- Vielfach ist ihre Absicht auch, die Leser durch die Reportage dazu anzuregen, sich selbst **eine Meinung zum Thema** zu bilden.

11.2 „Jetzt also Wildnis" – Reisereportagen untersuchen

Auf eigene Gefahr – Eine Reportage beschreiben

1 „Abenteuerurlaub"
a Schreibt das Wort in Großbuchstaben untereinander.
b Notiert zu jedem Buchstaben eine Assoziation, die das Wort bei euch auslöst.

2 Lest die folgende Reisereportage „Abenteuerurlaub: Lebe wild und beschwerlich!".

Georg Cadeggianini

Abenteuerurlaub: Lebe wild und beschwerlich!

Zwei Eltern, sieben Kinder, fünf Tage im Unterholz: Eine Familie auf Survivaltour im Nationalpark Bayerischer Wald.

Ausgerechnet Brennnesseln. Meine elfjährige Tochter Camilla steht auf einem Baumstumpf, ihre Knie kupferbraun vom Klettern und Hinfallen, die Bergschuhe sinken ins Moos, das jemand mit Leuchtmarker angemalt haben muss, Farbton „Atomic Green". Zwei dürre Äste haben sich in ihrem Schopf verfangen und ziehen einzelne Haare wie Spinnweben nach oben. „Gleich", erhebt Camilla marktschreierisch die Stimme und reckt die Hand mit dem Brennnesselblatt in die Höhe wie ein Magier seinen Kaninchenzylinder, „gleich werde ich dieses Blatt auf meine Zunge legen, kauen und runterschlucken."

Es ist der dritte Tag unserer Suche, der Suche nach Wildnis. Sieben Kinder, ein bis 14 Jahre alt, gemeinsam mit ihren Eltern im Nationalpark Bayerischer Wald. Wir sind eine Großstadtfamilie: mit Kindern, für die Natur irgendwo zwischen Balkonkräutern und Spielplatzwiese stattfindet und die man am einfachsten zum Essen ruft, indem man den WLAN-Router ausstöpselt. Mit Eltern, die sich daran gewöhnt haben, dass es selbst sonntags kein Problem ist, eine Packung Windeln zu besorgen, und die es genießen, in Babyphone-Reichweite von Kino und Kneipe zu wohnen. […]
Jetzt also Wildnis, fünf Tage lang. Wir wollen in einer Erdhöhle schlafen, in einem Baumhaus und in einer Hütte im Wald: Matratzenlager, keine Dusche, vor der Tür plätschert ein Bach. Wir werden uns in Seminaren mit Überlebenstech-

niken wappnen, im Wildtier-Freigelände nach Wölfen Ausschau halten.

Als Familie kommt man an der Wildnis heutzutage kaum noch vorbei. Pädagogen verhandeln sie zurzeit als Wundermittel: Von frei laufenden Kindern ist zu lesen und deren ganz eigenem Naturbedürfnis. Von der Beseelung der Welt und dem so wichtigen Urvertrauen, das sich am besten an genau einem Ort ausbilden könne: draußen [...].

Unser Testgelände ist der älteste Nationalpark Deutschlands. Seit fast einem halben Jahrhundert wird Natur hier der Natur überlassen. Im Bayerischen Wald ist Wildnis nicht einfach nur das, was der Mensch verschont hat – sondern staatlicher Auftrag. Nicht eingreifen, Biber und Borkenkäfer machen lassen. Und zwar selbst dann, wenn's wehtut. Kahl und grau gefressene Landstriche gehören genauso dazu wie buntstiftspitz umgenagte Baumstämme in unwegsamer Hochmoorlandschaft. Sie ist ein Chaot, die Natur. Hier darf sie wachsen und vergehen – in ihrem eigenen Rhythmus. Unberechenbar und ohne Pause.

Auf dem Schild am Anfang des Trampelpfads steht „Urwald" und dass jeder, der weitergeht, „auf eigene Gefahr" handelt. Die Kinder machen große Augen. Da ist es, dieses Brennnesselkitzeln: Gefahr – Treibstoff der Kindheit. Ob er sich bewaffnen solle, fragt Jim, der Fünfjährige; gegen Schlangen, Affen, Giftspinnen. Es ist halb sieben Uhr morgens. Ich hatte einen Aufwachspaziergang vorgeschlagen, noch vor dem Frühstück. Vielleicht kann Wildnis ja Einladung sein, einmal alles anders zu machen, hatte ich gedacht. Es wird so viel Gewese ums Einschlafen gemacht – Gutenachtgeschichte, Lieblingskissen, die Tür halb offen lassen. Warum nicht mal ein Aufwachritual? Die Morgensonne sticht schräg durchs Buchenblätterdach, zeichnet helle Flecken ins Gelände, als ob jemand irgendwo eine Diskokugel in die Baumkrone gehängt hat. Die Erde dampft. Es riecht nach verdünntem Saunaaufguss. Selbst Straußgräser haben Tautropfen in den Rispen gesammelt. Wo immer

man hintritt, knackt es: unter uns natürlich, aber auch neben und über uns. „Der ist so voll hier, der Wald", sagt Lorenzo. Quer im Dickicht liegen Buchenstämme, alt und müde. Vielleicht wollten sie sich nur ein wenig anlehnen. Mal kurz ausruhen, Kumpel, gleich stell ich mich wieder hin. Und dann war es einfach zu gemütlich. Manche haben sich auch ganz auf den Boden gelegt, ins weiche Laub, und mit Moos zugedeckt. Gionatan bohrt seinen Finger in einen fassdicken Stamm und ist im Nu bis zum Ellenbogen im Totholz. Elena bricht ein Stück heraus. Rostbraun, grobfaserig, nicht größer als ein Hühnerei. Als sie die Faust zusammendrückt, tropft so viel Wasser heraus wie aus einem vollgesogenen Spülschwamm. [...]

Die Wastlhüttener Tanne ist um die 600 Jahre alt. Sie ist die dickste Tanne in ganz Deutschland. So dick, dass wir sie 18-armig gerade mal umfassen können. „Als die klein war", erkläre ich den Kindern ein wenig kurzatmig, die Brust an der kantigen Borke, „gab es weder Klopapier noch Amerika." Die Kinder sind still geworden. Gerade richtig, nicke ich zufrieden in mich hinein: Das ist die Demut vor so vielen Jahrhunderten, so viel stammgewordenem Leben. In Wirtschaftswäldern, doziere ich weiter, käme eine solche Tanne nie vor. Jeder Stamm, der dicker ist als 80 Zentimeter, ist Problemholz fürs Sägewerk, wird zu Brennmaterial klein geschnipselt. Normfern, zweckfrei, unbrauchbar – der alte

Wastl, vielleicht tut er uns ja gut in Zeiten, in denen wir Effektivität zum Fetisch erheben.

[...]

Lorenzo schlägt mit Steinen Funken auf Zunderflocken und getrocknete Distelsamen. „Und pusten, pusten, pusten. Konstant, von der Seite, ein fester Strahl“, sagt die Waldpädagogin. Wir sind im Wildniscamp Falkenstein, in einem Zündelkurs. Der Verein „Waldzeit“ bietet hier Überlebensunterricht an, zum Beispiel „Feuer machen wie früher“. Zuvor haben wir schon einen Unterstand gebaut gegen Unwetter, danach Beeren, Blüten und Salat gesammelt gegen das Verhungern. Jetzt also Feuer. Es qualmt. Fünf kleine Rauchhaufen, davor Kinder samt Eltern. „Und pusten, pusten, pusten.“ Der gelbe Rauch wird dick, nimmt mir den Atem. Nebenan brennt das erste Feuerchen. Lorenzo kneift gequält die Augen zusammen. Stroh und Heu dazu. Der Qualm sticht in die Lungen. [...] „Pusten“, sagt die Waldpädagogin. Mir wird kurz schwarz vor Augen. Kann man pusten, ohne Luft zu holen? Irgendwann, und dieser Moment ist schon sehr mächtig, poppt eine Flamme auf, züngelt, frisst sich knisternd durchs Stroh. Feuer. Der Rauch verschwindet schlagartig. Wir legen Zweige nach, dann Äste. Bereit für die Wildnis. Da ist es, dieses Gefühl, etwas geschafft zu haben: Vater und Sohn und Feuer. Was braucht es mehr? Lorenzo fragt nach Würstchen.

[...]

Vielleicht ist Wildnis einfach ein Ort, an dem Menschen es schaffen, der Welt ringsum die Regie zu überlassen. Dem Frosch etwa, der Jim auch vorwärtshüpfend entwischt. Dem Urwald, in dem die einjährige Ada sich im ausgehöhlten Baumstumpf versteckt. [...] Den Mücken, gegen deren Stiche Gionatan einen ganzen Berg Spitzwegerich sammelt. [...] Und der campariroten Sonne, die es dann doch irgendwie

schafft, uns alle zu überraschen, obwohl wir auf dem Großen Arber zusammen mit einem Ringdrosselpaar frühmorgens auf sie gewartet haben.

Als wir nach fünf Tagen wieder zurück in der Großstadt sind, verlebt, zerstochen, dem Alltag nah, ruft mich Jim abends noch mal zu sich ans Bett. „Ich bin hier nicht eingewöhnt zu schlafen“, sagt er. Nicht eingewöhnt? Der fünfjährige Abfangjäger, vollständig ausgewildert? Ich streiche ihm über den Kopf. Wo das Problem sei, frage ich. Matratze zu weich? Stört die kontrollierte Wohnraumbelüftung? Die Mückenstiche? Er vergräbt sich kurz ins Kissen, richtet sich dann auf und sagt: „Es ist so ruhig hier. Viel zu ruhig.“ *

3 Diskutiert darüber, ob ihr euren Urlaub auch gern mal im „bayerischen Urwald“ verbringen würdet. Begründet eure Aussagen.

Den Inhalt einer Reisereportage verstehen

1 Prüft, ob die folgenden Aussagen A–H über den Textinhalt richtig, falsch oder dem Text nicht zu entnehmen sind. Verbessert mündlich die falschen Aussagen.

A Der Autor Georg Cadeggianini muss mit seiner Familie Abenteuerurlaub in der Wildnis machen, weil diese Art von Urlaub jede Stadtfamilie als Erfahrung dringend braucht.
B Seine Tochter Camilla würde am liebsten für immer in der Wildnis leben.
C Die Familie testet in den fünf Tagen der Survivaltour verschiedene Übernachtungsmöglichkeiten.
D Im Nationalpark Bayerischer Wald wird seit einigen Jahren die Natur sich selbst überlassen.
E Im Bayerischen Wald gab es früher viele Menschen, die vom Wald gelebt haben.
F Bei einem Morgenspaziergang durch den „Urwald" schildert der Vater die unterschiedlichen Sinneseindrücke der Familie.
G Die Familie hat in der Wildnis mehrere Wölfe beobachtet.
H Zurück in der Stadt kann der Sohn nicht mehr einschlafen, weil ihm die Stadt zu laut ist.

2 Was erfahrt ihr im Text und auf den Abbildungen über das Camp im Bayerischen Wald? Erstellt zu zweit eine Mind-Map mit den wichtigsten Informationen.

Eine Textbeschreibung beginnen

1 Die Einleitung informiert über den Text und führt zugleich zu eurer Beschreibung hin. Nennt alle für die Einleitung notwendigen Informationen.

Die Reisereportage „Abenteuerurlaub: Lebe wild und beschwerlich!" von Georg Cadeggianini, veröffentlicht in der Wochenzeitung „Die Zeit", berichtet von einer neunköpfigen Familie, die für fünf Tage eine Überlebenstour in der Wildnis des Bayerischen Waldes unternommen hat. Jm Mittelpunkt stehen dabei die persönlichen Erfahrungen der Familienmitglieder, die aus der Sicht des Vaters, der zugleich auch der Autor ist, geschildert werden.

2 Im Hauptteil eurer Textbeschreibung fasst ihr den Inhalt des Textes zusammen.

a Teilt dazu den Text in acht Sinnabschnitte ein. Nutzt die Schlüsselbegriffe im Wortspeicher.
Z. 1–17: Ausgerechnet Brennnesseln
Z. 18–45: ...

b Formuliert anschließend eine Zusammenfassung der ersten beiden Sinnabschnitte.

zurück in der Großstadt • Aufwachspaziergang • Suche nach Wildnis • Überlebensunterricht • der alte Wastl • ältester Nationalpark Deutschlands • Brennnesseln • Wildnis • Seminare c Ordnet die Fortsetzung der Zusammenfassung im Heft und ergänzt die Zeilenangaben.

Im Folgenden (Z. ? – ?) nimmt Georg Cadeggianini seine Leser mit auf einen morgendlichen Spaziergang seiner Familie in der Wildnis. In insgesamt fünf Tagen soll die Großstadtfamilie lernen, wie sie ohne Hilfsmittel in der Wildnis überleben kann. Viele detaillierte Schilderungen machen deutlich, wie naturbelassen der Bayerische Wald ist und wie beeindruckt der Autor und seine Kinder von den Wundern der Natur sind. Dass sich der Bayerische Wald als Ort für diesen Abenteuerurlaub besonders eignet, da er schon seit beinahe 50 Jahren ohne Einfluss des Menschen wild wachsen darf, wird in den Zeilen ? bis ? erklärt. Im folgenden Abschnitt (Z. ? – ?) erläutert der Autor die Überlebenstour, die als pädagogische Maßnahme für Stadtmenschen derzeit sehr angesagt ist, etwas genauer.

d Erklärt, welche Funktion die unterstrichenen Formulierungen haben.
e Nennt sprachliche Regeln, die bei der Zusammenfassung berücksichtigt wurden.

3 a Fasst den Inhalt der verbleibenden Abschnitte selbst zusammen. Geht auch auf die Funktion der Textabschnitte ein. Wählt hierfür aus folgenden Möglichkeiten die passenden aus.

von einer Begebenheit erzählen • appellieren • Beispiele anführen • ermahnen • eine Szene schildern • erklären • veranschaulichen

b Vergleicht eure Zusammenfassungen mit einem Partner im Lerntempoduett und besprecht, ob:
- nur wichtige Details dargestellt wurden.
- die Funktion der Sinnabschnitte genannt wurde.
- der Inhalt sachlich und im Präsens wiedergegeben ist.
- eure Zusammenfassung flüssig klingt.

Verfahrt beim **Lerntempoduett** so: Seid ihr mit eurer Aufgabe fertig, geht mit dem Arbeitsblatt zur jeweiligen Lösungsstation und wartet dort auf einen Schüler, der seinen Text ebenfalls beendet hat. Tauscht eure Zusammenfassungen aus und lest den Text des Partners. Streicht gut erkennbar an, was euch falsch erscheint. Erklärt euch anschließend gegenseitig eure Korrekturen.

Wissen und Können **Inhalte strukturiert zusammenfassen**

- Bei der Zusammenfassung eines Sachtexts **gliedert** man ihn zunächst in **Sinnabschnitte.** Achtet hierbei auf **Signale** (z. B.: neuer Aspekt, Personen-/Ortswechsel), denn nicht immer stimmen Sinnabschnitte mit den Absätzen überein.
- Ermittelt anschließend die **Funktion des Sinnabschnitts.** Prüft bei Reportagen, ob in einem Abschnitt:
  - **subjektiv geschildert** wird (bildhafte Sprache, Wiedergabe von Sinneseindrücken),
  - **sachlich informiert** wird (Zahlen, Fakten, Erklärungen mit Fachbegriffen) oder ein
  - **Sachverhalt kommentiert** wird (wertende Adjektive).
- Gebt die Zeilen an, die ein Abschnitt umfasst, und beschränkt euch auf das Wesentliche. Lasst unwichtige Details weg.

Die Textsorte bestimmen und sprachliche Mittel beschreiben

1 Der Text „Abenteuerurlaub: Lebe wild und beschwerlich!" ist eine Reisereportage.

a Prüft mit Hilfe des Texts die folgenden Aussagen A–D und verbessert die Falschaussagen.

- **A** Die Reisereportage beschränkt sich auf die sachliche Berichterstattung, temperamentvolle, lebensnahe Darstellungen der Ereignisse fehlen.
- **B** Neben Tatsachen und Hintergrundinformationen werden vor allem auch persönliche Eindrücke und Meinungen zum Geschehen vermittelt.
- **C** Reisereportagen versuchen, die Atmosphäre einzufangen.
- **D** Es ist nicht notwendig, dass Journalisten und Reporter vor Ort sind, damit beim Leser der Eindruck entsteht, mit auf die Reise genommen zu werden.

b Legt im Heft eine Tabelle an und tragt die richtigen Merkmale stichpunktartig ein.

c Ordnet jedem Merkmal ein Beispiel aus dem Text zu. Notiert auch die Zeilenangaben.

Merkmale der Reisereportage	Beispiele aus dem Text
sachliche Berichterstattung, aber ...	...

d Formuliert eine Begründung, warum es sich bei dem Text um eine Reisereportage handelt.
●○○ Möglicher Anfang: *An vielen Stellen im Text wird deutlich, dass der Autor die Reise selbst erlebt hat. Er bezieht eigene Erfahrungen ein und schildert sehr eindrücklich ...*

2 Mia meint: „Wenn ich die Reportage lese, fühlt es sich so an, als wäre ich selbst dabei."

a Besprecht: Wodurch wird diese anschauliche und lebendige Wirkung des Texts erreicht?

b Ordnet den folgenden Stilmitteln A bis H passende Textbeispiele (Zitate 1–8) zu.

- **A** Beschreibung von Sinneswahrnehmungen *(sehen, hören, riechen, fühlen, schmecken)*
- **B** Wiedergabe wörtlicher Rede
- **C** anschauliche Adjektive und Partizipien
- **D** ausdrucksstarke Verben
- **E** bildhafte Beschreibungen durch Vergleiche mit *wie*
- **F** Verwendung von Präsens
- **G** Personifikation
- **H** Aufzählungen

1. „Irgendwann [...] poppt eine Flamme auf, züngelt, frisst sich knisternd durchs Stroh." (▸ Z. 134–137)
2. „vor der Tür plätschert ein Bach" (▸ Z. 34)
3. „Die Erde dampft. Es riecht nach verdünntem Saunaaufguss. Selbst Straußgräser haben Tautropfen in den Rispen gesammelt. Wo immer man hintritt, knackt es" (▸ Z. 78–81)
4. „Der Rauch verschwindet schlagartig. Wir legen Zweige nach, dann Äste." (▸ Z. 137 f.)
5. „Kahl und grau gefressene Landstriche gehören genauso dazu wie buntstiftspitz umgenagte Baumstämme in unwegsamer Hochmoorlandschaft." (▸ Z. 53–56)
6. „verlebt, zerstochen, dem Alltag nah" (▸ Z. 158 f.)
7. „‚Der ist so voll hier, der Wald', sagt Lorenzo." (▸ Z. 82 f.)
8. „Zwei dürre Äste haben sich in ihrem Schopf verfangen und ziehen einzelne Haare wie Spinnweben nach oben." (▸ Z. 9–11)

c Schreibt zu jedem Stilmittel ein weiteres Beispiel aus der Reportage mit Zeilenangabe auf.

d Beschreibt die sprachlichen Mittel der Textgestaltung in einem zusammenhängenden Text.
Gebt Textbelege an und geht auch auf die Wirkung ein.
Setzt die begonnene Beschreibung fort.

Beim Lesen der Reportage fällt auf, dass der Autor an vielen Stellen so anschaulich und lebendig schreibt, dass der Leser glaubt, er befinde sich selbst auf Abenteuerreise. Dieser Eindruck wird hervorgerufen durch verschiedene sprachliche Gestaltungsmittel. Durch anschauliche Verben wie „die Erde dampft“ (Z. 78), „knackt es“ (Z. 81), oder „plätschert (Z. 34) “ werden insbesondere die Sinneswahrnehmungen angesprochen ...

e Tauscht eure Sprachbeschreibungen untereinander aus und verbessert mögliche Fehler. Achtet besonders darauf, dass die Beispiele aus dem Text richtig zitiert sind.

3 In dieser Reisereportage gibt es nur wenige sachlich gehaltene Textstellen, die Hintergrundinformationen geben. Dies ist in der Regel dann der Fall, wenn Vater Georg Cadeggianini seinen Kindern – oder dem Leser – Sachwissen über den Wald vermittelt.

a Untersucht vor diesem Hintergrund die Sprache der Zeilen 97–113.

b Nennt sprachliche Mittel, die diesen Abschnitt sachlich gestalten, und notiert das entsprechende Beispiel dazu, z. B:
Konjunktiv: „doziere ich weiter, käme eine solche Tanne nie vor“

Die Textbeschreibung abschließen, einen Brief zur Reisereportage schreiben

1 Zum Schluss sollt ihr zum Thema der Reportage oder zur Darstellung Stellung nehmen.

a Greift auf eure Notizen zur Frage, ob ihr selbst einen solchen Abenteuerurlaub machen würdet, zurück und ordnet eure Gedanken und Ideen in einer Tabelle. Wägt darin das Pro und Kontra einer solchen Reise ab.

b Formuliert aus euren Gedanken einen ausführlichen Schluss.

2 In der Reisereportage werden nur Ausschnitte der fünftägigen Survivaltour beschrieben.

a Was würde euch noch interessieren? Notiert Fragen an die Eltern und Kinder.

b Schreibt mit Hilfe eurer Fragen einen Brief an den Vater oder an eines der Kinder.

3 Hört abschließend die vollständige Version der Reportage „Abenteuerurlaub: Lebe wild und beschwerlich!“.

a Notiert die Informationen, die ihr zusätzlich zum gekürzten Text erhalten habt.

b Sind diese Information aus eurer Sicht für das Verständnis nötig?
Begründet.

11.3 Fit in ...? – Eine Reportage fragengeleitet erschließen

So könnte eine Schulaufgabe gestellt sein:

Lies die Reportage aufmerksam. Verfasse anschließend eine zusammenhängende Textbeschreibung mit Einleitung, Hauptteil und Schluss.

1 Fasse für den Hauptteil den **Inhalt der Reportage knapp und strukturiert** zusammen. Gehe dabei insbesondere auf folgende Teilaspekte ein:
   a Was erfährst du allgemein über „Fischen" als neuen Trend?
   b Warum ist es für den Passauer Verein wichtig, Jugendliche zu gewinnen?
   c Inwieweit wird beim Fischen der Umweltschutz gefördert?
   d Welche subjektiven Sichtweisen von Beteiligten werden deutlich?

2 Um **berichtende und schildernde Textpassagen** voneinander abzugrenzen, setzt der Autor Stefan Rammer unterschiedliche **sprachliche Mittel** ein.
   a Wie gelingt es ihm schon zu Beginn der Reportage, die Leser direkt in die Situation am Wehrhauser Baggersee hineinzuversetzen? Untersuche dazu die Zeilen 6–27.
   b In den Zeilen 76–96 werden Maßnahmen zum Schutz der Gewässer dargestellt. Erläutere an Beispielen, wie sich der Abschnitt sprachlich vom Beginn der Reportage unterscheidet.

3 **Erzähle von einem besonderen Erlebnis** im Zusammenhang mit deinem Hobby. Schildere auch deine Gedanken und Gefühle.

4 Nimm **im Schluss** kurz Stellung dazu, ob dich das Hobby „Fischen" reizt.

Stefan Rammer

„Es ist wie eine Sucht"

Fischen wird wieder Trend. Die Fischerjugend Bayern umfasst 30000 junge Menschen. Passauer Jugendliche erzählen, warum sie das Erlebnis in der freien Natur dem Computer gerne vorziehen.

Bei Jugendlichen im Alter von zehn bis siebzehn Jahren, da rührt sich normalerweise was. Doch an dem idyllischen Grundstück rund um den Wehrhauser Baggersee bei Pocking im Landkreis Passau ist erst einmal nur Vogelgezwitscher und Entengeschnatter zu hören. 20 junge Burschen sitzen rund ums Ufer, den Blick auf Angel und Schnur gerichtet. Nur hin und wieder ein leichter Plätscherer. Dann aber vernimmt man doch eine Stimme. Tobias Hasenkopf (15) erklärt einem Zehnjährigen, wie er es am besten anstellt, nah am Ufer vor einem Gebüsch einen Karpfen zu fangen. Der Bub hat einen kapitalen Fisch nahe am Ufer gesichtet und schleicht sich an wie ein Indianer. Seit dem frühen Morgen hat noch kein Fisch den Köder auch nur berührt. Aaron Damb (10) und Veit Kieninger (13) meinen unisono: „Das Erfolgsgefühl, einen Fisch zu fangen, war uns noch nicht vergönnt." Aber die Chance auf große Fische sei noch nicht vertan. Und genau das treibe sie an.

„Einen Karpfen muss man sich erarbeiten"

Tobias ist schon ein gewiefter Fuchs beim Angeln. Er ist auch einer der beiden Jugendsprecher des Passauer Bezirksfischereivereins. Und der Karpfen ist seine Spezialität. Mit seinem zwei Jahre älteren Freund Jonas Ginglseder hat er schon die ganze Nacht durchgefischt und am frühen Morgen die anderen, von den Eltern zum Weiher gebrachten Jungfischer begrüßt. Die beiden fachsimpeln gleich mit Jugendleiter Thomas Lang, der wiederum mit zwei Betreuern das dreitägige Ferienfischen an dem vereinseigenen Gewässer beaufsichtigt.

Ein paar Meter weiter präsentiert Sebastian Biereder eine neue Errungenschaft: Der „Deeper" ist ein kabelloser, kugelförmiger Echolotgeber, den der 15-Jährige mit der Angel weit hinaus in den See wirft und langsam wieder einholt. Auf dem Handy wird die Bodenbeschaffenheit des Gewässergrunds dargestellt. Er sieht, wohin er am besten seinen Köder wirft, um gute Fangchancen zu haben. Tobias und Jonas gehen anders vor. Sie „ertasten" mit Blei und sensibler Schnur, wo der beste Karpfengrund ist, messen ab und platzieren dann punktgenau 88 Meter draußen im Wasser ihren Köder. „Einen Karpfen muss man sich erarbeiten", sagt Jonas, der das Fischen mit seinem Opa an der Donau in Sandbach bei Vilshofen gelernt hat […].

Der Passauer Verein mit seinen knapp 2000 Mitgliedern leistet beachtliche Jugendarbeit. Thomas Lang und Markus Eder kümmern sich als Jugendleiter zusammen mit etwa 20 Betreuern um 140 Jugendliche. Allein 6500 Stunden haben sie dafür 2017 investiert. „Eine Arbeit, die sich aber lohnt", so Eder. „Aus der Jugend wächst die Vereinszukunft heran. Wir wollen die Kinder früh ins Boot holen." Der Jugendarbeit werde höchste Priorität zuerkannt, betont Stefan Heudecker (40), Vizevorsitzender des Vereins. „Fischen ist nicht gleich Fischen", sagt er, der das Wort „Angelsport" nicht gerne hört. Es gehe darum, den Kindern ein Bewusstsein für das Tier zu schaffen, das zwar zu einem

Lebensmittel werde, das aber Bestandteil der Natur und speziell eines Kreislaufs darin sei. […]

Umwelterziehung ist immer inbegriffen

Draußen am Vereinsgewässer verdeutlicht Thomas Lang, was es heißt, Verantwortung in und für die Natur zu übernehmen. Er hat mit seinen Jugendlichen Totholzinseln gebaut, die als Laichplatz für die Fische dienen, auch als Unterstand und Schutz vor dem Vielfraß Kormoran. Er zeigt auf „Strohbinkeln", Ballen aus Stroh oder Heu, die Bakterienstämme beherbergen, die das Wasser klären und reinigen helfen, eine der vielen langfristigen Maßnahmen. Fischen habe viel mit Biologie und Chemie zu tun, die Gewässerwarte hätten hier viel Arbeit. Jüngste Natur-Maßnahme ist der Bau von Eisvogelbrutstätten mit speziellen Röhren am Nordufer des Weihers oder das Anlegen einer Veitshöchheimer Bienenweide am Ufer gegenüber. Damit soll in den weithin ausgeräumten Agrarlandschaften von heute Bienen, Hummeln und Schmetterlingen ausreichend Nahrungsangebot über das ganze Jahr geboten werden.

Simon Ternyk, Sprecher der Fischerjugend, berichtet von einer starken Zunahme junger Fischer. Ja, man könne durchaus von einem neuen Trend sprechen, auch wenn es nach wie vor Vereine mit Nachwuchssorgen gebe. […] Das große Interesse erklärt er so: „Angeln ist vielfältig und nachhaltig. Es geht um ein Erlebnis in der realen Welt abseits der virtuellen, außerhalb des Schulalltags. Fischen ist Entspannung und Spannung zugleich.“ […] Tobias Hasenkopf (15) hat die Vereinsphilosophie schon verinnerlicht. „Wir sitzen hier nicht vor dem Computer. Wir lernen Disziplin und Gemeinschaft, wir haben vielfältige soziale Kontakte.“ Und: „Es entstehen Freundschaften, die lange halten.“ Er schaut seinen Kumpel Jonas an, der am Gaskocher hantiert. „Mit am wichtigsten ist das Essen“, sagt er laut lachend, „hier draußen wird man richtig hungrig, und schlafen tut man besser als daheim im Bett.“ Ja, das Fischen könne eine „richtige Sucht“ werden. *

Einen Schreibplan erstellen

Besprecht die Aufgabenstellung auf Seite 221 mit einem Lernpartner.
Erstellt einen Schreibplan für eure Vorgehensweise. Nutzt dazu die folgenden Aufgaben.

1 Notiert in Stichworten die wichtigsten Informationen für die Einleitung.

2 Erstellt für die strukturierte Inhaltszusammenfassung eine Mind-Map, in der ihr auf die in Schulaufgabe 1 genannten Aspekte a–d eingeht. Ergänzt wichtige Angaben aus dem Text.

allgemeine Information … …

Trend

Umweltschutz … ….

3 a Lest die Zeilen 6–27 und sucht gezielt nach sprachlichen Mitteln. Haltet sie in einer Tabelle fest. Das Wortmaterial im Wortspeicher hilft euch. Erklärt auch jeweils die Wirkungsabsicht.

Gestaltungsmittel	Zeile	Wirkungsabsicht
Umgangssprache	*7: „rührt sich was“*	*Sprache der Jugendlichen imitieren*
…	…	…

Umgangssprache • Ellipsen • kurze Sätze • anschauliche Adjektive und Partizipien • ausdrucksstarke Verben • Vergleiche • wörtliche Rede • Metaphern • Personifikationen • Wiedergabe von Sinneswahrnehmungen • Präsens • Aufzählungen

b Untersucht nun den in Aufgabe 2 b genannten Abschnitt (▶ Z. 76–96). Notiert Auffälligkeiten in Wortwahl, Satzbau, sprachlichen Mitteln. Benennt die Unterschiede im Vergleich zum Textanfang.

Sprachliche Unterschiede zum Beginn	Zeile	Wirkung
mehr längere Satzgefüge	…	*Sachverhalte können besser erklärt werden*
…	…	…

4 Lest folgende Schülerlösung zur Schulaufgabe 3 (▶ S. 221).

a Beschreibt, warum der Text die Aufgabenstellung nicht erfüllt. Benennt auch sprachliche Mängel.

b Macht in eurem Schreibplan Notizen, die euch helfen, diese Fehler zu vermeiden.

Gemeinsam mit meinem Freund Lorenz war ich am 21. August 2019 auf einer längeren Mountainbike-Tour im Spessart. Wir suchten uns wie immer einen etwas schwierigeren Weg aus, der uns auch körperlich sehr anstrengte. Wir schwitzten und waren froh, dass der Weg endlich wieder etwas bergab ging, sodass wir die Räder wieder etwas rollen lassen und zur Trinkflasche greifen konnten. Da der Waldweg aber sehr uneben war, stürzte Lorenz während des Trinkens vom Rad. Dicht hinter ihm konnte ich nicht mehr rechtzeitig bremsen und stürzte ebenfalls. Mein Fahrrad überschlug sich und ich stürzte mit Karacho ins Dickicht. Zum Glück landete ich aber relativ sanft, sodass ich mit einigen Kratzern davonkam. Auch Lorenz hatte sich nur leicht verletzt. Nur mein Rad hatte einen Achter, sodass wir den restlichen Weg schieben mussten.

5 Notiert Stichpunkte, die für bzw. gegen das Fischen als Hobby sprechen.

Schreiben und überarbeiten

1 a Schreibt nun den Aufsatz mit Hilfe eures Schreibplans.
Lest euch vor der Beantwortung jeder einzelnen Frage noch einmal genau die Aufgabenstellung durch und beachtet diese bei der Ausformulierung.

b Überarbeitet den Text anhand der Checkliste. Ihr könnt eure Ergebnisse auch mit einer Lernpartnerin oder einem Lernpartner austauschen.
Verwendet zur Überarbeitung eine andere Farbe.

Checkliste

Eine Reportage erschließen

Einleitung
- Informiert meine Einleitung über Textsorte, Titel und Autor/-in des Textes?
- Ist die Kernaussage eine knappe Information darüber, worum es in dem Text geht?

Hauptteil
- Habe ich die Sinnabschnitte knapp im Präsens zusammengefasst?
- Wird der Textaufbau sichtbar?
- Habe ich die Merkmale einer Reportage erlautert und mit Textbeispielen belegt?
- Wurden sprachliche Besonderheiten in ihrer Funktion dargestellt?
- Habe ich die Wirkung auf den Leser herausgearbeitet?

Schluss
- Habe ich meine Meinung zum Text oder zur Art der Darstellung überzeugend beschrieben und begründet?

Sprache und Form
- Habe ich die **Sätze verknüpft** und auf **abwechslungsreiche Satzanfänge** geachtet?
- Habe ich die **Rechtschreibung** und **Zeichensetzung** überprüft?
- Habe ich beim Wiedergeben direkter Rede auf die **Zitierregeln** geachtet?
- Habe ich deutliche **Absätze** gemacht und auf eine **saubere Form** geachtet?

12 Grammatiktraining – Wörter und Sätze

1 **a** Sucht im Gitterrätsel die neun Grammatikbegriffe.

b Erklärt die Bedeutung der neun Begriffe jeweils mit Hilfe eines Beispiels. Bei einigen solltet ihr auch auf die verschiedenen Unterarten eingehen, z. B.:

Artikel begleiten Nomen, zum Beispiel der Planet, …
Man unterscheidet zwischen bestimmten Artikeln und …

In diesem Kapitel …

– wiederholt ihr wichtige Wortarten und Satzglieder,
– gebt ihr mit Hilfe des Konjunktivs I und II Aussagen anderer wieder und drückt Wünsche und Hoffnungen aus,
– übt ihr, grammatisch richtige Texte und Sätze zu verfassen,
– lernt ihr, Infinitiv- und Partizipialsätze zur ansprechenden Gestaltung eigener Texte zu nutzen.

12.1 Sprachbausteine – Wortarten und Satzglieder

Begleiter oder Ersatz für Nomen – Pronomen

Profis brachten sie zum Tanzen

Hamburger Kunstüberfall – Niemand hatte damit gerechnet

Schülerin: „Das war eine Riesenüberraschung!"

1 In jeder Schlagzeile steht ein Pronomen.
Nennt und bestimmt die Pronomen mit Hilfe des Tippkastens auf Seite 227.

Hamburg. Gestern erlebten Schüler einer Hamburger Klasse eine ungewöhnliche Überraschung. Die Schüler saßen gerade mitten im Unterricht, als es plötzlich an der Tür klopfte. Zwei Tänzer betraten das Klassenzimmer und forderten die Schüler zum Mittanzen auf. Die Schüler ließen sich nicht lange bitten und machten die Tanzbewegungen der Profis nach. Damit wurden die Schüler „Opfer" eines so genannten Kunstüberfalls. John Neumeier, Direktor des Hamburg Balletts, hat den „Kunstüberfall" erfunden. Profitänzer seiner Tanzgruppe sollen damit Schüler mit Ballett in Kontakt bringen. Außerdem soll Schülern allgemein das Tanzen nahegebracht werden. *

2 a Lest die dazugehörige Zeitungsmeldung.
Wen oder was „vertritt" das Pronomen in den Schlagzeilen jeweils?
Schreibt jede Schlagzeile mit einem passenden Nomen auf. Verwendet dafür folgende Begriffe.

kein Schüler • die Schüler • der Kunstüberfall

b Entscheidet, ob die Verwendung der Pronomen in den Schlagzeilen sinnvoll ist.

3 a In der Zeitungsmeldung werden einige Nomen zu häufig wiederholt.
Überarbeitet den Text schriftlich und verwendet dazu passende Personalpronomen.
b Findet weitere Formulierungen, um Wortwiederholungen zu vermeiden, z. B.:
die Schüler = die Jugendlichen, ...

4 In den Aussagen der Beteiligten werden weitere Pronomen verwendet. Schreibt alle Pronomen auf und bestimmt sie mit Hilfe des Tippkastens.

5 Pronomen gesucht! Übertragt die folgenden Schlagzeilen in eure Hefte und ergänzt die Lücken wie im Beispiel.

Pronomen
Personalpronomen: persönlich *(ich, uns)*
Possessivpronomen: besitzanzeigend *(mein, euer)*
Demonstrativpronomen: hinweisend *(dies, jenes)*
Indefinitpronomen: unbestimmt *(man, mancher)*
Relativpronomen: *(Das Buch, das ich lese, ...)*

+++ Ballettchef stellte seine Idee vor. +++ Tänzer überraschen Schüler in ? Unterricht. +++ Ballettchef: „ ? Idee soll viele fürs Tanzen begeistern!" +++ Schuldirektor: „Tänzer können gerne auch an ? Schule kommen!" +++ Nach „Kunstüberfall": Schüler spricht über ? Erlebnisse. +++ Kunstüberfall begeisterte sogar die Schüler, ? eigentlich Bewegungsmuffel sind. +++

6 Im folgenden Text werden sechs Pronomen in der falschen Form verwendet. Übertragt den Text in euer Heft und verbessert dabei die Pronomen.

VORSICHT FEHLER!

Die Ballettschule von John Neumeier hat einen sehr guten Ruf. Da er auf der ganzen Welt bekannt ist, hat sich auch die 15-jährige Ornella aus Italien für eine Ausbildung an dieser Schule entschieden. Obwohl das Mädchen kein einziges deutsches Wort konnte, kam sie mit 14 Jahren in die Hansestadt ins Internat. Ornella ist eine von 32 Jugendlichen, die hier ihre Leben dem Tanz geweiht haben. Außerschulische Freundschaften können sie nur selten pflegen, denn an ihren einzigen freien Tag wollen sie sich meistens einfach nur erholen. Wenn die Kinder um 14 Uhr aus der normalen Schule kommen, können sie nur kurz etwas essen und dann gehen sie zum Training, welcher gegen 19 Uhr zu Ende ist. Erst dann können die Schularbeiten gemacht werden. Dies Pensum hält man nur aus, wenn man unbedingt Profitänzer werden will. *

Zeitformen bilden – Verben

Breakdance – Ein Tanz wird geboren

Breakdance entstand in den 1970er-Jahren in den USA. Oft fungierte Breakdance als Ersatz für die gewalttätigen Kämpfe zwischen den Straßengangs aus Manhattan und der Bronx. Statt sich zu prügeln, trugen die afroamerikanischen Jugendlichen „Battles" aus, bei denen es um die beste Tanzperformance ging. Die Tänzer bewegten sich dabei wie Roboter oder drehten sich auf dem Kopf um die eigene Achse. Nachdem sich der neue Tanzstil in Amerika durchgesetzt hatte, begeisterten sich weltweit Menschen dafür. Feste Regeln galten damals nicht und existieren bis heute nicht. In Breakdance-Schulen, die es heute überall gibt, trainieren Tänzer ihre eigenen Moves. „Breakdance kann man erst lernen, nachdem man gewisse athletische Fähigkeiten erworben hat. Daher hat jeder Profi-Breakdancer zu Beginn einfache Grundschritte einstudiert und sich dann gesteigert", so ein Trainer. „Einige Tänzer werden uns in den kommenden Jahren sicher noch mit neuen Tanzstilen überraschen."

1 Im Text werden Verben in verschiedenen Zeitformen verwendet.

a Übertragt die Tabelle in euer Heft und notiert die Verben in der passenden Spalte.

Präsens	Präteritum	Perfekt	Plusquamperfekt	Futur
...	*entstand*	...	...	...

b Erklärt, wann im Text das Perfekt und wann das Präteritum verwendet wird.

c Gebt an, warum die markierten Verben im Perfekt bzw. Plusquamperfekt stehen müssen.

In dem Tanzfilm „Streetdance: New York" (gehen) es um eine klassische Tänzerin und eine Hip-Hop-Gang, die gemeinsam (versuchen), einen Tanzwettbewerb zu gewinnen. Ruby (kennen) nur eine Leidenschaft: den Tanz. Mit Hingabe und Talent (schaffen) sie es bereits auf eine der renommiertesten Schulen des Landes und (brillieren) dort im klassischen Ballett. Allerdings (haben) sie mit dem modernen Tanz, der sie an die Spitze des Erfolgs bringen (können), noch wenig Erfahrung. Es (eröffnen) sich eine neue Welt für sie, nachdem sie Johnnie (kennen lernen), der mit einer Gruppe von Streetdancern (zusammenleben) und seinen Lebensunterhalt mit Spontankonzerten (verdienen). Eines Tages (klopfen) jedoch die Einwanderungsbehörde an die Tür – Johnnie (drohen) ohne Visum die Abschiebung nach England, wo er (leben), bevor er sich ein Leben in Manhattan (aufbauen). Es (geben) nur einen Ausweg: Der Gewinner eines Tanzwettbewerbs an Rubys Schule (erhalten) ein Studentenvisum für die USA sowie ein Stipendium. Gemeinsam (erarbeiten) Ruby, Johnnie und seine Freunde eine Choreografie für den Wettbewerb, in der die Coolness des Streetdance mit Ballett und klassischer Musik (verschmelzen). (Schaffen) sie es, die Jury zu überzeugen?

2 Übertragt die Inhaltsangabe in euer Heft und ergänzt die Verben in der passenden Form.

Den „Täter“ nennen oder verschweigen – Aktiv und Passiv

Unbekannte feierten rauschende Party

Neue Partyidee wird von den Gästen gut angenommen

Neue Disko wurde durch Popstar eröffnet

Unbekannte randalieren auf Eröffnungsfeier

Veranstalter erwartet prominente Gäste

1 a Aktiv oder Passiv? Schreibt die Schlagzeilen nach Aktiv und Passiv sortiert in eure Hefte.
b Bestimmt jeweils die Zeitform und notiert sie.
c Wandelt die Aktivsätze in Passivsätze um und umgekehrt. Entscheidet dann, welche Form geeigneter ist. Prüft dazu, ob der „Täter“ wichtig ist oder nicht.

Kopfhörerpartys werden immer beliebter

Bochum/Steinburg. – Gefeiert wird wild – und scheinbar lautlos: So genannte Kopfhörerpartys werden in deutschen Clubs immer beliebter. Seit etwa zwei Jahren gibt es das Konzept der „leisen Disko“ auch in Deutschland.

Eventmanager Gerd Speer stattet etwa 95 Prozent aller Kopfhörerpartys mit den Ohrmuscheln aus. Nach seinen Angaben wurde seit 2010 bereits auf mehr als 300 Kopfhörerpartys gefeiert. Speers Veranstaltungsagentur mit Sitz in Steinburg (Schleswig-Holstein) verleiht die Geräte. Rund 5000 Stück sind auf Lager. Das Konzept eignet sich auch für Festivals, Open-Air-Kinos oder Stadtfeste.

Bei Kopfhörerpartys in einer Diskothek gibt es eine auf 80 Dezibel begrenzte Lautstärke – das ist der von Medizinern empfohlene Höchstwert. Zum Vergleich: Ist man in einer ganz normalen Disko einen Meter von den Lautsprechern entfernt, bekommt man bis zu 100 Dezibel ab. *

2 a Lest die Zeitungsmeldung. Gebt mit Hilfe eines Passivsatzes wieder, worum es geht, z. B.:
Bei einer Kopfhörerparty werden/wird …
b Spricht euch diese Partyidee an? Begründet eure Meinung.

3 a Die Zeitungsmeldung enthält zwei Sätze im Passiv.
Schreibt sie mit Zeilenangaben heraus und bestimmt jeweils die Zeitform.
●●● b Erklärt, warum es hier sinnvoll ist, das Passiv zu verwenden.
c Schreibt die beiden markierten Sätze vom Aktiv ins Passiv um.
Vergleicht anschließend mit dem Original: Welche Version ist besser geeignet? Begründet.

1 In zahlreichen Städten finden mittlerweile Kopfhörerpartys statt. **2** Viele lieben die lautlose Art zu feiern und die Tatsache, dass man sich voll und ganz der Musik widmen kann. **3** Unbeliebte Lieder kann man zudem einfach ausstellen. **4** Zu Beginn jeder Party werden die Drahtloskopfhörer am Eingang abgeholt, für die in der Regel ein Pfand gezahlt wird. **5** Während dann Platten aufgelegt werden, kann auf der Tanzfläche zwischen verschiedenen Musikkanälen gewählt werden. **6** Auf diese Weise kann nach dem persönlichen Musikgeschmack getanzt werden. **7** Dabei werden nicht nur die Ohren, sondern auch die Nachbarn geschont. **8** Manche gehen sogar auf Kopfhörerpartys, obwohl sie gar nicht auf der Tanzfläche stehen wollen. **9** Zum einen finden viele den Anblick der lautlos Tanzenden sehr lustig, die oft erst beim Refrain merken, ob sie im gleichen Rhythmus sind. **10** Zum anderen kann man auf einer Kopfhörerparty ganz entspannte Unterhaltungen führen.

4 In dem Text werden Passiv- und Aktivsätze zu einseitig verwendet.

a Bestimmt zunächst für jeden Satz, ob er im Aktiv oder im Passiv steht.

b Prüft dann, welche Sätze umformuliert werden könnten.

c Überarbeitet den Text und schreibt ihn neu auf.

●○○ Um den Text abwechslungsreicher zu formulieren, könnt ihr die Sätze 3, 5, 7 und 10 umformen. Fügt bei den Aktivsätzen mögliche „Täter" ein, z. B.: *die Tanzenden*

Wissen und Können **Aktiv und Passiv**

Sätze können im **Aktiv** oder im **Passiv** formuliert sein. Im Aktivsatz erfährt man, wer etwas tut. Im Passivsatz wird die Handlung betont; die handelnde Person kann unerwähnt bleiben, wenn sie unwichtig oder unbekannt ist.

Aktiv	**Passiv**
Der Blick wird auf die handelnde Person gerichtet, z. B.: *Die Freunde planen eine Party.* Subjekt Prädikat Akkusativobjekt →	Der Blick wird auf den Vorgang gerichtet. Das Objekt im Aktivsatz wird zum Subjekt, z. B.: *Eine Party wird geplant.* Subjekt Prädikat

Wenn man die handelnde Person im Passivsatz nennen will, verwendet man eine Wortgruppe mit „von" oder „durch", z. B.: *Ich werde von den Freunden gefragt.*
Das Passiv besteht aus der **Personalform von „werden" + Partizip II des Verbs.**

Präsens:	*Ich werde gefragt.*	Plusquamperfekt:	*Ich war gefragt worden.*
Präteritum:	*Ich wurde gefragt.*	Futur I:	*Ich werde gefragt werden.*
Perfekt:	*Ich bin gefragt worden.*	Futur II:	*Ich werde gefragt worden sein.*

Aussagen wiedergeben – Konjunktiv I

Funkkontakt zu Alexander Gerst bei Bonner Schulfest

Ein Schulfest der ganz besonderen Art feierte ein Gymnasium in Bonn-Beuel. Eltern und Lehrer wurden wie bei solchen Anlässen üblich mit Kaffee und Kuchen verköstigt und viele Schüler nutzten das hervorragende Wetter, um sich beim Fußball, Volleyball oder auch Basketball sportlich zu betätigen.

Das absolute Highlight war jedoch für alle Beteiligten der direkte Funkkontakt zum deutschen Astronauten Alexander Gerst, der gerade im All unterwegs ist und schon zum zweiten Mal eine Mission auf der internationalen Raumstation (ISS) absolviert. [...]

20 Schüler konnten knapp zehn Minuten mit dem Raumfahrer sprechen und ihm allerhand Fragen stellen. Länger war die ISS nicht in Reichweite der Antennen. Wie er es geschafft habe, Astronaut zu werden, wollte ein Schüler der Unterstufe wissen. „Ich habe immer das gemacht, was ich wollte, hart gearbeitet und nie aufgehört zu träumen“, ermutigte Gerst die Schüler, an ihren Zielen festzuhalten.

Das Interessanteste, was er auf seiner Reise durch den Weltraum erlebt habe, sei die Sicht auf die Erde gewesen. „Seit meiner ersten Mission sind Seen ausgetrocknet und Wälder kleiner geworden. Die Welt muss zusammenrücken, um unsere Erde zu retten“, mahnte der Astronaut.

Auf die Frage, wie viel Freizeit er habe und wie er diese gestalte, erwiderte Gerst, dass er eine freie Stunde am Tag hat. Er fügte hinzu: „Die nutze ich für Schülerprojekte oder Aufnahmen, zum Beispiel für die ‚Sendung mit der Maus‘.“ [...] *

1 a Lest den Artikel und gebt mit eigenen Worten wieder, worüber er berichtet.
b Erklärt, was Alexander Gerst mit seiner Aussage in den Zeilen 25–28 deutlich machen möchte.

2 In dem Text wird an mehreren Stellen wiedergegeben, was jemand sagt.
a Schreibt Textstellen auf, in denen Äußerungen von Personen wiedergegeben werden.
b Vergleicht und beschreibt die verschiedenen Formen der Redewiedergabe.
c Die indirekte Rede verlangt normalerweise den Konjunktiv. Bei der Redewiedergabe mit einem „dass“-Satz ist jedoch kein Konjunktiv erforderlich. Sucht ein Beispiel dafür im Text.

Alexander Gerst: „Das Interessanteste, was ich auf meiner Reise durch den Weltraum erlebt habe, war die Sicht auf die Erde.“

3 Diese Äußerung wird im Text in indirekter Rede (Konjunktiv I) wiedergegeben.
a Sucht diese Textstelle und vergleicht die wörtliche Rede mit der indirekten Wiedergabe. Untersucht die Pronomen und Verben und leitet Aussagen zur Bildung der indirekten Rede (Konjunktiv I) ab.
b Prüft eure Aussagen mit Hilfe des ersten Merkkastens auf Seite 232.

4 Sucht im Text Stellen in der direkten Rede und formuliert die Aussagen in eurem Heft in indirekte Rede (Konjunktiv I) um.

Wissen und Können | **Der Konjunktiv in der indirekten Rede**

- Um wörtliche Aussagen sachlich wiederzugeben, verwendet man die **indirekte Rede.** Dazu formt man Verben, die in der direkten (wörtlichen) Rede im **Indikativ** (Wirklichkeitsform) stehen, in den **Konjunktiv I** (Möglichkeitsform) um, z. B.:
  Alexander Gerst sagt: „Ich bin gern Astronaut." (direkte Rede im Indikativ)
  Alexander Gerst sagt, er sei gern Astronaut. (indirekte Rede im Konjunktiv I)
- Beim Wechsel von der direkten Rede zur indirekten Rede verändert sich oft auch das Personalpronomen, z. B.: *Gerst sagt: „Ich bin ..." → Gerst sagt, er sei ...*
- Man bildet den **Konjunktiv I,** indem man an den **Stamm des Verbs** (= Infinitiv ohne *-en* bzw. *-n*) die entsprechende **Personalendung** anfügt, z. B.:
  Infinitiv: *sehen → seh~~en~~ → ich seh-e, du seh-est, er/sie/es seh-e, wir seh-en, ihr seh-et, sie seh-en.*
- Direkte (wörtliche) Rede, die in der **Vergangenheit** steht, gibt man wie folgt wieder: Konjunktivformen von *haben* oder *sein* + Partizip II, z. B.:
  Astronaut: „Ich war im All. Ich habe zum zweiten Mal eine Mission absolviert."
  → Der Astronaut sagt, er sei im All gewesen. Er habe zum zweiten Mal eine Mission absolviert.

A Wir lesen jeden Tag seine Tweets.

Achtklässler aus München

B Wir haben nur ein Ziel: Wir werden Astronautinnen!

Emily und Lucia

C Seine Bilder öffnen uns die Augen. Sie machen deutlich, wie schön unser Planet Erde ist.

Jasmin und Kojo

5 a Formuliert die Aussage der Schülerinnen und Schüler für einen Zeitungsbericht in indirekte Rede um:
A *Achtklässler aus München versichern, sie ...*
B *Emily und Lucia verkünden, sie ...*
C *Jasmin und Kojo schwärmen, ...*

b Unterstreicht in der indirekten Rede die Verbformen im Konjunktiv I. Was fällt euch auf?

c Informiert euch im Merkkasten über Ersatzformen des Konjunktivs I. Formuliert eure Sätze A–C noch einmal um und verwendet den Konjunktiv II oder die „würde"-Ersatzform.

Wissen und Können | **Ersatzformen des Konjunktivs I**

An Stelle der Redewiedergabe mit dem Konjunktiv I können verschiedene **Ersatzformen** verwendet werden, z. B. wenn man den Konjunktiv I nicht vom Indikativ Präsens unterscheiden kann:
- **Ersatzform mit „würden",** z. B.: *Wir sagten, wir würden mit Alexander Gerst sprechen.*
- **„dass"-Satz mit Indikativ,** z. B.: *Wir sagten, dass wir mit Alexander Gerst sprechen.*
- **Konjunktiv II** (► S. 235), z. B.: *Wir sagten, wir sprächen mit Alexander Gerst.*
- Eine Aussage kann auch mit *laut, zufolge* oder *nach* wiedergegeben werden. In diesem Fall steht das Verb im Indikativ, z. B.: *Laut Alexander Gerst muss die Welt zusammenrücken.*

Ich war schon immer ein Abenteurer, und mir machen harte Momente, bei denen man sich durchkämpfen muss, so richtig Spaß. Viel schlimmer als das Überlebenstraining im Winter war allerdings das Training im Wasser. Wir hatten Temperaturen von 35 Grad Celsius und waren für mehrere Stunden zu dritt in dieser extrem engen Sojus-Kapsel eingesperrt. Dann mussten wir den Raumanzug ausziehen und uns in mehrere Lagen Thermokleidung plus Überlebensanzug zwängen, bevor wir ins Wasser springen durften. Das war wahrscheinlich das Anstrengendste, was ich bislang in meinem Leben gemacht habe. Wenn man so etwas durchsteht, gibt einem das hinterher allerdings ein tolles Gefühl. *

6 Vor seiner Weltraummission musste Alexander Gerst ein hartes Training absolvieren. Von einem Reporter wurde er gefragt, ob das Überlebenstraining im Winter nicht sehr anstrengend gewesen sei. Lest, was Gerst auf die Frage geantwortet hat.

7 Für die Schülerzeitung hat Tom die Antwort Gersts in die indirekte Rede umgeformt.

VORSICHT FEHLER!

Wie Astro-Alex sich auf die Weltraummission vorbereitet hat

Im Juni 2018 brach der deutsche Astronaut Alexander Gerst für 187 Tage zu seiner zweiten ISS-Mission namens „Horizons" auf. Zuvor musste er ein hartes Training absolvieren – im Winter und im Wasser. Auf viele mag ein solches Training abschreckend wirken. Aber Alexander Gerst sagt, er war schon immer ein Abenteurer und ihm machen harte Momente, bei denen man sich durchkämpfen muss, so richtig Spaß. Viel schlimmer als das Überlebenstraining im Winter war allerdings das Training im Wasser.
Gerst zufolge hätten sie Temperaturen von 35 Grad Celsius gehabt und waren für mehrere Stunden zu dritt in dieser extrem engen Sojus-Kapsel eingesperrt. Dann mussten wir den Raumanzug ausziehen und uns in mehrere Lagen Thermokleidung plus Überlebensanzug zwängen, bevor wir ins Wasser springen durften. Das wäre wahrscheinlich das Anstrengendste, was er bislang in seinem Leben gemacht hat. Alexander Gerst sagt, wenn man so etwas durchsteht, gibt einem das hinterher allerdings ein tolles Gefühl.

Dabei sind ihm allerdings einige Fehler unterlaufen.
Schreibt den Text in verbesserter Form in eure Hefte.

Ich wäre gern ...! Hätte ich doch ...! – Konjunktiv II

Rio Reiser

König von Deutschland (Auszug)

Jede Nacht um halb eins, wenn das Fernsehen rauscht,
Leg ich mich auf's Bett und mal mir aus,
Wie es wäre, wenn ich nicht der wäre, der ich bin,
Sondern Kanzler, Kaiser, König oder Königin.
Ich denk mir, was der Kohl[1] da kann, das kann ich auch.
Ich würd Vivaldi hör'n tagein, tagaus.
Ich käm viel rum, würd nach USA reisen,
Ronny[2] mal wie Waldi in die Waden beißen.

Das alles und noch viel mehr
Würd ich machen,
Wenn ich König von Deutschland wär.
Das alles und noch viel mehr
Würd ich machen,
Wenn ich König von Deutschland wär.

Ich würd die Krone täglich wechseln, würde zweimal baden,
Würd die Lottozahlen eine Woche vorher sagen,
Bei der Bundeswehr gäb es nur noch Hitparaden,
Ich würd jeden Tag im Jahr Geburtstag haben,
Im Fernsehen gäb es nur noch ein Programm:
Robert Lembke[3], vierundzwanzig Stunden lang.
Ich hätte zweihundert Schlösser, wäre nie mehr pleite,
Ich wär Rio der Erste, Sissi[4] die Zweite.
[...] *

1 Kohl: Helmut Kohl, Bundeskanzler der BRD, 1982–1998
2 Ronny: Ronald Reagan, Präsident der USA, 1981–1989
3 Robert Lembke (1913–1989), Moderator der TV-Sendung „Was bin ich?"
4 Sissi: Elisabeth Amalie Eugenie (1837–1898), Kaiserin von Österreich und Königin von Ungarn

1 a Lest den Songtext. Erklärt, warum es in Zeile 14 nicht heißt „Wenn ich König von Deutschland bin".
b Schreibt alle Verben im Konjunktiv II heraus und bildet dazu die Präteritumsform, z. B.: *es wäre – es war.* Erklärt anhand der Beispiele, wie der Konjunktiv II gebildet wird.
c Erklärt, in welchen Fällen der Konjunktiv II verwendet wird, in welchen die Ersatzform mit „würde". Lest dazu im Merkkasten auf Seite 232 nach.

2 a Formuliert, was ihr euch als König von Deutschland wünschtet.
b Stellt eure Ergebnisse vor. Stellt euren Mitschülerinnen und Mitschülern Fragen, z. B.: *Was tätest du denn, wenn ...? Hättest du auch ...? Was würde passieren, wenn du ...?*

Was wäre, wenn ...? Zwei Frauen äußern hier ihre Wünsche bzw. Träume:

(stehen) mir jeden Tag mehr Lebenszeit zur Verfügung, *(verbringen)* ich sicher einen Teil davon in Paris. Vielleicht im 18. Arrondissement? Voilà! Bald *(sprechen können)* ich fließend Französisch. Meine winzige Wohnung *(liegen)* hoch über den Dächern, mit einem weiten Blick über Montmartre. Einen anderen Teil der Zeit *(leben)* ich auf dem Land, auf einem einfachen Gehöft, mit großem Gästehaus. Im Stall *(stehen)* ein Esel. Ständig *(sein)* Besuch im Haus [...]. *

Schauspielerin Nina Kunzendorf

Es mag verrückt klingen, aber am tollsten *(sein)* es, wenn der Fußball uns Schiedsrichter irgendwann nicht mehr *(brauchen)*. Natürlich *(voraussetzen)* das eine unglaubliche Fairness, im Sieg und in der Niederlage. Die Spieler *(entwickeln müssen)* ihre Fähigkeit zur Selbstkritik und einen respektvollen Umgang, bei dem es mehr um das Miteinander geht, ohne Fouls. *

Schiedsrichterin Bibiana Steinhaus

3 Übertragt die Texte in eure Hefte. Ersetzt die eingeklammerten Infinitive abwechslungsreich durch eine Verbform im Konjunktiv II oder eine „würde"-Umschreibung.

Wer oder was wärst du gern? Was hättest du gern? Was würdest du gern machen?
berühmt • eine Weltreise • ausreichend Geld • Fußballnationalspielerin sein • mein Lieblingslied vor großem Publikum singen • einmal mit dem Fallschirm springen • Kfz-Mechatroniker sein • Hotelfachfrau werden • eine Band gründen • Familie

4 **a** Lest die privaten oder beruflichen Wünsche. Formuliert sie in vollständige Antworten um und verwendet sowohl den Konjunktiv II als auch die „würde"-Umschreibung.

b Welche Wünsche habt ihr in Bezug auf euren Beruf oder eure private Zukunft? Formuliert im Konjunktiv II oder mit einer „würde"-Umschreibung. Nutzt die Formulierungen im Wortspeicher:

Es wäre schön, wenn ... • In zehn Jahren hätte/wäre ich gerne ... • Toll wäre es, wenn ...

Wissen und Können **Der Konjunktiv II – Wünsche ausdrücken**

Den **Konjunktiv II** kann man verwenden, um einen (unerfüllbaren) **Wunsch,** eine **höfliche Aufforderung** oder einen **Zweifel** auszudrücken, z. B.:
Es wäre schön, wenn es morgen nicht regnen würde. Könntest du dich bitte beeilen? Hättest du dich auch so verhalten?

- **Bildung:** Den Konjunktiv II bildet man aus der **Präteritumsform** der Verben + **Umlaut,** z. B.: *kommen → ich kam → ich käm-e, du käm-est, wir käm-en ...*
- **Ersatzform:** Sind Präteritum und Konjunktiv II gleich oder klingt der Konjunktiv altmodisch, kann man mit **würde** umschreiben, z. B.: *Wenn du nur öfter schreiben würdest!* (statt *schriebest*)

Die Umstände bestimmen – Adverbien

Tanz über dem Abgrund

Im Juni 2013 überquerte der Amerikaner Nik Wallenda **?** auf einem Seil ungesichert den Grand Canyon (USA). Die große Schlucht im amerikanischen Westen ist 400 Kilometer lang und 1800 Meter tief. Deswegen wird sie **?** von unzähligen Touristen besucht. Extremsportler kommen **?** hierher, um spektakuläre Kletteraktionen durchzuführen. Die Schlucht, die Wallenda überquerte, ist wegen ihrer gefährlichen Auf- und Seitenwinde **?** bekannt. **?** gelang dem 34-jährigen Amerikaner die Überquerung, denn er hatte **?** monatelang trainiert. Sieben Weltrekorde hatte Wallenda **?** aufgestellt; unter anderem den längsten Lauf über einen Wasserfall im Juni 2012. Auf einem dünnen Seil war er **?** an einer gefährlichen Stelle, direkt über den kanadischen Horseshoe Falls, über das Wasser gelaufen.

Wallenda legte die etwa 550 Meter lange Strecke in 25 Minuten zurück. Der Sender ABC, der die Aktion im Fernsehen übertrug, bestand **?** auf bestimmten Sicherheitsvorkehrungen. Wallenda musste **?** auf dem Seil einen Sicherheitsgurt tragen. Nach seiner gelungenen Seiltanzaktion am Grand Canyon kündigte der Amerikaner an, dass er **?** vorhabe, auf einem Seil zwischen zwei New Yorker Wolkenkratzern zu balancieren. *

1 a Lest den Auszug aus einer Zeitungsmeldung. Wie beurteilt ihr die Aktion? Begründet.
b In der Zeitungsmeldung könnten die Leserinnen und Leser noch besser informiert werden, wenn an einigen Stellen genauere Angaben gemacht würden.
Lest den Text noch einmal und ergänzt in den Lücken passende Adverbien aus dem Wortspeicher.

allerdings • heutzutage • bereits • allein • demnächst • hierfür • oft • damals • überall • deshalb • trotzdem

2 a Bestimmt alle Adverbien aus Aufgabe 1b. Übertragt dazu die folgende Tabelle in euer Heft. Ordnet die Adverbien entsprechend ein.

Zeit (temporal) Wann? Wie lange?	Ort (lokal) Wo? Woher?	Art und Weise (modal) Wie?	Grund (kausal) Warum? Wozu?
oft	…	…	…

b Im Text sind vier weitere Adverbien versteckt. Findet sie und übertragt sie in die Tabelle.

3 a Ermittelt und bestimmt die Satzglieder des ersten Satzes.
b Erklärt nun den Unterschied zwischen Adverb und Adverbiale.

Verhältnisse beschreiben – Präpositionen

An der Ostsee

1 Endlich Urlaub! Als ich ? meiner Familie verschwitzt ? der langen Autofahrt ? Warnemünde ankomme, will ich ? der Mittagshitze sofort das Meer sehen. Ungeduldig laufe ich ? Strand. Sofort erkenne ich, dass sich ? den grasbewachsenen Dünen kilometerweit Strandkörbe wie eine Armee ? Soldaten aneinanderreihen. Aber da taucht ? meinen Augen ? dem strahlend blauen Himmel auch schon das glitzernde Meer auf. Kleine Schaumkronen tanzen ? den niedrigen Wellen, die ? einem sachten Rauschen ? den Strand klatschen und wieder zurück ? Meer rollen. Ach, hatte ich das vermisst! ? mir höre ich lautes Gelächter. Eine Gruppe braun gebrannter Jugendlicher rennt wie ein Wirbelwind ? mir vorbei. Sie sehen alle sehr sympathisch aus. Ob sie wohl auch länger hier Urlaub machen? Vielleicht kann ich mich ja mal ? ihnen blicken lassen und was ? ihnen unternehmen?! So würde der Urlaub bestimmt gleich noch mehr Spaß machen! Ich schaue ihnen nach, doch schon bald sind sie ? einem kleinen Kiosk verschwunden.

1 **a** Im ersten Teil der Erzählung zu einem Bild fehlen die Präpositionen. Vervollständigt die Lücken und schreibt die fehlenden Präpositionen mit ihren Bezugswörtern heraus, z. B.:
mit meiner Familie, …

Wissen und Können **Präpositionen**

Präpositionen (Verhältniswörter) drücken **Beziehungen** oder **Verhältnisse** aus. Sie stehen in der Regel vor Nomen, Artikeln und Pronomen, z. B.: *vor der Tür, nach ihm, in Sandalen.*
Die Präposition bestimmt den **Kasus** (den Fall) des folgenden Nomens, z. B.:

zu dem Hund	*für den Hund*	*wegen des Hundes*
Wem? – Dativ	Wen? – Akkusativ	Wessen? – Genitiv

2 Wenige Urlauber schwimmen im kühlen Meer, die meisten sitzen in *(ihre bunte Strandkörbe)* und lassen sich die Sonne auf *(der Pelz)* scheinen. Trotz *(die leichte Brise)* spüre ich nun auch, dass sich kleine Schweißperlen auf *(meine Haut)* bilden. Puh, ist das warm hier! Hätte ich doch nur schon meinen Bikini angezogen! Dann hätte ich mich im *(frisches Wasser)* gleich abkühlen können! Nun fällt mein Blick auf die vielen Muscheln zu *(meine Füße)*. Ich hebe eine davon auf und lasse sie zwischen *(meine Fingerspitzen)* kreisen. Wie hart und kantig sich die Schale anfühlt! Ich ziehe meine Flipflops aus und spüre bei *(jeder kleine Schritt)* den heißen Sand unter *(meine Fußsohlen)*. Es fühlt sich an, als würde ich auf *(glühende Kohlen)* laufen. Abrupt bleibe ich stehen, lasse den feinen Sand durch meine Zehen rieseln und grabe meine Füße immer weiter in *(der weiße Sand)* hinein. An der Oberfläche ist er ganz heiß von *(die Hitze)* des Tages, aber je tiefer ich buddle, umso kühler und feuchter ist er. Dabei atme ich die salzige Seeluft ein und bemerke erst jetzt, wie ausgetrocknet mein Mund ist.

b Übertragt den zweiten Teil der Erzählung zu einem Bild in euer Heft und setzt die Wörter, die hinter einer Präposition in Klammern stehen, im richtigen Kasus ein.

VORSICHT FEHLER!

3 Dank mein schlechtes Erinnerungsvermögen finde ich in meinen ausgewaschenen Shorts noch ein altes Pfefferminzbonbon und ich bin froh über den frischen Geschmack, der sich in meinem trockenem Mund breitmacht. Das Kreischen zweier Möwen lässt mich aufhorchen. Über mich fliegen zwei Möwen, die sich um einen Fisch streiten, den sie sich wohl von einen der Fischkutter ergattert haben. Mein Blick driftet ab in die Ferne. Weiter hinten am wolkenlosem Horizont ragt ein rot-weiß gestreifter Leuchtturm auf einen Felsen in die Höhe. Oh, ist das schön hier! Am liebsten würde ich für immer an diesen Ort bleiben. Dank dieser unbeschreiblichen Ruhe kann ich endlich einmal abschalten! Keine Schule, kein Notendruck, einfach nur entspannen. Das habe ich mir nach den Prüfungsmarathon in den letzten Wochen wirklich verdient! Sanft werde ich aus meine Gedanken gerissen. Meine Mutter ruft nach mir. Ich soll ins Ferienhaus kommen. Langsam setze ich mich in Bewegung und schmunzle dabei, denn ich weiß schon jetzt: Die nächsten beiden Wochen werde ich in volle Züge genießen!

c Im dritten Teil der Erzählung zu einem Bild wird nach zehn Präpositionen der falsche Kasus verwendet.
Übertragt den Text in euer Heft und verbessert dabei die Fehler. Unterstreicht alle Präpositionen.

Wissen und Können | **Wechselpräpositionen**

Die neun Wechselpräpositionen *in, auf, vor, hinter, unter, über, neben, an, zwischen* fordern manchmal den **Dativ,** manchmal den **Akkusativ.** Antwortet der Satz auf die Frage „**Wo?**“, steht der Dativ, bei der Frage „**Wohin?**“ steht der Akkusativ, z. B.:
Wir gehen ins Kino. (Wohin? – Akkusativ) *Wir sind im Kino.* (Wo? – Dativ)

Mit Satzstrukturen umgehen – Satzglieder

Warum ist Lachen gesund?

1 Viellacher erfreuen sich vermutlich bester Gesundheit. **2** Das Lachen sorgt schließlich für den Abbau von Stresshormonen. **3** Regelmäßiges Lachen lässt außerdem den Glückshormonspiegel ansteigen. **4** Das Lachen dient sogar der Wundheilung. **5** Viellacher versorgen ihren Körper nebenbei auch mit viel Sauerstoff. **6** Lachen trainiert außerdem die inneren Muskeln. **7** Das normale Lachen aktiviert rund achtzig Muskeln.

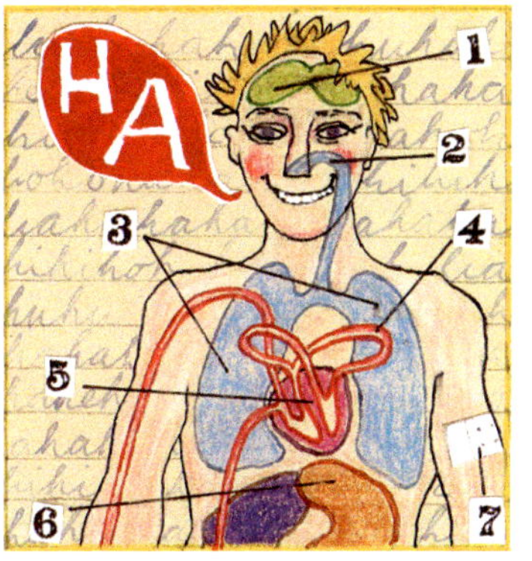

1 a Lest den Text. Welche Antwort gibt er auf die Frage in der Überschrift?
b Bestimmt alle markierten Satzglieder, z. B.: *bester Gesundheit = Genitivobjekt.*

2 a Erklärt, warum sich der Text wenig abwechslungsreich anhört. Berücksichtigt hierbei die Stellung der Satzglieder.
b Legt fest, bei welchen Sätzen ihr die Satzglieder umstellen wollt, damit der Text weniger eintönig klingt.
c Überarbeitet den Text und schreibt ihn in eure Hefte.

3 a Notiert die folgenden Verben mit der Präposition, mit der sie fest verbunden sind.

träumen • sich ärgern • achten • danken • antworten • sich fürchten • schmecken • lachen

b Schreibt zu jedem Verb einen passenden Beispielsatz auf und unterstreicht jeweils das Präpositionalobjekt.

Wenn die Präposition eine feste Beziehung zum Verb hat, leitet sie ein **Präpositionalobjekt** ein. Diese Präposition kann nicht durch eine andere Präposition ersetzt werden, z. B.: *Ich warte auf meinen Freund.*
Man kann Ausdrucksfehler vermeiden, wenn man sich diese Kombinationen aus Verb und Präposition merkt.

4 a Formuliert die Schlagzeilen in Sätze um, indem die Information vor dem Doppelpunkt mit Hilfe einer Präposition mit dem Verb verbunden wird.
●○○ Wählt aus den Präpositionen aus dem Kasten. Ergänzt jeweils einen Artikel im richtigen Kasus.
b Unterstreicht in den Sätzen jeweils das Präpositionalobjekt.

Klimaerwärmung: Forscher warnen

Ergebnisse: Forschergruppe zweifelt

Entdeckung: Experten staunen

vor • an • nach • um • über • mit • von • auf

Warum ist Kichern ansteckend?

Heiterkeitsattacken beginnen meist mit einem leichten Kichern und enden oft in einem richtigen Lachanfall. Häufig reicht dann ein erneutes Kichern, um auch das Gegenüber mit dem Lachen anzustecken. Warum das so ist, haben Forscher des University College in London nun untersucht. Sie suchten nach den Ursachen und haben dafür Testpersonen mit verschiedenen Lautäußerungen konfrontiert: Gelächter und Jubel, aber auch ängstliche Laute. Besonders stark reagierten die Testpersonen demnach auf positive Gefühle. *

5 a Der Text enthält sechs Präpositionalobjekte. Schreibt sie heraus.
Tipp: Ein Präpositionalobjekt ist bereits unterstrichen.

Erfragt man das **Präpositionalobjekt,** ist die Präposition in der Fragestellung enthalten: *Worüber / Über was lache ich?*

b Notiert zu jedem herausgeschriebenen Präpositionalobjekt die passende Frage.

Was tun Lachforscher?

Lachforscher untersuchen den Ursprung und die Auswirkungen des Lachens. Sie analysieren die Lachmimik. Einige Lachforscher beschäftigen sich mit den typischen Lachgeräuschen. Lachforscher unterscheiden zwischen echtem und unechtem Lachen. *

6 Bei diesem Text fehlen wichtige Informationen und der Satzbau ist zu eintönig.

a Überarbeitet den Text in zwei Schritten:

– Fügt die folgenden Adverbialien so ein, dass der Text genauer informiert:

weltweit • aufgrund ihrer Ergebnisse • mit Hilfe von Tests • immer wieder

Adverbialien (Umstandsbestimmungen) beantworten die Fragen nach dem **Wo?,** dem **Wann?,** dem **Warum?** und dem **Wie?** eines Geschehens.

– Stellt die Satzglieder einiger Sätze so um, dass der Text abwechslungsreicher wird.

●○○ So könntet ihr den ersten Satz überarbeiten:
Weltweit untersuchen Lachforscher den Ursprung und die Auswirkungen des Lachens.

●●● b Schreibt die beiden im Text vorkommenden Präpositionalobjekte auf. Formuliert jeweils die entsprechenden Fragen dazu.

7 a Übertragt die Tabelle und ordnet die Adverbialien aus Aufgabe 6 ein.

Lokaladverbialien (Ort)	Temporaladverbialien (Zeit)	Modaladverbialien (Art und Weise)	Kausaladverbialien (Grund)
…	…	…	…

b Notiert auch die Adverbialien aus dem Text „Warum ist Lachen gesund?“ von Seite 239.

Satzgliedteile ergänzen – Attribute

Der Mann erzählt einem Freund einen Witz.

über einen Politiker • in voller Länge • mit schlechter Pointe

seines Großvaters • seines Chefs • seiner Schwester

ernste(n) • lustige(n) • alte(n)

1 a Bestimmt im Satz oben die markierten Satzglieder.

b Erweitert jedes dieser Satzglieder um passende Attribute aus den Wortspeichern. Schreibt möglichst viele unterschiedliche Möglichkeiten auf.
Orientiert euch an dem Beispiel:
Der lustige Mann erzählt einem Freund seines Chefs einen Witz über einen Politiker.

c Vergleicht eure Ergebnisse. Wer in eurer Klasse hat die meisten Erweiterungen aufgeschrieben?

2 a Bestimmt die Satzglieder dieses Satzes mit Hilfe der Umstellprobe und vergleicht sie mit dem Ergebnis von Aufgabe 1 a. Was fällt euch auf?

Der alte Mann erzählt einem Freund seiner Schwester einen lustigen Witz seines Großvaters.

b Man unterscheidet verschiedene Arten von Attributen. Ordnet die in Aufgabe 1 verwendeten Attribute einer Gruppe zu. Lest dazu den Merkkasten auf Seite 242.

Was ist lustig?

Nicht alle Menschen lachen über das Gleiche. Ein toller Witz aus dem Heimatland kann anderswo sehr peinlich sein. Nach einer anerkannten Studie finden beispielsweise Briten, Iren, Australier und Neuseeländer Witze mit Wortspielen besonders gut. Geschichten mit dämlichen Helden bringen vor allem Amerikaner und Kanadier zum Lachen. Der Humor der Deutschen wurde ebenfalls untersucht. Diese lachen angeblich am meisten. Drei Dinge scheinen aber alle Menschen gleichermaßen zu belustigen: Zum einen verspüren die meisten gerne ein Überlegenheitsgefühl und zum anderen wollen sie den alltäglichen Stress vergessen. Ganz besonders amüsieren sie sich aber über eine Pointe, eine überraschende Wendung des Witzes. *

3 Lest den Text. Gebt wieder, welche Antwort er auf die in der Überschrift gestellte Frage gibt.

4 Der Text enthält verschiedene Attribute.

a Schreibt für jede Art von Attribut einen Beispielsatz aus dem Text heraus. Markiert das Attribut farbig, z. B.: *Ein toller Witz ... (Adjektivattribut).*

b Prüft jeweils, ob es sich tatsächlich um ein Attribut handelt. Notiert dazu den Satz in einer anderen Satzgliedstellung. Erklärt, woran ihr das Attribut erkennt.

Chris Tall heißt eigentlich Christopher Nast. *(Er ist ein junger Komiker.)*
Bekannt wurde er durch Auftritte bei TV total. *(Dies war eine Fernsehshow auf ProSieben.)*
Bereits 2016 wurde dem Komiker von Enissa Amani der deutsche Comedypreis in der Kategorie „Bester Newcomer“ verliehen. *(Sie ist eine deutsch-iranische Moderatorin.)*
Mit „Jetzt ist Papa dran!“ tourte er 2018 durch Deutschland. *(So hieß sein drittes Soloprogramm.)*

5 ●○○ Bildet aus den Sätzen in Klammern passende Appositionen, die ihr im ersten Satz ergänzt. So könnt ihr den ersten Satz formulieren: *Chris Tall, ein junger Komiker, …*

Nachdem Chris Tall als Jugendlicher einen Auftritt *(Mario Barth, Präpositionalattribut)* gesehen hatte, wollte er selbst Comedian werden. Daher hat sich der *(lernen, Partizipialattribut)* Versicherungskaufmann schließlich seinen Traum erfüllt und in Köln *(die Comedyhochburg, Apposition)* das Handwerk *(das Witzeerzählen, Genitivattribut)* von der Pike auf gelernt. Bei seinen Witzen *(die Schulzeit und seine Eltern, Präpositionalattribut)* bricht das *(jugendlich, Adjektivattribut)* Publikum in *(schallen, Partizipialattribut)* Gelächter aus. Allerdings stößt er auch auf *(heftig, Adjektivattribut)* Kritik, da er gern *(sozial, Adjektivattribut)* Randgruppen *(die Gesellschaft, Genitivattribut)* veräppelt. Er entgegnet, dass er zur Integration *(diese Menschen, Genitivattribut)* beiträgt, indem er Witze *(alle, Präpositionalattribut)* macht.

6 Setzt die angegebenen Wörter in der jeweiligen Attributform ein. Schreibt den Text in eure Hefte.

Chris Tall aus Hamburg ist mittlerweile ein bekannter Comedian. Chris Tall zog aus Hamburg weg, um in Köln berühmt zu werden.

7 a Bestimmt die Satzglieder dieser Sätze mit Hilfe der Umstellprobe.
b Erklärt den entscheidenden Unterschied zwischen den beiden unterstrichenen Wortgruppen und nennt jeweils den grammatischen Fachbegriff.

Wissen und Können **Das Attribut**

Um sich genau und abwechslungsreich auszudrücken, beschreibt man Gegenstände, Personen und Sachverhalte näher. Dabei wird das **Bezugswort** durch **zusätzliche Angaben näher bestimmt.** Solche Angaben nennt man **Attribute.** Man unterscheidet:

- **Adjektivattribute, Partizipialattribute,** z. B.: *der lustige Witz, der erzählte Witz*
- **Präpositionalattribute,** z. B.: *das Erdbeben von Lissabon, der Witz ohne Pointe*
- **Genitivattribute,** z. B.: *das Ergebnis der Untersuchung, der Lieblingswitz meines Freundes*
- **Appositionen,** z. B.: *Leon, mein Freund, bekam einen Lachanfall.*

Attribute können bei der **Umstellprobe** nur zusammen mit dem Bezugswort verschoben werden. Das bedeutet, dass Attribute **Teil eines Satzglieds** sind.

Testet euer Wissen!

Tandembogen: Wortarten und Satzglieder

1 Testet euch gegenseitig in Partnerarbeit. Geht so vor:
- Partner A deckt mit einem Blatt Papier die rechte Hälfte des Tandembogens ab. Partner B deckt die linke Seitenhälfte ab.
- Partner A liest die Aufgabe 1 vor und löst sie, Partner B prüft die Lösung.
- Danach liest Partner B die Aufgabe 2 vor und löst sie, Partner A prüft die Lösung.

Tipp: Übt so lange, bis ihr alle Aufgaben richtig lösen könnt. Tauscht einmal die Rollen A und B.

Partner A	Partner B
1 Setze die Verben in Klammern in der richtigen Zeitform in den Satz ein: *Nachdem sich 2015 ein riesiger Gesteinsbrocken aus dem All mit irrwitziger Geschwindigkeit der Erde (nähern), (beunruhigen) dies die Wissenschaftler.*	**Lösung zu 1:** *Nachdem sich 2015 ein riesiger Gesteinsbrocken aus dem All mit irrwitziger Geschwindigkeit der Erde genähert hatte, beunruhigte dies die Wissenschaftler.*
Lösung zu 2: *Die meisten Brocken, die/welche in die Nähe unseres Planeten geraten, sind klein. Ihr Durchmesser beträgt zwischen 20 und 30 Metern. Bereits ein Aufprall von Asteroiden dieser Größe hätte schlimme Folgen.*	**2** Setze die in Klammern vorgegebenen Pronomen ein: *Die meisten Brocken, (Relativpronomen) in die Nähe (Possessivpronomen) Planeten geraten, sind klein. (Possessivpronomen) Durchmesser beträgt zwischen 20 und 30 Metern. Bereits ein Aufprall von Asteroiden (Demonstrativpronomen) Größe hätte schlimme Folgen.*
3 Ermittle und bestimme die Satzglieder des folgenden Satzes: *Beim Einschlag eines Asteroiden mit einem halben Kilometer Durchmesser rechnet man mit globalen Auswirkungen.*	**Lösung zu 3:** *Beim Einschlag eines Asteroiden mit einem halben Kilometer Durchmesser (Temporaladverbiale) rechnet (Prädikat) man (Subjekt) mit globalen Auswirkungen (Präpositionalobjekt).*
Lösung zu 4: *Wenn ein derart großer Asteroid auf der Erde eintreffen würde, könnte sein Aufprall mit einer Explosion von drei Mrd. Tonnen Sprengstoff verglichen werden. Trotz aller Schutzmaßnahmen könnte eine Fläche in der Größenordnung von Deutschland zerstört werden und man müsste mit auftretenden Druckwellen und Windstößen rechnen.*	**4** Setze an Stelle der Fragezeichen passende Präpositionen ein und ergänze die Wörter in Klammern im richtigen Kasus: *Wenn ein derart großer Asteroid ? (die Erde) eintreffen würde, könnte sein Aufprall ? (eine Explosion) ? drei Mrd. Tonnen Sprengstoff verglichen werden. ? (alle Schutzmaßnahmen) könnte eine Fläche ? (die Größenordnung) ? Deutschland zerstört werden und man müsste ? (auftretende Druckwellen und Windstöße) rechnen.*

Partner A	Partner B
5 Setze den folgenden Satz ins Passiv. *Noch nie hat eine Naturkatastrophe solchen Ausmaßes die Zivilisation heimgesucht.*	**Lösung zu 5:** *Die Zivilisation ist noch nie von einer Naturkatastrophe solchen Ausmaßes heimgesucht worden.*
Lösung zu 6: *Ein Wissenschaftler äußert, zum Glück habe dieses Mal keine Gefahr für die Erde bestanden. Der Asteroid sei in rund 1,2 Mio. Kilometer Entfernung an der Erde vorbeigerast. Doch in kosmischen Maßstäben zähle das als ein Streifschuss.*	**6** Formuliere die Äußerung des Wissenschaftlers in die indirekte Rede um. Verwende den Konjunktiv! *Ein Wissenschaftler äußert: „Zum Glück bestand dieses Mal keine Gefahr für die Erde. Der Asteroid raste in rund 1,2 Mio. Kilometer Entfernung an der Erde vorbei. Doch in kosmischen Maßstäben zählt das als ein Streifschuss.“*
7 Formuliere die Äußerung des Wissenschaftlers in die indirekte Rede um. Verwende den Konjunktiv! *„Wahrscheinlich kommen aber vor dem Jahr 2027 keine kosmischen Brocken dieser Größenklasse der Erde wieder so nahe. Bis dahin forschen viele Wissenschaftler daran, die Gefahr aus dem All abzuwenden“, fügt der Astronom hinzu.*	**Lösung zu 7:** *Der Astronom fügt hinzu, dass aber wahrscheinlich vor dem Jahr 2027 keine kosmischen Brocken dieser Größenklasse der Erde wieder so nahe kämen. Bis dahin würden viele Wissenschaftler daran forschen, die Gefahr aus dem All abzuwenden.*
Lösung zu 8: *Wenn man einen riesigen Asteroiden auf Kollisionskurs frühzeitig sähe, könnte man ihm eine Raumsonde mit nuklearen Sprengsätzen entgegenschicken. In der Nähe des Brockens würden die Atomsprengsätze der Rakete dann gezündet, sodass der Asteroid von seiner berechneten Bahn abkäme oder zerstört würde.* *	**8** Erweitert die unterstrichenen Satzglieder durch die angegebenen Wörter und setzt sie in der jeweiligen Attributform ein: *Wenn man einen (riesige, Adjektivattribut) Asteroiden (Kollisionskurs, Präpositionalattribut) frühzeitig sähe, könnte man ihm eine Raumsonde (nukleare Sprengsätze, Präpositionalattribut) entgegenschicken. In der Nähe (der Brocken, Genitivattribut) würden die Atomsprengsätze (die Rakete, Genitivattribut) dann gezündet, sodass der Asteroid von seiner (berechnen, Partizipialattribut) Bahn abkäme oder zerstört würde.*

12.2 Zusammenhänge verdeutlichen – Satzverknüpfungen

Satzlehre – Satzreihe und Satzgefüge

Aus einem Tagebuch

A Heute Morgen habe ich den gestern gekauften Schal umgetauscht, denn er war zu eng.
B Später bin ich von der Bäckerei gefeuert worden, weil ich keine Torten beschriften kann.
C Ich habe alles probiert, aber die Torte passte einfach nicht in den Drucker!
D Trotzdem habe ich heute viel erreicht und auch meine Eltern sind darüber sehr glücklich.
E Ich habe nämlich ein Puzzle in sechs Monaten fertiggestellt, obwohl auf der Schachtel zwei bis vier Jahre stand.
F Es war ein großartiger Tag, aber es gab noch weitere Probleme.

1 a Schreibt die Sätze ab. Unterstreicht jeweils beide Prädikate und kreist die Konjunktion ein.
b Notiert hinter jedem Satz, ob es sich um eine Satzreihe (Hauptsatz + Hauptsatz) oder um ein Satzgefüge (Hauptsatz + Nebensatz) handelt.

G Diese schokolierten Erdnüsse waren fürchterlich. – Man konnte sie nur schwer schälen.
H Ich konnte die Notfallnummer 112 nicht anrufen. – Es gab keine 11-Taste auf dem Telefon.
I Ich wollte Wasserski fahren. – Ich fand keinen See mit Abhang.

2 Verbindet die Sätze G–I jeweils zu einer Satzreihe und zu einem Satzgefüge. Wählt passende Konjunktionen aus den Wortspeicher und achtet auf die Kommasetzung.

Nebenordnende Konjunktionen (Satzreihen)
denn • aber • sondern • und • oder

Unterordnende Konjunktionen (Satzgefüge)
obwohl • als • nachdem • während • weil • da

Wissen und Können **Die Satzreihe und das Satzgefüge**

- Eine **Satzreihe** ist ein Satz, der aus zwei oder mehr Hauptsätzen besteht. Jeder Hauptsatz könnte auch für sich stehen und hat ein eigenes Subjekt und ein eigenes Prädikat, z. B:
  Ich habe stundenlang auf der Rolltreppe festgesessen , denn der Strom war ausgefallen.
  Hauptsatz — Komma — Hauptsatz
- Ein **Satzgefüge** besteht aus einem Hauptsatz und einem oder mehreren Nebensätzen. In den Nebensätzen steht das **Prädikat** (die Personalform des Verbs) am **Satzende,** z. B.:
  Ich habe stundenlang auf der Rolltreppe festgesessen , weil der Strom ausgefallen war.
  Hauptsatz — Komma — Nebensatz

Nebensätze als Attribute – Relativsätze

Aus der E-Mail eines Teenagers, dessen Mutter gerade zur Kur ist

Hier ist alles in Ordnung, liebe Mama! Ich staune täglich mehr über all die Dinge, die mir mittlerweile mühelos gelingen. Das Essen, welches ich mir selbst koche, kann ich inzwischen sogar genießen. *Gestern habe ich mir Bratkartoffeln gemacht. Diese magst du doch auch so gern.* Während die Kartoffeln in der Pfanne brieten, ging ich noch schnell Eier holen. *Nach meiner Rückkehr war der Griff der Pfanne vollständig geschmolzen. Diesen habe ich für viel widerstandsfähiger gehalten.* Der Rauch, der in der Küche stand, ist schon wieder abgezogen. Nur unsere Katze, die nun schwarz wie ein Rabe ist, hustet noch ein bisschen. Am Donnerstag habe ich vergessen, die Wohnung abzuschließen. *Es muss Besuch da gewesen sein. Dieser hat alle Wertgegenstände mitgenommen.* Also, erhole dich weiterhin gut! *

1 a Untersucht die zwei im Text markierten Nebensätze:
- Mit welchen Relativpronomen werden sie eingeleitet?
- Welche Bezugswörter im Hauptsatz erklären sie genauer?
- An welcher Stelle stehen sie im Satzgefüge: Sind sie eingeschoben oder nachgestellt?

b Sucht im Text zwei weitere Relativsätze und schreibt die vollständigen Satzgefüge ins Heft ab. Unterstreicht die Relativsätze, rahmt die Relativpronomen ein und markiert die Bezugswörter, die genauer erklärt werden, z. B.:
Ich staune täglich mehr über all die Dinge, die mir mittlerweile mühelos gelingen.

2 Bildet aus den kursiv gesetzten Sätzen drei Satzgefüge mit Relativsatz. Ersetzt dafür die Demonstrativpronomen *(diese, diesen, dieser)* durch passende Relativpronomen und verbindet die Sätze, z. B.: *Gestern habe ich mir Bratkartoffeln gemacht, die du ...*

3 a Formuliert folgende Sätze in Satzgefüge mit Relativsatz um.
A Ein mit dem Haushalt etwas überforderter Teenager schreibt seiner Mutter.
B Eine sich in einer Kurklinik befindende Mutter erhält von ihrem Sohn eine E-Mail.

b Formuliert folgende Satzgefüge in Sätze ohne Relativsatz um.
C Ein Teenager, der auf sich allein gestellt ist, bringt den Haushalt in Unordnung.
D Die Mutter, die sich um ihren Haushalt sorgt, kann sich während der Kur nicht gut erholen.

Wissen und Können **Relativsätze (Attributsätze)**

- **Relativsätze (Attributsätze)** sind Nebensätze, die ein Wort oder eine Wortgruppe im vorangestellten Satz näher erklären. Sie werden durch **Relativpronomen** (alle Formen von *der, die, das, welcher, welche, welches*) eingeleitet und durch **Kommas** vom Hauptsatz getrennt, z. B.:
  *Ein Teenager schreibt seiner Mutter, **die** gerade eine Kur macht.*
  *Ein Teenager, **dessen** Mutter zur Kur ist, muss den Haushalt allein bewältigen.*
- **Relativpronomen** können auch in Verbindung mit einer Präposition vorkommen, z. B.:
  *Die Mutter erhält eine E-Mail, **über welche** sie sich sehr freut.*

Nebensätze zu näheren Umständen – Adverbialsätze

Aus einem „Merkblatt" für Verkehrssünder

Liebe Verkehrsteilnehmerin, lieber Verkehrsteilnehmer,
weil Sie aufmerksam sind, haben Sie sicher Folgendes bemerkt:
An Ihrem Fahrzeug befindet sich außer diesem Schreiben auch noch ein Strafzettel. Nachdem ein Polizist diese Strafe verhängt hat, könnte er sich eventuell noch hier in der Nähe befinden. Sicher möchten Sie mit diesem Polizeibeamten sprechen, damit dieser die Anzeige rückgängig macht. Bevor Sie ihn aber in endlose Diskussionen verwickeln, sollten Sie dieses Merkblatt aufmerksam lesen.
Wenn Sie beispielsweise nur Ihre kranke Oma nach Hause bringen wollten, ist das sicher löblich. Es berechtigt Sie allerdings nicht zu zweistündigem Parken in der Fußgängerzone. Obwohl wir natürlich Ehrfurcht vor dem Alter haben, können wir das nicht durchgehen lassen.

1 Der Text besteht aus vielen Satzgefügen.

a Schreibt alle Satzgefüge heraus und lasst dabei nach jedem Satzgefüge eine Zeile frei. Unterstreicht jeweils den Nebensatz.

b Warum?, Wann?, Zu welchem Zweck?, Unter welcher Bedingung? Trotz welcher Tatsache? – Entscheidet, auf welche Fragen die Nebensätze Antworten liefern, und schreibt diese Fragen jeweils in die leere Zeile.

c Benennt nun die Nebensätze, die die Rolle von Adverbialien übernehmen, und notiert deren Fachbegriff ebenfalls in der jeweiligen leeren Zeile. Der Merkkasten auf Seite 249 hilft euch dabei.

Auch wir würden lieber große Gangster fangen. Da es aber nicht so viele Kapitalverbrechen in diesem Ort gibt, müssen wir uns die Zeit mit Strafzetteln vertreiben.
Vermeiden Sie Körperkontakt zum Polizeibeamten, indem Sie ihm zum Beispiel auf die Schulter klopfen. Dies wäre sittenwidrig, sodass man Sie gleich festnehmen würde.
Der Einsatz von Tränen nützt nichts, denn der Anblick eines Menschen wirkt würdelos und albern, wenn er wegen ein paar Euro Bußgeld weinend auf der Straße steht.
Die Frage, ob ein Polizist kein Herz hat, ist überflüssig. Natürlich hat er eins. Auch er braucht ein Herz, damit das Blut durch den Körper gepumpt wird.
Auch wenn es Ihnen nichts nützen wird, können Sie es ruhig immer noch versuchen, dem Beamten die Anzeige auszureden.

2 **a** Sucht in der Textfortsetzung Satzgefüge mit den folgenden Adverbialsätzen.
Wendet wenn möglich die Frageprobe an. Der Merkkasten auf Seite 249 hilft euch dabei.

1x Konsekutivsatz | **1x Finalsatz** | **1x Konditionalsatz**

1x Kausalsatz | **1x Konzessivsatz** | **1x Modalsatz**

b Erklärt, welche Funktion Adverbialsätze in Texten haben.

3 Lest euch die drei Teile des Briefes an eine Versicherung auf dieser und der folgenden Seite durch. Gebt wieder, was dem Verfasser des Briefes zugestoßen ist.

Aus dem Brief an eine Versicherung

A

Sehr verehrte Versicherung,
trotz meines handwerklichen Geschicks ist mir ein folgenschwerer Unfall passiert.
Wegen des Baus eines neuen Gartenhauses hatte ich auf dem Dachboden meines Hauses Backsteine gelagert. Zur Beförderung der Steine nach unten verankerte ich an einem Fenster des Dachbodens einen Balken mit einer Rolle. Über die Rolle ließ ich ein Seil, welches ich unten an einen Pfosten angebunden hatte, laufen. Oben am Seil befestigte ich eine Kiste. Nach dem Beladen der Kiste ging ich wieder nach unten. Zum Herunterlassen der Steine löste ich nun das Seil vom Pfosten. Ich hielt das Seil ganz fest, aber nun war die mit Steinen gefüllte Kiste schwerer als ich.

Präpositionen in Konjunktionen umformen:
beim → als
durch → indem
vor → bevor
nach → nachdem
für, zur, zum → damit
wegen → weil
mit, bei → wenn
trotz → obwohl

4 a Dieser Brief enthält viele Adverbialien. Wie wirkt er auf euch?
b Wandelt die unterstrichenen Adverbialien in Nebensätze (Adverbialsätze) um. Das Nomen wird dabei zu einem Verb umgeformt, z. B.: *Trotz meines handwerklichen Geschicks ...* → *Obwohl ich handwerklich geschickt bin, ...* → *Konzessivsatz*
c Unterstreicht die Adverbialsätze und klärt, um welche Adverbialsatzart es sich handelt. Der Merkkasten auf Seite 249 hilft euch dabei.

B

Wenn ich den Strick rechtzeitig losgelassen hätte, wäre das Folgende nicht passiert. Obwohl ich mich bemühte, zog mich die Kiste immer schneller nach oben. Als ich mit dieser auf halbem Weg zusammenprallte, riss sie mir die linke Schulter auf. Nachdem ich mit der Kiste kollidiert war, stieß ich oben auch noch mit meinem Kopf gegen den Balken. Ich hoffte jetzt, Schlimmerem zu entgehen, indem ich das Seil festhielt. Während ich an dem Seil in der Luft hing, bekam ich Angst, außerdem taten meine linke Schulter und mein Kopf fürchterlich weh.

5 Lest die Fortsetzung des Briefes.
a Bewertet den Stil des Textes.
b Schreibt alle Satzgefüge mit Adverbialsätzen heraus, unterstreicht jeweils den Adverbialsatz und klärt, um welche Adverbialsatzart es sich handelt.
c Formt danach alle Adverbialsätze in Adverbialien um. Dazu müsst ihr die Verben in passende Nomen umformen.

C

Ich schrie laut, damit mich jemand in dieser unglücklichen Situation bemerkte. Aber schon prallte die Kiste mit den Steinen unten so hart auf die Erde, dass der Kistenboden brach und die Steine herausfielen. Nun war ich der schwerere Teil, und zwar mit einem solchen Gewicht, ? ich sofort nach unten sauste. Die Verkettung der Ereignisse war dermaßen ungünstig, ? die am Seil verbliebenen Kistenbretter und ich auf halbem Weg wieder aufeinandertrafen und die Bretter mich an der rechten Schulter verletzten. Schließlich fiel ich derart unglücklich auf den Boden, ? ich mir das rechte Bein brach. Ich ließ das Seil nun los, ? ich einem weiteren Unglück entgehen konnte. Dadurch fielen die am Seil hängenden Kistenbretter auf mich. Leider trafen sie mich so ungeschickt am Kopf, ? ich ein neues Gebiss benötige. Im Moment habe ich solche Geldprobleme, ? ich mir keine Zahnbehandlung leisten kann, und bitte Sie daher um die Übernahme aller Kosten, ? ich mir außer um meine Gesundheit nicht auch noch um meine Finanzen Sorgen machen muss. Sie können mich gerne im Krankenhaus besuchen, ? Sie sich selbst ein Bild von meinem Gesamtzustand machen können.

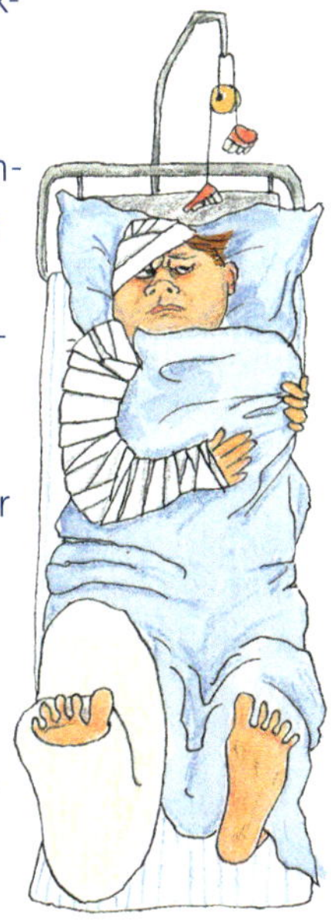

Mit freundlichen Grüßen
Lorenz Gaimann

6 Die Konjunktionen „dass" und „damit" werden oft verwechselt.

a Lest euch die ersten beiden Sätze durch und erklärt, warum „dass" bzw. „damit" verwendet wird. Geht dabei auf die folgende Frage ein: Welche Art von Adverbialsatz wird von der jeweiligen Konjunktion eingeleitet bzw. welche Frage beantwortet der Nebensatz?

b Übertragt den restlichen Teil des Briefes in eure Hefte und setzt dabei die Konjunktionen „dass" und „damit" richtig ein.

Wissen und Können **Adverbialsätze**

Wenn ein **Adverbiale** in Form eines **Nebensatzes** auftritt, nennt man diesen Satz **Adverbialsatz.** Adverbialsätze werden vom Hauptsatz mit einem **Komma** abgetrennt. Man unterscheidet z. B.:

- **Temporalsätze** (Wann? Seit wann? Wie lange?): *als, während, nachdem, seit, sobald*
- **Modalsätze** (Auf welche Art und Weise? Wodurch? Wie?): *indem, als ob*
- **Konsekutivsätze** (Mit welcher Folge?): *dass, sodass, ohne dass*
- **Kausalsätze** (Warum?): *weil, da*
- **Finalsätze** (Mit welcher Absicht? Wozu?): *damit*
- **Konditionalsätze** (Unter welcher Bedingung?): *wenn, falls, sofern*
- **Konzessivsätze** (Trotz welcher Tatsache?): *obwohl, auch wenn, obschon*

Bei der **Umformung von Adverbialien** in Adverbialsätze wird das Nomen zu einem Ausdruck mit Verb umgewandelt. Präpositionen werden durch passende Konjunktionen ersetzt, z. B.:
durch → indem, wegen → weil, vor → bevor.
Wegen unseres lauten Lachens wurde das Baby geweckt.
Weil wir laut lachten, wurde das Baby geweckt.

Sätze anders formulieren – Infinitiv- und Partizipialsätze

Infinitivsätze

Sehr geehrter Herr Gräbner,
die SMV wendet sich heute mit einem ganz besonderen Anliegen an Sie. Wir hatten nämlich die Idee, dass wir einen Projekttag durchführen, an dem Schüler anderen Schülern Projekte zum Mitmachen anbieten, damit wir wieder einmal Abwechslung in den tristen Schulalltag bringen.
Alle Schülerinnen und Schüler hätten an diesem Tag die Gelegenheit, dass sie eine neue Beschäftigung erlernen beziehungsweise einen Vormittag mit einem von ihnen geschätzten Hobby verbringen. Dabei ist es möglich, dass man bereits vorhandenen Interessen nachgeht oder etwas völlig Neues für sich entdeckt. So hätte man beispielsweise die Möglichkeit, dass man eine neue Sportart kennenlernt, ein Insektenhotel baut oder ein Kunstwerk anfertigt.
Des Weiteren freuen sich viele von uns darauf, dass sie an einem solchen Vormittag auf Gleichgesinnte mit den gleichen Hobbys beziehungsweise Interessen treffen. Daher halten wir es für wahrscheinlich, dass wir an diesem Projekttag neue Freunde finden, denn nun kommt man mit Schülerinnen und Schülern aus anderen Klassen und Jahrgangsstufen in Kontakt, mit welchen man im normalen Schulalltag nicht ins Gespräch kommen würde.
Außerdem bietet der Projekttag den Schülerinnen und Schülern die Möglichkeit, dass sie Verantwortung für eine Gruppe übernehmen und Mitschülern eigene Interessen näherbringen. Dadurch wird die Persönlichkeit gebildet beziehungsweise gestärkt, denn man braucht viel Selbstvertrauen, damit man einen Workshop leiten kann. Von dieser Erfahrung profitieren die Referenten somit noch in ihrem weiteren Schul- und Arbeitsleben.
Wir hoffen, dass wir Sie mit unseren Argumenten von der Idee eines Projekttages überzeugt haben.
Nun bitten wir Sie eingehend darum, dass Sie uns bei unserem Vorhaben unterstützen und diesen Tag genehmigen. Gerne kommen wir auch zu Ihnen ins Büro, damit wir alles Weitere besprechen. Bitte warten Sie nicht zu lange mit Ihrer Entscheidung, damit wir noch genügend Zeit für die weitere Planung haben.

Mit freundlichen Grüßen
Ihre SMV

1 a Lest euch den Brief an den Schulleiter einer Realschule durch.
b Diskutiert darüber, was ihr von solch einem Projekttag haltet.

2 Erklärt, weshalb der Brief eintönig klingt.

Sehr geehrter Herr Gräbner,
die SMV wendet sich heute mit einem ganz besonderen Anliegen an Sie. Wir hatten nämlich die Idee, einen Projekttag durchzuführen, an dem Schüler anderen Schülern Projekte zum Mitmachen anbieten, um wieder einmal Abwechslung in den tristen Schulalltag zu bringen.

3 a Ein Schüler hat den Briefanfang überarbeitet. Zeigt die Unterschiede zum Originaltext auf.
b Überarbeitet die erste Variante des Briefes, indem ihr fünf „dass-" bzw. „damit"-Sätze durch Infinitivsätze ersetzt. **Achtung:** Beim letzten Satz ist dies nicht möglich.
c Der letzte Nebensatz mit der Konjunktion „damit" lässt sich nicht in einen Infinitivsatz umformen. Erklärt, weshalb dies nicht möglich ist.
Tipp: Achtet auf das Subjekt.
d Vervollständigt folgende Regel in eurem Heft:
„Damit"-Sätze lassen sich nur dann in Infinitivsätze mit „um … zu" umformulieren, wenn …

Wir müssen genügend Schüler finden, die Projekte anbieten. Das ist sehr wichtig!

Wir müssen die Presse einladen. Die Schulleitung kümmert sich darum.

Wir müssen Spenden sammeln. Wir müssen die Projekte finanzieren können.

Wir müssen noch einen Elternbrief herausgeben. Das dürfen wir nicht vergessen.

Ein Neuntklässler gibt sogar einen Floßbau-Workshop. Peter konnte ihn dazu überreden.

Susans Vater baut uns zur Darbietung einiger Projekte eine Bühne auf. Er verlangt dafür kein Geld.

Toni von der Foto-AG wird am Projekttag Fotos machen. Er wird selbst keinen Workshop anbieten.

Zur nächsten SMV-Sitzung kommt der Konrektor. Er bespricht mit uns die Raumplanung.

4 Der Schulleiter hat den Projekttag genehmigt. Nun trifft sich die SMV und bespricht das weitere Vorgehen. Der Protokollführer schreibt die Aussagen der Schülerinnen und Schüler in Form von Infinitivsätzen auf. Notiert diese Sätze in eurem Heft, z. B.:
Es ist sehr wichtig, genügend Schüler zu finden, die Projekte anbieten.
Tipp: Zum Teil müsst ihr die Formulierungen „um … zu", „ohne … zu" bzw. „statt … zu" verwenden.

Wissen und Können **Infinitivsätze**

Ein Infinitiv + (um) zu + weiteres Wort oder Wortgruppe bilden einen **Infinitivsatz.** Ein Infinitivsatz **muss** durch ein **Komma** abgetrennt werden, wenn er:

- durch *um, ohne, statt, anstatt, außer, als* eingeleitet wird, z. B.:
  Er hielt ein Referat, um seine Idee vorzustellen.
- von hinweisenden Wörtern wie *daran, darauf, damit, davon, dazu, es* abhängt, z. B.:
  Er wartete darauf, seine Idee vorstellen zu können.
- von einem Nomen abhängt, z. B.: *Er hatte den Plan, eine Schülerinitiative ins Leben zu rufen.*

Partizipialsätze

Liebe Schülerinnen und Schüler der Realschule Wassertrüdingen,
der Realschule stets wohlgesonnen, muss ich leider dennoch eine Beschwerde an euch richten. Absolut erholt aus dem Urlaub zurückgekommen, musste ich mich als Nachbarin der Schule über den Lärm am gestrigen Projekttag ärgern. So fertigten einige Schüler, lautstark mit einem Hammer schlagend, ein Insektenhotel an. Laut grölend, so tanzten andere Schüler auf dem Pausenhof zu Hip-Hop-Musik. Die Lehrer, ähnlich laut brüllend, feuerten die Baseball-Spieler an. Derart in meiner Ruhe gestört, musste ich das Haus verlassen und den Tag bei einer Freundin verbringen. Noch immer sehr verärgert, verlange ich eine Entschuldigung.
Mit freundlichen Grüßen
Trude Jähzorn

1 a Konstruktionen wie den markierten Beginn des ersten Satzes nennt man „Partizipialsatz“. Nennt das Partizip.
b Findet weitere Partizipialsätze in dem Brief.
c Ersetzt die Partizipialsätze durch Relativ- oder Adverbialsätze, z. B.:
Obwohl ich der Realschule stets wohlgesonnen bin, …

Partizip Präsens: *gehend*
Partizip Perfekt: *gegangen*

Sehr geehrte Frau Jähzorn,
nachdem wir durch Ihren Brief überrascht worden sind, beriefen wir sofort eine SMV-Sitzung ein. Für unser lautstarkes Verhalten möchten wir uns entschuldigen. Allerdings wird der Projekttag, der von Schülern, Lehrern und Eltern gleichermaßen gelobt wurde, nächstes Jahr wieder stattfinden. Da wir Ihren Wunsch nach Ruhe respektieren, legen wir Ihnen eine Packung Ohrstöpsel bei. Die Schüler der Realschule, die stets auf gute Nachbarschaft bedacht sind, hoffen auf Ihr Verständnis.
Mit freundlichen Grüßen
die Schülerinnen und Schüler der Realschule Wassertrüdingen

2 Eine Schülerin hat diesen Antwortbrief an Trude Jähzorn verfasst.
Formuliert die unterstrichenen Sätze in Partizipialsätze um.
Bewertet den Stil der beiden Texte.

Wissen und Können **Partizipialsätze**

Ein **Partizipialsatz** wird mit einem **Partizip I** (Partizip Präsens) oder **Partizip II** (Partizip Perfekt) gebildet, z. B.: *Den Kopf in den Nacken **legend** genießt er den Fahrtwind.*
Partizipialsätze darf man durch **Komma** vom Hauptsatz trennen. Ein Komma muss stehen,
- wenn durch ein **hinweisendes Wort** auf den Partizipialsatz Bezug genommen wird, z. B.: *Den Kopf in den Nacken legend, so genießt er den Fahrtwind.*
- wenn der Partizipialsatz eine **nachgestellte Erläuterung** zu einem Nomen oder Pronomen ist, z. B.: *Er, den Kopf in den Nacken gelegt, genoss den Fahrtwind.*

Testet euer Wissen!

Adverbial- und Attributsätze, Infinitiv- und Partizipialsätze

Vorsicht: Verwechslung!

1 Schon mancher Tourist war an seinem Ziel verwundert, da er nicht an seinem Wunschort gelandet war.
2 So bekommt die Stadt Sidney im US-Staat Montana hin und wieder Besuch von Reisenden, die eigentlich ins australische Sydney wollten.
3 Der deutsche Segelprofi Alexander Schlonski legte hier einen unfreiwilligen Zwischenstopp ein, nachdem ein Mitarbeiter des Reisebüros sich vertippt hatte.
4 Falls er den Irrtum am Flughafen in Montana nicht sofort bemerkt haben sollte, wird es ihm an der Temperatur aufgefallen sein.
5 Obwohl in Australien gerade Sommer war, wurde er an seinem Zielort von klirrender Kälte empfangen. *

1 a Schreibt die Sätze in euer Heft und unterstreicht alle Nebensätze. Markiert anschließend die einleitenden Konjunktionen oder Relativpronomen. Notiert dann in Klammern die jeweilige Nebensatzart, z. B.: *Attributsatz*. Notiert bei Adverbialsätzen jeweils die Adverbialsatzart.
b Überprüft eure Lösungen, indem ihr darin folgende Buchstaben in den Bezeichnungen der Nebensatzarten unterstreicht und die Buchstaben richtig ordnet:
1 4. Buchstabe **2** 4. Buchstabe **3** 2. Buchstabe **4** 5. Buchstabe **5** 5. Buchstabe

Hinweise für die Reise

A Auch bei der Stadt Paris kommt es zu Verwechslungen. Es gibt neben Paris in Frankreich noch ein Paris in Texas. (Kausalsatz)
B Prüfe den Ausdruck deiner Buchung genau. So kannst du ein Verfliegen vermeiden. (Modalsatz)
C Du landest in einer falschen Stadt: Genieße die neue Erfahrung. (Konditionalsatz)

2 Verbindet die Hauptsätze hinter den Buchstaben A, B und C jeweils zu einem Satzgefüge, indem ihr die in Klammern angegebenen Adverbialsatzarten nutzt.

Einheimische im Urlaub?

1 Ein Tourist klagte auf Reisekostenerstattung und begründete seine Klage damit, dass er im Urlaub nicht akzeptieren könne, dass er von Einheimischen gestört werde.
2 Er fuhr nämlich in den Urlaub, damit er sich erholt.
3 Nachdem er im Urlaubsort angekommen war, konnte er den Urlaub jedoch aufgrund der Einheimischen überhaupt nicht genießen.
4 Der Richter, der sich köstlich über die Anklage amüsierte, wies die Klage ab.

3 Überarbeitet diesen kurzen Text,
– indem ihr die Nebensätze der Sätze 1 und 2 in Infinitivsätze umformt,
– indem ihr die Nebensätze der Sätze 3 und 4 in Partizipialsätze umformt.

12.3 Fit in ...? – Wortarten, Sätze und Texte

Die Kurzgeschichte „Kahlschnitt“ ? Kirsten Boie ist ? Jahr 1993 ? Buch „Jeder Tag ein Happening“ erschienen und handelt ? (ein jugendliches Mädchen), das seine Mutter ? (ihr neuer Haarschnitt) provozieren möchte.

1 Karla hat eine Inhaltszusammenfassung zur Kurzgeschichte „Kahlschnitt“ von Kirsten Boie verfasst. In der Einleitung war sie sich bei den Präpositionen unsicher und hat daher nur Fragezeichen gesetzt.
Schreibt die Einleitung ab, ersetzt die Fragezeichen durch passende Präpositionen und setzt die Wörter in Klammern in den richtigen Kasus.

Die Ich-Erzählerin trinkt mit ihrer Oma im Wohnzimmer Kaffee. Die Großmutter äußert sich negativ über ihre neue Frisur.	Temporalsatz mit der Konjunktion *als*
Die Großmutter kann die Entscheidung ihrer Enkelin, dass sie sich eine Glatze rasiert, nämlich nicht verstehen.	Personalpronomen, Infinitivsatz
Während sie das Gespräch führen, denkt die Jugendliche an die unterschiedlichen Reaktionen ihrer Lehrer und Mitschüler auf die neue Frisur.	Adverbiale
Anschließend erinnert sie sich daran, wie schwierig es war, überhaupt einen Friseur zu finden, der sich dazu bereit erklärte, ihr eine Glatze zu rasieren.	Zeitform Perfekt
Die Großmutter fragt schließlich nach der Reaktion der Mutter.	Kausalsatz mit *da*
Die Erzählerin erklärt ihr, Irene hat gar nichts zu ihrer Glatze gesagt.	Konjunktiv I
Der Teenager meint aber, den Grund dafür zu wissen, denn die Großmutter hat Irene wegen ihrer Frisuren stets schikaniert.	Passiv
Daraufhin hat sie sich deshalb geschworen, dass sie sich niemals in die Frisuren ihrer Kinder einmischt.	Infinitivsatz
Am Ende bringt das Seufzen zum Ausdruck, dass die Erzählerin über die ausbleibende Reaktion enttäuscht ist. Sie wollte mit ihrer neuen Frisur die Aufmerksamkeit ihrer Mutter auf sich ziehen.	Attributsatz

2 Überarbeitet Karlas Inhaltszusammenfassung, indem ihr die Verbesserungsvorschläge in der rechten Spalte beachtet.

Ich kann das Verhalten der Ich-Erzählerin nachvollziehen. Ich selbst würde mir dennoch keine Glatze schneiden lassen. Ich habe aber auch schon einiges Fragwürdige unternommen, um aufzufallen. Ich lechze nämlich tagtäglich nach der Aufmerksamkeit meiner Eltern, die viel arbeiten und daher nicht genügend Zeit für mich haben.

3 Auch der Schluss ist Karla noch nicht gelungen.
- **a** Ergänzt im ersten Satz ein Modaladverbiale.
- **b** Durch die Umstellung der Satzglieder lässt sich vermeiden, dass sich Satzanfänge wiederholen. Notiert die anschließenden Sätze in geeigneten Satzgliedstellungen.

13 Rechtschreibtraining

VORSICHT FEHLER!

Radio Berg
Herrn Wolf
Am Mühlbuck 7
91522 Ansbach

Ansbach, den 5. Mai 20XX

Praktikum als Mitarbeiterin beim Radio

Hallo Herr Wolf,

ich möchte mich um einen Praktikumsplaz bei Radio Berg bewerben, da ich in meiner Freizeit gerne Radio höre und ich einmal einen Blick hinter die Kuliesen beim Rundfunk werfen möchte, um zu sehen, wie die verschiedenen Sendungen entstehen.
Zurzeit besuche ich die achte Klasse der Realschule Ansbach. Meine leistungstarken Fächer sind Deutsch, Englisch und JT. Außerdem engaschiere ich mich seit Jahren Nachmittags in den Wahlfächern „Rhetorick“ und „Schülerzeitung“.

Schon immer hat mir genaues recherchieren oder sprechen und vortragen vor Puplikum (z.B. bei Refferaten) viel Freude bereitet; mein sprachliches Geschick kommt mir dabei entgegen.
Durch meine offene und freundliche Art komme ich gut bei fremden Leuten an. Jch bin stets wißbegierig und zeige großes Jnteresse am acktuellen Mediengeschehen (z.B. Nachrichten, Musik).

Jch wäre sehr froh, wenn ich bei ihnen ein Praktikum absolwieren dürfte.
Daher würde ich mich über eine Einladung zu einem Persönlichen Gespräch sehr freuen.
Vielen dank im Voraus für deine Bemühungen!

Tschüss Julia

1 Nennt Gründe für das Absolvieren eines Praktikums.

2 Erklärt, weswegen die Chancen schlecht stehen, dass Julia den Praktikumsplatz bekommt.

In diesem Kapitel …

- beschäftigt ihr euch mit Ausnahmeregeln/Besonderheiten der Rechtschreibung,
- trainiert ihr die Schreibweise von Fremdwörtern,
- wendet ihr Rechtschreibstrategien an, um Fehler zu vermeiden und die Schreibweise von Wörtern zu verstehen,
- übt ihr, Kommas richtig zu setzen.

13.1 Was wisst ihr schon? – Rechtschreibkenntnisse verbessern

Durchführung eines Lernzirkels

Praktikumsbericht von Julia Lutz

Lange überlegte ich mir im Voraus, ob ich ein Praktikum absolvieren soll. Deswegen wog ich das Für und Wider von Praktika ab. Ich kam zum Entschluss, dass das Sammeln von berufsqualifizierenden Erfahrungen wichtig ist.
Deshalb hatte ich mich um einen Praktikumsplatz beim Radio bemüht. Mich hat das Warten auf eine Zusage, da ich Angst vor einem Nein hatte, nervös gemacht. Als ich ein Angebot für ein Praktikum bekam, war meine Freude riesengroß.
So machte ich mich am Montagmorgen bzw. kurz nach Mitternacht auf zu „Radio Berg", einem bekannten regionalen Sender. Da „Hallo wach", die Morning-Show, bereits um vier Uhr beginnt, musste ich mich schon frühmorgens in der Redaktion einfinden. Frühes Aufstehen ist mir schon immer schwergefallen! Zuerst traf ich Frau Kolb, meine Mentorin, die mich in meinen Praktikumsplatz einwies. Sie erklärte mir, ich solle mich nicht rarmachen, sondern mich stets aktiv und engagiert präsentieren, indem ich des Öfteren frage, was aktuell zu erledigen wäre. Zum Kennenlernen der Kollegen, zum Diskutieren und Notizenmachen könne ich die Pause nutzen. Während des Praktikums würde ich einiges Neues lernen und mein Können unter Beweis stellen, aber ich solle mir auch im Klaren darüber sein, Routinearbeiten wie das Kaffeekochen übernehmen zu müssen. Zuletzt wünschte sie mir noch alles Gute und gutes Gelingen.
Während des Praktikums, welches zwei Wochen dauerte, konnte ich den Moderatoren und Journalisten bei der Arbeit über die Schulter schauen. Ich musste feststellen, dass sie morgens längst nicht so wach sind, wie sie sich anhören. Das schaffen sie bis zum späten Nachmittag nur mit Kaffee.
Der Beruf Radiomoderator ist sehr vielseitig: Man muss vor allem gut kommunizieren, kreativ sein, sicher sprechen, vorlesen können, Informationen einholen und auswerten können, Musik auswählen, Sendungen strukturieren, technisch begabt sein, Interviews führen, stets pünktlich da sein usw. Das Aufregendste während des Praktikums war für mich, dass ich vormittags das Schreiben der Nachrichten übernehmen durfte. Davor war genaues Recherchieren gefragt. Ich hatte solche Angst, dass beim Nachrichtenlesen etwas schiefgeht und ich mich verspreche. Aber ich habe mein Bestes gegeben und es ist alles rundgelaufen. Somit bekam ich ein positives Feedback. Zum Interviewführen war ich am letzten Freitag geordert worden, doch ich war zu schüchtern.
Insgesamt hat mir mein Praktikum Spaß gemacht, ich habe viel Interessantes über den Job „Radiomoderator" gelernt. Am liebsten hätte ich sofort mit meiner Ausbildung begonnen. Heute Morgen war ich direkt traurig, denn es war mein letzter „Arbeitstag". Im Großen und Ganzen erhoffe ich mir durch das Praktikum, dass ich größere Chancen beim Bewerben habe.

Station 1: Nominalisierungen

1 Zeichnet folgende Tabelle in euer Heft und ordnet die nominalisierten Wörter aus dem Praktikumsbericht in diese Tabelle ein. Im ersten Absatz sind sie bereits markiert.

Signalwort	Nominalisiertes Verb	Nominalisiertes Adjektiv	Andere Wortart
Artikel	…	…	…
Präposition + Artikel	…		
Pronomen	…		
Mengenangabe	…		
Adjektiv	…	…	…

2 Erklärt, weshalb „schaffen" in Zeile 21 und „liebsten" in Zeile 33 kleingeschrieben werden, obwohl „das" bzw. „am" davorsteht.

BEIM ABSOLVIEREN EINES PRAKTIKUMS IST DAS STRIKTE BEACHTEN DES JUGENDSCHUTZGESETZES EIN ABSOLUTES MUSS. WÄHREND MAN AUFGABEN ERLEDIGT, MUSS MANCH NÜTZLICHES ERLERNT WERDEN UND SCHWERES TRAGEN UND HEBEN IST AUFS STRENGSTE VERBOTEN.

3 Schreibt diese Vorgaben zum Thema „Praktikum" in der richtigen Groß- und Kleinschreibung ab und unterstreicht die Signalwörter für die Nominalisierung. Überträgt anschließend die nominalisierten Wörter in die Tabelle aus Aufgabe 1.

Wissen und Können **Nominalisierungen**

Wörter schreibt man **groß,** wenn sie **wie Nomen** gebraucht werden. Sie haben als Begleiter:

- einen Artikel: *das Recherchieren, das Schönste, das Hin und Her*
- eine Präposition, die mit einem Artikel verschmolzen ist: *beim (bei dem) Schreiben*
- ein Adjektiv: *genaues Lesen*
- ein Pronomen: *euer Kochen, ihr Bestes*
- eine Mengenangabe: *nichts Schlechtes, viel Gutes*

Achtung: Der Superlativ des Adjektivs mit „am" wird kleingeschrieben, z. B.: *am besten.*

Station 2: Fremdwörter

1 Schreibt die deutschen Begriffe links ab und notiert dahinter das passende Fremdwort mit dem richtigen Artikel aus dem rechten Kasten.

etwas ausführen/durchführen • Gewohnheit • Rückmeldung • Beraterin • Berichterstatter • Befragung • gliedern / in eine sinnvolle Abfolge bringen • Gelegenheiten • unruhig/aufgeregt	absolvieren • Interview • nervös • Journalist/Reporter • strukturieren • Feedback • Chancen • Mentorin • Routine

2 Schreibt die unterstrichenen Fremdwörter aus dem Text untereinander in euer Heft und notiert jeweils deren Bedeutung. Schlagt die Fremdwörter gegebenenfalls im Wörterbuch nach.

3 Zeichnet folgende Tabelle in euer Heft, tragt die Fremdwörter aus Aufgabe 2 ein und ergänzt die fehlenden Nomen, Verben bzw. Adjektive (das ist nicht immer möglich).

Nomen	Verb	Adjektiv
die Aktivität	*aktivieren*	*aktiv*

Station 3: Zeitangaben

1 Legt eine Tabelle an und ordnet die folgenden Zeitangaben nach Groß- und Kleinschreibung.

GESTERN MITTAG • AM MONTAGMORGEN • ABENDS • JEDEN MORGEN • SPÄTNACHMITTAGS • MORGEN VORMITTAG • AM FREITAG GEGEN MITTAG

Großgeschriebene Zeitangaben	Kleingeschriebene Zeitangaben
am Montagmorgen	...

2 Stellt euch vor, ihr macht eine Woche lang ein Praktikum in eurem Traumberuf. Verwendet dafür die Zeitangaben von oben. Schreibt mindestens sechs Sätze.

Wissen und Können **Zeitangaben**

Zeitangaben, welche **Nomen** sind, werden **großgeschrieben,** z. B.: Wochentage oder Tageszeiten. Ihnen gehen Artikel *(der Abend, eines Nachts)*, Präpositionen *(am Dienstagabend, über Nacht)* oder Zeitadverbien *(heute Abend, gestern Nachmittag)* voraus.

Andere Zeitangaben **(Zeitadverbien)** werden **kleingeschrieben:**

- *heute, gestern, wochenlang, immer, spät*
- wenn sie auf -s enden: *montagabends, morgens*

Station 4: Getrennt- und Zusammenschreibung

1 Lest den vierten Absatz noch einmal durch. Legt folgende Tabelle an und ordnet alle getrennt geschriebenen Verbindungen aus Nomen + Verb, Verb + Verb, Adjektiv + Verb und Verbindungen mit *sein* ein.

Nomen + Verb	Verb + Verb	Adjektiv + Verb	Verbindung mit *sein*
...	...	*gut kommunizieren*	...

2 Vier Verbindungen aus Nomen + Verb bzw. Verb + Verb wurden im Text groß- und zusammengeschrieben. Schreibt diese Verbindungen heraus und erklärt die Schreibweise.

3 Fünf Verbindungen aus Adjektiv und Verb wurden zusammengeschrieben. Schreibt sie untereinander heraus und notiert dahinter deren übertragene Bedeutung.

Wissen und Können **Getrennt- und Zusammenschreibung**

- **Getrennt** schreibt man in der Regel **Wortverbindungen** aus:
  - Verb + Verb: *singen können, sprechen lernen*
  - Nomen + Verb: *Vokabeln lernen, Radio hören*
  - Adjektiv + Verb: *schnell arbeiten, gut hören*
  - Verbindungen mit *sein: dabei sein, da sein, pünktlich sein*
- Werden diese Verbindungen **als Nomen** gebraucht, schreibt man sie **zusammen** und **groß,** z. B.: *das Radiohören, beim Vokabellernen.*
- Wenn die Verbindungen aus Verb + Verb bzw. Adjektiv + Verb eine **übertragene Bedeutung** haben, schreibt man sie **zusammen,** z. B.: *Ich habe mich breitschlagen (überreden) lassen. Du solltest deswegen nicht schwarzsehen (negativ denken).*

Station 5: Kommasetzung

1 Schreibt die ersten vier Beispiele für Satzgefüge aus dem Text heraus. Unterstreicht den Hauptsatz blau, den Nebensatz orange und umkreist die Konjunktion.

2 Auch Relativsätze sind Satzgefüge. Sucht im Text die zwei Relativsätze. Schreibt die Sätze heraus, unterstreicht den Hauptsatz blau, den Nebensatz/Relativsatz orange und umkreist das Relativpronomen. Zeigt mit einem Pfeil auf, welcher Begriff näher beschrieben wird.

3 Schreibt die letzten vier Beispiele für Satzreihen heraus. Unterstreicht die beiden Teilsätze in Blau.

4 Schreibt alle Satzbeispiele aus dem Text heraus, in denen eine Apposition vorkommt. Unterstreicht die Apposition in Grün und kennzeichnet mit einem Pfeil, welches Nomen durch die Apposition näher erläutert wird.

Wissen und Können **Kommasetzung**

Eine **Satzreihe** besteht aus zwei Hauptsätzen. Zwischen den Teilsätzen steht ein Komma, nur vor *und* bzw. *oder* kann es weggelassen werden, z. B.:
Ich mache zuerst ein Praktikum, danach gehe ich in den Urlaub.

Ein **Satzgefüge** besteht aus einem Haupt- und einem Nebensatz. Der Nebensatz wird meistens mit einer Konjunktion eingeleitet, z. B.:
Nachdem ich ein Praktikum gemacht habe, gehe ich in den Urlaub.

Wird der Nebensatz durch ein Relativpronomen eingeleitet, nennt man ihn **Attribut-** oder **Relativsatz,** z. B.: *Die Morning-Show, die um vier Uhr beginnt, ist sehr erfolgreich.*

Bei einer **Apposition** wird ein Nomen näher bestimmt, indem man ein anderes treffendes Nomen nachstellt und in Kommas setzt, z. B.:
Herr Wolf, der Personalleiter, hat mir ein Praktikum versprochen.

Station 6: Diktat

Der Girls' Day ist ein einmal im Jahr stattfindender Praktikumstag, der speziell Mädchen motivieren soll, technische Berufe zu ergreifen. An diesem Tag können die Teenager hinter die Kulissen eines Betriebs schauen und sich über Karrierechancen informieren. Den Jugendlichen will man das Erlernen eines Handwerks und das Arbeiten in der Produktion näherbringen, z. B. können sie feilen lernen, Kabel löten, experimentieren üben, Bauteile montieren oder das Holzsägen ausprobieren. Während des Schraubens oder Lichtschrankenbauens hat man dennoch Zeit zum Reden mit den Ausbildern, sodass keine Fragen offenbleiben. Das Praktikum soll im Wesentlichen dazu beitragen, den Anteil der weiblichen Beschäftigten in den so genannten Männerberufen zu erhöhen und den Fachkräftemangel in der Industrie zu reduzieren. Der Boys' Day kann im Großen und Ganzen als Ebenbild dazu mit Aktionen für Jungs angesehen werden.

1 Diktiert euch gegenseitig diesen Text und kontrolliert ihn hinterher.

2 Arbeitet an euren persönlichen Fehlerschwerpunkten, indem ihr Karteikarten anlegt. Schreibt jeweils auf die Vorderseite das Fehlerwort und markiert die Stelle, die ihr vorher falsch geschrieben habt. Notiert auf der Rückseite verwandte Wörter, das verlängerte Wort oder Wörter mit dem gleichen Rechtschreibproblem.
Tipp: Statt Karteikarten könnt ihr auch eine spezielle Übungssoftware verwenden.

13.2 Die Kenntnisse erweitern, eigene Übungsschwerpunkte erkennen

Gar nicht so schwierig! – Groß- und Kleinschreibung

Farb- und Sprachbezeichnungen

Widder und Stier:
Du solltest heute dein neues Outfit in **Blau,** das du bei einer **italienischen** Modedesignerin erstanden hast, tragen! So kommen auch deine **blauen, grünen** oder braunen Augen gut zur Geltung. Die anderen werden **gelb** vor Neid werden. Komplimente sind dir gewiss – dein Teint wandelt sich deshalb von **Braun** zu **Rot!**

Löwe und Jungfrau:
Kein Wunder, dass dir alles SPANISCH vorkommt – jemand hat das BLAUE vom Himmel erzählt. Bevor du dich deshalb nachmittags GRÜN und BLAU ärgerst, solltest du lieber eine Fahrt ins BLAUE machen und THAILÄNDISCH essen gehen.

Schütze und Steinbock:
Heute bekommst du es SCHWARZ auf WEISS: Deine Kenntnisse in ENGLISCH sind super! Nur wenige Fehler wurden in deinem Test in ROT markiert! Vielleicht solltest du noch FRANZÖSISCH oder ITALIENISCH lernen?!

Zwillinge und Krebs:
Ach du GRÜNE Neune! Bei dir ist alles im GRÜNEN Bereich, weswegen du die Farbe GRÜN mögen solltest. Die Ampeln schalten bei deinem Erscheinen sofort auf GRÜN und deine Eltern geben dir GRÜNES Licht bei der Zimmerumgestaltung – du solltest dein Zimmer in dezentem GRÜN streichen.

Waage und Skorpion:
Endlich bewährt es sich, dass du deinen Pflanzen oft FRANZÖSISCHE Chansons und Lieder auf DEUTSCH vorgesungen hast. Du hast wirklich einen GRÜNEN Daumen! Die Blumen auf dem Fensterbrett zeigen ihr schönstes ROT und GELB. Nur wenige Blätter sind noch BRAUN.

Wassermann und Fische:
Na, hat hier jemand die ROSAROTE Brille auf? Dein gutes DEUTSCH hat sich ausgezahlt. Du hast mit deinem Brief an den SPANISCHEN Austauschschüler voll ins SCHWARZE getroffen. Auf gut DEUTSCH gesagt: Heute ist dein Glückstag!

1 a In den ersten zwei Horoskopen sind die Farb- und Sprachbezeichnungen fett gedruckt. Manche Farb- bzw. Sprachbezeichnungen darin lassen sich mit „Was?" erfragen, manche mit „Wie?". Stellt eine Regel zur Schreibweise von Farb- und Sprachbezeichnungen auf:
„Farb- und Sprachbezeichnungen schreibt man klein, wenn man sie mit …"

b Schreibt die restlichen Horoskope in der richtigen Groß- und Kleinschreibung ab.

Wissen und Können **Schreibweise von Farb- und Sprachbezeichnungen**

- **Namen** und **Nomen** werden **großgeschrieben. Adjektive** werden dann **großgeschrieben,** wenn sie als **Teil eines Namens,** als **Nomen** oder **Nominalisierung** verwendet werden. Man erkennt dies an einem Artikel, z. B.: *das Französische,* einer Präposition, z. B.: *auf Französisch,* einem vorangestellten Pronomen oder einer Mengenangabe, z. B.: *ihr Französisch, kein Blau.*
- Kann man **Farb-** oder **Sprachbezeichnungen** mit „Wie?" erfragen, schreibt man sie meistens klein, z. B.: *Er spricht portugiesisch.*

Zahlwörter

Wie viel Taschengeld erhalten Jugendliche?

Von den 13- bis 18-Jährigen bekommen im Monat:

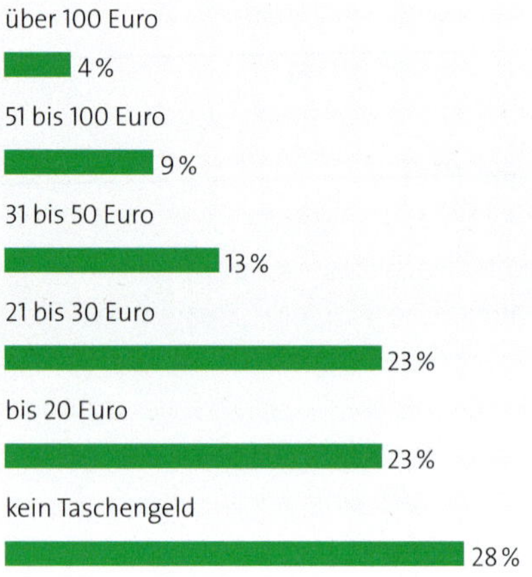

Computer und Handy schonen das Taschengeld

Wofür 10- bis 18-Jährige in der Regel ihr Taschengeld ausgeben:

1 Wertet die Diagramme aus. Formuliert je drei Aussagen, die man ihnen entnehmen kann.

Als **1stes** wollen wir uns dem Diagramm „Wie viel Taschengeld erhalten Jugendliche?" zuwenden. Fast **¾** aller Jugendlichen im Alter von **13** bis **18** Jahren erhalten regelmäßig Taschengeld. Die meisten Teenager bekommen dabei im Monat höchstens **30** Euro. **13** Prozent der Befragten liegen mit ihrem Taschengeld zwischen **31** und **50** Euro. Jeder **11te** erhält bis zu **100** Euro. Über noch mehr Geld können sich **4** von **100** Jugendlichen freuen. Vielen Teenagern wird zusätzliches Taschengeld ausgezahlt, wenn sie in Schulaufgaben eine **1** oder die Note **2** geschrieben haben oder viele **1en** im Zeugnis haben. Das **2te,** was wir untersuchen wollen, ist das Konsumverhalten von Jugendlichen. Mit einer Mehrheit von **42** Prozent wird Lesestoff vom eigenen Taschengeld gekauft. Auf Platz **2** und **3** folgen Süßigkeiten und Geschenke mit etwa **40** Prozent. Erstaunlicherweise findet man erst auf dem **7ten** Rang die ersten Elektronikprodukte – die von **¼** aller Jugendlichen gekauft werden.

2 Lest den Text. Schreibt ihn danach ab und ersetzt die Zahlen durch Zahlwörter.

Wissen und Können **Schreibweise von Zahlwörtern**

- Als Nomen gebrauchte **Grundzahlen** werden **großgeschrieben,** wenn sie **Ziffern** bezeichnen, z. B.: *eine Zwei in Sport.* Sonst werden **Grundzahlen kleingeschrieben,** z. B.: *Sie lernte mit fünf pfeifen.*
- Als Nomen gebrauchte **Bruchzahlen** und **Ordnungszahlen** schreibt man **groß,** z. B.: *ein Viertel der Jugendlichen, er wurde Fünfter.*

Eigennamen

der Schiefe | die Deutsche | das Tote | Bank | das Fleißige | Meer | der Heilige | Sonntag | Wald | die Schwarze | Lieschen | der Erste | Hoheit | der Große | Mai | Milan | der Regierende | Abend | der Westfälische | das Rote | der Weiße | Alexander | der Rote | die Königliche | Turm von Pisa | Witwe | Bürgermeister | Kreuz | Frieden | der Bayerische

1 a Ihr müsst jeweils zwei Kärtchen zu einem „berühmten" Begriff zusammenfügen. Überlegt, weswegen die zu den Nomen gehörigen Adjektive großgeschrieben werden.
b Übertragt diese Tabelle in euer Heft und fügt die Eigennamen an richtiger Stelle ein.

Geografische Begriffe	Kalendertage	Historische Ereignisse	Bezeichnungen aus Flora und Fauna	Titel, Ehrbezeichnungen, Personennamen	Institutionen und Organisationen
…	…	…	…	…	…

Die INTERNATIONALE Organisation UNESCO, die eine selbstständige Organisation der VEREINTEN Nationen ist und ihren Sitz im FRANZÖSISCHEN Paris hat, setzt sich dafür ein, dass Naturphänomene und von Menschenhand geschaffene Denkmäler für die Nachwelt erhalten bleiben. Inzwischen umfasst die Liste des Welterbes über 900 Denkmäler. Darauf stehen zum Beispiel die CHINESISCHE Mauer, die Kaffeeanbaugebiete in den WESTLICHEN und ZENTRALEN Kordilleren, der KÖLNER Dom, der während des ZWEITEN Weltkriegs stark beschädigt wurde, das HISTORISCHE Zentrum von Rom mit den Besitztümern des HEILIGEN Vaters, der SCHIEFE Turm von Pisa, die SÜDAMERIKANISCHEN Galapagosinseln im PAZIFISCHEN Ozean mit bedrohten Tierarten wie dem KLEINEN Gelbschenkel (Schnepfenvogel) oder der ROTEN Klippenkrabbe.
Manche Stätten wurden als besonders bedroht eingestuft und auf die ROTE Liste gesetzt.

2 Schreibt den Text in der richtigen Groß- und Kleinschreibung ab.

Wissen und Können **Schreibweise von Eigennamen**

Eigennamen werden **großgeschrieben.** Bei mehrteiligen Eigennamen werden die Adjektive, Partizipien und Zahlwörter großgeschrieben, wenn sie Bestandteile des Eigennamens sind:

- **Personennamen, Titel** oder **Ehrbezeichnungen,** z. B.: *Friedrich der Große, der Heilige Vater,*
- **historische Ereignisse,** z. B.: *das Elisabethanische Zeitalter,*
- **geografische Bezeichnungen,** z. B.: *der Große/Kleine Wagen,*
- **bestimmte Kalendertage,** z. B.: *der Erste Mai,*
- **Bezeichnungen aus der Flora und Fauna,** z. B.: *die Schwarze Mamba,*
- Namen von **Institutionen,** z. B.: *Institut für Deutsche Sprache.*

Wie Adjektive gebrauchte Nomen

FC Nürnberg kassierte erste Pleite

Kläger besteht auf sein Recht

Autohersteller ist pleite

Polizist ist schuld am Unfall

Wähler sind Lügen der Politiker leid

Minister ist großes Leid widerfahren

Der Bau des Museums war vielen nicht recht

Alle haben Schuld an der Klimaerwärmung

1 Untersucht die verschiedenen Schlagzeilen. Nennt Nomen, die hier kleingeschrieben werden. Mit welchen Verben sind sie kombiniert?

A Den Eltern wird es ANGST und BANGE, wenn sie an das Austauschjahr ihrer Tochter Fiona denken. Fiona macht das Leben in einem fremden Land keine ANGST.

B Es geschieht dir ganz RECHT, dass du jetzt beleidigt bist. Warum willst du auch immer RECHT haben? Ich konnte den WERT der Uhr nun einmal besser schätzen als du. Nimm doch nicht alles so ERNST, sondern gönne mir den Sieg über die Wette.

C Du bist selbst SCHULD, dass du nun PLEITE bist. Ich bin es LEID, dass du dein Taschengeld so schnell ausgibst. Ich muss Mama wirklich RECHT geben, es hätte keinen WERT, dir mehr Taschengeld zu geben, denn du würdest trotzdem sofort wieder PLEITE sein.

D Paul hatte an der Kreuzung Vorfahrt. Ihn traf somit keine SCHULD am Unfall und er brauchte keine ANGST vor der Verhandlung zu haben. Der LKW-Fahrer war im UNRECHT und Paul bekam vor Gericht RECHT.

E Ich hoffe, dass ich UNRECHT behalte, aber wenn du selbst ein Geschäft eröffnest, könntest du auch bald PLEITE machen. Ist dir das die Sache WERT?

2 Lest den Merkkasten und schreibt anschließend die Sätze A–E in der richtigen Groß- und Kleinschreibung in euer Heft. Markiert die Wörter, wenn Groß- und Kleinschreibung möglich ist.

Wissen und Können **Wie Adjektive gebrauchte Nomen**

- Aus einigen Nomen wie *Angst, Ernst, Leid, Pleite, Recht, Schuld* und *Wert* sind Wörter entstanden, die – meist in Verbindung mit *sein, werden* oder *bleiben* – **wie Adjektive gebraucht** und deshalb **kleingeschrieben** werden, z. B.: *Ihr wurde angst und bange, er meinte es ernst.*
- In den anderen Fällen werden die Nomen als solche **großgeschrieben,** z. B.: *Dem Land droht eine Pleite. Hat die Bevölkerung Schuld?*
- **Klein- oder Großschreibung** ist möglich bei *recht/Recht behalten, recht/Recht haben, recht/Recht geben* usw.

Getrennt- und Zusammenschreibung – Verbindungen mit Verben

Senden | Anhang | Signatur

An: petra@beispiel.de

Liebe Petra,
stell dir vor, dieses Jahr wird an unserer Schule der Contest „Herrieden sucht den Superschüler“ **wiederholt.** Ich hoffe, dass wir den Titel dieses Jahr **wieder holen.** Wir sind noch nicht **dazu gekommen,** etwas vorzubereiten, aber uns wird schon noch etwas Geniales einfallen. Außerdem ist erst gestern noch Daniel in unsere Gruppe **dazugekommen.** Ich melde mich wieder, wenn ich Genaueres weiß.

Tschüss
Emily

1 Untersucht die Betonung der fett gedruckten Ausdrücke in der E-Mail.
Welcher Teil des Ausdrucks wird bei der Getrennt-, welcher Teil bei der Zusammenschreibung betont?

Senden | Anhang | Signatur

An: petra@beispiel.de

Hallo Petra,
unsere Vorbereitungen für den Contest haben sehr lange gedauert, denn zuerst sind wir nicht (miteinander + ausgekommen). Ständig haben alle (durcheinander + geredet) und manche sind regelrecht (aneinander + geraten). Ich dachte schon, wir fünf könnten nicht (zusammen + arbeiten), und ich hatte keine Lust, etwas (zu + sagen), doch letztlich haben wir alle Ideen (zusammen + getragen). Ein Vorschlag hat uns allen (zu + gesagt): Wir wollen acht Kästen (aufeinander + stapeln), (hinauf + klettern) und oben eine menschliche Pyramide machen. Willst du uns bei den Proben nicht (wieder + helfen) und bei den Besprechungen (dabei + sitzen) und (mit + reden)?
Ich hoffe, dass wir uns bald (wieder + sehen) und du uns bei unserem Auftritt (zu + schaust). Du kannst ja auch über Nacht (da + bleiben).

Bis bald
Emily

2 Schreibt die zweite E-Mail in euer Heft und entscheidet, ob die Wörter in Klammern zusammen- oder getrennt geschrieben werden.
Lest vorher den Merkkasten auf der folgenden Seite.

Wissen und Können **Getrennt- und Zusammenschreibung**

- **Verbindungen aus Verbzusatz** *(wieder, da, daher, dabei, zu, dazu, zusammen ...)* und **Verb** werden **zusammengeschrieben,** z. B.: *Dieses Wort wird zusammengeschrieben.* Die Betonung liegt hier auf dem Verbzusatz.
- Wenn die **Betonung auf beiden Teilen des Ausdrucks** liegt und eine kleine Sprechpause entsteht, schreibt man den Ausdruck **getrennt,** z. B.: *Diesen Aufsatz haben wir zusammen geschrieben.*

Tipp: Wenn man in den Ausdruck ein Wort bzw. mehrere Wörter einsetzen kann, wird getrennt geschrieben, z. B.: *Diesen Aufsatz haben wir zusammen am Abend geschrieben.*

Aufgepasst! – Rechtschreibbesonderheiten

wieder- oder *wider-?*

Welche Wörter findet man nicht im Duden?

A wiederrufen

B wiedersehen

C wiederkehren

D wiederkäuen

1 a „Wieder" bedeutet „noch einmal" oder „zurück". Helft nun dem Kandidaten und überlegt, an welcher Stelle diese Bedeutung nicht passt und folglich „wider-" geschrieben werden muss.
b Findet ein Synonym für „wider".

A Der Einbrecher verwickelte sich im Verhör in viele ? sprüche. ? willig gab er ein Geständnis ab und musste den Vorfall wahrheitsgetreu ? geben.
B Zwei alte Freunde konnten sich nach vielen Jahren ? sehen. Beinahe hätten sie sich nicht ? erkannt. Sie erzählten sich, was ihnen zuletzt ? fahren ist.
C Obwohl du kein Geld hast, konntest du nicht ? stehen und hast neue Klamotten im Internet bestellt!? Du musst den Vertrag ? rufen. ? setze dich mir ja nicht! Keine ? rede!
D Herr Götz er ? te: „Danke, dass ihr mich als Vertrauenslehrer ? gewählt habt!"

2 Setzt an Stelle der Fragezeichen „wieder" oder „wider" ein. Schreibt die Sätze in euer Heft.

Wissen und Können **Wörter mit *wieder-* oder *wider-***

- Man schreibt **wider** mit einfachem *i*, wenn das Wort **im Sinne von „gegen"**, „in Opposition zu etwas oder jemandem" benutzt wird, z. B.: *Widerstand (Einstellung gegen etwas).*
- In der **Bedeutung** von **„noch einmal", „erneut", „zurück"** hingegen schreibt man **wieder,** z. B.: *wiederkäuen (etwas noch einmal kauen), wiedersehen (erneut sehen).*

Schreibung von Orts- und Straßennamen

1 Zusammengesetzte Straßennamen (? oder nicht dekliniertes Adjektiv + Nomen) schreibt man groß und zusammen, z. B.: ? oder ? .
2 Straßennamen, die aus mehrteiligen Namen zusammengesetzt sind, schreibt man mit ? , z. B.: ? .
3 Das erste Wort eines Straßennamens wird großgeschrieben, ebenso alle zum Namen gehörenden deklinierten ? und Zahlwörter, z. B.: ? und ? .
4 Einen Straßennamen schreibt man getrennt, wenn er einen Länder- oder Ortsnamen mit der Endung - ? beinhaltet, z. B.: ? .

1 Lest die Straßennamen rechts.
Schreibt dann die Regeln 1–4 ab und ergänzt die passenden Begriffe bzw. Beispiele von den Straßenschildern.

Hallo, liebe Austauschschüler,
wir freuen uns sehr, dass ihr uns in Nürnberg besuchen kommt. Damit ihr euch ebenfalls auf die Fahrt nach Deutschland freuen könnt, wollen wir euch heute das geplante Programm verraten. Von Montag bis Freitag erwarten wir euch um 8 Uhr an der Johann-Pachelbel-Realschule in der Rothenburgerstraße 401 / Rothenburger Straße 401. Dann werdet ihr mit euren jeweiligen Gastschülern den Unterricht besuchen. Für Montagnachmittag ist eine Stadtführung geplant. Wir treffen uns hierfür auf der Kaiserburg (Auf der Burg 13 / Auf Der Burg 13). Der Stadtführer wird uns unter anderem das Geburtshaus des berühmten Malers Albrecht Dürer in der Albrecht Dürer Straße / Albrecht-Dürer-Straße zeigen. Die Breitegasse / Breite Gasse bietet abschließend viele Einkaufsmöglichkeiten. Das Reichsparteitagsgelände in der Bayernstraße/Bayern-Straße steht neben dem Schulmuseum in der Äußeren Sulzbacher-Straße / Äußeren Sulzbacher Straße am Dienstag auf dem Programm. Am Mittwochnachmittag gehen wir in den Zoo in der Straße am Tiergarten / Am Tiergarten. Am Donnerstag erwartet euch ein Highlight. Wir werden mit euch im Stadion am Max-Morlock-Platz / Max Morlock-Platz ein Fußballspiel des 1. FC Nürnberg ansehen.
Falls ihr einen Programmpunkt vermisst, könnt ihr uns gerne schreiben.
Bis bald
eure Klasse 8 e

2 Schreibt die E-Mail mit der jeweils richtigen Schreibweise der Straßennamen in euer Heft.

Wissen und Können | **Schreibung von Orts- und Straßennamen**

- **Zusammengesetzte Straßennamen** schreibt man **zusammen,** z. B.: *Schlossallee.*
- **Getrennt** schreibt man die Straßennamen, wenn eine **Ableitung auf *-er*** von einem Orts- oder Ländernamen vorliegt, z. B.: *Leipziger Straße, Saarbrücker Tor.*
- **Das erste Wort eines Straßennamens** wird **großgeschrieben,** ebenso alle zum Namen gehörenden Adjektive und Zahlwörter, z. B.: *An den Drei Tannen, Am Alten Lindenbaum.*
- Straßennamen, die **aus mehrteiligen Namen zusammengesetzt** sind, schreibt man mit **Bindestrichen,** z. B.: *Willy-Brandt-Straße, Kaiser-Friedrich-Ring.*

Fremdwörter aus dem Französischen

1 a Während der Unterhaltung von Anika und Melina sind 15 Fremdwörter aus dem Französischen gefallen. Schreibt sie untereinander in euer Heft und ergänzt bei Nomen die Artikel.

b Notiert hinter jedem Wort die jeweilige Bedeutung. Schlagt im Wörterbuch nach, falls ihr unsicher seid.

2 a Lest die folgende Wörterliste und erklärt, welche drei Endungen auf französische Fremdwörter hinweisen. Zeichnet nun eine Tabelle mit drei Spalten (eine Spalte für jede Endung) in euer Heft und tragt die Fremdwörter aus dem Französischen ein.

das Tableau • der Redakteur • die Gage • die Passage • der Friseur • der Ingenieur • die Courage • die Reportage

b Ergänzt an Stelle der Fragezeichen die fehlenden Endungen.
Schreibt die Wörter mit den passenden Artikeln in die Tabelle von Aufgabe 2 a.
Teilweise gibt es mehrere Möglichkeiten.

Regiss ? • Plat ? • Jongl ? • Mass ? • Installat ? • Mont ? • Souffl ? • Sabot ? • Coll ? • Karambol ? • Spion ? • Niv ?

Lautsprache
-age wird wie „asche", *-eau* wird wie „oh" und *-eur* wird wie „ör" ausgesprochen.

●●● c Bildet von allen Berufsbezeichnungen die weibliche Form, z. B.: *der Friseur/die Friseuse, die Friseurin*.
Schreibt jeweils den deutschen Begriff / die deutsche Erklärung dazu.
Schaut gegebenenfalls im Wörterbuch nach.

3 Schlagt folgende Fremdwörter im Wörterbuch nach. Falls eine zweite mögliche Schreibweise im Wörterbuch angegeben ist, schreibt diese zusammen mit dem jeweiligen Fremdwort heraus. Findet außerdem deutsche Umschreibungen.

Portemonnaie • Mayonnaise • Dekolleté • Cousine • Bravour • Friseur • Nougat

4 Sucht waagerecht und senkrecht 21 französische Fremdwörter. Die Wörter können auch von hinten nach vorne bzw. unten nach oben zu lesen sein. Die Beschreibungen (▶ S. 270) helfen euch dabei. Schreibt diese ins Heft und notiert dahinter das jeweils gefundene Fremdwort.

			G	A	R	A	G	E	Y	O	N	E	G	
	M	A	Y	O	N	N	A	I	S	E	E	R	E	
E	N	G	A	G	E	M	E	N	T	I	E	E	N	
C				B	R					D	T	I	I	S
H			C	O	U	S	I	N		E	U	M	E	E
A	A			U	E					T	I	E		R
U	N			T	T					A		R	B	V
F	N			I	P					I		P	A	I
F	O			Q	M	E	D	A	I	L	L	E	L	E
E	N	I	T	U	O	R						T	A	T
U	C			E	D	C	R	O	I	S	S	A	N	T
R	E							E	E	L	E	G	C	E
		B	A	G	U	E	T	T	E			E	E	
	A	B	O	N	N	E	M	E	N	T				

Senkrecht:

1. Fahrer
2. Inserat, Zeitungsanzeige
3. Tuch zum Abwischen des Mundes
4. Erstaufführung
5. Stockwerk
6. Löwenbändiger im Zirkus
7. kleiner Laden, der Mode oder Schmuck verkauft
8. Behälter zum Aufbewahren von Gebrauchsgegenständen
9. Person mit überragender schöpferischer Geisteskraft
10. Gleichgewicht
11. Einzelheit

Waagerecht:

1. Sohn der Tante
2. lang gestrecktes Weißbrot
3. Einsatz für etwas
4. Sauce auf der Basis von Eigelb und Öl
5. regelmäßiger Bezug einer Zeitschrift oder Zeitung
6. süßer Brotaufstrich aus Fruchtsaft
7. Gewohnheit
8. Prägung als Ehrenauszeichnung
9. Hörnchen, Gebäck
10. Unterstellplatz für Fahrzeuge

Wissen und Können **Fremdwörter aus dem Französischen**

Fremdwörter sind Wörter, die ursprünglich **aus einer anderen Sprache** stammen und die wir in unseren deutschen Sprachgebrauch **übernommen** haben. Solche Fremdwörter lassen sich vielfach an der Aussprache oder an der Schreibweise erkennen.
Viele Fremdwörter aus dem Französischen enden beispielsweise auf *-eur* (Souffleur, Ingenieur), *-age* (Gage, Courage) oder *-eau* (Plateau, Tableau).

Kommasetzung bei Infinitivgruppen

Peter versprach seiner Freundin heute eine E-Mail zu schicken.

A Peter versprach jemandem, dass er seiner Freundin heute eine E-Mail schickt.
B Peter versprach seiner Freundin heute, dass er jemandem eine E-Mail schickt.
C Peter versprach seiner Freundin, dass er heute jemandem eine E-Mail schickt.

1 Schreibt den Satz ab und setzt das Komma so, dass die jeweilige Aussageabsicht (A–C) ohne Missverständnisse deutlich wird.

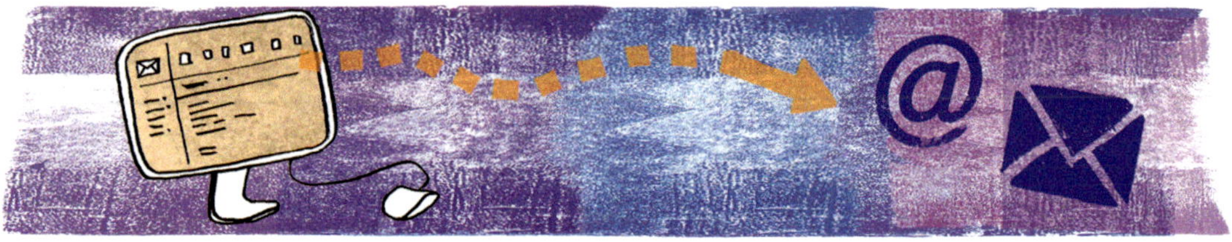

Sie vereinbarte mit ihr anschließend ins Kino zu gehen.
Er empfiehlt ihnen zu widersprechen.
Susanna glaubt jetzt gewinnen zu können.
Sie hoffen jeden Tag Ski fahren zu dürfen.

2 Die Sätze können verschiedene Bedeutungen haben.
Macht durch Sprechpausen bzw. durch die unterschiedliche Setzung des Kommas die unterschiedlichen Bedeutungen deutlich.

VORSICHT FEHLER!

Die Schule zu schwänzen das ist in Brasilien unmöglich

Bisher haben sich viele brasilianische Schüler auf der Straße herumgetrieben statt in die Schule zu gehen. Um die Zahl notorischer Schulschwänzer zu reduzieren wurde in Brasilien damit begonnen Computerchips an Schuluniformen anzubringen. Danach ist es dennoch möglich die Uniform wie gewohnt zu waschen und zu bügeln.

Der Computerchip ist darauf programmiert bei Betreten der Schule ein Signal abzusetzen. Außerdem ist er imstande eine SMS bei mindestens 20-minütigem Fehlen an die Eltern abzuschicken. Diese Überwachung wurde eingeführt um die Kommunikation zwischen Lehrern und Eltern zu verbessern. Nach dreimaligem Versäumen ist es die Pflicht der Eltern die Fehlzeiten ihrer Kinder zu erklären. Bei Missachten dieser Regelung sind die Schulleiter dazu verpflichtet dies der Schulbehörde zu melden.

3 Schreibt den Text ab und setzt die zehn fehlenden Kommas.

Wissen und Können **Die Kommasetzung bei Infinitivgruppen**

- Ein **einfacher Infinitiv** (nur Verb + *zu*) kann **ohne Komma** stehen, z. B.: *Er glaubt (,) zu gewinnen.*
- Die Stellung des Kommas kann die Bedeutung des Satzes ändern.
- Wird ein Infinitiv mit *zu* durch mehrere Wörter erweitert, spricht man von einer **Infinitivgruppe,** z. B.: *Er glaubt (,) im Wettkampf zu gewinnen.*
- **Infinitivgruppen**, die mit *um, (an)statt, ohne, außer* oder *als* eingeleitet werden oder von Nomen wie *Plan, Absicht, Hoffnung* sowie von hinweisenden Wörtern *(darum, das, dazu, es, damit, daran)* abhängen, **müssen mit einem Komma vom Hauptsatz getrennt werden,** z. B.: *In Ohio darf ein Polizist einen Hund beißen, um ihn zu beruhigen. In Alabama ist es verboten, am Sonntag Domino zu spielen.*

Tipp: Am besten setzt ihr bei einem erweiterten Infinitiv mit *zu* immer ein Komma.

Kommasetzung bei Partizipgruppen

In der Turnhalle angekommen(,) informierte die Sportlehrerin die Achtklässler über den Ablauf des Tanzkurses.
Verschiedene Fotos in die Höhe haltend, so zeigte sie die unterschiedlichen Tanzhaltungen.
Die Schüler, schüchtern umherschauend, wählten anschließend eine Tanzpartnerin.

1 a Lest die drei Sätze und bestimmt die Partizipgruppen.
b Lest nun den Merkkasten und ordnet die drei Sätze den jeweils passenden Regeln zu.

VORSICHT FEHLER!

Tanzunfall an der Jakob-Stoll-Realschule

Am 15.6.20XX fand wie jeden Donnerstagnachmittag in der Turnhalle der Jakob-Stoll-Realschule der Tanzkurs der Achtklässler statt, wobei sich eine Schülerin am Knie verletzte.
Gekonnt und ihr tief in die Augen schauend genau so führte der Tanzpartner die 14-Jährige beim Discofox anfangs über die Tanzfläche. Der Achtklässler sich der bewundernden Blicke bewusst und von Ehrgeiz angespornt ließ die Schülerin jedoch bei einer schwungvollen Drehbewegung los, um selbst eine Drehung auszuführen. Dabei verlor die Schülerin das Gleichgewicht, sodass sie zu Boden stürzte. Humpelnd und von Schmerzen geplagt so verließ sie schließlich die Tanzfläche. Mit den Händen wild fuchtelnd machte eine Mitschülerin Frau Buckel, die zuständige Sportlehrerin, auf den Unfall aufmerksam.
Vom herbeigerufenen Notarzt wurde die Schülerin ins nahe gelegene Krankenhaus mitgenommen, denn sie hatte sich beim Sturz das Kreuzband gerissen und muss wohl operiert werden. Der Unfallverursacher sich seiner Schuld bewusst entschuldigte sich bereits mehrmals bei seiner Tanzpartnerin.

2 a Schreibt den Text ab, unterstreicht die Partizipgruppen und setzt sechs fehlende Kommas.
b Ergänzt das Komma, das man setzen kann, aber nicht setzen muss, in Klammern.
●●● c Begründet auch die übrige Kommasetzung.

Wissen und Können **Komma bei Partizipgruppen**

Partizipgruppen müssen mit **Komma** abgetrennt werden, wenn sie

- als Zusätze oder Nachträge anzusehen sind, die einem Nomen oder Pronomen nachgestellt sind, z. B.: *Er, überwältigt von so viel Glück, konnte die Tränen nicht zurückhalten.*
  Er konnte die Tränen nicht zurückhalten, überwältigt von so viel Glück.
- durch ein Wort oder eine Wortgruppe angekündigt oder wieder aufgenommen werden, z. B.:
  Dann, endlich in Hamburg angekommen, suchten wir ein Hostel.
  Über beide Ohren grinsend, so kam sie auf uns zu.

In allen anderen Fällen bzw. um Missverständnissen vorzubeugen, **kann** ein Komma gesetzt werden, z. B.: *Von so viel Glück überwältigt(,) brach sie in Tränen aus.*

13.3 Fit in ...? – Die Rechtschreibung verbessern

Die Schülerzeitung will ein Heft zum Thema „Gesundheit“ herausbringen. Die Artikel sind bereits verfasst, hinsichtlich der Rechtschreibung müssen sie noch überprüft werden.

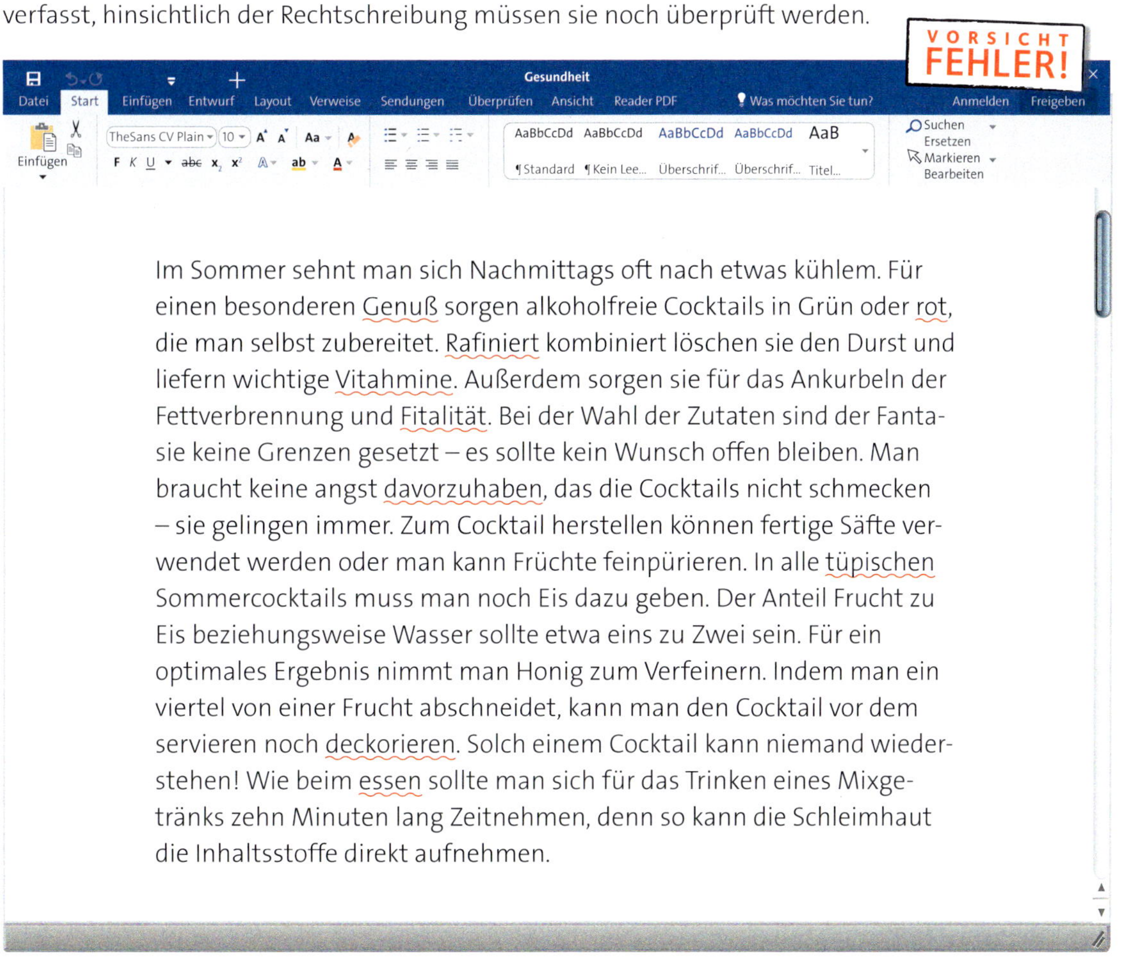

Im Sommer sehnt man sich Nachmittags oft nach etwas kühlem. Für einen besonderen Genuß sorgen alkoholfreie Cocktails in Grün oder rot, die man selbst zubereitet. Rafiniert kombiniert löschen sie den Durst und liefern wichtige Vitahmine. Außerdem sorgen sie für das Ankurbeln der Fettverbrennung und Fitalität. Bei der Wahl der Zutaten sind der Fantasie keine Grenzen gesetzt – es sollte kein Wunsch offen bleiben. Man braucht keine angst davorzuhaben, das die Cocktails nicht schmecken – sie gelingen immer. Zum Cocktail herstellen können fertige Säfte verwendet werden oder man kann Früchte feinpürieren. In alle tüpischen Sommercocktails muss man noch Eis dazu geben. Der Anteil Frucht zu Eis beziehungsweise Wasser sollte etwa eins zu Zwei sein. Für ein optimales Ergebnis nimmt man Honig zum Verfeinern. Indem man ein viertel von einer Frucht abschneidet, kann man den Cocktail vor dem servieren noch deckorieren. Solch einem Cocktail kann niemand wiederstehen! Wie beim essen sollte man sich für das Trinken eines Mixgetränks zehn Minuten lang Zeitnehmen, denn so kann die Schleimhaut die Inhaltsstoffe direkt aufnehmen.

1 Erklärt, warum manche Wörter in Rot unterringelt wurden.

2 Sucht die 13 Rechtschreibfehler, die nicht unterringelt wurden. Verbessert dann alle Fehler und schreibt den Text richtig auf. Überprüft mit dem Wörterbuch.

Groß- und Kleinschreibung	卌 III
Getrennt- und Zusammenschreibung	卌 I
Fremdwörter	卌
Sonstiges (ss-s-ß, ie-i)	III

3 Erklärt, weshalb bei der Rechtschreibprüfung mit Hilfe des PCs nicht alle Rechtschreibfehler gefunden werden und man selbst Fehler erkennen und verbessern können muss.

VORSICHT FEHLER!

Wohltuend für Geist und Körper – Yoga

Yoga eine indische Lehre umfasst geistige und körperliche Übungen welche bereits 700 v. Chr. ausgeübt wurden. Es gibt viele Formen von Yoga wobei in Europa vor allem die körperlichen Übungen Beachtung finden. Menschen die regelmäßig Yoga machen profitieren von vielen positiven Effekten:

- Die Muskeln werden gedehnt und die Gelenke trainiert ohne sie zu belasten.
- Man lernt dabei den Körper und den Geist zu entspannen wodurch Stress abgebaut wird.
- Es ist bewiesen dass Yoga zu einer verbesserten Körperhaltung führen kann da die Rückenmuskulatur gestärkt wird.
- Yoga regelmäßig durchgeführt fördert einen tiefen Atem der unsere Lebensenergie und Konzentrationsfähigkeit steigert.
- Asanas die ruhenden Yogastellungen trainieren Kraft Gleichgewichtssinn und Muskelausdauer.
- Die Atemübungen führen dazu den Geist zu beruhigen und zu kontrollieren.

Yoga sollte jedoch nicht aus Büchern sondern unter Anleitung eines Yoga-Lehrers erlernt werden denn falsch ausgeführte Übungen können auch schaden.

1 Schreibt den Text ab und ergänzt die 20 fehlenden notwendigen Kommas.
Lasst jeweils eine Zeile frei.
Begründet die Kommasetzung, indem ihr eine passende Erklärung in die leere Zeile schreibt:

Satzreihe • Satzgefüge • Apposition • Aufzählung • Infinitivsatz • Partizipgruppe

Statisti**k** *(im Wörterbuch nachschlagen)* verzeichnet immer mehr Veganer

Es ist erwiesen, da**ss** h**äu**figer **V**erzehr von tierischen Produkten zu gesun**d**heitlichen Problemen wie Übergewicht, Diab**etes**, Bluthochdru**ck** und Herz-Kreislauf-Problemen führt. Daher entscheiden sich immer mehr Menschen für die vegane Ern**ä**hrungsweise. Eine rein pflanzliche, ausgewogene **K**ost soll nämlich zu erhöhter **V**italität führen, einen positiven Einflu**ss** auf die Stimmung haben und auch beim **A**bnehmen helfen. Veganer le**h**nen deshalb alle Nahrungsbestan**d**teile ab, die vom Tier sta**mm**en – also Fleisch, Fisch, Eier, Milchprodukte, Leder und Honig.

Rechtschreibstrategien anwenden, z. B.:
- Silbenprobe
- Verlängerungsprobe (Plural, Infinitiv oder Steigerungsform bilden)
- Ableitungsprobe (Wörter der gleichen Wortfamilie suchen)
- Probe für Großschreibung (Artikelprobe anwenden, auf Signalwörter achten)
- im Wörterbuch nachschlagen
- *das* durch *welches, dies* oder *dieses* ersetzbar, *dass* nicht ersetzbar

2 Beweise mit jeweils einer geeigneten Rechtschreibstrategie, dass die unterstrichenen Wörter richtig geschrieben wurden. Achte auf die fett gedruckten Buchstaben.

14 Mahlzeit! – Grafiken und Texte auswerten

1 Was gibt das Foto wieder? Zählt auf, was ihr erkennen könnt.

2 Besprecht das Thema „Mülltrennung“ in der Klasse.
Geht dabei auf die folgenden Fragen ein:
- Wie sortiert ihr in eurer Familie den Müll?
- Werden bei euch zu Hause Lebensmittel weggeworfen? Warum?
- Warum ist es wichtig, Müll zu trennen?

In diesem Kapitel ...

- erschließt ihr Grafiken, Diagramme und Sachtexte,
- wendet ihr unterschiedliche Möglichkeiten an, Materialien auszuwerten,
- trainiert ihr das aufmerksame und zielgerichtete Zuhören.

14.1 Lebensmittel – Diagramme erschließen

Speisepläne gehen mit der Zeit – Diagramme verstehen

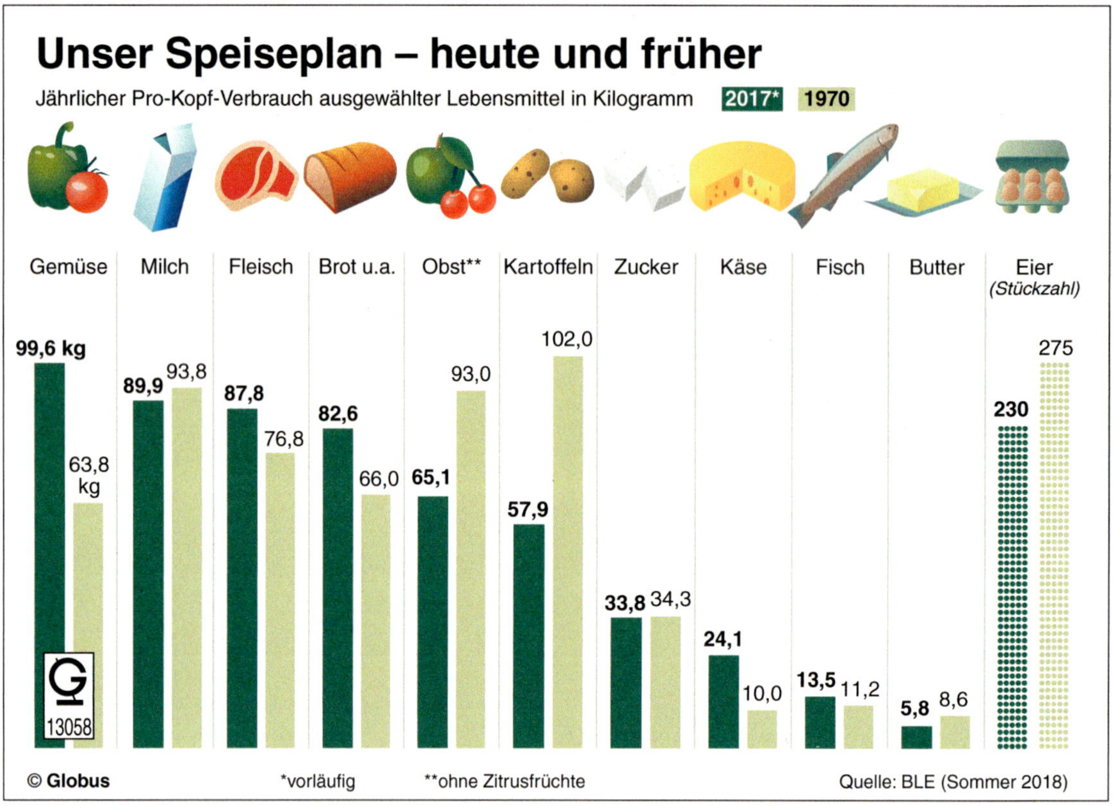

Diagramm 1

1 Lest die Informationen, die das Diagramm 1 vermittelt.

a Formuliert in einem vollständigen Satz, was hier grafisch dargestellt ist.

b Benennt die Diagrammart.
Besprecht, welche anderen Arten von Diagrammen ihr kennt.

c Kontrolliert im Merkkasten auf S. 277, ob ihr alle Diagramme richtig benannt habt.

d Begründet, warum sich die ausgewählte Diagrammart gut für den Inhalt eignet.

2 Wertet das Diagramm aus und beantwortet folgende Fragen:

– Bei welchem Lebensmittel gibt es die geringste Veränderung zwischen 1970 und 2017?
– Bei welchem Lebensmittel stieg der Verbrauch am meisten?
Stellt Vermutungen an, woran das liegen könnte.
– Bei welchem Lebensmittel sank der Verbrauch am stärksten?
Tauscht euch darüber aus, welche mögliche Erklärung es dafür gibt.
– Rechnet aus, wie viel Fleisch bzw. Brot eine Person täglich zu sich nimmt.
Besprecht, ob euch das viel oder wenig vorkommt.

Brot gilt bei uns als Grundnahrungsmittel, weil es einen großen Bestandteil der Ernährung der Deutschen ausmacht. Im europäischen Vergleich zählt Deutschland sogar zu den Spitzenreitern im Brotkonsum. Aber auch in anderen Ländern hat das nährstoffreiche Nahrungsmittel eine große Bedeutung.

Diagramm 2

3 Lest die vergleichenden Aussagen zu Diagramm 2. Entscheidet, welche zutreffend und welche falsch sind. Korrigiert den Inhalt der falschen Aussagen.

A In Manila muss man am längsten arbeiten, um sich ein Kilo Brot leisten zu können.

B Die Anzahl der Minuten, die Einwohner von Stockholm und Madrid durchschnittlich für ein Kilo Brot arbeiten müssen, ist identisch.

C In Johannesburg muss man viel länger für ein Kilo Brot arbeiten als in Bangkok.

D Am schnellsten hat man sich sein Kilo Brot in London erarbeitet.

4 **a** Besprecht, was der Brotpreis im Verhältnis zum Einkommen über die gesamtwirtschaftliche Lage dieser Städte bzw. Länder aussagt.

b Haltet das Ergebnis eures Austauschs schriftlich und in ganzen Sätzen im Heft fest.

Wissen und Können | **Diagramme unterscheiden**

In Diagrammen werden Angaben (z. B. Mengen) bildlich dargestellt. Sie vermitteln Informationen auf zwei Ebenen: der Inhaltsebene und der Gestaltungsebene.
Man unterscheidet folgende Diagrammarten:

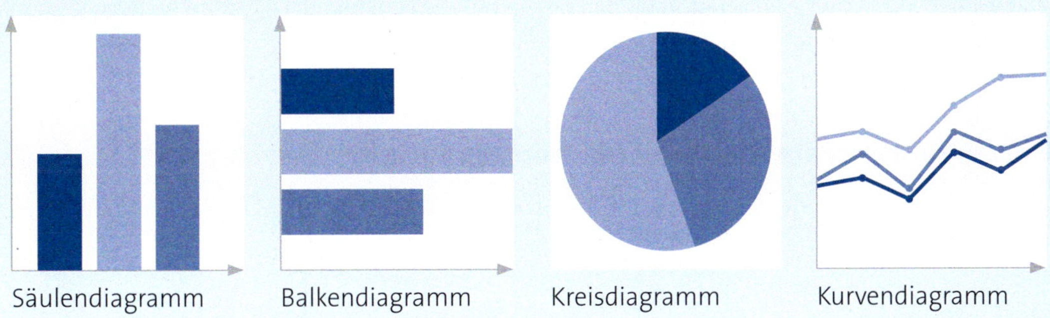

Lebensmittel verschwenden – Ein Diagramm schrittweise erschließen

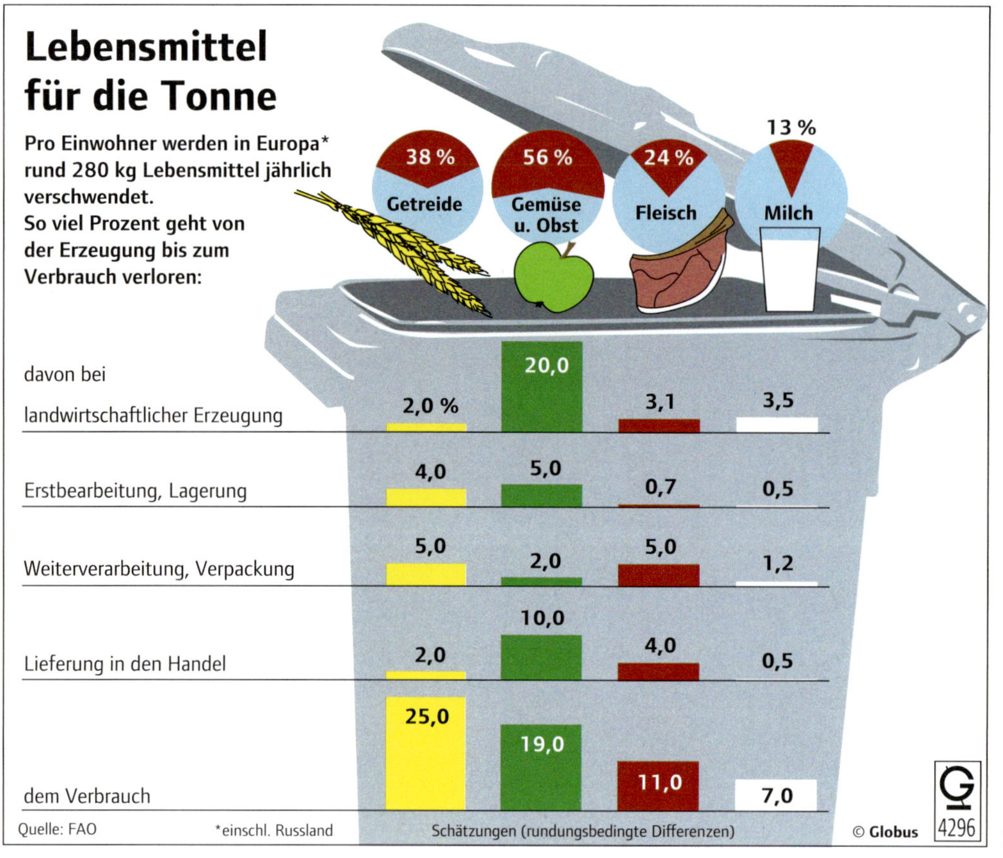

Diagramm 3

Ein Diagramm verstehen und auswerten

Schritt 1: Das Thema der Grafik erkennen

1
a Lest die Überschrift und die kurze Erklärung darunter.
b Erklärt mit eigenen Worten, was in diesem Diagramm dargestellt ist und was mit dem Begriff „Tonne“ gemeint ist.
c Zu welchen Bereichen werden Aussagen in Bezug auf die Lebensmittelverschwendung gemacht? Benennt sie in einer logischen Reihenfolge.
d Erklärt am Beispiel von Obst und Gemüse, wodurch es zu Verlusten kommt.

Schritt 2: Die Verbindung zwischen Inhalt und Gestaltung herstellen

2 Diagramme können Informationen veranschaulichen. Die Diagrammart richtet sich danach, was dargestellt werden soll.
a Nennt die beiden Diagrammarten, die in Diagramm 3 verwendet werden.
b Stellt Vermutungen an, warum diese Diagrammarten gewählt wurden.

Schritt 3: Einzelheiten berücksichtigen

3 Schaut die beiden Diagramme noch einmal genau an. Beantwortet dann folgende Fragen:
- Wie viele Lebensmittel werden jährlich pro Einwohner in Europa verschwendet?
- Wofür stehen die verschiedenfarbigen Säulen?
- Auf welchen Wert beziehen sich die Prozentangaben in den Kreisdiagrammen?

Schritt 4: Angaben bewerten und vergleichen

4 a Prüft die Zahlen in den Diagrammen und entscheidet, von welchem Lebensmittel auf dem Weg vom Erzeuger zum Verbraucher am meisten verloren geht.
b Diskutiert, welche Gründe es für diesen Verlust geben könnte.
c Untersucht die Diagramme und benennt die Lebensmittel, bei denen die Verluste eher gering sind. Findet mögliche Gründe.

5 Gibt es vergleichbare oder identische Werte? Ordnet den Satzanfängen die passenden Aussagen zu und schreibt die vollständigen Sätze in euer Heft.

1 Am meisten Getreide ...	... wie Fleisch.
2 Identische Werte ...	... weist der Verlust von Milch bei der Erstbearbeitung/Lagerung und der Lieferung in den Handel auf.
3 Zu dem größten Verlust bei der landwirtschaftlichen Erzeugung ...	... kommt es mit Abstand beim Gemüse und Obst.
4 Bei der Lieferung in den Handel ...	... geht deutlich mehr Gemüse und Obst verloren als Fleisch, Getreide oder Milch.
5 Insgesamt wird etwa doppelt so viel Gemüse und Obst verschwendet ...	... geht beim Verbrauch verloren.

Schritt 5: Aus dem Diagramm Schlüsse ziehen

6 a Besprecht mit eurem Banknachbarn, inwieweit ihr als Konsumenten die im Diagramm festgehaltenen Zahlen beeinflussen könnt.
b Schreibt in Stichpunkten auf, welche konkreten Maßnahmen euch einfallen.
c Die europäischen Verbraucher tragen durch ihr Verhalten selbst zu einer massiven Verschwendung von Lebensmitteln bei.
Bewertet diese Aussage und begründet, warum letztendlich fast immer der Verbraucher für die Verschwendung verantwortlich ist. Stützt euch dabei auf das Diagramm.

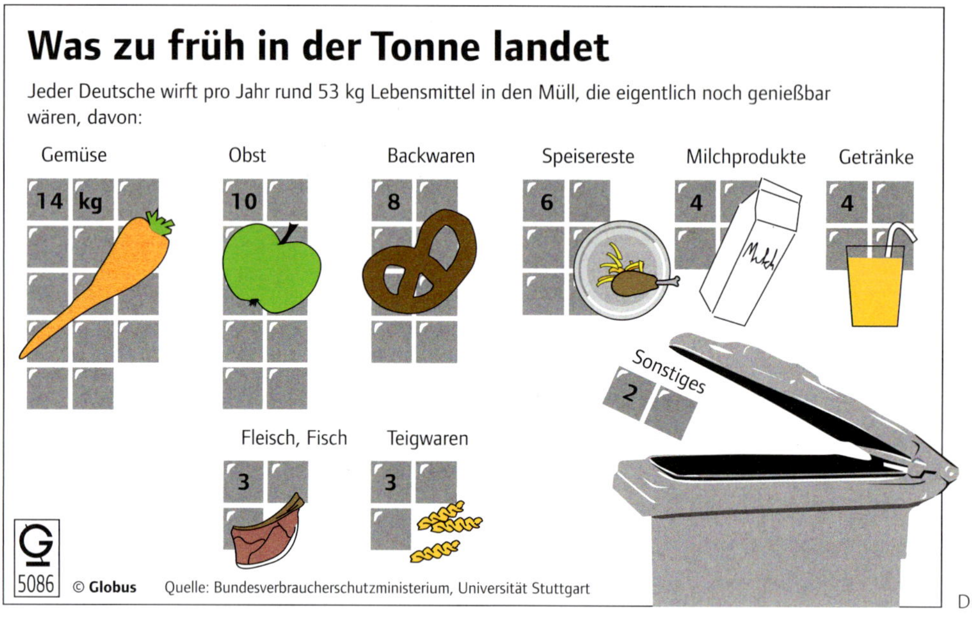

Diagramm 4

7 Untersucht in Partnerarbeit Diagramm 4 und vergleicht mit Diagramm 3.
a Beantwortet folgende Fragen:
– Worauf bezieht sich die Untersuchung jeweils?
– Wird eine Aussage getroffen zu den Gründen der Verschwendung?
b Erstellt eine Liste, aus der die Gründe hervorgehen, warum bei euch in der Familie Lebensmittel weggeworfen werden.
c Markiert die Gründe, die sich vermeiden lassen.

Wissen und Können **Diagramme verstehen und auswerten**

Ein Diagramm ist eine **grafische Darstellung von Daten, Sachverhalten oder Informationen.**
- Besonders wichtig ist die **Überschrift,** die angibt, worüber das Diagramm informiert.
- Auch die **Art des Diagramms** beeinflusst den Informationsgehalt.
- Meist werden **Zahlen** (in absoluten oder relativen Werten) einander gegenübergestellt.
- Beim **Auswerten der Zahlen** wird deutlich, welche Werte identisch sind, welcher Wert der kleinste oder größte ist und wo die Unterschiede liegen.
- Aus der Auswertung lassen sich dann **Schlüsse** für den dargestellten Sachverhalt **ziehen.**

Testet euer Wissen!

Diagramme auswerten

Oma Lore berichtet ihren Enkeln, wie sich ihre Eltern und Großeltern ernährten:
„Damals war alles besser! Mein Gott, wie günstig die Lebensmittel waren! Das kann man sich heute gar nicht mehr vorstellen. Brot war früher schon ein Grundnahrungsmittel und Eier aß man auch mehr als heute. Es hatte ja jeder seinen eigenen Hühnerhof. Nur Fleisch war etwas Besonderes. Das gab es ausschließlich an Sonn- und Feiertagen."

Diagramm 5

1 Prüft, ob Oma Lores Bericht von früher zutrifft.
- **a** Erschließt euch dazu Diagramm 5.
  Wendet die einzelnen Untersuchungsschritte von Seite 278 bis 280 an.
- **b** Nehmt Stellung zu den Erinnerungen von Oma Lore.
  Schreibt auf, mit welchen Aussagen sie Recht hat und was nicht stimmt.
- **c** Belegt eure Stellungnahme mit den Zahlen aus dem Diagramm. Schreibt in euer Heft.

2 Analysiert die Diagramme genauer.
- **a** Benennt die beiden Diagrammarten.
- **b** Vergleicht den Lebensmittelverbrauch der Deutschen von 1900 und 2008.
  Notiert eure Ergebnisse in Stichpunkten.
  – Was hat sich am stärksten verändert?
  – Welche Werte haben sich kaum verändert?
- **c** Nehmt Stellung: Überrascht euch diese Entwicklung oder hättet ihr die Veränderung so erwartet?
- **d** Stellt einen Bezug her zwischen der Abnahme des Milchprodukteverbrauchs und der Zunahme des Eier- und Fleischverbrauchs mit den Produktionszahlen dieser Lebensmittel.

14.2 Foodsharer und Foodsaver – Einen Hörtext verstehen und auswerten

1 Tauscht euch aus, was ihr unter den Begriffen „Foodsharer“ und „Foodsaver“ versteht.

Klarer Sieger im Finale des Umweltpreises der Stadtwerke Tübingen ist die Initiative Foodsharing Tübingen. Ein Ziel des Vereins ist es, Lebensmittel zu retten, die sonst in der Tonne landen würden. Um mehr darüber zu erfahren, haben wir bei Raika Slomma, Botschafterin von Foodsharing Tübingen, nachgefragt.

Frau Slomma, was genau bedeutet Foodsharing?

Foodsharing bedeutet zunächst eigentlich nur zu vermeiden, dass genießbare Lebensmittel in der Mülltonne landen, indem man sie weitergibt und mit anderen teilt. Denn auch wenn die meisten von uns eine gut geplante Vorratshaltung haben, wird trotzdem noch jedes achte Lebensmittel, das wir kaufen, weggeworfen. Darüber hinaus gibt es aber auch große Mengen an genießbaren Lebensmitteln, die Lebensmittelmärkte, Bäckereien und weitere Händler entsorgen (müssen), weil der Verbraucher – also wir – jeden Tag Schönes und Frisches einkaufen möchte.

Wann wurde Foodsharing ins Leben gerufen?

Der Verein Foodsharing e.V. wurde 2011 gegründet. Daraus sind in vielen deutschen Städten lokale Foodsharing-Gruppen entstanden, so auch in Tübingen und Reutlingen.

Wer ist daran beteiligt?

Die Foodsharing-Gruppen bestehen aus vielen Ehrenamtlichen: Bei uns in Tübingen sind es zurzeit 250 so genannte „Foodsaver“, also Lebensmittelretter, und es werden immer mehr! Außerdem kooperieren verschiedene Lebensmittelbetriebe – kleine und große – mit Foodsharing und so retten Foodsaver dort Lebensmittel, die aus unterschiedlichen Gründen nicht mehr verkauft werden können.

Wie sieht das logistische Vorgehen aus?

In Tübingen haben wir bei unseren Kooperationsbetrieben feste Abholzeiten und retten so wöchentlich in insgesamt 20 Abholungen etwa

240 Kilogramm Lebensmittel vor der Tonne. Diese Lebensmittel werden an Freunde und Nachbarn weiterverteilt oder auch in Fairteiler gebracht. […] Die Koordination der Abholungen läuft über die Plattform foodsharing.de, auf der alle Foodsaver angemeldet sind.

Sind viele Unternehmen dazu bereit, Lebensmittel für lau zu veräußern?

Foodsharing Tübingen kooperiert zurzeit mit acht Betrieben und wir haben feststellen dürfen, dass die meisten Verantwortlichen sehr offen dafür sind, sich mit uns zusammen gegen die Lebensmittelverschwendung einzusetzen. Das freut uns natürlich sehr! Die Betriebe können durch eine Kooperation mit Foodsharing auch Geld sparen: So reduzieren sich die Zeit für das Sortieren der nicht mehr verkäuflichen Lebensmittel in genießbar und ungenießbar und die Kosten für die Müllentsorgung. Gerne können sich Betriebe, die Interesse an einer Kooperation haben oder mehr über Foodsharing erfahren wollen, bei uns melden.

Woran hapert es noch beim Thema „Lebensmittelrettung"?

Bei einigen Betrieben fallen große Mengen zu rettender Lebensmitteln an, sodass wir bei diesen Abholungen noch ein Auto benötigen. Um die Abholungen in Tübingen nachhaltiger zu gestalten, wollen wir uns von dem Preisgeld des Publikumspreises nun ein Lastenrad kaufen. In einer Studentenstadt wie Tübingen kommt es in den Semesterferien ab und zu zu Engpässen bei den Abholungen. Hier hoffen wir in nächster Zeit auf einen Zuwachs an (nicht studentischen) Foodsavern, die auch in den Semesterferien in Tübingen sind und auch dann verlässlich abholen.

Wie wird man selber zum Foodsharer?

Foodsharer wird man, indem man darauf achtet, übrig gebliebene, aber noch genießbare Lebensmittel nicht zu entsorgen, sondern sie weitergibt oder in einen Fairteiler bringt.

Um Foodsaver zu werden, meldet man sich zunächst auf foodsharing.de an und absolviert, nach bestandenem Foodsaver-Quiz, drei Abholungen mit erfahrenen Foodsavern. [...] Eins ist klar: Wir freuen uns über jeden neuen Foodsaver! *

2 Setzt euch zu viert zusammen und übt mit Hilfe des Textes das Zuhören:

1 Zwei Schüler lesen das Interview mit verteilten Rollen langsam und deutlich vor. Die anderen beiden Schüler notieren beim Hören Stichworte zu den wichtigen Aussagen.	**2** Die beiden Schüler lesen den Text ein zweites Mal vor. Die anderen beiden Schüler ergänzen ihre Notizen.	**3** Die beiden Zuhörer tragen mit Hilfe ihrer Notizen die wichtigen Aussagen des Textes vor und fragen nach, was sie nicht verstanden haben. Die beiden Vorleser hören zu und ergänzen anschließend fehlende Informationen.

3 Prüft nun gemeinsam mit Hilfe der folgenden Sätze euer Hörverständnis.

a Richtig oder falsch? Entscheidet, ob die Aussagen zutreffen.

A Durch Foodsharing soll vermieden werden, dass Lebensmittel auf dem Müll landen.

B Der Verbraucher wirft jedes zehnte Lebensmittel weg.

C Frau Slomma engagiert sich ehrenamtlich als Foodsaver.

D Die meisten Foodsaver sind Studenten.

b Im Interview erklärt Frau Slomma, wie die Verteilung der Lebensmittel logistisch vor sich geht. Beschreibt das Prozedere.

Wissen und Können **Hörtexten Informationen entnehmen**

- Klärt eure **Erwartungen** an den Text, z. B. anhand des Titels.
- Hört euch den Text einmal ganz an und macht euch beim Hören **Notizen zu wichtigen Aussagen des Textes.** Es geht darum, dass ihr die Grundgedanken versteht. Es wird nicht verlangt, dass ihr euch an Einzelheiten erinnert. Deshalb solltet ihr auch nicht versuchen, alles mitzuschreiben.
- Hört den Text ein zweites Mal an und korrigiert bzw. ergänzt eure Notizen.

14.3 Wasserverbrauch – Material im Gruppenpuzzle auswerten

Virtuelles Wasser – Material beurteilen und auswerten

Auf den folgenden Seiten findet ihr unterschiedliche Texte, Grafiken und Fotos zum Themenbereich „Wasserverbrauch und Wasserverwendung".
Bearbeitet die Aufgaben in Gruppen wie unten beschrieben.

A Gruppenbildung und Aufgabenverteilung

1 Bildet 4er-Gruppen (Stammgruppen) und verteilt die Aufgaben: Jedes Gruppenmitglied ist als Experte für eines der Materialien 1–4 zuständig.

B Expertengruppenarbeit

2 a Bildet neue Gruppen, die sich aus je drei, vier oder fünf Experten für je eines der Materialien 1–4 zusammensetzen.
b Bearbeitet das Material den Aufgaben entsprechend und notiert eure Ergebnisse.

C Expertenbericht in der Stammgruppe

3 Kehrt in eure Stammgruppen zurück und berichtet als Experte über die gemeinsam erworbenen Informationen zu eurem Material.

M1 Trinkwasserverwendung von Haushalten 2015 pro Tag und Einwohner in Deutschland

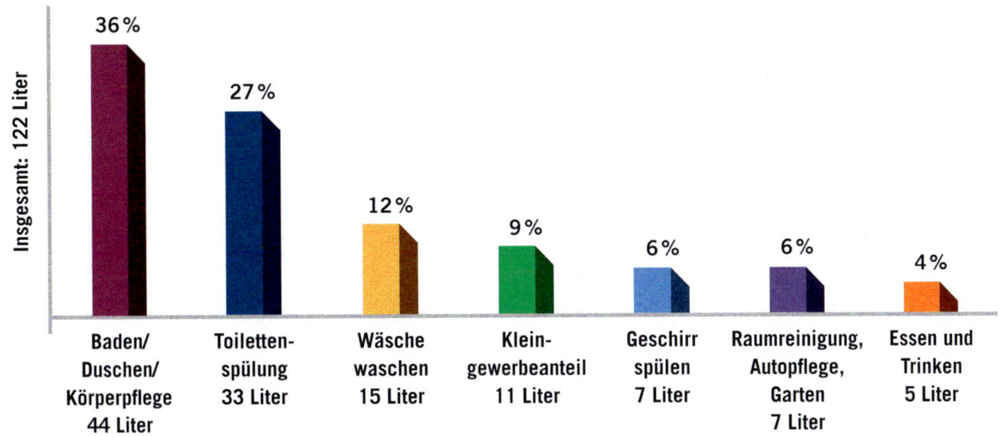

Quelle: BDEW Wasserstatistik, BDEW Bundesverband der Energie- und Wasserwirtschaft e.V., 2016.

1 Notiert in Stichpunkten Möglichkeiten, in eurer Familie Wasser einzusparen.

M2 Die großen Wasserschlucker

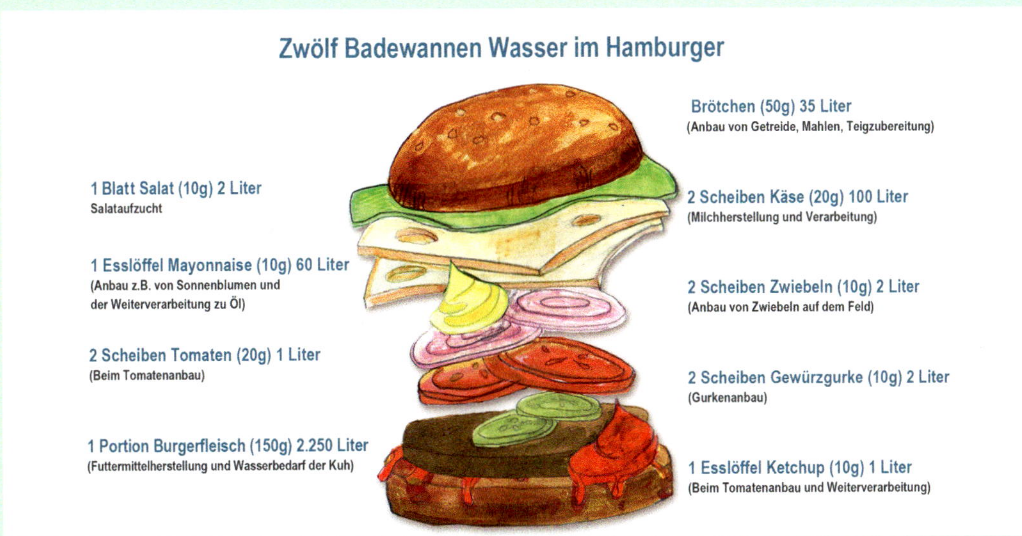

Wer genüsslich in einen Hamburger beißt, sollte wissen, dass er gerade 2400 Liter Wasser „verbraucht“ – das entspricht rund 12 gefüllten Badewannen! Wie das? Auf das „versteckte“ Wasser machte der Londoner Geograf John Anthony Allan aufmerksam. Mitte der 1990er-Jahre hat er den Begriff „virtuelles Wasser“ eingeführt. Damit ist Wasser gemeint, das man zur Produktion von Nahrungsmitteln und Gebrauchsgegenständen einsetzen muss. Und das ist häufig eine ganze Menge. Für seine Leistungen zum Thema „virtuelles Wasser“ erhielt Professor Allan 2008 den Weltwasserpreis.

Man spricht auch vom „aquatischen Rucksack“, den ein Produkt mit sich herumschleppt. Um ein Kilo Rindfleisch herzustellen, benötigt

man beispielsweise rund 16 000 Liter Wasser für den Anbau von Futter und um den Durst der Rinder zu stillen.
Das virtuelle Wasser miteingerechnet, beträgt der tägliche Wasserverbrauch eines Menschen in der Bundesrepublik rund 4 000 Liter. Dieser „Wasserfußabdruck" ist bei einem US-Bürger noch höher. Er konsumiert 6 000 Liter Wasser am Tag. Wenn die ganze Welt heute so viel virtuelles Wasser verbrauchen würde wie die Menschen in Nordamerika, würde die Welt 75 % mehr Wasser für die Nahrungsmittelproduktion benötigen.

2 Lest den Text „Zwölf Badewannen Wasser im Hamburger" und beantwortet folgende Fragen:

a Welcher Textsorte ordnet ihr ihn zu? Begründet.

b Definiert die Begriffe „virtuelles Wasser" und „aquatischer Rucksack".

c Nennt die Bestandteile eines Hamburgers und sammelt gemeinsam Aspekte, die dieses Lebensmittel so „wasserlastig" machen.

M3 Tomate ist nicht gleich Tomate

Unsichtbare Verschwendung

In einem Maiskorn stecken 900 Gramm Wasser. Unglaublich? Stimmt. Es könnten viel weniger sein.

Tee trinken spart Wasser. Jedenfalls im Vergleich zu Kaffee. Denn während eine Tasse Tee 30 Liter Wasser verbraucht, benötigt eine Tasse Kaffee 140 Liter. Dafür muss niemand seinen Kaffee übertrieben verwässern. Schuld daran ist die Produktion der Kaffeebohnen, deren Bewässerung und Pflege so viel verschlingt. […]
Der reale Wasseranteil ist bei vielen Produkten eher unbedeutend. Im Durchschnitt verbraucht die Produktion tausendmal mehr Wasser, als tatsächlich im Produkt steckt.
Gerade wasserarme Länder bauen oft Lebensmittel an, für deren Herstellung Unmengen Wasser nötig sind. Aber sie erhalten keinen Ausgleich – virtuelles Wasser wird nicht vergütet, der Verbraucher zahlt dafür nicht. Wasserreiche Länder hingegen importieren wasserintensive Produkte aus eben diesen Ländern. Unsere Tomaten werden mit Hilfe künstlicher Bewässerungssysteme im trockenen Südspanien angebaut, die Futtermittel für Milchkühe stammen aus den Oasen Nordafrikas. Und sämtliche Blumenliebhaber Europas, Japans und der USA schaden unbewusst den Bewohnern und Tierarten rund um den Lake Naivasha in Kenia. Dessen Wasser wird als Quelle für die Züchtung von jährlich etwa 52 Millionen Tonnen Blumen genutzt. Wer also einen Strauß Rosen kauft, nimmt etwa drei Millionen Menschen einen Teil von ihrem Wasser. Um diese Probleme in den Griff zu bekommen, diskutieren Wissenschaftler über das Konzept eines besseren virtuellen Wasserhandels. Das würde bedeuten: Wasserarme Länder importieren wasserintensive Produkte, anstatt sie auszuführen, und gleichen so den eigenen Wassermangel aus. Länder mit genügend Ressourcen konzentrieren sich auf die Herstellung dieser Nahrungsmittel und verlagern so die Produktion. […] *

3 Lest den Text „Unsichtbare Verschwendung".

a Erläutert, was man unter „realem Wasseranteil" versteht.

b Beschreibt das Konzept eines besseren „virtuellen Wasserhandels" anhand zweier im Text genannter Nahrungsmittel. Wählt dafür zwei aussagekräftige Länder aus.

M4 Interview mit Markus Lanz zur UNICEF-Kampagne „Wasser wirkt“

In diesem Jahr (2012) hat UNICEF die Kampagne „Wasser wirkt“ gestartet. Worum geht es dabei?

Lanz: Jeden Tag sterben 3000 Kinder an den Folgen von verschmutztem Trinkwasser und mangelnder Hygiene – eine ungeheure Zahl. Mit der Kampagne „Wasser wirkt“ will UNICEF in sechs Projektländern 500000 Kinder mit sauberem Wasser und Zugang zu sanitären Einrichtungen versorgen. Was es konkret für Kinder und Familien bedeutet, wenig und nur verdrecktes Wasser zu haben, habe ich in Äthiopien selbst miterlebt.

Sie haben sich in Äthiopien schon mehrmals Wasserprojekte angeschaut. Welche Erfahrungen haben Sie dort gemacht?

Lanz: Äthiopien ist eines der heißesten und trockensten Länder dieser Erde. Sauberes Trinkwasser ist dort wertvoller als Gold. Frauen und Kinder sind viele Stunden unterwegs, um für ihre Familien im nächstgelegenen Tümpel oder Fluss Wasser zu holen. Ich habe einmal einer Frau dabei geholfen, ihren 25-Liter-Kanister voll Wasser zwei Kilometer zu ihrer Familie zu tragen. Das hat mich körperlich wirklich an meine Grenzen gebracht. Die Frauen in Äthiopien legen diesen Weg dreimal täglich zurück. Und obendrein ist dieses Wasser verseucht und macht die Kinder krank.

Rund 780 Millionen Menschen haben kein sauberes Trinkwasser. Da fällt doch im wahrsten Sinne des Wortes jeder „Tropfen auf den heißen Stein“ – oder?

Lanz: Sauberes Wasser ist ein Menschenrecht. Es ist überlebenswichtig. Nichts gegen die Wasserknappheit weltweit zu tun, ist keine Alternative. Wir müssen Verantwortung übernehmen. UNICEF und ihre Partner bauen zum Beispiel Brunnen und bilden Freiwillige aus, die über Hygiene aufklären. Diese Hilfe funktioniert und jeder kann dabei unterstützen.

4 Lest den Text.

a Benennt die Textsorte und beschreibt ihre Funktion. Welchen Vorteil hat diese Textsorte?

b Beschreibt die Lebensweise in Äthiopien, die Markus Lanz vor Ort beobachtet hat.

c Erklärt die im Text erwähnte Kampagne und deren Ziel. Bezieht in eure Ausführung auch den Namen der Kampagne „Wasser wirkt“ mit ein.

d Informiert euch im Internet, wie sich diese Kampagne seit 2012 weiterentwickelt hat.

Wissen und Können – Informationsmaterial auswerten

Bei der Auswertung eures Materials solltet ihr wie folgt vorgehen:

- Macht euch zu den wichtigsten Punkten **Notizen.** Wenn euch eine Kopie vorliegt, könnt ihr auch farbig markieren oder Randnotizen anbringen.
- Ordnet die Information nach **Oberbegriffen** oder Teilthemen.
- Entscheidet, ob die jeweilige Information für euer Thema bzw. eure Fragestellung hilfreich ist.
- **Fasst** die wichtigsten Informationen – geordnet nach Oberbegriffen – **zusammen.**

Virtuelles Wasser – Einen Informationstext schreiben

Schreibt im Team einen Informationstext für die Schülerzeitung zum Thema „Virtuelles Wasser". Nutzt dazu die Auswertung der Materialien auf den vorhergehenden Seiten.

1 Notiert auf Karteikarten oder Zetteln die Fragen zum Thema „Virtuelles Wasser", die ihr in eurem Informationstext beantworten möchtet, z. B.:

Wofür verwenden wir Wasser?

Wie lässt sich Wasser einsparen?

Was ist mit dem Begriff „virtuelles Wasser" gemeint?

Wie lässt sich ein Ausgleich herstellen zwischen wasserarmen und wasserreichen Ländern?

2 Sichtet eure Arbeitsergebnisse (▶ S. 284–287) und ordnet die wichtigsten Informationen aus den einzelnen Materialien euren Fragen zu. Notiert sie stichwortartig auf die Karteikarte, z. B.:

Wofür verwenden wir Wasser?
- *Körperpflege (M1)*
- *Toilettenspülung (M1)*
- *Wäsche, Geschirr (M1)*
- *Putzen, Garten (M1)*
- *Essen, Trinken (M1)*
- *Herstellung von Lebensmitteln (M2)*

3 Legt eine Gliederung für euren Informationstext fest.

a Überlegt, in welcher Reihenfolge ihr in eurem Text auf die einzelnen Fragen eingehen wollt. Nummeriert die Karteikarten in dieser Reihenfolge.

b Legt zwei weitere Karteikarten an mit Ideen für die Einleitung und den Schluss des Textes.

4 Schreibt mit Hilfe eurer Vorarbeiten einen zusammenhängenden Informationstext über virtuelles Wasser.

Wissen und Können **Einen Informationstext verfassen**

Ein informierender Text fasst wichtige Informationen über Sachverhalte, Personen oder Gegenstände knapp und verständlich zusammen.

- Gliedert euren Text in:
  - **Überschrift:** Sie soll zum gesamten Text passen.
  - **Einleitung:** Führt in das Thema ein, z. B. durch ein Zitat oder eine Frage.
  - **Hauptteil:** Informiert zu den einzelnen Fragestellungen in sinnvoller Reihenfolge.
  - **Schluss:** Zusammenfassung, Fazit oder Ausblick. Ihr könnt auch die Ausgangsfrage noch einmal aufgreifen. Verdeutlicht die Gliederung eures Textes durch **Absätze.**
- Formuliert **sachlich** und verwendet **eigene Worte.**
- **Zitiert** bei übernommenen Informationen **richtig** und gebt die Quelle an.
- Macht **Zusammenhänge** durch Verknüpfungswörter deutlich, z. B.: *weil, obwohl, indem, bevor, deshalb, trotzdem, außerdem, weiterhin.*

Grundlegendes Wissen und Können

Sprechen, zuhören und schreiben

Argumentieren

▶ S. 32–34; 50–52; 56–64

Beim **Argumentieren** versucht man, **Meinungen, Bitten, Wünsche, Forderungen** oder **Behauptungen** überzeugend zu **begründen.**

- **Behauptung:** *Schülerjobs können negative Auswirkungen auf die schulischen Leistungen haben.*
- **Begründung** erfolgt in mehreren Schritten:
  - Ausgangsfrage: Warum/Inwiefern können Schülerjobs negative Auswirkungen auf die schulischen Leistungen haben?
    → *Schülerjobs werden oft nachmittags ausgeübt, sodass man seine schulischen Arbeiten abends erledigen muss.*
  - Weiterführende Frage: Inwiefern kann dies Auswirkungen auf die schulischen Leistungen haben?
    → *Nach einem Schul- und Arbeitstag ist man abends nicht mehr so konzentriert und kann sich nicht mehr so gut vorbereiten.*
- **Beispiel:** *Bei Stegreifaufgaben oder Abfragen am nächsten Tag besteht die Gefahr von schlechten Noten.*

Argumente entkräften

▶ S. 60

- Beim **Argumentieren** überzeugt ihr noch mehr, wenn ihr **auf ein Argument eingeht, das eurem Standpunkt widerspricht** und dieses entkräftet:
- **Wiederholt** das Argument. **Schwächt** es ab, indem ihr erklärt, warum es euch nicht überzeugt.
- **Stärkt** das eigene Argument durch Beispiele, Erfahrungen, Fakten, Vorschläge.

Einen argumentierenden Leserbrief schreiben

▶ S. 68–70

- **Einleitung:** Gebt in der Einleitung den Titel des Artikels an und formuliert eure Meinung zu dem Thema, z. B.: *In dem Artikel „…“ geht es um die Frage …*
- **Hauptteil:** Begründet eure Meinung mit Argumenten. Entfaltet jedes Argument durch ein Beispiel, einen Hinweis auf Folgen, Fakten, einen Vergleich oder eine Expertenaussage. Nennt auch ein Gegenargument und entkräftet es nachvollziehbar.
  - **Argumentation:** *Ein wichtiger Grund, der dafür/dagegen spricht …*
  - **Entkräftung eines Arguments:** *Sicherlich kann man einwenden… Aber/Jedoch …*
- **Schluss:** Fasst noch einmal euren Standpunkt zusammen oder formuliert einen Wunsch oder Vorschlag für die Zukunft, z. B.: *Zusammenfassend lässt sich feststellen …*
- Gliedert euren Brief in **Absätze.** Beginnt mit jedem Argument einen neuen Absatz.
- Achtet darauf, dass ihr die einzelnen **Argumente gut einleitet** und miteinander **verknüpft.**

Eine Debatte durchführen

▶ S. 32–38

Die Debatte ist eine geregelte Form der Diskussion, in der eine strittige Frage diskutiert und am Ende entschieden wird. Dazu sitzen sich die **Gruppen mit unterschiedlichen Positionen** gegenüber.

Aufbau:

1 **Eröffnungsphase:** Die Gruppen nehmen kurz zum Thema Stellung (ca. zwei Minuten pro Gruppe).
2 **Debatte:** Die/der erste Rednerin/Redner nennt einen Pro-Aspekt aus der Eröffnungsphase und bestärkt diesen durch Begründungen und Beispiele. Dann greift die/der erste Kontra-Rednerin/-Redner die Argumentation auf und widerlegt sie. Die/der zweite Pro-Rednerin/-Redner knüpft an die Kontra-Argumentation an und entkräftet sie mit einer neuen Pro-Argumentation (insgesamt sechs bis zehn Minuten).
3 **Abschlussphase:** Die einzelnen Teilnehmenden ziehen ihr Fazit aus der Debatte. Pro- und Kontra-Rednerinnen/-Redner wechseln sich dabei ab (ca. eine Minute pro Rednerin/Redner).
4 **Feedback-Phase:** Die Beobachtungsgruppe gibt auf Grundlage ihrer Notizen im Bewertungsbogen allen Teilnehmenden Feedback.

Aufmerksam zuhören

▶ S. 30

Ihr könnt den Referentinnen und Referenten leicht signalisieren, dass ihr ihnen **aufmerksam zuhört** und ihre Arbeit wertschätzt, indem ihr diese Tipps befolgt:

- Zeigt **ehrliches Interesse** am Thema, haltet **Blickkontakt** zu den Vortragenden.
- **Unterbrecht** die Referentinnen und Referenten **nicht,** schreibt noch nicht beantwortete **Fragen** auf einem Blatt Papier mit.
- Signalisiert den Vortragenden, dass ihr ihnen inhaltlich folgen könnt (z. B.: durch Nicken).
- **Vermeidet Ablenkungen** jeglicher Art.
- Hebt euch **vertiefende Fragen** für das Ende des Referats auf und fragt gezielt **am Schluss** nach.

Ein Interview führen

▶ S. 18; 174

Bei einem Interview handelt es sich um eine **Befragung** durch einen oder mehrere Fragesteller (Interviewer).

- Wenn ihr selbst ein Interview durchführt, solltet ihr am Anfang den Interviewpartner höflich **begrüßen,** euch kurz **vorstellen** und **Anliegen sowie Gründe für das Interview** nennen.
- Während des Interviews müsst ihr **aufmerksam zuhören,** euch **Notizen** machen und bei Unklarheiten **nachfragen.**
- Um viele aussagekräftige Informationen zu erhalten, eignen sich **offene Fragen** (W-Fragen).
- Auf **geschlossene Fragen** (Ja-Nein-Fragen) bekommt man meist nur kurze Antworten.
- Zum Schluss **bedankt** ihr euch beim Interviewpartner und **verabschiedet** euch.

Hörtexten Informationen entnehmen

▶ S. 282–283

- Klärt eure **Erwartungen** an den Text, z. B. anhand des Titels.
- Hört euch den Text einmal ganz an und macht euch beim Hören **Notizen zu wichtigen Aussagen des Textes.** Es geht darum, dass ihr die Grundgedanken versteht. Es wird nicht verlangt, dass ihr euch an Einzelheiten erinnert. Deshalb solltet ihr auch nicht versuchen, alles mitzuschreiben.
- Hört den Text ein zweites Mal an und korrigiert bzw. ergänzt eure Notizen.

Informieren

Einen Informationstext verfassen

▶ S. 20–22

Informationsmaterial auswerten

▶ S. 287

Bei der Auswertung eures Materials solltet ihr wie folgt vorgehen.

- Macht euch zu wichtigsten Punkten **Notizen.** Wenn euch eine Kopie vorliegt, könnt ihr auch farbig markieren oder Randnotizen anbringen.
- Ordnet die Information nach **Oberbegriffen** oder Teilthemen.
- Entscheidet, ob die jeweilige Information für euer Thema bzw. eure Fragestellung hilfreich ist.
- **Fasst** die wichtigsten Informationen – geordnet nach Oberbegriffen – **zusammen.**

Den Informationstext schreiben

▶ S. 288

Ein informierender Text fasst wichtige Informationen über Sachverhalte, Personen oder Gegenstände knapp und verständlich zusammen.

- Gliedert euren Text wie folgt:
  - **Überschrift:** Sie soll zum gesamten Text passen.
  - **Einleitung:** Führt in das Thema ein, z. B. durch ein Zitat oder eine Frage.
  - **Hauptteil:** Informiert zu den einzelnen Fragestellungen in sinnvoller Reihenfolge.
  - **Schluss:** Zusammenfassung, Fazit, oder Ausblick. Ihr könnt auch die Ausgangsfrage noch einmal aufgreifen. Verdeutlicht die Gliederung eures Textes durch **Absätze.**
- Formuliert **sachlich** und verwendet **eigene Worte.**
- **Zitiert** bei übernommenen Informationen **richtig** und gebt die Quelle an.
- Macht **Zusammenhänge** durch Verknüpfungswörter deutlich, z. B.: *weil, obwohl, indem, bevor, deshalb, trotzdem, außerdem, weiterhin.*

Protokollieren

▶ S. 39–48

Protokollieren ist eine Sonderform des Berichtens. Man gibt knapp und sachlich das Wesentliche einer Diskussion, einer Sitzung, eines Versuchs oder einer Unterrichtsstunde wieder und verzichtet dabei auf persönliche Wertungen.
Je nach Schwerpunkt hält man die Inhalte entweder in Form eines **Ergebnisprotokolls** (Zeitform: Präteritum) oder eines **Verlaufsprotokolls** (Zeitform: Präsens) fest.

Das Protokoll gliedert sich in drei Teile:
- **Protokollkopf:** Inhalte zu: Thema der Veranstaltung, Ort, Termin und Zeitrahmen, Veranstaltungsleitung, Anwesende, Abwesende, Protokollant/-in, Tagesordnung
- **Hauptteil:** die eigentliche Niederschrift, d. h., hier wird das Wesentliche der Veranstaltung in ganzen Sätzen sachlich wiedergegeben. Der Aufbau orientiert sich an den Tagesordnungspunkten (TOPs).
- **Schluss:** Ort, Datum, Unterschrift der Protokollantin bzw. des Protokollanten

Das Protokoll ist ein formelles Dokument, es muss **übersichtlich gegliedert** sein (Absätze, Zwischenüberschriften, z. B.: *zu TOP 1: ...*)

Eine Mitschrift anfertigen

▶ S. 39–41

Achtet darauf, dass ihr alles Wesentliche mitschreibt:
- Lasst den **Rand für nachträgliche Ergänzungen** frei.
- Ordnet eure Aufzeichnungen übersichtlich, z. B. indem ihr sie durch **Nummerierungen** oder **Spiegelstriche** gliedert.
- Verwendet für jeden Aspekt eine **neue Zeile.**
- **Formuliert klar** und **knapp,** Stichpunkte reichen: *Lauf durch Stadt oder Stadtpark ...*
- Verwendet **Abkürzungen** und **Symbole,** z. B.: *usw., vgl., +, →*
  Das spart Zeit und so werden Zusammenhänge deutlich.

Redebeiträge in einem Protokoll wiedergeben

▶ S. 43

Redebeiträge in einem Protokoll werden nicht wörtlich wiedergegeben, sondern durch:
- **Indirekte Rede:** *Herr Schneider informierte darüber, dass die 8 b einen Spendenlauf durchführen will.* Oder: *Herr Schneider teilte mit, die 8 b wolle einen Spendenlauf durchführen.*
- **Redebericht im Nominalstil:** *Herr Schneider berichtet über den Beschluss der 8 b zur Durchführung eines Spendenlaufs.*
  Auch möglich als **Infinitivkonstruktion:** *Herr Schneider berichtet über das Vorhaben der 8 b, einen Spendenlauf durchzuführen.*

Ein Referat halten

► S. 23–30

1 Das Referat vorbereiten

Ein gelungenes Referat muss gut vorbereitet werden:

- Ordnet die Informationen für eurer Referat, z. B. nach Unterthemen, und bringt sie in eine sinnvolle Reihenfolge.
- Notiert zu jedem Unterthema wichtige Stichworte, z. B. auf Karteikarten.
- Nummeriert die Karteikarten in der entsprechenden Reihenfolge.
- Überlegt, zu welchen Informationen eures Vortrags ihr welches Anschauungsmaterial zeigen könnt, und sucht nach geeignetem Material, z. B.: Bilder, Fotos, Grafiken.

2 Das Referat gliedern

Gliedert die Informationen. Diese Struktur ist der rote Faden eures Referats.

- **Einleitung:** Weckt das Interesse eurer Zuhörerinnen und Zuhörer und führt in das Thema ein, z. B. durch Bilder/Fotos, treffende Zitate oder persönliche Bemerkungen zum Thema. Gebt einen Überblick über die Gliederung.
- **Hauptteil:** Den Hauptteil solltet ihr besonders sorgfältig planen. Ordnet eure Informationen nach sachlichen Gesichtspunkten. Legt Oberbegriffe und Unterpunkte fest. Streicht überflüssige Informationen, die vom Thema wegführen.
- **Schluss:** Der Schluss rundet das Referat ab. Ihr könnt wichtige Informationen zusammenfassen, eure persönliche Meinung zum Thema formulieren oder einen Ausblick auf weitere Entwicklungen geben.

Material suchen und ordnen

► S. 19

Für ein gutes Referat ist es wichtig, zu Beginn nach geeignetem Material zu suchen und aus Text-, Audio-, Video- und Bildquellen Informationen und Sachwissen gezielt zu entnehmen.
Geht dabei folgendermaßen vor:

1 Aktiviert euer **Vorwissen.** Was wisst ihr schon alles über das Thema? Welche Informationen braucht ihr noch?

2 Verschafft euch einen **Überblick** über euer Thema. Ruft vertrauenswürdige Internetseiten (z. B.: von Ämtern, offiziellen Stellen, Institutionen) auf und überprüft die gefundenen Informationen mit Hilfe anderer Informationsquellen (z. B.: Lexika, Fachbücher).

3 Überlegt euch, was genau ihr erfahren wollt, überfliegt zunächst die Texte und sucht daraufhin **gezielt** nach den passenden Informationen.

4 Nutzt **unterschiedliche Quellen** (z. B.: Internetseiten, Zeitungen, Zeitschriften, Bücher) und recherchiert in Ämtern bzw. befragt Personen. **Achtung:** Achtet darauf, dass die Quellen seriös und vertrauenswürdig sind.

5 Legt eine übersichtliche **Materialsammlung** an, in der ihr sämtliche Quellen, die ihr benutzt, ablegt und sinnvoll ordnet. Gebt bei Fachbüchern Autor, Titel, Verlag, Ort, Jahr, Auflage und die Seite, auf der ihr eure Informationen gefunden habt, an. Führt bei Internetseiten die genaue https-Adresse und das Aufrufdatum an.

Appellieren

Einen Aufruf für die Schülerzeitung schreiben

▶ S. 65–67

Artikel in einer Schülerzeitung sind **von Jugendlichen für Jugendliche** verfasst.
Ihr habt hier also deutlich mehr sprachliche Freiheiten. Um von einer Sache zu überzeugen, solltet ihr entsprechende stilistische und formale Mittel einsetzen.

- **Überschrift:**
  Sie soll **motivieren** und auf das Anliegen in einer sprachlich interessanten Art und Weise **aufmerksam machen.** Nehmt euch die Werbesprache als Vorbild, z. B.: *Be smart – don't start* als Überschrift für einen Aufruf gegen Drogenkonsum.
- **Einleitung:**
  Sie **führt in die Thematik ein** und **weckt Interesse.** Dazu lassen sich passende Fakten zum Thema präsentieren (Aussagen aus Umfragen, Statistiken, Medienträgern) oder ihr bringt eigene Erfahrungen ein.
- **Hauptteil:**
  Ziel eines Aufrufs ist es, **ein Anliegen** mit Hilfe überzeugender Argumente sinnvoll zu **begründen**. Es muss also deutlich werden, warum es sich lohnt, an einem Projekt teilzunehmen oder sich für eine bestimmte Sache zu engagieren. Beim **Aufbau der Argumentation** orientiert man sich am Dreischritt: Behauptung – Begründung – Beispiel.
- **Schluss:**
  Am Ende formuliert ihr noch einmal eine **zusammenfassende Aufforderung** bzw. eine **Bitte,** sich an dem vorgestellten Projekt zu teiligen oder sich für eine Sache einzusetzen.

Eine Bewerbung für ein Praktikum schreiben

▶ S. 53–55

In der Regel muss die Praktikumsbewerbung nicht so ausführlich sein wie die Bewerbung auf eine Lehrstelle. Dennoch sollte das Bewerbungsschreiben dein Interesse an der und deine Eignung für die Praktikumsstelle deutlich machen. Beachte daher folgende Tipps:

Äußere Form

- Achte auf einen übersichtlichen **Briefkopf** mit den Adressen des Absenders und des Empfängers sowie der Orts- und Datumsangabe.
- Formuliere in einer **Betreffzeile** dein Anliegen.
- Verwende eine **förmliche Anrede** zu Beginn und eine höfliche Grußformel am Ende.

Inhalt

- Gehe knapp auf deine aktuelle Schulsituation ein.
- Erläutere, warum das Unternehmen für dich interessant ist.
- Stelle kurz dar, warum du für die Praktikumstelle geeignet bist.

Sonstiges

- Vermeide Rechtschreibfehler und achte auf eine fehlerfreie sprachliche Gestaltung.
- Handelt es sich um eine E-Mail-Bewerbung, so verfasse ein kurzes Anschreiben und hänge das eigentliche Bewerbungsschreiben als pdf-Datei an.

Schriftlich erzählen

Zu einem Bild erzählen

▶ S. 71–88

Es gibt verschiedene Möglichkeiten, zu einem Bild zu erzählen. Versetzt euch in das Bild hinein und schaut euch darin um. Stellt euch vor, ihr wollt wie eine Regisseurin/ein Regisseur zu dem Bild einen kurzen Film drehen. Stellt möglichst viele Fragen an das Bild:

- Gibt ein Bild den Impuls zu einer Erzählung, könnt ihr entweder eine **Figur aus dem Bild** oder eine von euch **selbst erfundene Figur** als **Hauptfigur** wählen.
- Das Bild kann als Einstieg dienen, im Hauptteil eine Rolle spielen oder den Schluss veranschaulichen. Wichtig ist, dass es in der Erzählung eindeutig zu erkennen ist.
- **Beobachtet genau:**
  - Wer ist abgebildet?
  - Wo ist das Bild aufgenommen?
  - Welche Tageszeit, welche Jahreszeit kann man erkennen?
  - Welche Stimmung wird vermittelt?
  - Welche Farben spielen eine Rolle?
- Lasst bei der **Entwicklung der Geschichte** eure **Fantasie** spielen:
  - Was kann die Hauptfigur hören, riechen, sehen, fühlen?
  - Welche Gedanken gehen ihr durch den Kopf? Denkt sie an Vergangenes (Rückblende) oder an die Zukunft (Vorausdeutung)? Was könnte passieren oder passiert sein?
  - Wechselt der Handlungsort?
- Überlegt, **wie eure Geschichte enden soll:** offen – wie in einer Kurzgeschichte – oder mit einem richtigen Schluss wie in vielen Erzählungen.

Wählt eine Erzählperspektive aus und haltet sie im gesamten Text ein:

- Der **Ich-Erzähler** kann nur Selbsterlebtes und Selbsterfahrenes wiedergeben, z. B.: *Ich war müde und fühlte mich unsicher. Vielleicht suchten sie schon nach mir ...*
- Der **Er-/Sie-Erzähler** beobachtet das Geschehen von außen, z. B.: *Er sah, wie müde sie war. Weil sie schon zitterte, übernahm er das Rudern.*
- Ein **allwissender Erzähler** weiß mehr als seine Figuren, z. B.: *So verzweifelt waren die beiden noch nie.*

Die Zeitform ist meist das **Präteritum,** sie kann aber an sehr spannenden Stellen in das **szenische Präsens** wechseln.

- Die **Einleitung** kann die Vorgeschichte zum Bild anführen, die W-Fragen beantworten, unmittelbar mit der Handlung oder den Gedanken einer Figur in dem Bild beginnen. Sie soll den „roten Faden“ aufgreifen, der sich durch die gesamte Erzählung zieht.
- Der **Hauptteil:** Die Erzählung beschränkt sich auf ein Hauptereignis. Achtet auf den Wendepunkt. Gedanken und Gefühle einer Person können in einem **inneren Monolog** wiedergegeben werden.
- Der **Schlussteil** einer Erzählung zum Bild kann abrunden oder offenbleiben. Um anschaulich zu erzählen, könnt ihr folgende sprachliche Mittel nutzen:
  - **anschauliche Adjektive und Partizipien,** z. B. *deckenhoch;*
  - **treffende Verben,** z. B.: *hinunterschreiten;*
  - **anschauliche Vergleiche,** z. B: *wie ein Spukschloss;*
  - **Metaphern,** z. B.: *Bücher verschlingen.*

Mit Texten und Medien umgehen

Epische Textsorten

Erzähltexte erschließen

▶ S. 78–83; 90–104; 106–128

Erzählform und Erzählverhalten (Erzählperspektive)

▶ S. 75; 82; 92–93

Der Erzähler darf nicht mit dem Autor verwechselt werden. Der Autor wählt die Erzählform und das Erzählverhalten ganz bewusst.

- **Erzählform:** In der Er-/Sie-Form tritt der Erzähler als Figur in den Hintergrund, in der Ich-Form ist der Erzähler als Figur selbst an der Handlung beteiligt.
- **Erzählverhalten** (Erzählperspektive):
  - **personal:** Der Erzähler gibt die Handlung aus der Sicht einer Figur oder wechselnd aus der Sicht mehrerer Figuren wieder. Er bleibt in der Sichtweise der Figur bzw. der Figuren verhaftet und steht im Geschehen.
  - **auktorial:** Der Erzähler behält jederzeit den Überblick über alle Figuren und das Geschehen. Er steht außerhalb der Handlung und kann bewerten, voraus- und zurückblicken.
    Er kennt die Gefühle und Gedanken aller Figuren.
  - **neutral:** Der Erzähler tritt als Figur völlig zurück. Er erzählt als neutraler Beobachter.

Erzählschritte in einer Geschichte

▶ S. 109

Jede Geschichte besteht in der Regel aus mehreren **Erzählschritten,** die man auch **Handlungsschritte** nennt. Ein neuer Erzählschritt beginnt häufig dann, wenn z. B.:

- der **Ort** der Handlung wechselt, z. B.: *Bei Lisa angekommen ...*
- ein **Zeitsprung** stattfindet, z. B.: *Am nächsten Morgen ...*
- eine **neue Figur** auftaucht, z. B.: *„Tag!", sagte jemand, als Frieda gerade verschwinden wollte.*
- die Handlung eine **Wendung** erfährt, z. B.: *Auf einmal ...*

Eine literarische Figur charakterisieren

▶ S. 96–99; 116–117

In einer Charakterisierung werden Merkmale und Eigenheiten einer literarischen Figur beschrieben. Wichtig sind dabei

- **das äußere Erscheinungsbild** (Alter, Körperbau, Haarfarbe ...),
- **das soziale Umfeld** (Lebensumstände, Beruf, Beziehungen, Gesellschaftsschicht ...),
- **das Verhalten** (Sprache, Handlungen, auch gegenüber anderen Figuren ...),
- **innere Vorgänge** (Gefühle, Einstellungen, Wünsche ...).

Manche dieser Merkmale werden **direkt im Text** genannt, andere nur **indirekt.**
Alle Aussagen müssen durch entsprechende Zitate oder Textverweise belegt werden.
Die Charakterisierung wird im Präsens verfasst.

Richtiges Zitieren

▶ S. 118

Nur **besondere Textstellen** sollten als Zitate wiedergeben werden, wie typische Beispiele oder wichtige Aussagen einer Figur. Damit man die zitierten Stellen wiederfindet, muss immer eine **Zeilenangabe** ergänzt werden.

- Wörtliche Zitate werden in Anführungszeichen gesetzt.
- Die Zeilenangaben folgen in Klammern dahinter oder in einem Begleitsatz.
- Ausgelassene Stellen werden durch eckige Klammern [...] gekennzeichnet.
- Das Zitat muss wortwörtlich wiedergegeben, der Text darf nicht geändert werden.

Direkte und indirekte Beschreibung

▶ S. 98–99

Die Merkmale und Eigenschaften einer Figur können im Text direkt benannt werden. Oft sind sie aber auch indirekt dargestellt, sodass der Leser sie selbst erschließen kann.

- **Direkt beschrieben** wird eine Figur durch Textstellen, in denen sie Aussagen über sich selbst macht oder in denen andere Figuren oder der Erzähler Dinge über sie zur Sprache bringen, z. B.: *„Sie hat lange schwarze Haare und ein völlig symmetrisches Gesicht [...].“*
- **Indirekt beschrieben** wird eine Figur zum Beispiel durch die Art und Weise, wie sie spricht, denkt und handelt, z. B.: *„Ich muss kurz schlucken, als ich auf Nikos Klingel drück und der Summton kommt.“* → Figur ist nervös.

Die Zeitgestaltung in einer Erzählung

▶ S. 111

In literarischen Texten wird nicht immer chronologisch erzählt.

- **Rückblenden** liefern oft Hintergrundinformationen, welche die Handlung erklären. Diese müssen in der Inhaltszusammenfassung nur **wiedergegeben werden,** wenn sie **für das Textverständnis erforderlich sind.**
- **Vorausdeutungen** sind in einer Erzählung meist Köder, um den Leser zum Weiterlesen anzuregen.
- **Erzählzeit:** die Zeitspanne, die erforderlich ist, um einen Text zu lesen oder zu erzählen.
- **Erzählte Zeit:** die Zeitspanne, in der die Handlung stattfindet (Beispiel: „Supersonic me“ ca. 15 bis 20 Minuten)
- **Zeitdeckung:** Im Text sind alle Ereignisse so lange erzählt, wie es dauert, sie zu lesen (Erzählzeit = erzählte Zeit).
- **Zeitraffung:** Im Text sind die Geschehnisse eines längeren Zeitraums verknappt, also gerafft, dargestellt (Erzählzeit < erzählte Zeit).
- **Zeitdehnung,** die in literarischen Texten durch ausführliche Schilderungen, Beschreibungen, innere Monologe usw. entsteht, muss man in der Zusammenfassung auf die **sachliche Information reduzieren.**

Erzählende Textsorten

Die Kurzgeschichte

▶ S. 78–81; 122

- Eine Kurzgeschichte **beginnt unmittelbar,** also ohne eine ausführliche Klärung der Eingangssituation durch W-Fragen.
- Die Handlung nimmt oft eine **unerwartete Wendung.**
- Das **Ende** der Kurzgeschichte ist häufig **offen,** d. h., man erfährt nicht, wie das Leben der Hauptfigur weitergeht.
- Es wird eine **bedeutsame Situation** im Leben der Hauptfigur dargestellt.
- Oft wird die Figur vor eine **schwierige Entscheidung** gestellt.
- Es geht häufig um **Themen** und **Personen des Alltags.**

Die Fabel

▶ S. 149–151

In Fabeln haben **Tiere** oder **Pflanzen menschliche Eigenschaften** und sie handeln auch wie Menschen. Die **Texte** sind **kurz** und haben oft eine **überraschende Pointe.** Sie eignen sich deshalb gut, um der Leserschaft eine allgemein gültige **Moral** mit auf den Weg zu geben. Lessing nahm dabei die antiken Fabeln Äsops (6. Jh. v. Chr.) als Vorbild und aktualisierte sie.

Die Parabel

▶ S. 152–155

Eine Parabel ist ein abgeschlossener Kurztext, der meist von einer Erzählerin/einem Erzähler an die Zuhörenden weitergegeben wird. Es geht dabei um die **Vermittlung einer verborgenen Wahrheit** oder einer **Lebensweisheit,** die veranschaulicht werden soll. Um das zu erreichen, überträgt die Erzählerin/der Erzähler das eigentliche Thema in einen ganz anderen Zusammenhang.

Kreativ mit Texten umgehen

▶ S. 120–124

Um einen **Text stimmig fortsetzen** oder **neu schreiben** zu können, muss man ihn gut verstanden haben:

- **Wo** spielt die Geschichte und **wann?**
- **Aus der Sicht welcher Figur** wird erzählt? (Oder gibt es einen **Er-/Sie-Erzähler?**)
- Was erfährt man über ihre **Stimmung** oder **Eigenschaften?**
- Gibt es andere **wichtige Figuren?**

Gehört der Text einer bestimmten **Textsorte** an? Ist er z. B. eine Fabel, müssen in eurer Fortsetzung natürlich auch **typische Merkmale** der Textsorte vorkommen.

Einen persönlichen Brief schreiben

▶ S. 123

In einem persönlichen Brief **versetzt ihr euch in eine literarische Figur** und schreibt einen Brief an eine andere Figur aus dem Text. Der Brief sollte eine Datumsangabe, eine Anrede und eine Grußformel enthalten.
Der Inhalt sollte zu der vorgegebenen Textstelle passen und **Geschehnisse aus dem Text aufgreifen.** Überlegt euch, welches Verhältnis die beiden Figuren zueinander haben. Wo im Text treffen sie aufeinander? Was haben sie gemeinsam erlebt?

Einen Tagebucheintrag schreiben

In einem Tagebuch werden neben der Datumsangabe persönliche Erlebnisse, Eindrücke, Gedanken, Gefühle, Wünsche usw. festgehalten.

Beachtet beim Schreiben eines Tagebucheintrags aus Sicht einer literarischen Figur:
- Der Inhalt sollte zu der vorgegebenen Textstelle passen und **Geschehnisse aus dem Text aufgreifen.**
- Stil und Form des Tagebucheintrags sind nicht genau festgelegt, die **Ausdrucksweise sollte** allerdings **zu der Figur passen.**
- Durch Fragen oder Ausrufe können **Gefühle und Gedanken** verdeutlicht werden, z. B.: *Was soll ich bloß tun? Wenn ich nur wüsste, was sie im Schilde führt! Ob sie mir helfen wird ...?*

Einen Dialog schreiben

▶ S. 123

Ein Dialog ist eine **Wechselrede zwischen zwei** oder mehreren **Figuren.**
Beispiel: *Tessa: „Ich will kein Mitleid. Und es stört mich nicht, wenn du lachst. Alle lachen."*
Ben: „So war das doch gar nicht gemeint."
Wenn man einen Dialog für Figuren eines literarischen Textes formulieren soll, muss man zunächst Textstellen untersuchen, in denen die Figuren gesprochen haben. Dadurch erkennt man **Besonderheiten ihrer Sprechweise.** Außerdem sind die Einstellung und der Charakter der Figuren zu beachten, damit der erfundene Dialog zum Handlungsverlauf passt.

Einen inneren Monolog schreiben

▶ S. 122; 139

Um einen inneren Monolog zu verfassen, muss man **sich in eine Figur hineinversetzen** und ihre **Gedanken und Gefühle nachempfinden.** Dazu ist es notwendig, genau auf Hinweise im Text zu achten, welche die Einstellung der Figur ausdrücken.
Beispiel: *Das hatte er sie schon einmal gefragt, damals in der fünften Klasse, aber die anderen lachten trotzdem. Wahrscheinlich hatten sie vergessen, dass der Spruch nur eine Wiederholung war. Tessa hatte es nicht vergessen, auch das Lachen nicht.*

Lyrik: Gedichte

▶ S. 129–142; 167–168

Kennzeichen von Gedichten

Die äußere Gedichtform – der Vers, die Strophe, der Refrain, der Reim

▶ S. 130–131; 136

- Ein **Vers** bezeichnet die **einzelne Zeile** in einem Gedicht oder Song.
- Eine **Strophe** besteht aus **mehreren Versen,** die eine Gruppe bilden.
- Als **Refrain** bezeichnet man **einen oder mehrere Verse** zwischen einzelnen Strophen, zu Beginn oder am Schluss einer Strophe, die **regelmäßig wiederkehren.**
- Viele Gedichte und Songs verfügen über **Reime.** Wörter reimen sich, wenn der letzte betonte Vokal und die folgenden Laute gleich klingen, z. B.: *die Stadt – sie hat.*
  Typische Reimschemata sind:
  Paarreim (a a b b), **Kreuzreim** (a b a b), **umarmender Reim** (a b b a).

Das Metrum

- Wenn in Gedichten die **Abfolge von betonten und unbetonten Silben** einem bestimmten **Rhythmus** entspricht, nennt man dies **Metrum** (Versmaß).
- So bestimmt ihr das Metrum:
  - Betrachtet zuerst die mehrsilbigen Wörter in einem Vers und zeichnet ein, welche Silben betont und welche unbetont sind.
  - In einem zweiten Schritt bezieht ihr dann die Betonung der einsilbigen Wörter im Vers mit ein.
- Man unterscheidet folgende **Versmaße:**

  Trochäus (**X**x): ***Va**ter, **Tie**fe, **al**bern*
  Jambus (x**X**): *Be**trug**, Ge**winn**, ge**nau***
  Daktylus (**X**xx): ***Win**terzeit, **heuch**lerisch*
  Anapäst (xx**X**): *Harmo**nie**, Ele**fant**, über**all***

Das lyrische Ich

▶ S. 134

- In vielen Gedichten oder Songs gibt es ein **„Ich“**, das den Lesern seine persönlichen **Gefühle, Beobachtungen** oder **Gedanken** in einer bestimmten Situation mitteilt. Man nennt dieses „Ich“ das lyrische Ich. Es ist nicht mit der Autorin / dem Autor des Gedichts gleichzusetzen.
- In manchen Gedichten heißt es auch „wir“ oder das Geschehen wird von einem Beobachter geschildert, der weder „ich“ noch „wir“ sagt.

Bildhafte Sprache in Gedichten

▶ S. 132–133

- Mit Hilfe **sprachlicher Bilder** kann man Inhalte in Gedichten oder Songs besonders **anschaulich** beschreiben und eine bestimmte Stimmung erzeugen.
- Bei einer **Metapher** wird ein Wort nicht wörtlich, sondern **in einer übertragenen Weise bildhaft** verwendet, um etwas zu veranschaulichen, z. B.: *das Meer der Häuser.*
- Eine besondere Form der Metapher ist die **Personifikation.** Dabei werden Gegenstände, Begriffe oder Bestandteile der Natur vermenschlicht, z. B.: *die Bremsen schreien.*
- Bei einem **Vergleich** werden zwei Vorstellungen durch *wie* verbunden, z. B.: *Menschen bewegen sich wie Ameisen durch die Straßen.*

Gedichtformen

Das Akrostichon

Das **Akrostichon** ist eine besondere Gedichtform. Dabei werden die Buchstaben eines Wortes senkrecht untereinandergeschrieben. Jeder dieser Buchstaben bildet dann den Anfang (oder einen Teil) eines neuen Wortes.

Der Aphorismus

▶ S. 145

Aphorismen sind in sich geschlossene **Sinnsprüche,** selbstständige **einzelne Gedanken.** Sie bringen eine Lebensweisheit – oft in Form einer Antithese, also einer Gegenbehauptung – auf den Punkt. Beispiel: *Das Leben ist kurz, die Kunst ist lang.* (Hypokrates)

Die Ballade

▶ S. 177–178

Eine Ballade ist ein meist **längeres Gedicht** mit einer **spannenden Geschichte** und einem **dramatischen Höhepunkt.** Als Mischform enthält sie Merkmale verschiedener Textarten:

- **Gedicht** (Lyrik): Reim, Strophen, manchmal Refrain (= wiederkehrende Strophen);
- **Erzählung** (Epik): oft Erzähler, Handlungsschritte, abgeschlossene Handlung;
- **Theaterstück** (Dramatik): oft Dialoge, Menschen müssen dramatische Situationen meistern, Spannung, Höhepunkt.

Das Sonett

Die Gedichtform **Sonett** (lat. „Klanggedicht") war im Barock sehr beliebt. Es ist ein **gereimtes Gedicht,** das immer aus **14 Versen** besteht. Die **Strophenform** ist genau festgelegt:

- Das Gedicht besteht immer aus **zwei Quartetten** (Strophen mit vier Versen) und **zwei Terzetten** (Strophe mit drei Versen).
- Das **Reimschema** ist in der Regel: *abba abba cdc dcd*
- Auch der **Inhalt** folgt einem strengen Aufbau: Am Anfang wird eine **Behauptung** aufgestellt, die durch **Beispiele** belegt wird. Zum Schluss wird eine **Erkenntnis** vermittelt.

Ein Gedicht vortragen

▶ S. 141–142

Wenn ihr ein Gedicht einem Publikum vortragt, sollte euer Vortrag möglichst **verständlich** und **abwechslungsreich** sein. Beachtet dazu Folgendes:

- Sprecht den Text **deutlich,** betont dabei wichtige Wörter.
- Macht wirkungsvolle **Sprechpausen** an passenden Stellen.
- Achtet auf die **Lautstärke** und werdet je nach Inhalt der Textstelle lauter oder leiser.
- Ein **Tempowechsel** macht euren Vortrag abwechslungsreicher: Überlegt euch, an welchen Textstellen ihr schneller, an welchen langsamer vorlesen solltet.
- Eure **Gestik** und **Mimik** sollten zu dem Inhalt der Textstellen passen.
- Damit der Vortrag gut gelingt, solltet ihr ihn vorbereiten:
  - Schreibt den Text ab oder legt eine Folie darüber.
  - **Unterstreicht** Wörter, die ihr besonders **betonen** wollt.
  - **Markiert** Stellen, an denen ihr (kurze oder längere) **Pausen** machen wollt.
  - Übt das Vortragen mehrmals. Lest den Text zum Beispiel euren Eltern oder Freunden vor und lasst euch eine Rückmeldung geben. Ihr könnt euch auch selbst aufnehmen.

Dramatik: Theaterstücke (Dramen)

▶ S. 156–161

Texte für das Theater bezeichnet man auch als Dramen.

Merkmale von Dramen

▶ S. 161

- In Dramen treten **Figuren** mit unterschiedlichen Zielen und Interessen auf. Daraus entsteht ein **Konflikt.** Der Konflikt treibt die Handlung voran und es entsteht Spannung.
- Die Handlung wird im Drama durch **Dialoge** und **Monologe** der Figuren dargestellt.
- **Regieanweisungen** geben außerdem Hinweise darauf, wie die Schauspieler ihre Rolle sprechen und wie sie sich auf der Bühne bewegen und verhalten sollen.
- Die Handlung eines Dramas ist oft in **Akte** gegliedert. Diese bestehen aus einzelnen **Szenen.**

Der Handlungsverlauf im klassischen Drama

▶ S. 161

- Klassische Dramen verfügen über einen strengen Aufbau:

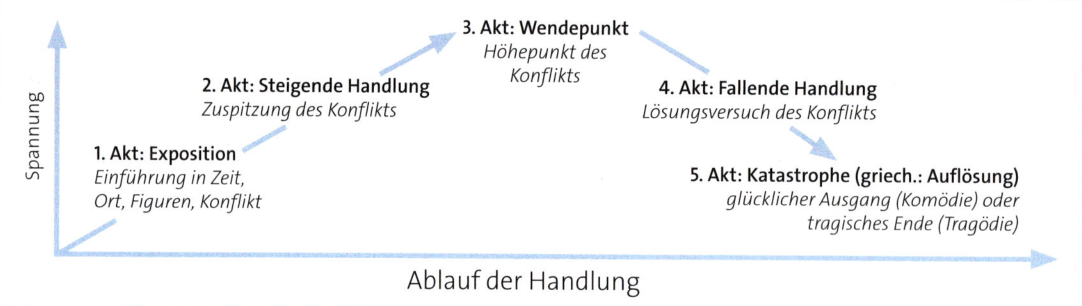

- Die **Exposition** ist eine Art **Einleitung,** die die Zuschauer in die Handlung des Dramas einführt. Meist umfasst sie den ersten Abschnitt eines Theaterstücks, **den ersten Akt.** Sie informiert über **Zeit** und **Ort** des Geschehens und stellt die **Hauptfiguren** vor. Der **zentrale Konflikt** des Dramas wird angekündigt.
- Im Verlauf der Handlung gibt es eine entscheidende **Wende.** Die Spannung erreicht ihren **Höhepunkt** und es wird entschieden, wie das Stück ausgeht und der Konflikt gelöst wird.
- Wenn die Hauptfigur scheitert und das Drama in einer Katastrophe endet, bezeichnet man es als **Tragödie.**
- Hat das Drama einen heiteren Verlauf und einen glücklichen Ausgang, nennt man es **Komödie.**

Eine Dramenszene spielen

▶ S. 163

- Zeigt im szenischen Spiel, wie ihr die **Figuren, ihre Aussagen** und ihr **Handeln** versteht.
- Besprecht vor dem Spiel, welche **Eigenschaften** die einzelnen Figuren in der Szene haben, welche **Absichten** sie verfolgen und was sie **denken und fühlen.**
- Überlegt, wie ihr das Verhalten, die Gedanken und die Gefühle der jeweiligen Figur durch **Mimik** (Gesichtsausdruck), **Gestik** (Körperhaltung und Bewegungen) und durch die **Sprechweise** umsetzen könnt.
- Fügt in eine Textkopie der Szene **Regieanweisungen** zur **Sprechweise** (z. B.: *schüchtern, wütend, aufgeregt*) und Hinweise zu **Betonung, Lautstärke** und **Pausen** ein.
- Verteilt die Rollen und probt erst das **laute Lesen,** dann das **szenische Spiel** der Szene. Lernt den Text für eure Rolle möglichst auswendig.

Sachtexte

▶ S. 56–57; 61–68

Sachtexte unterscheiden sich von literarischen Texten dadurch, dass sie sich vorwiegend mit **Ereignissen und Vorgängen der Wirklichkeit** beschäftigen und darüber **informieren.**

Einen Sachtext erschließen und zusammenfassen

▶ S. 56–57; 61; 68; 282–288

1. Schritt: Lest die Überschrift, den Textanfang sowie hervorgehobene Wörter und betrachtet die Abbildungen zum Text.
Überlegt: Welche Textsorte liegt vor? Worum könnte es in diesem Text gehen?
Was weiß ich bereits über das Thema?

2. Schritt:
- Lest den gesamten Text gründlich durch. Gliedert ihn in Sinnabschnitte und markiert in jedem Abschnitt die Schlüsselwörter.
- Notiert Zwischenüberschriften oder die Fragen, die im jeweiligen Textabschnitt beantwortet werden, an den Rand.
- Kreist Wörter und Textstellen ein, die ihr nicht versteht.
  Klärt sie anschließend durch Nachdenken, Nachschlagen oder Nachfragen.

3. Schritt: Fasst die Informationen des Textes zusammen oder veranschaulicht sie in einer Grafik (Mind-Map, Flussdiagramm, Schaubild).

Grafiken und Diagramme auswerten

▶ S. 65; 193; 271–285

In Diagrammen werden Angaben (z. B. Mengen) **bildlich** dargestellt. Sie vermitteln Informationen auf zwei Ebenen: der **Inhaltsebene** und der **Gestaltungsebene.**

- Man unterscheidet folgende **Diagrammarten:**

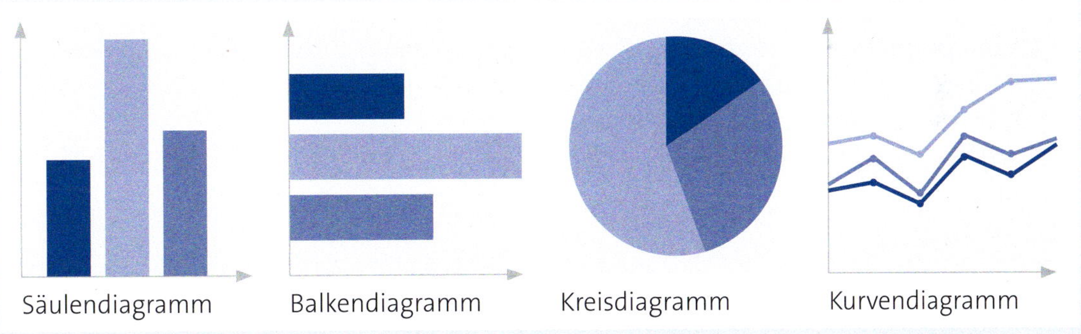

- So könnt ihr **Diagramme entschlüsseln:**

1. Schritt: Betrachtet das Diagramm genau. Lest die Überschrift und alle Angaben.

2. Schritt: Untersucht zuerst die Inhaltsebene (Überschriften, Texte) und anschließend die Gestaltungsebene (Abbildungen, Zahlen, Farben).
Welche Angaben werden gemacht? Wofür stehen die Zahlen?
Welche Informationen werden gegeben?

3. Schritt: Vergleicht die Angaben und wertet das Diagramm aus.
Achtet dabei auf besonders hohe oder niedrige, ähnliche oder abweichende Zahlenwerte.
Notiert, was euch auffällt.

4. Schritt: Fasst die Grundaussage des Diagramms zusammen.

Zeitungen

▶ S. 187–204

Boulevardzeitungen und Abonnementzeitungen

▶ S. 188–189

- **Boulevardzeitungen** werden auf der Straße (franz. *boulevard:* große Straße) oder am Kiosk verkauft. Sie haben einen **hohen Unterhaltungswert.**
  Häufig verfügen sie über **reißerische Schlagzeilen,** die bestimmte Gefühle auslösen.
  Der Satzbau und die Wortwahl in den Zeitungstexten sind meist sehr **einfach.**
  In Überschriften, Texten und Bildern werden **auffällige Farben und Fettdrucke** verwendet.
- **Abonnementzeitungen** werden hauptsächlich bestellt (abonniert). Sie haben einen **hohen Informationswert.** Abonnementzeitungen enthalten **ausführlichere Artikel.**
  Diese sind meist sachlich **formuliert** und nüchtern gestaltet.

Der Aufbau von Zeitungen

▶ S. 190

- Zur besseren Orientierung sind die Inhalte einer Zeitung in **Themengebiete** unterteilt.
  Diese nennt man **Ressorts.**
- Häufig findet man die Ressorts in der folgenden Reihenfolge:
  Politik, Wirtschaft, Sport, Kultur (Feuilleton), Wissen, Lokales, Aus aller Welt.

Der Aufbau der Titelseite von Zeitungen

▶ S. 188; 197

- Die **Titelseite** soll die Leserinnen und Leser über den Inhalt der Zeitung informieren.
  Damit möglichst viele Themen gezeigt werden können, werden die Texte oft nur angerissen.
  Es folgen dann Seitenverweise auf die genauere Darstellung im Innenteil der Zeitung.
- Jede Zeitung hat ihr eigenes **Layout.** Als Layout bezeichnet man die Gestaltung einer Zeitungsseite. Auf der Titelseite findet man meistens folgende Elemente:
  – **Zeitungskopf** (Titel der Zeitung, Ausgabennummer, Datum, Preis),
  – **Schlagzeile** (auch Hauptüberschrift oder Headline genannt),
  – **Aufmacher** (Titelbild und häufig Leitartikel),
  – weitere **Nachrichtentexte.**

Die Onlinezeitung

▶ S. 191

Die meisten Zeitungen bieten heute neben der **gedruckten Ausgabe (Printausgabe)** auch eine **Onlineausgabe** an. Diese Ausgabe verfügt über folgende Besonderheiten:

- Sie kann **ständig aktualisiert** werden, auch mehrmals täglich.
- Sie ist **interaktiv.** Leser können Artikel kommentieren oder an Abstimmungen teilnehmen.
- Die Inhalte sind **multimedial.** Die Zeitung kann auch Film- oder Tonbeiträge enthalten.
- Sie reißt auf der Startseite lediglich Themen an. **Links** führen zu weiteren Informationen.
- Es gibt eine **Such- und Archivfunktion,** über die die Leser gezielt Artikel suchen können.

Journalistische Textsorten

▶ S. 194–204

Die Meldung und der Bericht

▶ S. 194–200; 206–207

- In Zeitungen unterscheidet man zwischen zwei **informierenden Textsorten:** der Meldung und dem Bericht.
- In **Meldungen** wird knapp und sachlich über ein Ereignis berichtet. Dabei werden nur die wichtigsten W-Fragen beantwortet, auf weiterführende Detailinformationen wird verzichtet.
- Ein **Zeitungsbericht** informiert ebenfalls knapp und sachlich über ein aktuelles Ereignis.
  Er beantwortet zu Beginn die wichtigsten W-Fragen, berichtet im weiteren Textverlauf dann aber auch über weitere Details des Ereignisses. Ein Zeitungsbericht kann Zitate von Experten oder Betroffenen wiedergeben, die namentlich genannt werden. Sie sollen die Glaubwürdigkeit einer Aussage unterstreichen und den Bericht lebendiger wirken lassen.

Die Reportage

▶ S. 195–197; 201–204; 208–224

Eine Reportage ist ein Erlebnisbericht und informiert besonders anschaulich und lebendig über ein meist aktuelles Ereignis.

- Je nach Thema und Zeitschrift richtet sie sich an unterschiedliche **Zielgruppen.**
- Die Reportage **beginnt oft mit einem Detail (Zoomtechnik),** z. B. der Schilderung einer Situation, einem Erlebnis oder einem Zitat.
- Danach folgen **sachliche Hintergrundinformationen, persönliche Aussagen von Betroffenen** und bisweilen auch **Kommentare der Verfasserin / des Verfassers.**
- Die Reporterin / Der Reporter **schildert** die Stimmung vor Ort und verwendet eine **bildhafte Sprache.**
- Durch den Wechsel von **subjektiven Schilderungen** und **objektiven Darstellungen** wirkt die Reportage abwechslungsreich und interessant.
- Zum **Schluss** wird meist der Beginn inhaltlich wieder aufgegriffen.

Das Interview

▶ S. 198–199

In Interviews werden **Fachleute** oder **Betroffene** zu einem Thema befragt. Um für den Leser interessante Antworten zu erhalten, setzen Interviewer folgende Fragetypen gezielt ein:

- **Erzähl- oder Motivationsfrage:** Sie umreißt das Thema und wird oft als Einstiegsfrage zu Beginn des Interviews gestellt.
- **Konkretisierungsfrage:** Meist als W-Frage formuliert fordert sie die interviewte Person dazu auf, einen Vorgang oder einen Zusammenhang näher zu erklären.
- **Entscheidungs- oder Einschätzungsfrage:** Auf diese Frage kann mitunter nur mit Ja oder Nein geantwortet werden. Der Befragte soll eine Situation oder einen Vorfall beurteilen.

Der Kommentar

▶ S. 194

- In einem Kommentar stellt eine Verfasserin / ein Verfasser die **persönliche Meinung** zu einem Thema dar.
  Ihre/Seine Meinung sollte mit Argumenten und Beispielen begründet sein.
- Die **Verfasserin** / Der **Verfasser** des Kommentars wird mit Namen genannt.
- Der Kommentar soll dazu anregen, sich **eine eigene Meinung zum Thema** zu bilden.

Über Sprache nachdenken

Wortarten

▶ S. 226–238

Das Nomen (das Hauptwort/Substantiv; Plural: die Nomen)

▶ S. 226

Die meisten Wörter in unserer Sprache sind Nomen. Sie werden immer **großgeschrieben.**
Nomen bezeichnen:
- **Lebewesen,** z. B.: *Biber, Eule, Zwerg,*
- **Gegenstände,** z. B.: *Schatz, Stadt,*
- **Begriffe** (Gedanken, Gefühle, Zustände ...), z. B.: *Angst, Mut, Freude, Ferien, Freundschaft.*

Sie werden häufig von **Wörtern begleitet,** an denen wir sie erkennen können, z. B. einem **Artikel** *(der Hase, eine Uhr)* oder einem Adjektiv *(blauer Himmel, fröhliche Menschen).*

Genus (das grammatisches Geschlecht; Plural: die Genera)

Jedes Nomen hat ein Genus (ein grammatisches Geschlecht), das man **an** seinem **Artikel erkennen** kann. Ein Nomen ist entweder:
- ein **Maskulinum** (männliches Nomen), z. B.: *der Zwerg, der Schatz,*
- ein **Femininum** (weibliches Nomen), z. B.: *die Hexe, die Unterwelt* oder
- ein **Neutrum** (sächliches Nomen), z. B.: *das Ungeheuer, das Hexenhaus.*

Das **grammatische Geschlecht** eines Nomens stimmt **nicht immer** mit dem **natürlichen Geschlecht** überein, z. B.: *das Mädchen, das Kind.*

Numerus (die grammatische Zahl; Plural: die Numeri)

Nomen haben einen Numerus, d. h. eine Anzahl. Sie stehen entweder im
- **Singular** (Einzahl), z. B.: *der Wald, die Hexe, das Einhorn,* oder im
- **Plural** (Mehrzahl), z. B.: *die Wälder, die Hexen, die Einhörner.*

Nur bei wenigen Wörtern ist entweder nur eine Singularform oder eine Pluralform möglich, z. B.: *der Regen, die Ferien.*

Kasus (der Fall; Plural: die Kasus, mit langem *u* gesprochen)

In Sätzen erscheinen Nomen immer in einem bestimmten Kasus, das heißt in einem grammatischen Fall. **Im Deutschen gibt es vier Kasus.** Nach dem Kasus richten sich die Form des Artikels und die Endung des Nomens. Man kann den **Kasus** eines Nomens **durch Fragen ermitteln.**

Kasus	Kasusfrage	Beispiele
1. Fall: **Nominativ**	*Wer oder was ...?*	*Der Junge liest ein Buch.*
2. Fall: **Genitiv**	*Wessen ...?*	*Das Buch des Jungen ist spannend.*
3. Fall: **Dativ**	*Wem ...?*	*Ein Mädchen schaut dem Jungen zu.*
4. Fall: **Akkusativ**	*Wen oder was ...?*	*Sie beobachtet den Jungen genau.*

Meist ist der Kasus am veränderten Artikel des Nomens erkennbar, manchmal auch an der Endung des Nomens, z. B: *des Mannes, des Mädchens, den Kindern.*
Wenn man ein Nomen in einen Kasus setzt, nennt man das **deklinieren** (beugen).

Der Artikel (Begleiter, Geschlechtswort; Plural: die Artikel)

Das Nomen tritt selten allein auf, sondern wird häufig von einem Artikel begleitet. Man unterscheidet zwischen dem bestimmten Artikel *(der, die, das)* und dem unbestimmten Artikel *(ein, eine, ein)*, z. B.:

	bestimmter Artikel	unbestimmter Artikel
männlich	*der Stift*	*ein Stift*
weiblich	*die Uhr*	*eine Uhr*
sächlich	*das Buch*	*ein Buch*

Das Adverb (Umstandswort; Plural: Adverbien)

▶ S. 236

Adverbien beschreiben die **genauen Umstände eines Geschehens.** Sie erklären beispielsweise:

- **die Zeit (Wann?) – Temporaladverbien,** z. B.: *jetzt, heute, gestern, manchmal*
- **den Ort (Wo? Wohin? Woher?) – Lokaladverbien,** z. B.: *hier, dort, draußen, überall*
- **den Grund (Warum? Aus welchem Grund?) – Kausaladverbien,** z. B.: *wegen, deshalb*
- **die Art und Weise (Wie? Womit?),** z. B.: *Er las ausdrucksstark.*

Adverbien ändern ihre Form meistens nicht.

Das Adjektiv (das Eigenschaftswort; Plural: die Adjektive)

Adjektive drücken aus, **wie** etwas ist. Mit ihnen können wir die **Eigenschaften** von Lebewesen, Dingen, Vorgängen, Gefühlen und Vorstellungen **genauer beschreiben,** z. B.: *der starke Wind.* Adjektive werden **kleingeschrieben.** Adjektive, die vor einem Nomen stehen, haben den gleichen Kasus wie das Nomen, z. B.: *der kalte See, des kalten Sees, die kalten Seen.*

- **Steigerung der Adjektive**
  Die meisten Adjektive lassen sich steigern (z. B.: *schön – schöner – am schönsten*).

Positiv (Grundform)	Komparativ (Höherstufe)	Superlativ (Höchststufe)
Lars ist groß.	*Stefan ist größer.*	*Fabian ist am größten.*

Die Konjunktion (das Bindewort; Plural: die Konjunktionen)

Konjunktionen verbinden Satzteile oder Teilsätze miteinander, z. B.:
Es gab Donner und Blitz. Er konnte nicht an der Wanderung teilnehmen, weil er krank war.
Die häufigsten Konjunktionen sind: *und, oder, weil, da, nachdem.*
Konjunktionen kann man nicht beugen (in einen Kasus oder eine Personalform setzen).
Man unterscheidet nebenordnende und unterordnende Konjunktionen:

- **Nebenordnende Konjunktionen** (▶ Satzreihe, S. 314)
  Peter schwimmt im See, denn es ist sehr heiß.
  Hauptsatz 1 — Konjunktion — Hauptsatz 2
- **Unterordnende Konjunktionen** (▶ Satzgefüge, S. 315)
  Ich sprang heute vom 3-Meter-Brett, obwohl ich etwas Angst hatte.
  Hauptsatz — Konjunktion — Nebensatz

Das Pronomen (Fürwort; Plural: die Pronomen)

▶ S. 227

Das Pronomen vertritt oder begleitet ein Nomen. Es gibt verschiedene Arten von Pronomen.

- **Das Personalpronomen** (persönliches Fürwort)
  Mit den **Personalpronomen** *(ich, du, er, sie, es, wir, ihr, sie)* kann man **Nomen und Namen ersetzen,** z. B.:

  Die Katze möchte ins Haus. Sie miaut. Schnell lassen wir sie herein.

  Paul rennt zum Bus. Er hat verschlafen und weiß, dass der Busfahrer nicht auf ihn wartet.

  Personalpronomen werden wie die Nomen **dekliniert** (gebeugt):

	Singular			**Plural**		
Kasus	**1. Pers.**	**2. Pers.**	**3. Pers.**	**1. Pers.**	**2. Pers.**	**3. Pers.**
1. Fall: **Nominativ**	*ich*	*du*	*er/sie/es*	*wir*	*ihr*	*sie*
2. Fall: **Genitiv**	*meiner*	*deiner*	*seiner/ihrer/seiner*	*unser*	*euer*	*ihrer*
3. Fall: **Dativ**	*mir*	*dir*	*ihm/ihr/ihm*	*uns*	*euch*	*ihnen*
4. Fall: **Akkusativ**	*mich*	*dich*	*ihn/sie/es*	*uns*	*euch*	*sie*

- **Das Demonstrativpronomen** (hinweisendes Fürwort)
  Mit Demonstrativpronomen kann man auf etwas **zeigen** oder **hinweisen.**
  Sie werden wie Nomen dekliniert (gebeugt). Demonstrativpronomen sind z. B.:
  – ***dieser, diese, dieses,*** z. B.: *Ich glaube, diese Tiere sind nachtaktiv.*
  – ***jener, jene, jenes,*** z. B.: *Jenes Nashorn läuft den ganzen Tag im Kreis.*
  – ***der, die, das,*** wenn sie im Unterschied zum bestimmten Artikel (▶ S. 307) betont sind, z. B.: *Das ist der kleine Elefant, der im letzten Jahr geboren wurde.*

- **Das Relativpronomen**
  Relativpronomen leiten einen Relativsatz ein. Sie **beziehen** sich **auf** ein **Bezugswort oder eine Wortgruppe im Hauptsatz.** Der Relativsatz ist ein Nebensatz, der einen Bezug zu einem Wort im Hauptsatz herstellt.
  Beispiel: *Der Tiger, der heute noch kein Futter bekommen hatte, lief im Käfig auf und ab.*
  Relativpronomen Relativsatz
  Als Relativpronomen werden die Wörter *der, die, das, welcher, welche, welches* verwendet.
  Relativpronomen werden wie Nomen dekliniert. Den Fall, in dem sie stehen, kann man erfragen.
  Beispiel: *Der Tiger, dessen Fütterung unmittelbar bevorstand, lief im Käfig auf und ab.*
  Frageprobe: *Wessen Fütterung stand unmittelbar bevor?*
  Antwort: *Dessen Fütterung stand unmittelbar bevor.* → *Genitiv*

- **Das Possessivpronomen** (besitzanzeigendes Fürwort)
  Possessivpronomen *(mein/meine/mein – dein/deine/dein – sein/seine/sein – ihr/ihre/ihr – unser/unsere/unser – euer/eure/euer – ihr/ihre/ihr)* **geben an, zu wem etwas gehört,** z. B.: *mein Buch, deine Tasche, unsere Lehrerin.* Possessivpronomen begleiten meist Nomen und stehen dann in dem gleichen Kasus (Fall) wie das dazugehörige Nomen, z. B.: *Ich gebe meinen Freunden eine Einladungskarte.* (Wem ...? → Dativ)

Präpositionen (Verhältniswörter)

▶ S. 237–238; 248

Präpositionen zeigen die **Beziehungen** zwischen Lebewesen, Dingen oder Vorgängen an:
- **lokal** (Wo?), z. B.: ***in*** *der Schule,* ***vor*** *der Tür* – (Wohin?), z. B.: ***hinter*** *das Haus,* ***zwischen*** *die Pfosten*
- **temporal** (Wann?), z. B.: ***nach*** *dem Unterricht,* ***während*** *der Sportstunde*
- **kausal** (Warum?), z. B.: ***auf Grund*** *des Wetters,* ***wegen*** *des Nebels*
- **modal** (Wie?), z. B.: ***mit*** *Geduld,* ***ohne*** *Probleme,* ***aus*** *Spaß*

Präpositionen stehen meist vor Namen, Nomen und Pronomen.
Die Präposition **bestimmt den Kasus** des folgenden Nomens oder Pronomens.

Nach manchen Präpositionen *(an, auf, hinter, in, neben, über, unter, vor, zwischen)* können unterschiedliche Kasus stehen:
- Der **Dativ** folgt, wenn man fragen kann *Wo?*, z. B.: *Er sitzt* ***auf der Kiste.***
- Der **Akkusativ** folgt, wenn man fragen kann *Wohin?*, z. B.: *Er setzt sich* ***auf die Kiste.***

Das Verb (das Tätigkeitswort; Plural: die Verben)

▶ S. 228–235

Mit Verben gibt man an, **was jemand tut** (z. B.: *laufen, reden, lachen*), **was geschieht** (z. B.: *regnen, brennen*) oder **was ist** (z. B.: *haben, sein, bleiben*). Verben werden kleingeschrieben.
- Der **Infinitiv** (die Grundform) eines Verbs endet auf *-en* oder *-n*, z. B.: *rennen, lächeln.*
- Wenn man ein Verb in einem Satz verwendet, bildet man **die Personalform des Verbs.** Das nennt man **konjugieren (beugen),** z. B.: *suchen* (Infinitiv) → *Ich suche den Schlüssel* (1. Person Singular). Die Personalform des Verbs wird aus dem Infinitiv des Verbs gebildet. An den Stamm des Verbs wird dabei die passende Personalendung gehängt, z. B.: *sprechen* (Infinitiv) → *Er spricht* (3. Person Singular).

Die Zeitformen (Tempora) der Verben

▶ S. 228

Verben kann man in verschiedenen Zeitformen verwenden. Die Zeitformen (Tempora; Sg.: das Tempus) der Verben sagen uns, wann etwas passiert.
- **Das Präsens** (die Gegenwartsform)
  - Das Präsens wird verwendet, wenn etwas in der **Gegenwart** (in diesem Augenblick) geschieht, z. B.: *Er schreibt gerade einen Brief.* (Es geschieht in diesem Augenblick.)
  - Im Präsens stehen auch **Aussagen, die immer gelten,** z. B.: *Suppe isst man mit dem Löffel.*
  - Man kann das Präsens auch verwenden, **um etwas Zukünftiges auszudrücken.** Dann ergänzt man eine Zeitangabe, die auf die Zukunft verweist, z. B.: *Morgen gehe ich ins Kino.*
- **Das Futur I** (die Zukunftsform)
  Das Futur I wird verwendet, um ein zukünftiges Geschehen auszudrücken, z. B.:
  In den Sommerferien werde ich häufig ins Freibad gehen.
  Das Futur I wird gebildet durch: Personalform von *werden* im Präsens und dann Infinitiv des Verbs, z. B.: *Ich werde anrufen, du wirst anrufen ...*
- **Das Futur II**
  Wer sich vorstellt, dass schon eingetreten ist, was er plant, verwendet das **Futur II:**
  Es wird gebildet aus einer Personalform von ***werden*** im **Präsens,** dem **Partizip II** des Verbs und dem Infinitiv von ***sein*** bzw. ***haben,*** z. B.: *Ich* ***werde*** *ein schönes Wochenende* ***erlebt haben.***
  Das **Futur II** wird auch verwendet, um eine **Vermutung** zu formulieren, z. B.:
  Peter ***wird*** *wahrscheinlich heute früh schon Fahrrad* ***gefahren sein.***

- **Das Präteritum** (1. Vergangenheit)
  Das Präteritum ist eine **einfache Zeitform der Vergangenheit.** Sie wird vor allem in schriftlichen Erzählungen (z. B. in Märchen, in Geschichten) und in Berichten verwendet, z. B.: *Sie lief schnell nach Hause, denn es regnete in Strömen.* Man unterscheidet:
  - **regelmäßige (schwache) Verben:** Bei den regelmäßigen Verben wird an den Wortstamm *-te* angehängt, der Vokal *(a, e, i, o, u)* im Verbstamm ändert sich nicht, wenn das Verb ins Präteritum gesetzt wird, z. B.: *ich lache* (Präsens) → *ich lachte* (Präteritum),
  - **unregelmäßige (starke) Verben:** Bei den unregelmäßigen Verben ändert sich im Präteritum der Vokal *(a, e, i, o, u)* im Verbstamm, z. B.: *ich singe* (Präsens) → *ich sang* (Präteritum); *ich laufe* (Präsens) → *ich lief* (Präteritum).
- **Das Perfekt** (2. Vergangenheit)
  Wenn man mündlich von etwas Vergangenem erzählt, verwendet man häufig das Perfekt, z. B.: *Ich habe gerade etwas gegessen. Er ist nach Hause gekommen.*
  Das Perfekt ist eine **zusammengesetzte Vergangenheitsform,** es wird mit einer Form von ***haben*** oder ***sein*** im Präsens (z. B.: *hast, sind*) und dem **Partizip II des Verbs** (z. B.: *gesehen, aufgebrochen*) gebildet.
  - Das Partizip II beginnt meist mit *ge-*, z. B.: *lachen → gelacht; gehen → gegangen.*
  - Wenn das Verb schon eine Vorsilbe hat (*ge-*, *be-* oder *ver-*), bekommt das Partizip II keine mehr, z. B.: *gelingen → gelungen; beschweren → beschwert; verlieren → verloren.*
- **Das Plusquamperfekt** (3. Vergangenheit)
  Wenn etwas vor dem passiert ist, wovon im Präteritum oder im Perfekt erzählt wird, verwendet man das Plusquamperfekt. Das Plusquamperfekt wird deshalb auch **Vorvergangenheit** genannt, z. B.: *Nachdem er den Computer ausgeschaltet hatte, verließ er das Zimmer.*
  Das Plusquamperfekt ist wie das Perfekt eine **zusammengesetzte Vergangenheitsform,** weil es mit einer Form von ***haben*** oder ***sein*** im Präteritum (z. B.: *hatte, war*) und dem **Partizip II des Verbs** (z. B.: *gelesen, aufgebrochen*) gebildet wird, z. B.: *Nachdem wir etwas gegessen hatten, gingen wir in den Zoo. Nachdem alle pünktlich angekommen waren, ging es los.*

Aktiv- und Passivformen

▶ S. 229–230

- Das Aktiv und das Passiv drücken eine unterschiedliche Sicht auf ein Geschehen aus:
  - Das **Aktiv** betont denjenigen, der etwas tut oder handelt, z. B.: *Er startet die Rakete.*
  - Das **Passiv** betont, was oder mit wem etwas geschieht, z. B.: *Die Rakete wird gestartet.*
- So wird das Passiv gebildet: **Personalform des Hilfsverbs *werden* + Partizip II:**

	Aktiv	**Passiv**
Präsens	*er rettet*	*er wird gerettet*
Präteritum	*er rettete*	*er wurde gerettet*
Perfekt	*er hat gerettet*	*er ist gerettet worden*
Plusquamperfekt	*er hatte gerettet*	*er war gerettet worden*

- Mit folgender **Passiv-Ersatzform** kann man die Wiederholung von Passivformen im Text vermeiden: ***man* + Aktivform des Verbs,** z. B.: *Er wurde gerettet. → Man rettete ihn.*

Der Imperativ (Befehlsform)

- Wenn man eine Person zu etwas auffordert, verwendet man den **Imperativ Singular.**
  Bildung: **Verbstamm,** z. B.: *Komm! Lauf!*
  Manchmal wird die Endung *-e* angehängt oder es ändert sich der Stammvokal, z. B.: *Hilf! Gib! Lies!*
- Wenn man mehrere Personen zu etwas auffordert, verwendet man **den Imperativ Plural.**
  Bildung: **Verbstamm + *(e)t*,** z. B.: *Kommt! Lauft! Redet! Helft! Gebt! Nehmt!*
- Bei der **höflichen Anrede** verwendet man die **Höflichkeitsform des Imperativs,** z. B.:
  Kommen Sie bitte! Laufen Sie bitte! Reden Sie bitte! Helfen Sie bitte! Geben Sie bitte!

Der Modus (Indikativ, Konjunktiv I, Konjunktiv II)

- **Indikativ** und **Konjunktiv** sind verschiedene **Aussageweisen (Modi)** in Sätzen.
  Sie zeigen an, wie wirklich oder wie sicher eine Aussage ist.
- Mit dem **Indikativ** wird gezeigt, dass die Sache, über die etwas gesagt wird, real (wirklich) ist, z. B.:
  Die Astronauten fliegen zur ISS.
- Den **Konjunktiv I** verwendet man, wenn man ausdrücken möchte, dass jemand anderes etwas gesagt hat (indirekte Rede), z. B.: *Er behauptet, er fliege im Jahr 2030 zum Mars.*
- Den **Konjunktiv II** verwendet man, wenn die Sache nicht real ist, sondern nur ein Wunsch, eine Vermutung, eine Idee oder Fantasie, z. B.: *Stell dir vor, er flöge zum Mars.*

Die Bildung des Konjunktivs I

▶ S. 231–232

- So wird der Konjunktiv I gebildet: **Stamm des Verbs + Konjunktiv-Endung:**

Indikativ Präsens	Konjunktiv I	Indikativ Präsens	Konjunktiv I
ich komm-e *du komm-st* *er/sie/es komm-t*	*ich komm-e* *du komm-est* *er/sie/es komm-e*	*wir komm-en* *ihr komm-t* *sie komm-en*	*wir komm-en* *ihr komm-et* *sie komm-en*

- Wenn sich der Konjunktiv I nicht vom Indikativ Präsens unterscheidet, wird der Konjunktiv II oder die *würde*-Ersatzform verwendet, z. B.:
  „Viele kommen morgen", sagte Eva.
  Konjunktiv I: → *Viele kommen morgen, sagte Eva.*
  Konjunktiv II: → *Viele kämen morgen, sagte Eva.*
  würde-Ersatzform: → *Viele würden morgen kommen, sagte Eva.*
- Die indirekte Rede steht nicht in Anführungszeichen, z. B.:
  „Es wird toll", sagte er. → *Er sagte, es werde toll.*

Die Bildung des Konjunktivs II

▶ S. 234–235

- Der Konjunktiv II wird in der Regel vom Präteritum Indikativ abgeleitet.
  Man hängt an die **Präteritumform** ein ***-e:***

Indikativ Präteritum	Konjunktiv II	Indikativ Präteritum	Konjunktiv II
ich ging *du ging-st* *er/sie/es ging*	*ich ging-e* *du ging-est* *er/sie/es ging-e*	*wir ging-en* *ihr ging-t* *sie ging-en*	*wir ging-en* *ihr ging-et* *sie ging-en*

- Außerdem werden bei **starken Verben** mit *a, o, u* im Wortstamm der Präteritumform die Vokale zu *ä, ö, ü,* z. B.: *du warst – du wärest, er konnte – er könnte, sie wussten – sie wüssten.*

Die *würde*-Ersatzform

Wenn man den Konjunktiv II nicht vom Indikativ Präteritum unterscheiden kann, verwendet man die *würde*-Ersatzform. Sie besteht aus der **Personalform von *würde* + Infinitiv,** z. B.: *wir gingen – wir würden gehen.*

Die Modalverben

Modalverben verändern den Aussagewert eines Verbs:

Modalverb	verdeutlicht ...	Beispiele
können	*Möglichkeit, Fähigkeit*	*Sie können hier parken. Sie kann reiten.*
sollen	*Empfehlung, Vorschrift*	*Besucher sollen leise sein.*
müssen	*Gebot, Zwang*	*Hunde müssen draußen bleiben.*
dürfen	*Erlaubnis*	*Sie dürfen hier parken.*
wollen	*Absicht, Bereitschaft*	*Ich will bald verreisen.*
mögen	*Wunsch*	*Er möchte gern nach Indien reisen.*

Zahlwörter (Numeralia, Singular: das Numerale)

▶ S. 262

Bei den Zahlwörtern (Numeralia) unterscheidet man unter anderem:
- **Kardinalzahlen:** Sie legen die Anzahl fest, z. B.: *drei, hundert, tausend.*
- **Ordinalzahlen:** Sie legen eine Reihenfolge fest, z. B.: *erstens, der vierte Tag.*

Satzglieder

▶ S. 239–242

Wortart und Satzglied

▶ S. 243–244

Beachtet den Unterschied zwischen Wortarten und Satzgliedern: Einzelne Wörter kann man nach ihrer Wortart bestimmen, Satzglieder sind die Bausteine in einem Satz. Oft besteht ein Satzglied aus mehreren Wörtern. Man erkennt das mit Hilfe der Umstellprobe (Umstellprobe, ▶ S. 331).

Nomen	Verb	Pronomen	Nomen	Präposition	Artikel	Nomen	**Wortarten**
Thomas	*trifft*	*seinen*	*Freund*	*auf*	*dem*	*Sportplatz.*	
Subjekt	Prädikat	Akkusativobjekt		Lokaladverbiale			**Satzglieder**

Satzglieder erkennen: Die Umstellprobe

Ein Satz besteht aus verschiedenen Satzgliedern. Diese Satzglieder können aus einem einzelnen Wort oder aus mehreren Wörtern (einer Wortgruppe) bestehen. Mit der **Umstellprobe** könnt ihr feststellen, wie viele Satzglieder ein Satz hat. Wörter und Wortgruppen, die bei der Umstellprobe immer zusammenbleiben, bilden ein Satzglied, z. B.: *Unbekannte Täter stahlen nachts den teuren Schmuck.*
Nachts stahlen unbekannte Täter den teuren Schmuck.

Das Prädikat (Plural: die Prädikate)

Der **Kern des Satzes** ist das Prädikat (Satzaussage). Prädikate werden durch Verben gebildet. In einem Aussagesatz steht die Personalform des Verbs (der gebeugte Teil, ▶ S. 309) **immer an zweiter Satzgliedstelle,** z. B.: *Der Hamster schläft in seinem Käfig. Er isst gerne Möhren.*

Prädikate können **aus mehreren Teilen** bestehen, z. B. aus:

- **einem Verb,** das in **zwei Bestandteile** getrennt ist: *Der Hund lief plötzlich fort.*
- **Personalform** und **Partizip:** *Der Hund ist plötzlich losgelaufen.*
- **zwei Verben:** *Petra ging mit ihrem Hund spazieren.*

Die zwei Teile des Prädikats bilden eine Prädikatsklammer. Sie klammern andere Satzglieder ein:

Petra hat den Hund später auf dem Nachbargrundstück gefunden.

Prädikatsklammer

Das Subjekt (Satzgegenstand; Plural: die Subjekte)

Das Satzglied, das angibt, wer oder was etwas tut, veranlasst, handelt usw., heißt Subjekt.

- Ihr könnt das Subjekt mit der Frage **„Wer oder was ...?"** ermitteln: *Ich schlafe.* → *Wer schläft?*
- Es kann aus mehreren Wörtern bestehen, z. B.: *Tim schläft. – Mein treuer Hund Tim schläft.*

Die Objekte (Singular: das Objekt)

▶ S. 239

- **Genitivobjekt:** Das Objekt, das im Genitiv steht, heißt Genitivobjekt. Ihr ermittelt es mit der Frage: **„Wessen ...?",** z. B.: *Wessen gedachten die Menschen? Sie gedachten der Opfer.*
- **Dativobjekt:** Das Objekt, das im Dativ steht, heißt Dativobjekt. Ihr ermittelt es mit der Frage: **„Wem ...?",** z. B.: *Wem leiht sie das Buch? Sie leiht das Buch mir.*
- **Akkusativobjekt:** Das Objekt, das im Akkusativ steht, heißt Akkusativobjekt. Ihr ermittelt es mit der Frage: **„Wen oder was ...?",** z. B.: *Wen oder was leiht sie mir? Sie leiht mir das neue Buch.*
- **Präpositionalobjekte** stehen **nach Verben,** die **fest mit einer Präposition verbunden** sind, z. B.: *denken an, warten auf.* Diese Präposition ist auch im Fragewort enthalten, mit dem man nach dem Präpositionalobjekt fragt, z. B.:

  Pit dachte oft ***an Nina.*** — **An** wen?

  Er wartete sehnsüchtig ***auf eine Nachricht.*** — **Auf** was? / Wo**rauf**?

Objekte können aus einem oder aus mehreren Wörtern bestehen.

Die Adverbialien (Singular: das Adverbiale; Umstandsbestimmung)

▶ S. 240

- Adverbialien sind Satzglieder, die über den Ort **(Lokaladverbiale),** die Zeit **(Temporaladverbiale),** die Art und Weise **(Modaladverbiale)** oder die Gründe **(Kausaladverbiale)** eines Geschehens informieren.
- Adverbialien können aus einem oder aus mehreren Wörtern bestehen.
- Durch die Frageprobe kann man ermitteln, welches Adverbiale vorliegt.

Satzglied	Frageprobe	Beispiel
Lokaladverbiale	*Wo ...? Wohin ...? Woher ...?*	*Wo fand Nils den Krebs?* *Nils fand den Krebs am Strand.*
Temporaladverbiale	*Wann ...? Wie lange ...?* Seit wann ...?	*Wann regnete es?* *Es regnete am Sonntag.*
Modaladverbiale	*Wie ...? Womit ...?* *Auf welche Art und Weise?*	*Wie spielte Mesut?* *Mesut spielte schnell und geschickt.*
Kausaladverbiale	*Warum? Weshalb?*	*Warum blieb Anna zu Hause?* *Anna blieb wegen des Gewitters zu Hause.*

Das Attribut

▶ S. 241–242

Um sich genau und abwechslungsreich auszudrücken, beschreibt man Gegenstände, Personen und Sachverhalte näher. Dabei wird das **Bezugswort** durch **zusätzliche Angaben näher bestimmt.** Solche Angaben nennt man **Attribute.** Man unterscheidet:

- **Adjektivattribute, Partizipialattribute,** z. B.: *der lustige Witz, der erzählte Witz*
- **Präpositionalattribute,** z. B.: *das Erdbeben von Lissabon, der Witz ohne Pointe*
- **Genitivattribute,** z. B.: *das Ergebnis der Untersuchung, der Lieblingswitz meines Freundes*
- **Appositionen,** z. B.: *Leon, mein Freund, bekam einen Lachanfall.*

Attribute können bei der **Umstellprobe** nur zusammen mit dem Bezugswort verschoben werden. Das bedeutet, dass Attribute **Teil eines Satzgliedes** sind.

Sätze

▶ S. 245–254

Die Satzreihe: Hauptsatz + Hauptsatz

▶ S. 245; 260

Hauptsätze haben folgende Kennzeichen:

- Ein **Hauptsatz** ist ein selbstständiger Satz. Er kann allein stehen.
- Er enthält mindestens zwei Satzglieder, nämlich Subjekt und Prädikat, z. B.: *Peter schwimmt.*
- Die Personalform des Verbs (das gebeugte Verb, ▶ S. 309) steht im Hauptsatz in der Regel an zweiter Satzgliedstelle, z. B.: *Peter schwimmt im See.*

Ein **Satz,** der **aus zwei oder mehr Hauptsätzen** besteht, wird **Satzreihe** genannt. Die einzelnen Hauptsätze einer Satzreihe werden durch ein **Komma** voneinander getrennt, z. B.:
Peter schwimmt im See, Philipp kauft sich ein Eis.
Häufig werden die Hauptsätze durch die **nebenordnenden Konjunktionen** (Bindewörter) *und, oder, aber, denn, doch* verbunden, z. B.: *Peter schwimmt im See, denn es ist sehr heiß.*
Beachtet: Vor den Konjunktionen *und* bzw. *oder* darf das Komma wegfallen, z. B.:
Peter schwimmt im See und Philipp kauft sich ein Eis.

Satzgefüge: Hauptsatz + Nebensatz

▶ S. 245; 260

Nebensätze haben folgende Kennzeichen:

- Ein Nebensatz kann **nicht ohne** einen **Hauptsatz** stehen.
- Der Nebensatz wird z. B. durch eine **unterordnende Konjunktion** (Bindewort) (z. B.: *weil, da, obwohl, damit, dass, sodass, nachdem, während*) oder durch ein **Relativpronomen** (z. B.: *der, die, das*) eingeleitet.
- Die **Personalform des Verbs** (das gebeugte Verb) steht im Nebensatz immer **an letzter Satzgliedstelle.**

Einen **Satz,** der **aus** mindestens einem **Hauptsatz und** mindestens einem **Nebensatz** besteht, nennt man **Satzgefüge.** Zwischen Hauptsatz und Nebensatz muss **immer ein Komma** stehen, z. B.:

Wir gehen heute ins Schwimmbad, weil die Sonne scheint.
Hauptsatz Nebensatz

In einem **Satzgefüge mit unterordnender Konjunktion** kann der **Nebensatz dem Hauptsatz folgen,** ihm **vorangestellt** sein oder in ihn **eingeschoben** werden.

Relativsätze

▶ S. 246; 260

Relativsätze sind Nebensätze, die ein vorausgehendes Bezugswort im Hauptsatz näher erklären, z. B.:
Ayshe nimmt den **Bus, der** *direkt vor dem Schwimmbad* ***hält.***

Sie werden mit einer Form des **Relativpronomens** (z. B.: *der, die das, dessen;* ▶ S. 308) eingeleitet und immer durch **Komma(s) abgetrennt.**

Infinitivsätze

▶ S. 250–251; 271

Ein Infinitiv + (um) zu + weiteres Wort oder Wortgruppe bilden einen **Infinitivsatz.** Ein Infinitivsatz **muss** durch ein **Komma** abgetrennt werden, wenn er:

- durch *um, ohne, statt, anstatt, außer, als* eingeleitet wird, z. B.:
  Er hielt ein Referat, um seine Idee vorzustellen.
- von hinweisenden Wörtern wie *daran, darauf, damit, davon, dazu, es* abhängt, z. B.:
  Er wartete darauf, seine Idee vorstellen zu können.
- von einem Nomen abhängt, z. B.: *Er hatte den Plan, eine Schülerinitiative ins Leben zu rufen.*

Partizipialsätze

▶ S. 252; 272

Ein **Partizipialsatz** wird mit einem **Partizip I** (Partizip Präsens) oder **Partizip II** (Partizip Perfekt) gebildet, z. B.: *Den Kopf in den Nacken* ***legend*** *genießt er den Fahrtwind.*
Partizipialsätze darf man durch **Komma** vom Hauptsatz trennen. Ein Komma muss stehen,

1. wenn durch ein **hinweisendes Wort** auf den Partizipialsatz Bezug genommen wird, z. B.:
   Den Kopf in den Nacken legend, so genießt er den Fahrtwind.
2. wenn der Partizipialsatz eine **nachgestellte Erläuterung** zu einem Nomen oder Pronomen ist, z. B.: *Er, den Kopf in den Nacken gelegt, genoss den Fahrtwind.*

Adverbialsätze

▶ S. 247–249

Wenn ein **Adverbiale** in Form eines **Nebensatzes** auftritt, nennt man diesen Satz **Adverbialsatz.** Adverbialsätze werden vom Hauptsatz mit einem **Komma** abgetrennt. Man unterscheidet z. B.:

- **Temporalsätze** (Wann? Seit wann? Wie lange?): *als, während, nachdem, seit, sobald*
- **Modalsätze** (Auf welche Art und Weise? Wodurch? Wie?): *indem, als ob*
- **Konsekutivsätze** (Mit welcher Folge?): *dass, sodass, ohne dass*
- **Kausalsätze** (Warum?): *weil, da*
- **Finalsätze** (Mit welcher Absicht? Wozu?): *damit*
- **Konditionalsätze** (Unter welcher Bedingung?): *wenn, falls, sofern*
- **Konzessivsätze** (Trotz welcher Tatsache?): *obwohl, auch wenn, obschon*

Bei der **Umformung von Adverbialien** in Adverbialsätze wird das Nomen zu einem Ausdruck mit Verb umgewandelt. Präpositionen werden durch passende Konjunktionen ersetzt, z. B.:
durch → indem, wegen → weil, vor → bevor.
Wegen unseres lauten Lachens wurde das Baby geweckt.
Weil wir laut lachten, wurde das Baby geweckt.

Tipps zum Rechtschreiben

Tipp 1: Deutlich sprechen – Genau hinhören

Sprecht euch das Wort, das ihr schreiben wollt, deutlich vor. Sprecht dabei jeden Buchstaben einzeln. Achtet darauf, ob der **betonte Vokal kurz** gesprochen wird (z. B.: *Kamm*) oder **lang** (z. B.: *kam*). Unterscheidet deutlich **harte** und **weiche** Konsonanten (z. B.: *er **t**ankt / er **d**ankt*).

Tipp 2: Auf Wortbausteine achten

In verschiedenen Wörtern kommen oft gleiche **Wortbausteine** vor. Wer diese Bausteine kennt, macht weniger Fehler.
Der Grundbaustein eines Wortes heißt **Wortstamm.**

- Wörter mit dem gleichen Wortstamm bilden eine **Wortfamilie,** z. B.: *frei, die Freiheit, unfreiwillig*
  Beachtet: Der Vokal im Wortstamm kann sich ändern, z. B.: *backen, das Gebäck*
- Durch **Vorsilben (Präfixe)** und **Endungen (Suffixe)** können **verwandte Wörter** gebildet werden, z. B.:

Vorsilbe	Wortstamm	Endung
an	***geb***	*en*

Wörter können auch aus zwei oder mehr Wörtern zusammengesetzt werden:
Das **Grundwort** am Ende bestimmt die Wortart und bei Nomen das Genus, z. B.: *der Wasserball*

Tipp 3: Verwandte Wörter suchen

ä oder **e, äu** oder **eu?** – Wenn ihr unsicher seid, wie ein Wort geschrieben wird, macht die **Ableitungsprobe** und sucht ein **verwandtes Wort mit *a* bzw. *au*,** z. B.:
gef ? hrlich? → die Gefahr → gefährlich
die M ? use → die Maus → die Mäuse
Bei einigen Wörtern mit **ä** gibt es keine Ableitungsmöglichkeit – ihr müsst euch ihre Schreibung einprägen, z. B.: *der Käfig, der Lärm, erzählen, während, allmählich, die Krähe*
Diese Suche nach einem verwandten Wort nennt man **Ableitungsprobe.**

Tipp 4: Wörter verlängern

Am Wortende klingen **b** wie **p** (z. B.: *lieb*), **g** wie **k** (z. B.: *der Steg*) und **d** wie **t** (z. B.: *der Held*). Verlängert die Wörter und sprecht sie deutlich aus. Bildet

- bei **Nomen** den Plural (z. B.: *der Ber ? → die Berge → der Berg*) oder ein Adjektiv (z. B.: *der Win ? → windig → der Wind*),
- bei **Adjektiven** die Steigerungsform (z. B.: *klu ? → klüger → klug*) oder beugt es mit einem Nomen (z. B.: *klu ? → die kluge Schülerin → klug*),
- bei **Verben** eine andere Verbform, etwa den Infinitiv (z. B.: *er lo ? → lügen → er log*).

Tipp 5: Silbentrennung

Mehrsilbige Wörter trennt man nach **Sprechsilben,** die man beim langsamen, deutlichen Vorlesen hört, z. B.: *Spa-zier-gang, Welt-meis-ter, er-zäh-len, Recht-schrei-bung, kom-men*
Von mehreren Konsonanten kommt **nur einer** in die **neue Zeile,** z. B.: *Git-ter, Kat-ze, knusp-rig*
Aber: **ch, ck** und **sch** bleiben immer zusammen, z. B.: *Wa-chen, drü-cken, lau-schen*
Einzelne Buchstaben werden **nicht abgetrennt,** z. B.: *Abend, Ofen*
Zusammengesetzte Wörter und Wörter mit Vorsilbe (▶ Tipp 2) trennt man **zwischen** den **Wortbausteinen,** z. B.: *Rast-platz, Ab-sprung, Tief-schlaf, Trenn-strich, Ver-trag, be-stellt*

Die Rechtschreibprüfung am Computer

▶ S. 273–274

Der **Computer** kann euch dabei helfen, **Fehler zu finden.** Er macht oft sogar mehrere **Korrekturvorschläge,** zwischen denen ihr dann auswählen und die ihr mit **„Ändern"** bestätigen könnt.
Wenn die Rechtschreibprüfung zum Beispiel einen korrekten Namen oder ein neues, aber richtiges Wort rot unterstreicht, könnt ihr mit **„Ignorieren"** oder **„Hinzufügen"** reagieren.
Aber: Die automatische Rechtschreibprüfung findet nicht alle Fehler!

Rechtschreibregeln

Großschreibung

▶ S. 257; 261

Satzanfänge, Namen und **Nomen** schreibt man groß.

- Ein Nomen erkennt man sicher am **bestimmten oder unbestimmten Artikel,** der davorsteht (z. B.: *der Baum, ein Einfall*) oder den man probeweise ergänzen kann **(Artikelprobe),** z. B.: *Simona isst gern (die) Nudelsuppe.*
- Weitere **Signalwörter** für Nomen sind: **Numeralia** (Zahlwörter; z. B.: *drei Hunde*), **Pronomen** (z. B.: *meine Tasche*) oder **Adjektive** (z. B.: *rote Schuhe*).
- Wörter mit den Endungen **-heit, -keit, -nis, -schaft, -tum, -ung** sind **Nomen** und werden **großgeschrieben,** z. B.: *Schönheit, Süßigkeit, Ereignis, Mannschaft, Eigentum, Zeichnung*
- **Verben im Infinitiv** (Grundform) und **Adjektive** können **wie ein Nomen gebraucht (nominalisiert)** werden. Man erkennt nominalisierte Verben und Adjektive am Artikel, der davorsteht oder den man probeweise ergänzen kann (Artikelprobe), z. B.:
  Er mag das Schwimmen im See. Das Besondere daran ist die Größe des Gewässers.
  Nominalisierte Verben und Adjektive werden **großgeschrieben.**

Kleinschreibung

Die meisten Wortarten werden kleingeschrieben, z. B.:

- alle Verben, z. B.: *malen, tanzen, gehen,*
- alle Adjektive, z. B.: *freundlich, sonderbar, rostig;* viele Adjektive kann man an typischen Adjektivendungen erkennen: **-bar, -haft, -ig, -isch, -lich, -los, -sam,**
- alle Pronomen (Fürwörter), z. B.: *ich, du, er/sie/es, wir, ihr, sie, mich, dich, mein, dein, euer, dieser, diese, dieses, der, die, das.*
  Beachtet: Eine Sonderregelung gibt es bei den Pronomen der Höflichkeitsanrede (z. B. in Briefen und E-Mails): Wenn ihr jemanden siezt, schreibt ihr die Anredepronomen groß, z. B.: *Sie, Ihnen, Ihr.* Die vertraute Anrede *du* kann man auch in Briefen kleinschreiben, z. B.: *dir, dein, euch, euer.*

Wie Adjektive gebrauchte Nomen

▶ S. 264

- Aus einigen Nomen wie *Angst, Ernst, Leid, Pleite, Recht, Schuld* und *Wert* sind Wörter entstanden, die – meist in Verbindung mit *sein, werden* oder *bleiben* – **wie Adjektive gebraucht** und deshalb **kleingeschrieben** werden, z. B.: *Ihr wurde angst und bange, er meinte es ernst.*
  In den anderen Fällen werden die Nomen als solche **großgeschrieben,** z. B.: *Dem Land droht eine Pleite. Hat die Bevölkerung Schuld?*
- **Klein- oder Großschreibung** ist möglich bei *recht/Recht behalten, recht/Recht haben, recht/Recht geben* usw.

Schreibweise von Farb- und Sprachbezeichnungen

▶ S. 261

- **Namen** und **Nomen** werden **großgeschrieben. Adjektive** werden dann **großgeschrieben,** wenn sie als **Teil eines Namens,** als **Nomen** oder **Nominalisierung** verwendet werden. Man erkennt dies an einem Artikel, z. B.: *das Französische,* einer Präposition, z. B.: *auf Französisch,* einem vorangestellten Pronomen oder einer Mengenangabe, z. B.: *ihr Französisch, kein Blau.*
- Kann man **Farb-** oder **Sprachbezeichnungen** mit „Wie?“ erfragen, schreibt man sie meistens klein, z. B.: *Er spricht portugiesisch.*

Schreibung der Zeitangaben

▶ S. 258

Zeitangaben, welche **Nomen** sind, werden **großgeschrieben,** z. B.: Wochentage oder Tageszeiten. Ihnen gehen Artikel *(der Abend, eines Nachts),* Präposition *(am Dienstagabend, über Nacht)* oder Zeitadverbien *(heute Abend, gestern Nachmittag)* voraus.

Andere Zeitangaben **(Zeitadverbien)** werden **kleingeschrieben:**

- *heute, gestern, wochenlang, immer, spät;*
- wenn sie auf *-s* enden: *montagabends, morgens.*

Schreibweise von Zahlwörtern

▶ S. 258; 262

- Als Nomen gebrauchte **Grundzahlen** werden **großgeschrieben,** wenn sie **Ziffern** bezeichnen, z. B.: *eine Zwei in Sport.* Sonst werden **Grundzahlen kleingeschrieben,** z. B.: *Sie lernte mit fünf pfeifen.*
- Als Nomen gebrauchte **Bruchzahlen** und **Ordnungszahlen** schreibt man **groß,** z. B.: *ein Viertel der Jugendlichen, er wurde Fünfter.*

Schreibweise von Eigennamen

▶ S. 263

Eigennamen werden **großgeschrieben.** Bei mehrteiligen Eigennamen werden die Adjektive, Partizipien und Zahlwörter großgeschrieben, wenn sie Bestandteile des Eigennamens sind:

- **Personennamen, Titel** oder **Ehrbezeichnungen,** z. B.: *Friedrich der Große, der Heilige Vater,*
- **historische Ereignisse,** z. B.: *das Elisabethanische Zeitalter,*
- **geografische Bezeichnungen,** z. B.: *der Große/Kleine Wagen,*
- **bestimmte Kalendertage,** z. B.: *der Erste Mai,*
- **Bezeichnungen aus der Flora und Fauna,** z. B.: *die Schwarze Mamba,*
- Namen von **Institutionen,** z. B.: *Institut für Deutsche Sprache.*

Schreibung von Orts- und Straßennamen

▶ S. 267

- **Zusammengesetzte Straßennamen** schreibt man **zusammen,** z. B.: *Schlossallee.*
- **Getrennt** schreibt man die Straßennamen, wenn eine **Ableitung auf *-er*** von einem Orts- oder Ländernamen vorliegt, z. B.: *Leipziger Straße, Saarbrücker Tor.*
- **Das erste Wort eines Straßennamens** wird **großgeschrieben,** ebenso alle zum Namen gehörenden Adjektive und Zahlwörter, z. B.: *An den Drei Tannen, Am Alten Lindenbaum.*
- Straßennamen, die **aus mehrteiligen Namen zusammengesetzt** sind, schreibt man **mit Bindestrichen,** z. B.: *Willy-Brandt-Straße, Kaiser-Friedrich-Ring.*

Kurze Vokale – Doppelte Konsonanten

Nach **kurzem betontem Vokal** folgen fast immer **zwei oder mehr Konsonanten.**

- In den meisten Fällen kann man die Konsonanten bei deutlichem Sprechen gut unterscheiden, z. B.: *Hund, Topf, Karte, singen, wandern.*
- Wenn nach einem kurzen Vokal nur ein Konsonant zu hören ist, wird dieser beim Schreiben meist **verdoppelt,** z. B.: *knabbern, Brunnen, Pudding, Koffer, Bagger, schwimmen, Suppe, irren, vergessen*
  Ausnahmen: Statt verdoppeltem **k** schreibt man **ck** (z. B.: *backen, Nacken, Ecke*) und statt verdoppeltem **z** schreibt man **tz** (z. B.: *Katze, Netz, Hitze*).

Lange Vokale

- **Einfacher Konsonant hinter langem Vokal**
  Die langen Vokale **a, e, o, u** und die Umlaute **ä, ö, ü** werden oft nur mit einem einfachen Buchstaben geschrieben, z. B.: *Wagen, leben, Bogen, klären, Flöte, Gemüse.*
  Nach einem **langen Vokal** und nach **ä, ö, ü** steht meist **nur *ein* Konsonant,** z. B.: *haben, geben, oben, rufen, Käse, mögen, grüßen*
- **Wörter mit Doppelvokal**
  In einigen Wörtern wird der lange Vokal mit Doppelbuchstaben geschrieben, z. B.:
  - **aa:** *Aal, Aas, Haar, paar, Paar, Saal, Saat, Staat, Waage*
  - **ee:** *Beere, Beet, Fee, Heer, Klee, Schnee, See, Seele;* ursprünglich aus einer anderen Sprache stammen Wörter wie: *Armee, Idee, Kaffee, Klischee, Tee, Tournee, Püree*
  - **oo:** *Boot, doof, Moor, Moos, Zoo*
- **Langer Vokal + *h***
  Manchmal steht hinter einem langen Vokal ein **h,** z. B.: *gestohlen, zahm, Sehne, wahr*
  Das **h** erscheint nach langem Vokal besonders oft vor den Buchstaben **l, m, n** und **r.**
- **Langer i-Laut**
  - Das lang gesprochene **i** wird meistens **ie** geschreiben, z. B.: *Dieb, hier, blieb, kriechen.*
  - Manchmal wird das lange **i** nur durch den Einzelbuchstaben **i** wiedergegeben, z. B.: *dir, mir, Biber, Igel, Maschine*
  - Die Verbindung **ih** findet man nur bei Pronomen, z. B.: *ihm, ihn, ihr*

Schreibung des *s*-Lauts

Im Hochdeutschen unterscheidet man in der Aussprache den **stimmhaften** (summenden) **s-Laut** vom **stimmlosen** (zischenden) **s-Laut.**

- Der **stimmhafte s-Laut** wird **mit einfachem s** geschrieben, z. B.: *Hase, Riese, eisig*
- Der **stimmlose s-Laut** wird mit einfachem **s** geschrieben, wenn sich beim Verlängern des Wortes ein stimmhaftes *s* ergibt, z. B.: *Gras – Gräser, Haus – Häuser, reiste – reisen*
- Den **stimmlosen s-Laut nach langem Vokal** oder nach **Diphthong** (au, äu, ei, eu) schreibt man **ß,** wenn er bei der **Verlängerungsprobe stimmlos** bleibt, z. B.: *Fuß – Füße, weiß – weißer*
- **Nach** einem **kurzen betonten Vokal** wird ein **stimmloser s-Laut** meist **ss** geschrieben, z. B.: *Fass, Biss, sie muss, er hasst, hässlich*
- ***das* oder *dass*?**
  Mit einem einfachen **s** geschrieben wird das Wort **das** als
  – **bestimmter Artikel,** z. B.: *Ich kaufe das Buch.*
  – **Demonstrativpronomen** (kann durch **dieses** ersetzt werden), z. B.: *Das ist mein Lieblingsbuch.*
  – **Relativpronomen** (kann durch **welches** ersetzt werden), z. B.: *Ich lese das Buch, das mir gefällt.*
  dass ist eine Konjunktion (Bindewort, ▶ S. 307) und wird mit **Doppel-s** geschrieben. Sie kann **nicht durch *dieses* oder *welches*** ersetzt werden, z. B.: *Ich glaube, dass ich das Buch schon kenne.*

Getrennt- und Zusammenschreibung

▶ S. 259; 265–266

- **Getrennt** schreibt man in der Regel **Wortverbindungen** aus
  – Verb + Verb: *singen können, sprechen lernen,*
  – Nomen + Verb: *Vokabeln lernen, Radio hören,*
  – Adjektiv + Verb: *schnell arbeiten, gut hören*
  – sowie mit *sein: dabei sein, da sein, pünktlich sein.*
- Werden diese Verbindungen **als Nomen** gebraucht, schreibt man sie **zusammen** und **groß,** z. B.: *das Radiohören, beim Vokabellernen.*
- Wenn die Verbindungen aus Verb + Verb bzw. Adjektiv + Verb eine **übertragene Bedeutung** haben, schreibt man sie **zusammen,** z. B.: *Ich habe mich breitschlagen (überreden) lassen.*
  Du solltest deswegen nicht schwarzsehen (negativ denken).

Wörter mit *wieder-* oder *wider-*

▶ S. 266

- Man schreibt **wider** mit einfachem *i*, wenn das Wort **im Sinne von „gegen“,** „in Opposition zu etwas oder jemandem“ benutzt wird, z. B.: *Widerstand (Einstellung gegen etwas).*
- In der **Bedeutung** von **„noch einmal“, „erneut“, „zurück“** hingegen schreibt man **wieder,** z. B.: *wiederkäuen (etwas noch einmal kauen), wiedersehen (erneut sehen).*

Zeichensetzung

▶ S. 260; 270–272

Kommasetzung

- Zwischen den einzelnen Teilen einer **Aufzählung** steht ein **Komma,** wenn diese nicht durch *und* oder *oder* verbunden sind, z. B.: *Ich spiele Hockey, Fußball, Völkerball und Karten.*
- Zwischen den Hauptsätzen in einer **Satzreihe** (▶ S. 314) müssen Kommas stehen, wenn die Hauptsätze nicht durch *und* oder *oder* verbunden sind, z. B.:
  Lene kommt mit dem Fahrrad zur Schule, aber Ole nimmt den Bus.
  Vinzenz geht zu Fuß, Clara wird gebracht und Anton kommt mit dem Zug.
- **Nebensätze** (▶ S. 315) werden durch **Komma** vom Hauptsatz getrennt.
  Eingeleitet werden sie meist durch
  – eine **Konjunktion** (Bindewort, ▶ S. 307), z. B.: *weil, dass, nachdem, wenn, obwohl,* oder
  – ein **Relativpronomen** (▶ S. 308), z. B.: *der, die, das, welche, dessen.*

Die Kommasetzung bei Infinitivgruppen

▶ S. 271

- Ein **einfacher Infinitiv** (nur Verb + *zu*) kann **ohne Komma** stehen, z. B.: *Er glaubt (,) zu gewinnen.*
- Die Stellung des Kommas kann die Bedeutung des Satzes ändern.
- Wird ein Infinitiv mit *zu* durch mehrere Wörter erweitert, spricht man von einer **Infinitivgruppe,** z. B.: *Er glaubt (,) im Wettkampf zu gewinnen.*
- **Infinitivgruppen,** die mit *um, (an)statt, ohne, außer* oder *als* eingeleitet werden oder von Nomen wie *Plan, Absicht, Hoffnung* sowie von hinweisenden Wörtern *(darum, das, dazu, es, damit, daran)* abhängen, **müssen mit einem Komma vom Hauptsatz getrennt werden,** z. B.: *In Ohio darf ein Polizist einen Hund beißen, um ihn zu beruhigen. In Alabama ist es verboten, am Sonntag Domino zu spielen.*

Tipp: Am besten setzt ihr bei einem erweiterten Infinitiv mit *zu* immer ein Komma.

Die Kommasetzung bei Partizipgruppen

▶ S. 272

Partizipgruppen müssen mit **Komma** abgetrennt werden, wenn sie ...

1 ... als Zusätze oder Nachträge anzusehen sind, die einem Nomen oder Pronomen nachgestellt sind, z. B.: *Er, überwältigt von so viel Glück, konnte die Tränen nicht zurückhalten.*
Er konnte die Tränen nicht zurückhalten, überwältigt von so viel Glück.

2 ... durch ein Wort oder eine Wortgruppe angekündigt oder wieder aufgenommen werden, z. B.:
Dann, endlich in Hamburg angekommen, suchten wir ein Hostel.
Über beide Ohren grinsend, so kam sie auf uns zu.

In allen anderen Fällen bzw. um Missverständnissen vorzubeugen, **kann** ein Komma gesetzt werden, z. B.: *Von so viel Glück überwältigt(,) brach sie in Tränen aus.*

Die Kommasetzung bei der Apposition

▶ S. 260

Nomen kann man näher bestimmen, indem man ihnen ein anderes treffendes Nomen (oder eine Wortgruppe mit einem Nomen) im gleichen Fall nachstellt und in Kommas setzt. Dies nennt man **Apposition,** z. B.: *Dies ist Herr Gruber, unser Trainer. Ich rief Herrn Gruber, unseren Trainer, an.*

Zeichensetzung bei der wörtlichen Rede

- Was jemand spricht, steht in **Anführungszeichen.**
- Steht der Redebegleitsatz **vor der wörtlichen Rede,** wird er mit einem **Doppelpunkt** von der wörtlichen Rede abgetrennt, z. B.:
  Wir riefen: „Wir sind schneller!" – Paula schrie: „Wenn das mal gut geht."
- Steht der **Redebegleitsatz in der Mitte oder nach der wörtlichen Rede,** wird er durch Komma abgetrennt. Dabei **verliert** der Aussagesatz den **Schlusspunkt, Fragezeichen** und **Ausrufezeichen bleiben stehen:**
  „Haltet mehr Abstand", mahnte Uwe uns.
  „Markus", warnten unsere Klassenkameraden, „hör auf damit!"
  „Warum denn?", lachte Markus übermütig.
  „Vorsicht, wir kentern!", schrien die anderen in diesem Moment.
- Steht der Redebegleitsatz in der Mitte, bleiben alle Satzschlusszeichen stehen.

Vielfalt und Wandel der Sprache

Redewendung

▶ S. 143

Eine **Redewendung** ist eine **feste Verbindung mehrerer Wörter,** z. B.: *jemanden auf die Palme bringen* = jemanden wütend machen. Die einzelnen Bestandteile sind nicht austauschbar, z. B.: ~~jemanden auf die Eiche bringen~~. Sie enthalten starke sprachliche Bilder und ersparen umständliche und wortreiche Umschreibungen.

Sprichwort

▶ S. 143

Sprichwörter sind kurze, einprägsame Sätze, die (meist) eine **Lebensweisheit** (Erfahrung, Urteil, Meinung, Warnung oder Vorschrift) enthalten. Sie werden immer in demselben Wortlaut gebraucht. Ihre **Bedeutung** ist **festgelegt.** Meist muss man diese kennen, um das Sprichwort zu verstehen, z. B.:
Morgenstund hat Gold im Mund. → *Wer früh mit der Arbeit beginnt, erreicht viel.*
Viele Sprichwörter stammen aus bekannten Texten oder aus dem Alltag.

Wortfeld

Wörter mit ähnlicher Bedeutung bilden ein Wortfeld:
klein: winzig, zwergenhaft, gering ...
fliegen: schweben, flattern, gleiten ...
Mit Wörtern aus einem Wortfeld kann man abwechslungsreich und aussagekräftig formulieren.

Wortfamilie

Der Grundbaustein eines Wortes heißt **Wortstamm.** Wörter mit dem gleichen Wortstamm bilden eine **Wortfamilie.** Sie können verschiedenen Wortarten angehören, z. B.:
freuen, die Freude, freudig, erfreuen ...
kennen, erkennen, die Kenntnis ...

Fremdwörter aus dem Französischen

▶ S. 268–270

Fremdwörter sind Wörter, die ursprünglich **aus einer anderen Sprache** stammen und die wir in unseren deutschen Sprachgebrauch **übernommen** haben. Solche Fremdwörter lassen sich vielfach an der Aussprache oder an der Schreibweise erkennen.
Viele Fremdwörter aus dem Französischen enden beispielsweise auf *-eur* (Souffleur, Ingenieur), *-age* (Gage, Courage) oder *-eau* (Plateau, Tableau).

Standardsprache – Umgangssprache – Jugendsprache – Dialekt

▶ S. 135

Fast alle Menschen verwenden unterschiedliche **Sprachebenen.** Es kommt darauf an, mit wem und worüber sie sprechen. Es gibt:

- gutes, sprachlich richtiges Deutsch mit abwechslungsreichem Wortschatz (wird im Aufsatz und in Büchern verwendet). Das nennen wir **Standardsprache** (Hochsprache).
- eine einfachere Ausdrucksweise: *kriegen* statt *bekommen, rumhängen* statt *faulenzen*. Manches wird abgekürzt, z. B.: *rauf* statt *hinauf, mal* statt *einmal* usw. Das nennen wir **Umgangssprache** (Alltagssprache). Im Aufsatz sollte sie nicht verwendet werden.
- die **Jugendsprache,** die besondere Ausdrücke enthält. Sie ist der Mode unterworfen und die Ausdrücke stammen häufig aus dem Englischen, z. B. *cool* oder *checken*.
- verschiedene Mundarten (ortsgebundene Sprachen). In Bayern sind das vor allem bairische, schwäbisch-alemannische und fränkische Mundarten. Diese ortsgebundenen Sprachen nennt man auch **Dialekt.**

Besondere sprachliche Mittel

Stilmittel (rhetorische Mittel)

▶ S. 112–115; 133; 219

In literarischen Texten, manchmal auch in Sachtexten, werden **häufig besondere Stilmittel verwendet.** Sie machen das Beschriebene **anschaulich** oder **betonen bestimmte Inhalte.**

- **Alliteration:** Zwei oder mehr aufeinanderfolgende Wörter beginnen mit dem gleichen Buchstaben, z. B.: *Dunkle Dinge drohen uns allen.*
- **Anaphern:** Wiederholungen gleicher Satzanfänge, um Wörter zu betonen, z. B.: *Clarina heult auf einmal los. Clarina kann nicht antworten.*
- **Ellipsen:** unvollständige, verkürzte Sätze durch Auslassen von Satzteilen, die von der Leserschaft leicht ergänzt werden können. Ellipsen können Gefühle zum Audruck bringen, z. B.: *Blau und Gelb. Spürt den Wind.*
- **Enjambement:** Zeilensprung, vom französischen „enjamber“: überschreiten, überspringen, bezeichnet das Übergreifen eines Satzes auf die nächste Verszeile, z. B.:
  Aufatmen, für einen Moment eine
  Pause auf der Straße.
- **Häufung:** Verschiedene Begriffe werden aneinandergereiht oder aufgezählt, z. B.: *... ist Feuer, Pest und Tod.*
- **Lautmalerei:** Ein Geräusch wird mit ähnlich klingenden sprachlichen Lauten wiedergegeben, z. B.: *rauschen, klappern.*
  Die Textstelle wirkt dadurch lebendiger und man kann sich das Geschriebene besser vorstellen.
- **Metaphern** sind bildhafte Vergleiche ohne das Vergleichswort „wie“, z. B.: *Das Leben ist ein flüchtiger Traum. Die Blechschlange kroch langsam über die Autobahn.*
- **Parallelismus:** Hier werden Sätze (die oft auch Häufungen enthalten) nach dem gleichen Muster aneinandergereiht, z. B.: *Was itzund prächtig blüht, soll bald zertreten werden,*
  Was itzt so pocht und trotzt, ist morgen Asch und Bein.
- **Personifikation:** Menschliche Eigenschaften werden auf leblose Gegenstände oder die Natur übertragen, um etwas Bestimmtes über sie zum Ausdruck zu bringen, z. B.: *Und die armen welken Blätter, / Wie sie tanzen in dem Wind!*
- **Rhetorische Fragen:** Sie erwarten eigentlich keine Antwort, sondern man erhofft sich Zustimmung, z. B.: *Muss das denn sein?*
- **Vergleiche:** Durch sie werden zwei verschiedene Vorstellungen durch ein „wie“ verknüpft, z. B.: *Sein Fleisch fühlt sich wie Eisen an.* So kann man sich das Gesagte besser vorstellen.

Werbesprache

Werbesprache ist in der Regel **kurz** und **appellativ** (= auffordernd). Die Texte müssen sprachlich auffällig und einprägsam sein, damit die Verbraucher auf das Produkt aufmerksam werden und sich an den Markennamen erinnern. Werbesprache bedient sich gerne auffälliger sprachlicher Mittel, z. B.:

- **Alliterationen** (mehrere Wörter beginnen mit dem gleichen Buchstaben), z. B.: *Mars macht mobil.*
- **Superlative** (= höchste Steigerung), z. B.: *Unser Bester!*
- **Anglizismen** (= englische Begriffe), z. B.: *Das ist einfach great!*
- **Neologismen** (= Wortneuschöpfungen), z. B.: *Elefantastische Angebote!*
- **Imperative** (= Befehls-/Aufforderungsform): *Kaufen Sie jetzt!*

Arbeitstechniken und Methoden

Überfliegendes und gezieltes Lesen

- Das **überfliegende Lesen** hilft euch, in einem Text die Stelle zu finden, an der die für eure Fragestellung wichtigen Informationen stehen.
- Wenn man beim Überfliegen des Textes die Stelle mit den wichtigen Informationen gefunden hat, erarbeitet man diese durch **gezieltes Lesen.**
- Wenn ihr in einem Text nach bestimmten Informationen sucht, solltet ihr so vorgehen:
  1 Klärt, zu welcher Frage oder zu welchem Thema ihr euch informieren wollt.
  2 Überfliegt den gesamten Text, indem ihr mit den Augen zügig über den Text gleitet.
    – Lest immer nur die ersten Sätze der einzelnen Abschnitte.
    – Sucht im Text nach Signalwörtern zum Thema.
  3 Lest anschließend die Textstelle mit den wichtigen Informationen zum Thema genau. Klärt unbekannte Wörter durch Nachdenken, Nachfragen oder Nachschlagen: Erschließt ihre mögliche Bedeutung aus dem Satzzusammenhang, fragt einen Lernpartner, schlagt das Wort in einem Fremdwörterbuch nach oder recherchiert die Bedeutung im Internet.
  4 Notiert in Stichworten Informationen zur Ausgangsfrage.

Im Internet recherchieren

- Überlegt euch ein genaues Wort für eure Suche.
- Überfliegt zunächst die Seite mit den Suchergebnissen. Findet ihr wirklich die gewünschten Informationen?
- Oft lohnt es sich, auch zwei oder drei Begriffe als Suchwörter einzugeben, damit man genau das gewünschte Ergebnis findet.
- Habt ihr eine Seite gefunden, die Informationen enthält, könnt ihr euch Notizen machen oder die Seite ausdrucken und bearbeiten.
- Manchmal werden sogenannte *Links* angeboten. Sie führen zu verwandten Seiten. Prüft immer genau, ob diese Links für eure Fragestellung nützlich sind, sonst verirrt man sich schnell im Internet-Dschungel!

Einen Text nach der ESAU-Methode überarbeiten

► S. 204

ESAU steht für **E**rgänzen, **S**treichen, **A**ustauschen und **U**mstellen:

- **Ergänzen:** Wo fehlt ein Gedanke, eine Information, ein Wort oder Satz? Z. B.: *Wir können das WLAN nutzen bei den Referaten.* → *Wir können das WLAN nutzen, <u>um für unsere Referate zu recherchieren</u>.*
- **Streichen:** Wo erscheint etwas überflüssig? Z. B.: *Wichtig ist, dass wir gute und nachvollziehbare Argumente finden.* → *Wichtig ist, dass wir nachvollziehbare Argumente finden.*
- **Austauschen:** Wo passt eine Formulierung oder eine Information nicht richtig? Z. B.: *Digitale Medien in der Schule nicht zu nutzen, ist doch Schwachsinn.* → *Digitale Medien in der Schule nicht zu nutzen, erscheint <u>unsinnig</u>.*
- **Umstellen:** Wo erscheint die Reihenfolge der Satzglieder oder Sätze unstimmig? Z. B.: *Wir wollen überzeugen, das ist doch klar.* → *Es ist doch klar, dass wir überzeugen wollen.*

Arbeitsergebnisse veranschaulichen

Ein Handout erstellen

► S. 25

Das **Handout** (Infoblatt) bietet den Zuhörerinnen und Zuhörern während des Vortrags **Orientierung** und **Raum für Notizen.** Man kann es auch erst nach dem Referat austeilen, damit die Zuhörer/-innen die wichtigsten Punkte nachlesen können. Achtet bei der Erstellung auf folgende Aspekte:

- max. **zwei DIN-A4-Seiten**
- **Gliederung** des Vortrags übernehmen
- **Informationen stichpunktartig** nennen, die wichtigsten hervorheben (fett, kursiv usw.)
- **Zeilen zum Mitschreiben** vorgeben
- **Quellen** angeben
- **visuelle Gestaltungsmittel** verwenden (Mind-Map, Grafiken, Tabellen, Bilder)

Eine Computerpräsentation erstellen

► S. 25–27

Eine **Computerpräsentation** bietet die Möglichkeit, unterschiedliche Inhalte (Text, Foto, Grafiken, Filmausschnitte ...) mittels Computer und Beamer zu präsentieren. Dabei sollen die gezeigten Folien den Vortrag nur unterstützen und den Zuhörerinnen und Zuhörern eine **strukturelle Hilfe** bieten, um dem Referat zu folgen. Achtet beim **Aufbau** auf folgende Punkte:

- Folien **inhaltlich logisch** aufeinander aufbauen
- **einheitliches Foliendesign** und gleichbleibende Kopfzeilen (Headlines)
- **gut lesbare Schriftart** (am besten Arial) und **Schriftgröße** (mindestens 20 pt) wählen
- nur die wichtigsten Informationen knapp als **Stichpunkte** aufführen
- nicht mehr als **zwei Gestaltungsmittel** (z. B.: Fotos, Abbildungen oder Grafiken) auf einer Folie
- wichtige Punkte durch **Farbe** oder **Unterstreichungen** hervorheben

Achtung: „Weniger ist oft mehr!“ Verwendet Farben, Hervorhebungen, akustische Signale oder Animationen (einfliegende, blinkende Elemente) sehr sparsam und füllt eure Folien nicht mit zu vielen Stichpunkten auf einmal.

Die Bus-Stopp-Methode

► S. 109

In einer Inhaltszusammenfassung formuliert ihr euer Textverständnis und teilt anderen das Wichtigste aus der Geschichte mit. Geht dazu nach der Bus-Stopp-Methode vor.

- **Löst** die jeweiligen **Aufgaben** zunächst **in Einzelarbeit.**
- Wenn ihr eine Aufgabe bearbeitet habt, steht auf und **wartet an** einer im Raum **gekennzeichneten „Haltestelle“** zur Aufgabe (Bus-Stopp) auf einen anderen Schüler / eine andere Schülerin, der/die die Aufgabe gelöst hat.
- **Vergleicht euer Arbeitsergebnis.** Korrigiert und ergänzt eure Aufzeichnungen, falls nötig.
- **Löst** dann die **nächste Aufgabe** wieder **allein, geht** anschließend **zum nächsten Stopp** und **vergleicht euer Ergebnis** mit einem anderen Schüler / einer anderen Schülerin.
- Wenn ihr mit allen Aufgaben fertig seid, **bereitet** mit einem Lernpartner / einer Lernpartnerin eure Ergebnisse für **eine Präsentation vor.**
- **Stellt eure Arbeitsergebnisse** in der Klasse **vor.** Klärt offene Fragen und korrigiert Fehler.

Textartenverzeichnis

Autoren- und Quellenverzeichnis

Äsop (6. Jahrhundert v. Chr.)
149 Der Rabe und die Füchsin
Äsop, Fabeln. Griechisch/Deutsch. Philipp Reclam jun., Stuttgart 2005, S. 123; Übersetzer: Thomas Voskuhl

Albrecht, Daniela
201 Informationen aus erster Hand.
Originalbeitrag

Bartsch, Simon (*1978)
200 In wenigen Schritten nach Mexiko
aus: http://www.general-anzeiger-bonn.de/freizeit/region-erleben/sommertour-2015/In-wenigen-Schritten-nach-Mexiko-article1667887.html (Stand: 29.06.2015)

Behrens, Andrea
106 Supersonic Me
aus: Hametner, Michael (Hrsg.): Schnee im August. Die besten Geschichten aus dem MDR-Literaturwettbewerb 2015. Poetenladen Verlag, Leipzig 2015

Boie, Kirsten
78 Schließlich ist letzten Mal auch nichts passiert
aus: Sylvia Bartholl (Hrsg.) Texte dagegen, Beltz-Verlag, Weinheim und Basel. Programm Beltz & Gelberg, Weinheim 1993, S. 34–38

Böhmann, Marc
99 Interview mit Stefanie Höfler
aus: Tanz der Tiefseequalle im Unterricht Klassenstufe 6–8. Beltz Verlagsgruppe, Weinheim 2018

Bolten, Götz (*1973)
240 Was tun Lachforscher?
nach: Lachen. http://www.planet-wissen.de/alltag_gesundheit/humor/lachen/index.jsp (Stand: 17.05.2016)

Bonstein, Julia (1975–2011)
68 Schummeln leicht gemacht
aus: http://www.spiegel.de/spiegel/print/d-58852980.html (Stand: 11.08.2008)

Borschberg, André
206 „Als ich im Flugzeug ..."
aus: https://www.spiegel.de/wissenschaft/technik/solar-impulse-2-pilot-techniker-draengten-mich-zur-umkehr-a-1042851.html (Stand: 28.06.2017)

Braunmiller, Helwi (*1976)
240 Warum ist Kichern ansteckend?
nach: ders.: Acht Fakten zum Lachen (gekürzt und verändert). Aus: FOCUS Online vom 05.05.2013; https://www.focus.de/gesundheit/ratgeber/psychologie/gesundepsyche/tid-14125/weltlachtag-lachen-gegen-erhoehten-blutzucker_aid_394959.html

Brecht, Bertolt (1898–1956)
137 Vergnügungen
aus: ders.: Werke, Bd. 15: Gedichte. Frankfurt a. M.: Suhrkamp 1988

Broemme, Albrecht (*1953)
198 „Als ich die Bilder sah, dachte ich, der Dom ist verloren"
aus: https://www.sueddeutsche.de/panorama/notre-dame-feuer-loeschung-paris-thw-1.4412545 (Stand: 16.04.2019)

Busch, Fabian
56 Internet macht nicht schlauer
aus: Mannheimer Morgen vom 10.1.2015; https://www.morgenweb.de/mannheimer-morgen_artikel,-welt-und-wissen-contra-prof-gerald-lembke-internetmacht- nicht-schlauer-_arid,619867.html (Stand: 20.01.2015)

Cadeggianini, Georg (*1977)
214 Abenteuerurlaub: Lebe wild und gefährlich!
aus: Die Zeit Nr. 34/2014

Campbell, Guy
241 Was ist lustig?
nach: Kann ich mich nur von Cola ernähren? Das unglaublich schräge Wissensbuch, Coppenrath Verlag, Münster 2009, S. 219

Cro (*1990)
139 Bye bye
nach: Edition Affenpublishing / Universal Music Publishing GmbH, Berlin / Carlo Waibel

Dominguez, Stefanie
120 Partnerarbeit
aus: P. A. U. L. D. Oberstufe. Braunschweig: Bildungshaus Schulbuchverlage 2013

Engelmann, Julia (*1992)
141 Erwachsenwerden
aus: dies.: Eines Tages, Baby. München: Goldmann 2014

Engler, Katja
227 „Die Ballettschule von John Neumeier"
nach: https://www.welt.de/regionales/hamburg/article13784809/Eine-Kindheit-im-Tanzkosmos.html (Stand: 26.12.2011)

Finkel, Manuela
246 Aus der E-Mail eines Teenagers, dessen Mutter gerade zur Kur ist
Nach: Brief eines Mannes an seine Frau, die in Kur ist. https://www.witze-fun.de/witze/witz/9060 (Stand: 04.05.2006)

Goethe, Johann Wolfgang (1749–1832)
140 Wandrers Nachtlied
aus: Trunz, Erich (Hrsg.): Johann Wolfgang von Goethe. Werke. Hamburger Ausgabe, Bd. 1: Gedichte und Epen I. C. H. Beck, München 1981, S. 142
167 Willkommen und Abschied
aus: Trunz, Erich (Hrsg.): Johann Wolfgang von Goethe: Werke. Hamburger Ausgabe, Bd. 1: Gedichte und Epen I. C. H. Beck, München 1981, S. 28
169 Die Leiden des jungen Werthers
aus: Trunz, Erich (Hrsg.): Johann Wolfgang von Goethe: Werke. Hamburger Ausgabe, Bd. 6: Romane und Novellen I. C. H. Beck, München 1981, S. 21
181 Faust I: Garten
aus: Trunz, Erich (Hrsg.): Johann Wolfgang von Goethe: Werke. Hamburger Ausgabe, Bd. 3: Dramatische Dichtungen I. C. H. Beck, München 1981, S. 98 ff.

Gürich, Andzelika
65 „Die digitale Diät" – Freiwilliger Verzicht auf Handy & Co?
aus: http://blog.deutsches-schueler-stipendium.de/2014/09/15/die-digitale-diaet-freiwilliger-verzicht-auf-handy-co/ (Stand: 15.09.2014)

Grünbein, Durs (*1962)
132 Kosmopolit
aus: Grünbein, Durs: Die Bars von Atlantis. Suhrkamp Verlag, Frankfurt a. M. 2009

Hach, Lena (*1982)
172 Wanted. Ja. Nein. Vielleicht
aus: Hach, Lena: Wanted. Ja. Nein. Vielleicht. Beltz & Gelberg, Weinheim 2015, S. 5–8

Höfler, Stefanie (*1978)
90 Tanz der Tiefseequalle (1)
92 Tanz der Tiefseequalle (2)
94 Tanz der Tiefseequalle (3)
96 Tanz der Tiefseequalle (4)
aus: Tanz der Tiefseequalle. Beltz & Gelberg, Weinheim 2017

Hoock, Silke
61 Ärzte warnen vor Smartphone-Sucht bei Jugendlichen
aus: WAZ vom 16.07.2014

Horlemann, Tobias
231 Funkkontakt zu Alexander Gerst bei Bonner Schulfest
aus: Bonner Rundschau, https://www.rundschau-online.de/region/bonn/-habe-nie-aufgehoert-zu-traeumen--funkkontakt-zu-alexander-gerst-bei-bonner-schulfest-30727962 (Stand: 04.07.2018)

JAUER, MARCUS (*1974)
112 Eins
aus: Klotzek, Tim/Spindler, Rudolf (Hrsg.). Verlieben Lieben Entlieben. Kiepenheuer & Witsch, Köln 2001, S. 20–23

KANT, IMMANUEL (1724–1804)
144 Was ist Aufklärung?
aus: Was ist Aufklärung? Beiträge aus der Berlinischen Monatsschrift. Wissenschaftliche Buchgesellschaft, Darmstadt 1973, S. 514 ff.

KEMPER, ANNA
235 Schiedsrichterin Bibiana Steinhaus
aus: Toll wäre es, wenn der Fußball uns Schiedsrichter irgendwann nicht mehr bräuchte, http://www.zeit.de/2012/50/Traum-Bibiana-Steinhaus (Stand: 06.12.2012)

KRISCHKER, GERHARD C. (*1947)
135 desweechä
aus: Krischker, Gerhard C.: Fai obbochd. Kleebaum Verlag, Bamberg 1994

LESSING, GOTTHOLD EPHRAIM (1729–1781)
145 „Die Menschen sind nicht ..."
aus: Nathan der Weise, Philipp Reclam jun., Stuttgart 1985, S. 31
149 Der Rabe und der Fuchs
150 Der Hamster und die Ameise
Der Hirsch und der Fuchs
Der Stier und der Hirsch
Der hungrige Fuchs
151 Der Esel und der Wolf
nach: Abhandlungen über die Fabel. Philipp Reclam jun., Stuttgart 1995
153 Der Moslem Saladin
aus: Nathan der Weise. In: Göpfert, Herbert G. (Hrsg.). Gotthold Ephraim Lessing. Werke in 8 Bänden. Carl Hanser Verlag, München 1984
158 „Der Prinz: Mit einem Worte ..."
aus: Emilia Galotti. Philipp Reclam jun., Stuttgart 1991, S. 14/15, 23/24, 43/44, 63/64, 77/78

LICHTENBERG, GEORG CHRISTOPH (1742–1799)
145 „Wenn ein Buch und ein Kopf ..."
aus: Promies, Wolfgang (Hrsg.). Schriften und Briefe – Dritter Band, Unterhaltsame Aufsätze (Kapitel 5). Zweitausendeins 1998.
145 „Jeder Fehler erscheint ..."
aus: Roberts, Laura (Hrsg.). Zitate für Manager: Immer die richtigen Worte schnell zur Hand. Gabler, Wiesbaden 2010
145 „Es ist fast unmöglich..."
aus: Thiele, Johannes (Hrsg.). Knaurs großer Zitatenschatz. Aphorismen – Bonmots – Zitate – geistreiche Sätze. Droemer Knaur, Augsburg 2001

LINDE, VERENA
208 Schwerelos - Selbstversuch über den Wolken
aus: Geolino extra Nr. 69. Raumfahrt (Stand: 22.06.2018)

MAAR, PAUL (*1937)
134 Zukunft
aus: Knödler, Christine. In wenigen Worten die ganze Welt. Thienemann, Stuttgart 2009

MARSCHALL, STEFAN
145 aus: http://www.bpb.de/politik/wahlen/wahl-o-mat/45378/wahlen-waehler-wahl-o-mat (Stand: 24.1.2011)

MODLER, MARTIN
18 Der deutsche Sänger Wincent Weiss.
aus: https://www.fan-lexikon.de/musik/wincent-weiss/

NIMZ, ULRIKE (*1983)
200 Was die Anrufer der Duden-Hotline so beschäftigt. Ein Gespräch mit einer Beratungs-Expertin.
aus: https://www.sueddeutsche.de/bildung/rechtschreibung-der-die-das-nutella-1.2590757 (Stand: 31.07.2015)

OKER, EUGEN (1919–2006)
140 an goethe
aus: Eichenseer, Erika (Hrsg.). Oberpfälzer Mundart Lesebuch. Mittelbayrischer Verlag, Regensburg 1997, S. 150

ORTH, STEPHAN / BLINDA, ANTJE
253 Vorsicht: Verwechslung!
nach: Stephan Orth / Antje Blinda: Sorry, Ihr Hotel ist abgebrannt. Ullstein Verlag, Berlin 2011

PITZKE, MARC (*1963)
236 Tanz über dem Abgrund
nach: Rekord-Stunt: Nik Wallenda überquert Canyon auf Hochseil. http://www.spiegel.de/reise/aktuell/lebensgefaehrlicher-stunt-nik-wallenda-ueberquert-grand-canyon-a-907425.html (Stand: 24.06.2013)

POHLERS, A. / FRIEBE, R. / MAIHOFER, G.
195 Pariser Kathedrale Notre-Dame steht in Flammen
© dpa Deutsche Presse-Agentur GmbH

RAMMER, STEFAN
221 Es ist wie eine Sucht
aus: Passauer Neue Presse. https://plus.pnp.de/ueberregional/die_seite_3/2913115_Es-ist-wie-eine-Sucht.html (Stand: 17.04.2018)

REISER, RIO (1950–1996)
234 König von Deutschland
© SMPG Publishing (Germany) GmbH, Berlin/Rio Reiser

RINGELNATZ, JOACHIM (1883–1934)
130 Reisegeldgedicht
aus: Das Illustrierte Blatt, Nr. 26, 19. Jahrgang (1932)

ROBERT, ANJA
101 „Mit derbem Realismus und trockenem Humor ..."
aus: https://www.zeit.de/2017/15/pferd-pferd-tiger-tiger-mette-neerlin (Stand: 05.04.2017)

RÖHE, MATTHIAS
226 „Hamburg. Gestern erlebten Schüler..."
nach: https://www.hamburger-allgemeine.de/polizei-gibt-tipps-zum-einbruchschutz/

ROTHAAS, JULIA
286 Unsichtbare Verschwendung
aus: Fluter – Magazin der Bundeszentrale für politische Bildung. https://www.fluter.de/sites/default/files/uberflussig.pdf.

ROUSSEAU, JEAN-JAQUES (1712–1778)
145 „Die Freiheit des Menschen ..."
aus: Stefan Knischek – Lebensweisheiten berühmter Philosophen (4000 Zitate von Aristoteles bis Wittgenstein), Humboldt Verlag 2009

RUDLE, DITTA
124 Immer besser scheitern
aus: Zwischen nicht mehr und noch nicht. Humanistischer Verband Deutschlands, Berlin 2000, S. 124 ff.

SCHILLER, FRIEDRICH (1759–1805)
177 Die Bürgschaft
aus: Gerhard Fricke, Herbert G. Göpfert (Hrsg.): Friedrich Schiller: Sämtliche Werke. Carl Hanser, München 1962

SCHREIBER, JULIANE MARIE
194 Notre-Dame hat genug. Spendet für andere!
aus: https://www.welt.de/debatte/kommentare/article192228971/Nach-dem-Brand-Notre-Dame-hat-genug-Spendet-fuer-andere.html (Stand: 21.04.2019)

SONNENBLICK, JORDAN (*1968)
102 Wie ich zum besten Schlagzeuger wurde – und warum
aus: Sonnenblick, Jordan: Wie ich zum besten Schlagzeuger wurde – und warum. Carlsen Verlag, Hamburg 2012

STEPPELING, KRISTIN
63 Privatzone Handy – Dürfen Eltern das Handy ihrer Kinder kontrollieren?
Teile aus: https://medienbewusst.de/handy/20090823/privatzone-handy-wie-weit-darf-elterliche-kontrolle-gehen.html (Stand: 24.06.2020)

STIRN, A. / GERST, A.
233 „Ich war schon immer ein Abenteurer ..."
aus: https://www.spektrum.de/news/commander-gerst-fliegt-wieder/1412855 (Stand: 07.06.2016)

TUCHOLSKY, KURT (1890–1935)
136 Augen in der Großstadt
aus: Gerold-Tucholsky, Mary/Raddatz, Fritz J. (Hrsg.): Kurt Tucholsky. Gesammelte Werke Bd. 8. Rowohlt, Reinbek b. Hamburg 1960, S. 69 f.

VON USLAR, MORITZ (*1970)
22 Interview mit Lady Gaga
ROOF Music Schallplatten- und Verlags GmbH ZEITMAGAZIN NR. 41/2016; https://www.zeit.de/zeit-magazin/2016/41/lady-gaga-fragen-moritz-von-uslar (Stand 17.10.2016)

WALKER, KERSTIN
235 Schauspielerin Nina Kunzendorf
aus: Ich wünschte, ein Tag hätte doppelt so viele Stunden. http://www.zeit.de/2011/49/Traum-Nina-Kunzendorf (Stand: 01.12.2011)

WANNER, ANDREA
100 „Das chinesische Sprichwort mama huhu ..."
aus: Titel Kulturmagazin. https://titel-kulturmagazin.net/2018/07/23/jugendbuch-mette-eike-neerlin-pferd-pferd-tiger-tiger/ (Stand: 23.07.2018)

WEBER, ANTJE
101 „Auch die mit diesen Figuren konstruierte Geschichte ..."
aus: https://www.sueddeutsche.de/kultur/jugendbuch-mama-huhu-1.3647634 (Stand: 31.08.2017)

WURSTER, ISABELLE
282 Interview mit Raika Slomma, Botschafterin Foodsharing Tübingen
aus: http://www.reutlinger-wochenblatt.de/inhalt.interview-der-woche-foodsharing.becf19cb-7d89-4e14-8091-22b13e0bc6c4.html (Stand: 06.12.2017)

ZETTIER, SIMONE
17 Interview mit Wincent Weiss
aus: Wincent Weiss: Vom schüchternen Anti-Checker zum Musik-Durchstarter. https://abi.unicum.de/entertainment/musik/wincent-weiss-vom-schuechternen-anti-checker-zum-musik-durchstarter (Stand: 15.12.2016)

Unbekannte/ungenannte Autorinnen und Autoren
20 Lady Gagas Engagement gegen Mobbing
© AFP Agence France-Presse GmbH
21 Lady Gaga über Frauen: „Wir kämpfen um unser Leben"
aus: http://www.spiegel.de/panorama/leute/lady-gaga-ueber-frauen-wir-kaempfen-um-unser-leben-a-1121370.html (Stand: 15.11.2016)
32 Die bundesweite Citizen-Science-Aktion für Jugendlicher
aus: Bundesministerium für Bildung und Forschung: Plastik Piraten (01/2019), zit. nach: https://bmbf-plastik.de/sites/default/files/2019-02/PP_flyer_online_2019.pdf
36 Unsere Plastikwelt in Zahlen
© BUND, HERMIONE, CNES, Statistisches Bundesamt, UNEP; aus: nachhaltig-sein.info
192 Grundgesetz Artikel 5
200 Schulstreich landet vor Gericht
© dpa Deutsche Presse-Agentur GmbH
206 Mit dem Solarflugzeug einmal um die Erde
aus: http://www.welt.de/wissenschaft/article157297527/Bertrand-Picard-gelingt-Weltumrundung-im-Solarflieger.html (Stand: 28.06.2017)
229 Kopfhörerpartys werden immer beliebter
© dpa Deutsche Presse-Agentur GmbH
285 Die großen Wasserschlucker
aus: Nachhaltig handeln Baden-Württemberg: Themenheft H2O. Hrsg. vom Ministerium für Umwelt, Klima und Energiewirtschaft, S. 4
287 Interview mit Markus Lanz zur Unicef-Kampagne "Wasser wirkt"
aus: http://www.wasser-wirkt.de/informieren/markus-lanz (Stand: 15.09.2013)

Bildquellenverzeichnis

S. 3, 13: Shutterstock/vectorfusionart; **S. 3, 31:** Shutterstock/Iakov Filimonov; **S. 4, 49:** Shutterstock/Ollyy; **S. 5 unten, 89:** Shutterstock/Rawpixel.com; **S. 6, 105:** Shutterstock/djile; **S. 7 unten, 143:** bpk/Hamburger Kunsthalle/Christoph Irrgang; **S. 7 oben, 129:** stock.adobe.com/Sara Paola; **S. 8, 165:** stock.adobe.com/Ralph Maats; **S. 9, 187:** Shutterstock/VGstockstudio; **S. 10, 205:** Shutterstock/Rawpixel.com; **S. 12, 275:** Shutterstock/joern-gebhardt68; **S. 14:** mauritius images/lev radin/Alamy (1), Shutterstock/Viktoriia Hnatiuk (2), imago/ATP-Photo (3), picture alliance/augenklick (4), Shutterstock/Monkey Business Images (5); **S. 17 oben:** imago/imagebroker, **unten:** dpa Picture-Alliance/dpa-Zentralbild; **S. 20:** Bridgemanimages.com/Marcello Mencarini; **S. 21, 23:** Bridgemanimages.com; **S. 24, 26 oben:** Bridgemanimages.com/SZ Photo/Gerhard Blank; **S. 26 unten:** mauritius images/Science Picture Co.; **S. 29:** Cornelsen/Daniel Meyer; **S. 32:** Shutterstock/Larina Marina; **S. 56:** Shutterstock/sondem; **S. 58:** © Gerald Lembke/docma; **S. 61:** Shutterstock/Denis Mamin; **S. 63:** Shutterstock/carballo; **S. 65:** Shutterstock/Ayman alakhras; **S. 71:** Shutterstock/dimbar76; **S. 72:** Karin Allar, Neumarkt; **S. 85:** Shutterstock/Badieh; **S. 96:** Cover von Stefanie Höfler „Tanz der Tiefseequalle", Beltz & Gelberg, Weinheim 2019; **S. 100 oben:** © Christina Neidenbach/Beltz & Gelberg, **unten:** Oetinger Verlag GmbH/Lukas Renlund; **S. 101:** Cover von Mette Eike Neerlin „Pferd, Pferd, Tiger, Tiger", Verlagsgruppe Oetinger, Hamburg 2017; **S. 103:** Jordan Sonnenblick, Wie ich zum besten Schlagzeuger der Welt wurde – und warum © Carlsen Verlag GmbH, Hamburg 2012; **S. 109:** stock.adobe.com/reeel; **S. 110:** Shutterstock/FabrikaSimf; **S. 130:** bpk | Bayerische Staatsbibliothek | Archiv Heinrich Hoffmann; **S. 135:** stock.adobe.com/ansi29; **S. 137:** akg-images; **S. 139:** imago images/Christian Grube; **S. 140:** akg-images; **S. 144:** bpk / Lutz Braun; **S. 147:** Shutterstock/oneinchpunch (1), mauritius images/SOPA Images Limited/Alamy (2), Shutterstock/Dean Drobot (3), akg-images (4); **S. 148:** akg-images; **S. 152:** Cover von Mirjam Pressler „Nathan und seiner Kinder", 2019 Beltz Verlag, Weinheim Basel; **S. 156:** bpk; **S. 163:** mauritius images/Alibi Productions/Alamy; **S. 166:** akg-images/Erich Lessing; **S. 168, 169, 170:** akg-images; **S. 171:** bpk; **S. 174, 175:** akg-images; **S. 181:** INTERFOTO/Sammlung Rauch; **S. 186:** imago/photothek; **S. 191:** Passauer Neue Presse; **S. 193:** © Statista; **S. 195:** Shutterstock/Stefano Zaccaria; **S. 198:** Shutterstock/Jose HERNANDEZ Camera 51; **S. 200:** picture alliance; **S. 201:** Shutterstock/3D_creation; **S. 202:** stock.adobe.com/Ewald Fröch; **S. 206:** imago/Agencia EFE; **S. 208:** Quelle: GEOlino extra; **S. 214:** stock.adobe.com/Jan Becke/eyetronic; **S. 215:** imago/blickwinkel; **S. 216 oben:** mauritius images/Chris Robbins/Alamy, **unten:** INTERFOTO/Werle; **S. 220:** Shutterstock/lenetstan; **S. 222:** Passsauer Neue Presse/Stefan Rammer; **S. 230:** Shutterstock/Aaron Amat; **S. 233:** imago/ZUMA Press; **S. 236:** dpa; **S. 256:** Shutterstock/NataVilman; **S. 262 links:** Quelle: Bankenverband / YOUNGCOM! **rechts:** Quelle: BITKOM; **S. 276, 277, 278, 280, 281:** dpa-infografik; **S. 282 oben:** foodsharing e.V., Köln, **unten:** Raika Slomma, Tübingen; **S. 284:** stock.adobe.com/STAGE Stock/Yakobchuk Olena; **S. 285 oben:** Quelle: BDEW Wasserstatistik, BDEW Bundesververband der Energie- und Wasserwirtschaft e.V. 2016; **S. 287:** dpa

Sachregister

Teile einiger Kapitel dieses Bandes wurden erarbeitet von Carolin Bublinski, Carmen Collini, Friedrich Dick, Heike Frädrich, Agnes Fulde, Christian Fritsche, Hans-Joachim Gauggel, Daniela Giesler, Anna Löwen, Ruth Malaka, Sabine Matthäus, Arnhild Nachreiner, Gabriele Neie, Katrin Peschel, Katja Reinhardt, Klaus Schmid, Toka-Lena Rusnok, Tanja Seidelmann, Volker Semmler, Mechthild Stüber, Bettina Tolle, Carolin Wemhoff-Weinand.

Redaktion: Dagmar Arioli, Janina Theresa Brandt, Bernhard Lutz, Claudia Lüdtke, Birgit Wernz

Illustrationen:
Michael Fleischmann, Waldegg: S. 176–179
Nils Fliegner, Hamburg: S. 90–104, 207–212, 279, 285
Sylvia Graupner, Annaberg: S. 106–124, 130–142, 172
Kai Hofmann und Jutta Melsheimer, Berlin: S. 74–84, 188–203
Ulrike Jensen, Berlin: S. 23–47, 257–271
Peter Menne, Potsdam: Vorsatz
Bianca Schaalburg, Berlin: S. 50–60
Sulu Trüstedt, Berlin: S. 150–160, 225–253

Coverfoto: stock.adobe.com / Afrika Studio
Gesamtgestaltung und technische Umsetzung: werkstatt für gebrauchsgrafik, Berlin

Begleitmaterialien für Schüler zum Deutschbuch 8

Schülerbuch als E-Book	ISBN 978-3-06-067353-7
Arbeitsheft	ISBN 978-3-06-067329-2
Schulaufgabentrainer	ISBN 978-3-06-200208-3

www.cornelsen.de

Dieses Werk berücksichtigt die Regeln der reformierten Rechtschreibung und Zeichensetzung.
Bei den mit [R] gekennzeichneten Texten haben die Rechteinhaber einer Anpassung widersprochen.

Die mit * markierten Texte wurden aus didaktischen Gründen gekürzt und/oder verändert.

1. Auflage, 2. Druck 2020

Alle Drucke dieser Auflage sind inhaltlich unverändert und können im Unterricht nebeneinander verwendet werden.

Druck: Firmengruppe APPL, aprinta Druck, Wemding

ISBN 978-3-06-067347-6

PEFC/04-32-0928

PEFC zertifiziert
Dieses Produkt stammt aus nachhaltig bewirtschafteten Wäldern und kontrollierten Quellen.

www.pefc.de

Knifflige Verben im Überblick

Infinitiv	Präsens	Präteritum	Perfekt
befehlen	du befiehlst	er befahl	er hat befohlen
beginnen	du beginnst	sie begann	sie hat begonnen
beißen	du beißt	er biss	er hat gebissen
bieten	du bietest	er bot	er hat geboten
bitten	du bittest	sie bat	sie hat gebeten
blasen	du bläst	er blies	er hat geblasen
bleiben	du bleibst	sie blieb	sie ist geblieben
brechen	du brichst	sie brach	sie hat gebrochen
brennen	du brennst	es brannte	es hat gebrannt
bringen	du bringst	sie brachte	sie hat gebracht
dürfen	du darfst	er durfte	er hat gedurft
einladen	du lädst ein	sie lud ein	sie hat eingeladen
erschrecken	du erschrickst	er erschrak	er ist erschrocken
essen	du isst	er aß	er hat gegessen
fahren	du fährst	sie fuhr	sie ist gefahren
fallen	du fällst	er fiel	er ist gefallen
fangen	du fängst	sie fing	sie hat gefangen
fliehen	du fliehst	er floh	er ist geflohen
fließen	du fließt	es floss	es ist geflossen
frieren	du frierst	er fror	er hat gefroren
gelingen	es gelingt	es gelang	es ist gelungen
genießen	du genießt	sie genoss	sie hat genossen
geschehen	es geschieht	es geschah	es ist geschehen
greifen	du greifst	sie griff	sie hat gegriffen
halten	du hältst	sie hielt	sie hat gehalten
heben	du hebst	er hob	er hat gehoben
heißen	du heißt	sie hieß	sie hat geheißen
helfen	du hilfst	er half	er hat geholfen
kennen	du kennst	sie kannte	sie hat gekannt
kommen	du kommst	sie kam	sie ist gekommen
können	du kannst	er konnte	er hat gekonnt
lassen	du lässt	sie ließ	sie hat gelassen
laufen	du läufst	er lief	er ist gelaufen
leiden	du leidest	sie litt	sie hat gelitten
lesen	du liest	er las	er hat gelesen

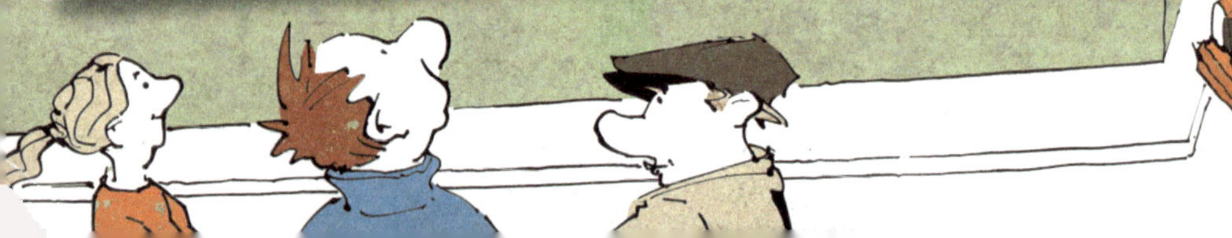